L'auteur: né en 1924, Licencié en théologie (Innsbruck), docteur en philosophie et lettres de l'Université de Louvain, actuellement professeur à l'Université Laval (Québec) où il donne le cours d'anthropologie philosophique.

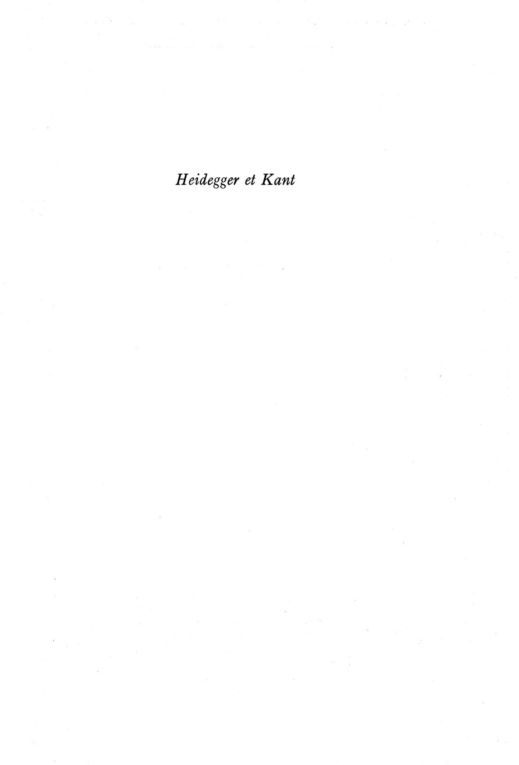

Heidegger et Kant

PHAENOMENOLOGICA

COLLECTION PUBLIÉE SOUS LE PATRONAGE DES CENTRES
D'ARCHIVES-HUSSERL

40

HENRI DECLÈVE

Heidegger et Kant

HENRI DECLÈVE

Heidegger et Kant

MARTINUS NIJHOFF / LA HAYE / 1970

TABLE DES MATIÈRES

INTRODUCTION

En dehors des écoles proprement néo-kantiennes, les interprétations de Kant ont tenté, en Allemagne du moins, de surmonter sans revenir à Hegel le dualisme qui semble inscrit dans l'idée même de philosophie critique.

Selon Scheler, par exemple, ce dualisme empêche d'accéder à l'unité originelle de l'acte où se donne à l'homme, avec sa propre essence, l'être sous l'espèce de la valeur. Et seul cet acte permettrait de fonder une anthropologie philosophique.

Selon Husserl, ce dualisme interdit de pénétrer dans l'unité de la visée transcendantale en dehors de laquelle il demeure impossible d'assurer à la philosophie la rigueur d'une science universelle authentique.

Cependant l'image que trace Scheler du formalisme kantien et spécialement la manière étroite dont il comprend la théorie du *Ich denke* ignorent complètement ce «besoin métaphysique» où Kant découvrait, avec le caractère fondamental de l'essence humaine, l'origine de la philosophie.

Chez Husserl, d'autre part, le *Je pense*, en vertu même de sa rigueur unifiante, finit par reconnaître à la métaphysique une source autre que lui-même. Et l'unité originelle de la philosophie phénoménologique se situerait alors dans l'expérience vécue d'un *ethos* de type kantien.

Dans la lecture de Kant qu'étudie le présent travail, le dualisme est encore reconnu comme note intrinsèque de la pensée critique. Il est toutefois interprété différemment: c'est dans un dessein «métaphysique», auquel il serait infidèle, que l'on pourrait découvrir le moyen de le surmonter.

Si l'on veut approcher l'idée kantienne de philosophie, il est indispensable, de nos jours, de s'arrêter à l'interprétation du kantisme qu'a donnée Heidegger.

Et cela pour trois raisons. Parce que Heidegger a renouvelé l'idée même de philosophie; parce qu'il a remis spécialement en lumière la portée métaphysique de la Critique; et parce qu'enfin sa philosophie, comme celle de Kant, s'efforce de penser la finitude.

Il est à peine exagéré d'affirmer que la parution de *Sein und Zeit* obligeait à se réinterroger sur l'idée de la philosophie, voire à la changer totalement. Poussant «vers les choses elles-mêmes», comme l'exigeait Husserl, tout en intégrant à l'analytique la plus rigoureuse les thèmes existentiels d'un Kierkegaard, Heidegger en venait à proclamer la faillite non seulement du rationalisme même phénoménologique, mais aussi du primat accordé depuis les Grecs à la rationalité intemporelle comme caractère distinctif de l'homme. La philosophie se voyait mise en demeure de revenir au problème fondamental de l'être et du temps par-delà toutes les approches épistémologiques, éthiques ou anthropologiques. Et la pensée, dont la relation à la temporalité était partout mise en lumière, se voyait invitée à se chercher un enracinement plus profond que le Logos éternel.

La philosophie devenait dès lors ontologie fondamentale, ou plus exactement herméneutique de l'être, interprétation historique des manifestations de l'être dans le temps, écoute de l'être à partir de la présence temporelle de l'être dans l'homme.

Pareille conception de l'acte philosophique devait évidemment rencontrer Kant et en renouveler la lecture.

En effet, dans la perspective que nous venons de définir, Kant et son oeuvre doivent être compris comme des phénomènes appartenant à la manifestation de l'être dans l'histoire, et très spécialement comme le phénomène d'une pensée qui tente de se saisir temporellement dans son rapport à l'être.

La tâche qu'entreprenait *Sein und Zeit* n'était-elle pas, du reste, une ressaisie, mais plus originelle, du dessein critique? Kant voulait déterminer les limites nécessaires des pouvoirs et des prétentions de la connaissance rationnelle à l'égard du monde, de l'homme et de Dieu; Heidegger voulait, lui, aller jusqu'au fondement dans l'être de cette limitation constitutive du Logos.

La lecture du kantisme que se devait de présenter *Sein und Zeit* prenait donc au sérieux l'affirmation, si souvent répétée par

Kant et si longtemps incomprise par les néo-kantiens, que la Critique entendait instaurer le fondement de la métaphysique, c-à-d d'une compréhension humaine non pas de tel ou de tel étant, mais de l'étant en totalité. Kant avait été interprété auparavant comme théoricien de la connaissance, comme moraliste, voire comme philosophe de l'histoire. Rien de tout cela, selon Heidegger, n'atteignait l'essentiel: Kant avait été le premier à poser – si imparfaitement que ce fût – la question fondamentale d'une compréhension de l'être par rapport au temps.

Il est évident que ni l'Ecole de Marbourg, ni celle du Sud-Ouest, ni Scheler, ni Husserl n'avaient songé à résumer aussi vigoureusement le dessein critique par le titre d'une *Grundlegung der Metaphysik* dans sa relation à l'histoire.

Disons-le tout de suite: l'interprétation de Heidegger tend à faire oublier qu'il s'agit aussi, sous la plume de Kant, d'une instauration du fondement de la métaphysique des *moeurs*. Et cette perspective éthique peut sans doute modifier l'idée que l'on se fait de la métaphysique tout court. Mais il reste qu'en remettant au coeur de la philosophie l'interrogation sur les conditions de possibilité et sur la signification de la métaphysique, Heidegger, à partir de sa conception personnelle de la finitude, rendait toute sa vigueur à l'esprit du kantisme.

Car selon le philosophe de Königsberg, s'il y a lieu de critiquer la raison, c'est que la grande affaire de l'homme est d'assumer sa finitude sans céder aux illusions, même rationnelles, qui nous engagent inévitablement à la dépasser. Sans doute, être homme c'est être incurablement métaphysicien. Encore faut-il comprendre cette tendance naturelle comme le sceau même de notre finitude et non comme le gage d'une possession intuitive de l'être infini.

Si différentes que soient les deux manières heideggerienne et kantienne d'expliciter le sens de la finitude, la similitude des visées offre pour une étude comparative des doctrines un centre d'intérêt décisif. Aborder la lecture de Kant du point de vue de la finitude, ainsi que le fait Heidegger, c'est mettre les textes dans l'éclairage qui leur est connaturel et c'est aussi par conséquent se mettre soi-même en mesure d'être éclairé par eux.

Confronter le kantisme et la pensée heideggerienne ne peut donc manquer d'être fécond, plus fécond sans doute qu'aucune comparaison de la Critique avec un autre système philosophique.

Et cependant. Malgré le poids des trois raisons que nous venons d'expliciter, il peut sembler vain d'interroger Heidegger sur l'idée kantienne de philosophie.

Cette manière de philosopher si soucieuse, à première vue, de retrouver le sens authentique des auteurs du passé, en vient à intégrer leurs pensées dans un mesure telle qu'on ne peut plus, en lisant sous la plume de Heidegger une citation d'Aristote ou de Leibniz, y chercher autre chose qu'une idée de Heidegger. Si paradoxale que puisse paraître l'expression, il faudrait donc dire que, dans *Kant et le problème de la métaphysique*, Kant est d'autant plus important que seul le problème pensé par l'interprète doit retenir l'attention du lecteur.

Dans ces conditions, une conversation à trois n'est plus guère possible. Il ne sert plus à rien, en effet, d'opposer à tel passage de Kant auquel on nous renvoie très précisément son contexte original ou une citation parallèle. On en arrive même à se demander si la reprise «historique» du kantisme, pour se faire selon l'esprit de Heidegger, ne doit pas renoncer à *tous* les procédés ordinaires de la «recherche historique».

Cette première difficulté peut toutefois être surmontée, moyennant deux précautions.

D'abord nous devrons ne pas perdre de vue qu'il s'agit de comprendre le phénomène Kant lui-même. Il s'indiquera, par conséquent, de procéder souvent, sinon sans cesse, à une *Erörterung*, à une remise en son lieu premier de toute question que l'interprétation de Heidegger fera surgir. Et ce lieu premier est pour nous le texte de Kant: même si la lecture suppose une pré-compréhension d'un problème, la lettre n'en perd pas pour autant sa fonction irremplaçable d'accès.

Il importe toutefois de ne pas dérouter notre lecteur en interrompant sans cesse l'exposé de l'interprète par des retours pédants à l'original. Là où une *Erörterung* sera nécessaire, nous nous efforcerons donc de procéder en deux temps: laissant d'abord la parole à Heidegger, nous lui opposerons ensuite notre propre façon de comprendre les textes en litige.

Car – et c'est la seconde précaution nécessaire si nous voulons rencontrer Kant par l'intermédiaire de Heidegger – il faudra accepter les limites de notre propre «objectivité». Grâce précisément à la pensée de notre guide et malgré nos divergences, il deviendra évident que nous avons à présenter nous-mêmes une «interprétation» de la Critique. Davantage encore: notre tentative de cerner l'idée kantienne de philosophie devra reconnaître qu'elle s'efforce, si modestement que ce soit, de répondre à la question générale: «Qu'est-ce que la philosophie?».

Surgit aussitôt une seconde difficulté: en prenant Heidegger pour compagnon de route, n'admettons-nous pas tout simplement que la philosophie est la «métaphysique» au sens où il l'entend?

Or sa pensée à ce sujet a connu une évolution telle que le mot «métaphysique» semble avoir toujours eu chez l'interprète une signification entièrement étrangère à l'auteur qu'il étudie. Pour Kant, la métaphysique s'occupe encore de l'Etre suprême que la religion appelle Dieu. Pour Heidegger, la métaphysique désigne finalement l'ensemble des questions susceptibles de nous faire, comme Thalès, tomber dans un puits et déclencher ainsi le rire des soubrettes.[1] Quant à l'Etre, il n'est en tout cas pas cette origine ou ce fondement suprême dont parlent les religions.

Dès lors, suivre la voie tracée par Heidegger et interpréter avec lui la Critique comme une instauration du fondement de la métaphysique semble une enterprise vouée à l'échec.

Sans minimiser la difficulté, on peut pourtant y répondre, de manière assez paradoxale, il est vrai.

Car la divergence sur un point aussi important peut précisément indiquer que l'interprète est parvenu au coeur de la doctrine dont il se sépare. Il est du moins légitime d'admettre, à titre d'hypothèse, qu'une opposition aussi profonde ne s'est pas imposée au commentateur sans des motifs très graves et probablement parce que son génie propre aperçoit dans le kantisme des structures de pensée ou des problèmes qui s'y trouvent réellement mais à l'insu des lecteurs précédents, à l'insu peut-être de Kant lui-même.

Ceci ne signifie pas sans doute que la nouvelle interprétation ne contienne plus rien à critiquer; elle est en tout cas suffisante à nous faire approfondir l'original. Et si notre pensée personnelle en revient alors à des positions plus proches de la lettre du kantis-

---

[1] Cfr *Die Frage nach dem Ding* (Sigle: FD), pp. 2 et 3.

me, ce sera un peu plus en vertu de ce qu'il y a authentiquement à connaître, et non par soumission à une autorité extérieure.

Mais que devient alors – et c'est une troisième difficulté – la connaturalité entre Kant et Heidegger, ce souci commun de la finitude? Si les mots «être» et «métaphysique» n'ont pas pour les deux interlocuteurs un sens à tout le moins parent, comment le terme «finitude» pourrait-il désigner une perspective qui leur soit quelque peu commune?

La question engage ce que l'on entend par philosophie.

En effet, parler de finitude signifie au minimum ceci: prendre en considération les limites qu'impose à tout discours sur l'être le fait qu'il est discours de tel homme concret. En d'autres termes: il n'est pas possible de s'interroger sur l'être sans s'interroger sur l'être de tel étant, et tout particulièrement sur l'être de cet étant dont la manière d'être consiste à s'interroger de la sorte, c-à-d le philosophe.

Il ne serait donc pas suffisant d'affirmer qu'une philosophie de l'être passe par une anthropologie. Il faut encore comprendre que la seule façon de se mettre en route vers l'être de l'étant, c'est de faire soi-même sa philosophie. Une métaphysique sera, dans ce sens, d'autant plus proche de son objet qu'elle sera davantage marquée par le caractère personnel de son auteur.

Mais, une fois individualisée à ce point, la philosophie ne devient-elle pas incommunicable?

Certes, la pensée de Heidegger oblige de multiples façons à se le demander. Qu'il suffise toutefois de répondre ici brièvement: puisque la question posée par l'homme sur son propre être est inséparablement question concernant l'être de tout étant, l'interrogation philosophique implique toujours un dialogue ou du moins une possibilité de dialogue.

Deux conceptions diverses de la finitude peuvent alors déterminer une commune perspective, puisque l'exercice de la finitude, c-à-d mon interrogation nécessairement individuelle sur l'être, implique un «dialogue de pensée entre penseurs».[2] Et le critère, qui permettra de discerner parmi diverses philosophies laquelle est davantage en route vers l'être de l'étant sera, en

---

[2] HEIDEGGER, *Kant und das Problem der Metaphysik* (Sigle: KM), Vorwort zur zweiten Auflage, pp. 7–8; *trad.*, p. 55. – Cfr H. DECLÈVE, «Le second avant-propos de 'Kant et le problème de la métaphysique'», in *Dialogue*, VI, n° 4, 1968, p. 555–565.

définitive, la possibilité qu'elle offre aux hommes d'être authentiquement eux-mêmes dans un échange de pensée avec autrui concernant l'être.

Il faut, croyons-nous, envisager les choses de ce point de vue si l'on veut pouvoir clôturer une enquête sur le contentieux entre Kant et Heidegger autrement que par un procès-verbal de carence.

C'est du reste vers une conclusion analogue que se dirigeait Ernst Cassirer qui, dès 1929, s'était trouvé dans la situation qui est la nôtre.

Lors de rencontres universitaires à Davos, il avait dû mener avec Heidegger une discussion concernant l'interprétation de Kant. Se demandant en fin de compte «où se situait le centre commun» des oppositions nombreuses entre lui et son interlocuteur, il concluait: «Nous n'avons pas à le chercher, car nous le possédons: il y a en effet un monde humain objectif qui nous est commun, dans lequel la différence des individus n'est nullement supprimée, mais où un pont est jeté d'individu à individu. Pour moi, ceci m'apparaît toujours dans le phénomène originaire du langage: chacun parle sa langue, et pourtant nous nous comprenons par la médiation du langage. Il y a quelque chose comme *le* langage, comme une unité au-delà de l'infinité des modes de parler».[3]

Heidegger faisait écho à son collègue lorsqu'il disait aux étudiants en cette même occasion: «... vous avez senti que nous sommes en train de prendre de nouveau au sérieux la question centrale de la métaphysique. Ce que vous avez vu ici en petit, la différence entre les hommes qui philosophent dans l'unité d'une problématique, s'exprime en grand tout autrement encore. Et c'est précisément l'essentiel, quand on s'explique avec l'histoire de la philosophie, de voir comment la distinction des points de vue est précisément à la base du travail philosophique».[4]

Deux années plus tard, revenant à ce problème dans un article des *Kantstudien*, Cassirer soulignait qu'il subsiste entre Kant et Heidegger une différence fondamentale dans la *Gesamtstimmung*, c-à-d dans la manière d'être au monde. Il concédait toutefois

---

[3] CASSIRER, in SCHNEEBERGER, *Ergänzungen zu einer Heidegger-Bibliographie* (Sigle: *Ergänzungen*), p. 25.
[4] HEIDEGGER, in *op. cit.*, pp. 26–27.

que, si la méditation sans cesse renouvelée de la finitude n'atteint pas le noyau de toute métaphysique, elle constitue en tout cas la maxime nécessaire et imprescriptible de la recherche philosophique. Il terminait en notant que le terme de toute discussion et ce dont elle suppose que l'on puisse atteindre le sens peut se formuler comme suit: «que les oppositions elles aussi apprennent à se voir exactement et qu'elles cherchent à se *comprendre* elles-mêmes dans le fait précisément qu'elles sont essentiellement opposées».[5]

On peut estimer que la méditation de la finitude est liée aux questions centrales de la métaphysique plus étroitement que ne le dit Cassirer. Et dès lors les oppositions peuvent davantage encore être des accès au dialogue de pensée entre penseurs et à la compréhension de l'être.

Heidegger nous a donné, depuis 1931 surtout, mainte occasion de mesurer, non seulement l'originalité de son mode propre de parler, mais plus encore la distance qui sépare sa *Gesamtstimmung* et celle d'Emmanuel Kant.

A première vue, le phénomène Kant et le phénomène Heidegger se ressemblent par plusieurs traits: tous deux allemands de famille modeste, tous deux élevés dans une confession chrétienne et en abandonnant plus tard la pratique, tous deux fixés dans une petite ville, tous deux professeurs puis recteurs de l'université locale, tous deux vivant de leur travail philosophique, tous deux aussi contemporains d'un grand conquérant.

Cependant ces vies quelque peu parallèles se situent dans des atmosphères historiques bien différentes et s'en trouvent fortement marquées.

Kant conservera jusqu'en sa vieillesse la confiance sinon l'enthousiasme de l'*Aufklärung* devant les tâches scientifiques, morales et politiques qui se présentent à la raison et dont un certain achèvement peut, malgré tous les obstacles, paraître à sa portée. Le «langage de la raison» est en droit, à ce moment de l'histoire, de prétendre qu'il offre à tous les hommes une possibilité sérieuse de s'entendre et sur tous les sujets.

---

[5] Ernst CASSIRER, «Kant und das Problem der Metaphysik, Bemerkungen zu Martin Heideggers Kant-Interpretation», in *Kantstudien*, XXXVI, 1931 (Sigle: *Bemerkungen*), p. 23 (*Gesamtstimmung*) et p. 26.

Heidegger de son côté commence sa vie philosophique en des années où l'Occident est contraint de constater les impasses du rationalisme. Le jeune docteur vit cette crise à travers les vicissitudes et les recherches de la pensée néo-kantienne.

La première guerre mondiale éclatant alors force les hommes à se rendre compte de la possibilité radicale d'une universalité à rebours, d'une universalité de l'incompréhension et de l'isolement. En Allemagne, la défaite rend plus aiguë encore la perception de cette dimension d'existence. Et l'entre-deux-guerres y sera plus qu'en d'autres pays une époque où l'humain, se sentant menacé de toutes parts, cherche son salut dans l'affirmation des différences propres, tant au niveau des individus qu'au niveau des peuples et des groupes.

Sein und Zeit reflète ainsi, non seulement le désarroi d'un effondrement national, mais surtout la volonté de reconquérir une certaine universalité à force de vivre jusqu'au bout la singularité d'une destinée. Or, à ce même moment, le nazisme s'impose avec virulence, précisément parce qu'il réussit à convaincre qu'il exprime pour le monde l'essence de l'âme allemande.

Puisqu'elle se produit dans l'histoire, la rencontre de Heidegger avec le nazisme est, si l'on veut, un événement contingent. Mais pour la même raison le philosophe ne pouvait pas la vivre ni la comprendre au seul plan des affinités superficielles de la mentalité ou du sentiment, pas plus qu'il ne pouvait y voir l'occasion de se rallier utilitairement à une idéologie.

Le «phénomène» consiste ici en ce que Heidegger tout comme le nazisme *est* allemand et l'est en ces années trente. Le plus universel, ce qui fonde le théorique, l'affectif et le pratique, en un mot : l'être, se donne alors sous les espèces du plus singulier et du plus historique, c-à-d dans le destin allemand.

Et Heidegger cherche, dirait-on, à faire une philosophie qui soit, dans ce destin, le langage de l'être. La pensée devient à ce point événement qu'elle s'identifie au destin. Sans toutefois y sombrer. Car en tant qu'événement elle se comprend comme singulière, comme «différence ontologique» et par la même comme mission de l'être.

Cependant ce dernier trait n'apparaît guère durant les années où se donnent cours, officieusement d'abord et puis très officiellement, les sympathies nazies de Heidegger. Pas mal de textes datant de cette époque rendent un son extrêmement engagé, et l'homme ne semble pas y être invité à se mettre à l'écoute de l'être. Donnons-en divers exemples:

En 1929, à Davos, à un moment où il n'est déjà plus indifférent pour un citoyen allemand d'être d'origine aryenne ou d'origine israélite, le professeur de Fribourg réplique à Cassirer: «La philosophie a pour tâche de rejeter l'homme dans la dureté de son destin, en lui faisant abandonner le personnage véreux d'un homme qui se contente de tirer des oeuvres de l'esprit un profit utilitaire».[6]

A Karlsruhe, le 14 juillet 1930, le philosophe donne une conférence intitulée *Vom Wesen der Wahrheit*. C'est vraisemblablement le premier exposé devant le grand public d'une méditation qui prendra une place capitale dans l'oeuvre imprimé de Heidegger. Un auditeur de cette «première» en a retenu ceci: après pas mal de détours dans la plus haute abstraction, l'orateur en venait à cette conclusion que vérité et réalité se rejoignent sur le sol de la patrie; c'est ainsi, comprenait le témoin, qu'est franchi l'abîme de l'être humain, car la peur du néant résulte du déracinement de l'homme moderne.[7]

Quoi qu'il en soit de l'interprétation, il semble bien qu'à cette époque Heidegger voyait dans l'appartenance à une nation déterminée et même à un terroir un trait distinctif de la vérité comprise comme vérité de l'essence.[8]

[6] HEIDEGGER, in SCHNEEBERGER, *Ergänzungen*, 24.
[7] Cfr SCHNEEBERGER, *Nachlese zu Heidegger* (Sigle: *Nachlese*), pp. 9–13. – La note ajoutée en 1943 lors de la première édition de *Vom Wesen der Wahrheit* (Sigle: WW; cfr *trad.*, pp. 105–106) – note dont le début modifié et plus vague se trouve rejeté sur la page de garde des éditions suivantes – ne fait pas mention de cette première communication lors du «Congrès des sommités badoises pour la science, l'art et l'économie». La conférence fut comprise, au soulagement des badois, comme un «non» catégorique à la première offre faite à Heidegger d'une chaire à l'université de Berlin. – Les remarques sont de Heinrich BERL, *Gespräche mit berühmten Zeitgenossen*, Baden-Baden, 1946, pp. 67 s.
[8] Un certain pathétique intimiste et régionaliste constitue un trait marquant de la personnalité et de la pensée de Heidegger. Le poème de 1917 *Abendgang auf der Reichenau* suffirait à le prouver (in *Das Bodenseebuch*. Ein Buch für Land und Leute, Konstanz IV, p. 152). La conférence radiophonique de 1934 *Warum bleiben wir in der Provinz?* en offre un second témoignage: le paysan de la Forêt-Noire y explique à ses amis montagnards pourquoi il a refusé une seconde fois une chaire à Berlin (in *Zu neuen Ufern*, supplément culturel hebdomadaire de *Der Alemanne*, Kampfblatt der Nationalsozialisten Oberbadens, Folge 9, 7 Mars 1934, p. 1. Le texte est reproduit dans SCHNEEBERGER, *Nachlese*, 216–218). – Ce régionalisme n'est pas sans importance philosophique: il peut expliquer pour une part l'intérêt que porte M. Heidegger au problème du langage.

A Leipzig en 1933, à ses collègues des universités allemandes réunis pour préparer le referendum de novembre, il dira: «Qu'est-ce qui s'accomplit dans ce vote populaire? Le peuple regagne la *vérité* de sa volonté de présence, car la vérité est le dévoilement de ce qui rend un peuple assuré, clair et fort, dans son agir et son savoir. C'est de cette vérité qu'est issue l'authentique volonté de savoir».[9]

Dans *Vom Wesen der Wahrheit* encore, Heidegger écrit: «La pleine essence de la vérité incluant sa propre anti-essence garde le *Dasein* dans la détresse par l'oscillation entre mystère et menace de l'égarement».[10] De ce *Dasein* ainsi soumis à la contrainte surgit le dévoilement de la nécessité comme orientation vers la détresse, et par là l'existence humaine peut se placer dans l'inéluctable.

Quand elles sont lues après la guerre, ces lignes n'évoquent plus chez le lecteur qu'un problème métaphysique. Mais elles furent pensées une vingtaine d'années auparavant. Et à cette époque M. Heidegger nommait parfois l'inéluctable par son nom.[11]

En 1933, il en propose à l'étudiant allemand un type concret: la mort de Leo Schlageter fusillé par les occupants Français en 1923 pour actes de terrorisme dans le bassin de la Ruhr. Schla-

---

[9] HEIDEGGER, in *Bekenntnis der Professoren an den deutschen Universitäten und Hochschulen zu Adolf Hitler und dem nationalsozialistischen Staat*, Dresden 1933, pp. 13 s. L'allocution fut prononcée le 11 novembre. Le texte est reproduit par SCHNEE-BERGER, *Nachlese*, 148–150. – On ne peut plus utiliser les *Nachlese* sans tenir compte de la mise au point précieuse bien qu'un peu passionnée de J. FEDIER, «Trois attaques contre Heidegger», in *Critique*, n° 234, novembre 1966, p. 883–904. L'auteur cite en particulier, p. 903–904, une lettre de Siegfried Bröse adressée au recteur de Fribourg le 14 janvier 1946 et qui montre comment Heidegger avait pris peu à peu ses distances par rapport au nazisme.

[10] WW, 23; *trad.*, p. 99.

[11] Il en nommait aussi des symboles. Ainsi le 26 juin 1933, lors de la fête de l'équinoxe d'été, le recteur de Fribourg disait devant le feu: «Flamme, fais nous connaître, éclaire pour nous et montre nous le chemin sur lequel il n'y a pas de retour» (in SCHNEEBERGER, *Nachlese*, p. 71). Le même symbole est évoqué en 1938 dans le *Prologue* que Heidegger écrivit pour le recueil d'extraits traduits par Henri CORBIN sous le titre global *Qu'est-ce que la métaphysique?* Adressées à pareille date à un public français, les deux phrases suivantes nous semblent aujourd'hui plus inquiétantes sinon plus menaçantes que prophétiques: «Que la question fondamentale concernant l'Etre soit historique, cela signifie que son fondement est déjà posé avec notre *Dasein* jusqu'ici advenu et encore à advenir. A-t-on la volonté de cette histoire, a-t-on assez de force pour le porter et en accomplir la destiné? – ce sera chaque fois dans la mesure respective de cette volonté et de cette force que la première et ultime question de la philosophie assurera sa veille, répandant l'éclat du feu et y faisant transparaître la figure de toutes choses» (*Op. cit.*, p. 8).

geter, dit le philosophe, a puisé la dureté du vouloir et la clarté
du coeur dans la force granitique des montagnes badoises et dans
la lumière de leur soleil d'automne. C'est ainsi qu'il a pu, qu'il
a *dû*, dans la mort la plus grande et la plus pénible assumer son
destin en croyant, malgré l'ombre, au réveil de son peuple alé-
manique et de la nation allemande. C'est ainsi également que
l'étudiant de Fribourg doit se préparer, afin de pouvoir accomplir pour son pays «le plus grand et le plus lointain».[12]

La vérité de l'essence, «unique dissimulé de l'histoire»,[13] ce fut
donc, en ces années où se produit la révolution national-socialiste, le destin du peuple allemand et du philosophe lui-même.
Et dans les discours prononcés alors par le recteur de Fribourg
devenu membre du parti, les mots *Geschichte, Schicksal, Dasein*
et *Sein* sont très fréquemment accompagnés de l'adjectif «allemand» ou d'une détermination équivalente.[14]

La fusion du philosophique et de l'idéologique dans l'être allemand va du reste se traduire en actes par la ratification des mesures les moins justifiables contre les professeurs et les étudiants
juifs, par l'effort pour enrayer ce que Heidegger appelle «la tac-
tique catholique».[15]

Inutile de parcourir toutes les pièces du dossier établi naguère
par M. Schneeberger.[16] Ce que nous en avons cité suffit à le
montrer: la philosophie de Heidegger s'était résolue en faveur de
la «révolution allemande».

---

[12] Texte du discours dans *Freiburger Studentenzeitung*, VII, n° 3, 1 juin 1933, p. 9.
– Cfr. Schneeberger, *Nachlese*, pp. 47–49; cfr. aussi pp. 46–47, 159.

[13] WW, 25; *trad.*, p. 104.

[14] P. ex.: «les chefs doivent être conduits eux-mêmes par l'inéluctable de cette
mission spirituelle qui contraint le destin du peuple allemand à se couler dans le sceau
de son histoire», extrait de *Die Selbstbehauptung der deutschen Universität* (Sigle: SU),
Breslau, 1933, cité par Schneeberger, *Nachlese*, p. 54. Ou encore: «La révolution
national-socialiste apporte une transformation complète de notre *Dasein* allemand»,
Freiburger Studentenzeitung, VII (Sem. XV), n° 1, 3 novembre 1933, p. 1; Schneeberger, *op. cit.*, p. 135. Etc.

[15] Cfr en particulier le document 117 dans Schneeberger, *op. cit.*, p. 137; d'autres mesures antisémites, n'émanant pas du recteur, *op. cit.*, pp. 13, 14, 71, 118, 130. –
Sur la prétendue «déconfessionalisation» des organisations estudiantines, cfr *op. cit.*,
pp. 197–198, 204–205; spécialement le texte d'un télégramme de Heidegger au
Führer de la jeunesse estudiantine du Reich, où se trouve l'expression que nous
citons.

[16] Sans jamais oublier qu'il n'y a pas de philosophie mais seulement des philosophes, il faut s'efforcer en utilisant ce dossier de faire entièrement droit à la requête
de F. Fedier, *Trois attaques contre Heidegger*, p. 899: «... comme si le but secret de
ceux qui répandent ces bruits était précisément de retarder sans cesse l'accès à
l'*oeuvre* de Heidegger, seule voie possible par où, un jour, il sera possible d'aborder
ce qui est en question ici».

«La vérité intérieure et la grandeur de ce mouvement» national-socialiste n'est autre en effet que «la rencontre de la technique dans sa signification planétaire avec l'homme moderne».[17] Comprenons que le nazisme, en réalisant le destin allemand, permettait à l'homme moderne de surmonter l'opposition chosifiante entre sujet et objet, opposition qui, faussement comprise comme une nécessité du travail et du progrès scientifique, entraîne la démission de l'homme devant l'ouvert, devant cette lumière où l'être se révèle dans la rencontre de l'être-là et de l'être de l'étant. En d'autres termes, le nazisme permettait à l'homme moderne de revenir du congé que par la technique il se donne à l'égard de l'être vers ce savoir qui est «pouvoir de mettre en oeuvre l'être comme un étant chaque fois tel et tel».[18]

Heidegger comprenait donc la révolution allemande comme un dépassement dans une technique particulière, celle de l'Etat, de cette déchéance, de cet oubli de l'oubli de l'être qui est le péril majeur de la technique moderne. Et ce dépassement s'effectuait vers la *technê* grecque pour laquelle faire n'est pas seulement fabriquer mais laisser être le subsistant selon l'être.

Le nazisme ressaisissait ainsi l'esprit grec tel qu'avant le rationalisme des métaphysiques platonicienne et aristotélicienne; non pas qu'il renvoya au passé révolu; mais en donnant comme avenir à l'homme moderne la possibilité de l'origine.[19]

Dans ce climat où le travailleur peut redevenir un artisan voire un artiste, la science, de son côté, peut à nouveau être étonnement devant le dévoilement de la totalité de l'étant, dévoilement où se cache l'être. Elle n'est plus connaissance notionnelle, mais engagement et acceptation d'un destin qui est aussi mission de l'être: elle est vraie *théorie*, c-à-d *energeia*, être-à-l'oeuvre avec les étants et comme tel avènement de l'être fondamental de l'être-là.[20]

Cesse alors l'éparpillement «des sciences» provoqué par la technique et s'accomplit l'événement qu'est la pensée comme interrogation originaire à partir du voilement de l'être dans le dévoilement de l'étant en totalité. En un mot, la science devient

[17] *Einführung in die Metaphysik*, p. 152.
[18] *Op. cit.*, p. 122.
[19] SU, 11.
[20] SU, 8 (étonnement), 12 (*Verborgene*), 11, 13 (*Kenntnisse*), 9-10 (*theôrein, energeia*).

ce qu'elle était à l'origine: l'acte par lequel l'homme s'expose dans l'histoire à l'être de l'étant ou encore la pensée de l'être, c-à-d en fin de compte l'acte philosophique.[21]

Dans cette perspective de la résolution pour une destinée qui soit aussi accomplissement d'une mission de l'être, l'université allemande s'affirme elle-même en exigeant des étudiants le triple service du travail manuel, de l'entraînement militaire et du savoir «scientifique».[22] Et c'est bien le rôle du recteur-philosophe, Führer de l'université, de rappeler aux jeunes que le savoir se dégrade lorsqu'il devient possession égoïste pour la vanité de l'individu. «Défendez-le, leur dit-il, dans les vocations populaires auxquelles vous appelle l'état comme le bien nécessaire que possède originairement le chef».[23]

L'université, du reste, doit s'ouvrir à tous et non seulement à des «intellectuels». Il faut qu'elle devienne «dans sa contrée la plus haute école populaire et de formation politique».[24]

Car les chefs spirituels qui assumeront la destinée de l'Allemagne dans son histoire doivent évidemment s'intégrer à l'ordre politique du nazisme: «Que ni des thèses ni des 'idées' ne soient les règles de votre être, dit encore Heidegger aux étudiants. Seul le Führer lui-même *est* la réalité allemande, seul il en est la loi. Apprenez à savoir toujours plus profondément: dorénavant, chaque chose exige decision, tout agir exige responsabilité».[25]

En prenant ainsi position, la pensée de Heidegger se supprimait-elle du même coup comme philosophie? Il est permis de se le demander. Nous savons toutefois que son engagement dans l'idéologie ne fut pas ce qu'attendait l'autorité du parti: le recteur de Fribourg était bien trop philosophe pour se résigner jamais à n'être que le porte-parole d'une administration. Aussi, en février 1934, l'intéressé préfère-t-il se démettre de ses fonctions, après neuf mois à peine.[26]

---

[21] SU, 12.

[22] SU, 1 à 7.

[23] HEIDEGGER, in *Freiburger Studentenzeitung*, VII (Sem. XV), n° 1, 3 nov. 1933, p. 1; texte repris in SCHNEEBERGER, *Nachlese*, p. 135.

[24] «Das Geleitwort der Universität», in *150 Jahre Freiburger Zeitung, Jubiläumausgabe*, Fribourg, 6 janvier 1934, p. 10. – Cfr. SCHNEEBERGER, *op. cit.*, p. 171.

[25] Allocution citée sub (23) – SCHNEEBERGER, *op. cit.*, p. 136.

[26] Cfr. la note marginale ajoutée par M. HEIDEGGER à la liste de ses cours et séminaires dressée par W. J. RICHARDSON dans son livre *Heidegger, Through phenomenology to tought*, p. 668.

Heidegger a-t-il jamais tenté par la suite de ressaisir pour lui-même le sens authentique de ses écrits les plus proches de la pure idéologie? N'a-t-il jamais opéré une *Wiederholung* du problème qu'il *fut* durant l'époque nazie? La chose n'est pas improbable, puisque sa façon de méditer procède par reprises perpétuelles. Mais nous ne savons rien – hélas! – de ces éventuelles *«retractationes»*.

Le lecteur estimera peut-être que nous nous sommes laissés entraîner bien loin de Kant.

Cependant l'interprétation heideggerienne de la Critique s'intégrait à une philosophie de l'être et du temps; il importait donc d'examiner quelque peu les enracinements et les conséquences historiques concrètes de cette ontologie fondamentale. D'autant que la manière kantienne de comprendre l'être et le temps aboutit elle aussi à un mode concret d'être allemand. Mode qui, on le sait, pour n'avoir pas toujours été empreint d'un héroïsme tranchant, sut toutefois conserver une réelle indépendance à l'égard du despotisme en vigueur.

Et le progrès des recherches rend sans cesse plus évident que les positions adoptées par Kant à l'égard de l'Etat, de la religion, de l'enseignement universitaire se rattachent à l'essence du système et du dessein critique.[27] La réponse kantienne à la question historique concernant l'être de l'étant ne trouve son expression complète qu'au terme d'ouvrage comme *La religion dans les limites de la simple raison*, le *Conflit des Facultés* ou *Vers la paix perpétuelle*.

En abordant *Kant et le problème de la métaphysique* ou bien *Die Frage nach dem Ding*, on ne peut donc oublier que, cent cinquante ans avant le IIIe Reich, la philosophie critique avait permis au professeur Kant, deux fois recteur de Königsberg, de déterminer avec assez de vérité pratique la signification des révolutions, pas encore allemandes, il est vrai, auxquelles il assista durant sa longue vie.[28]

[27] Cfr. par exemple E. WEIL, *Problèmes kantiens*, Paris, Vrin 1963, c. III, Histoire et politique, ou encore J. LACROIX, «La philosophie kantienne de l'histoire» in *Cahiers de l'Institut de science appliquée*, 1958, n° 75, p. 5–31.

[28] Ici s'insèrerait une discussion de la belle interprétation de Kant qu'a donnée d'un point de vue marxiste L. GOLDMANN, dans sa thèse publiée en allemand dès 1945 et rééditée récemment en français sous le titre nouveau *Introduction à la philosophie de Kant*, (Collection Idées n° 146), Paris, NRF, Gallimard, 1967.

Cette même philosophie critique avait encore permis à Kant d'établir les fondements théoriques d'une Société des Nations qui, il le démontrait, ne pourrait jamais réaliser parfaitement l'idée dont elle est issue. En 1933, au contraire, lorsque l'Allemagne quittera la première assemblée où cette idée commençait de s'incarner, Heidegger expliquera: «Ce n'est ni l'ambition, ni la passion de la gloire, ni l'entêtement aveugle, ni l'instinct de puissance, c'est uniquement la volonté claire d'être sans condition responsable de soi-même pour assumer et maîtriser le destin de notre peuple qui a exigé du Führer notre départ de la 'Ligue des Nations'. Ce n'est *pas* se détourner de la communauté des peuples, au contraire: en faisant ce pas, notre peuple se soumet à cette loi d'essence de l'être de l'homme, à laquelle tout peuple doit d'abord rendre obéissance s'il veut encore être un peuple», c-à-d la loi de la responsabilité inconditionnée de soi-même.[29]

Ces lignes ont à peine trente ans d'âge. Mais ne parlent-elles pas un langage beaucoup plus marqué par le temps déjà que les réflexions du vieux Kant sur les conditions d'une paix perpétuelle? Et n'est-il pas à craindre que l'homme capable de mêler aussi spontanément la langue technique de la philosophie et le jargon d'un parti n'ait pas compris l'essentiel d'une *Critique de la raison pure,* ni sa conception historique de l'être de l'étant concret?

M. Weil a fait voir que la méditation critique culmine dans l'interrogation sur le sens du fait humain.[30] Et pour Kant, ce fait, s'il inclut la disposition naturelle à philosopher, consiste surtout en sa condition personnelle de professeur de philosophie dans un Etat «éclairé». Comprendre l'être de l'étant, c'est, dans le kantisme, chercher à comprendre le sens d'un enseignement – et d'un enseignement officiel – de la philosophie.

Le *Conflit des Facultés* dira fermement: «Il faut qu'existe

[29] Ces mots se trouvent et dans la *Bekenntnis* déjà citée (ci-dessus, p. 11, n. 9) et dans un appel aux étudiants à l'occasion du même referendum – (*Freiburger Studentenzeitung*, VII (Sem. XV) n° Ia (Wahlnummer), 10 nov. 1933, p. 1 – Cfr. SCHNEEBERGER, *op. cit.*, pp. 144 et 148. – L'idée d'une communauté entre peuples d'autant plus grande que chacun prend plus au sérieux ce qui l'oppose aux autres se retrouve encore dans *Wege zur Aussprache*, la contribution de M. HEIDEGGER au premier annuaire de la ville de Fribourg, *Alemannenland*, Ein Buch von Volkstum und Sendung, hrsgb. von Oberbürgermeister Dr. F. KERBER, 1937, pp. 135–139; le texte est reproduit par SCHNEEBERGER, *Nachlese*, pp. 258–262. Il s'agit de poser les conditions philosophiques d'une *Verständigung* authentique entre France et Allemagne.

[30] *Problèmes kantiens*, c. II, Sens et fait.

encore dans l'université, en plus de l'institution scientifique pu-
blique, une Faculté qui, étant indépendante des ordres du gouvernement pour ce qui concerne les doctrines, ait la liberté, non
pas de donner des ordres mais de les juger tous; une faculté qui
s'occupe de l'intérêt scientifique, c-à-d celui de la vérité, et où la
raison doit avoir le droit de parler publiquement. Sans cette
Faculté la vérité ne se manifesterait pas (pour le malheur du
gouvernement lui-même); or la raison est libre par nature et
n'accepte pas un ordre lui intimant de tenir quoi que ce soit pour
vrai (elle n'accepte aucun *crede* mais seulement un libre *credo*)».[31]

La vérité dont Kant nous dit que la raison libre doit s'en faire
la gardienne n'est évidemment pas la simple adéquation logique
de l'esprit à la chose. Mais le *credo* de Heidegger, la responsabilité
qu'il assumait en mettant sinon sa pensée du moins sa parole au
service du Führer était-ce encore une mission de l'être dans l'histoire antérieurement à toute morale? Ou bien n'y avait-il plus
dans ce comportement, au-delà du bien et du mal, qu'une simple
adéquation de l'être à l'événement?

Pour la compréhension de l'idée de philosophie, ces questions
ne sont pas sans importance. Il s'agit finalement de savoir si la
ressaisie de la finitude n'implique pas comme structure d'être
l'acceptation morale d'une certaine rationalité. Une fois abolie la
domination du Logos pour lequel *ens, verum et bonum convertun-
tur*, ne demeure-t-il pas inéluctable que la compréhension humaine de l'être de l'étant doive pour être ontologique être entente raisonnable dans le dialogue et le respect?

Dialogue et respect sont bien, semble-t-il, les deux présupposés du discours pathétique sur la pensée de l'être dans le temps
que poursuit, en un langage de plus en plus hermétique, l'oeuvre
de Heidegger.

Mais précisément: le pathétique de l'être et du temps n'a jamais été thématisé comme tel par le philosophe. N'empêche-t-il
pas dès lors de thématiser à leur tour le respect et le dialogue,
comme il le faudrait faire pourtant si l'on veut accomplir dans le
modestie du fini une philosophie de la finitude?

N'est-ce pas ce pathétique non thématisé qui enfonce dans l'obscurité d'un monologue héraclitéen ce penseur dont le verbe d'allure prophétique n'aurait peut-être jamais pris forme sans la

[31] SF, Cass. VII, 329–330; *trad.*, pp. 16–17.

nécessité prosaïue de donner des cours de philosophie dans une
université allemande?

Kant voulait montrer que la finitude se manifeste dans les limites que l'expérience – et celle d'enseigner tout particulièrement – impose à l'universalité de la raison théorique, morale et
judicative. En renouvelant l'interprétation du kantisme, Heidegger force son lecteur à se demander si une certaine universalité
de cette raison théorique, morale et judicative, qui rend possible
un enseignement, ou du moins une communication, de la philosophie, ne constitue pas une limite infranchissable de la compréhension finie de l'être.

PREMIÈRE PARTIE

LES DOCUMENTS DE L'ENQUÊTE ET
LEUR SIGNIFICATION GÉNÉRALE

CHAPITRE I

LES ÉCRITS DE HEIDEGGER
CONCERNANT KANT

I. LA CHRONOLOGIE ET LA «KEHRE»

Le premier texte de Heidegger qui ait trait à la philosophie critique date de 1912. *Kants These über das Sein* paraît en 1962.[1]

Etalés sur cinquante années, les écrits qui intéressent notre sujet peuvent se grouper en quatre sections correspondant assez bien aux étapes d'une réflexion partie du néo-kantisme pour se faire pensée de l'être.

1. Une première section comprend la plus grande partie de ce que l'auteur publie entre 1912 et 1916, c-à-d:

une série de recensions d'importance variée.[2]

sa thèse de doctorat présentée en 1914.[3]

un article de 1916 reproduisant le texte de la leçon inaugurale donnée à Fribourg en 1915.[4]

En gros, on peut qualifier de néo-kantienne l'interprétation de la Critique qui transparaît à travers ces premières publications. Cependant des préoccupations d'origine toute différente s'y font jour, qui influencent déjà la façon de comprendre Kant.

2. C'est en 1927 seulement, après onze ans de silence, qu'est édité *Sein und Zeit*.[5] Il forme le centre du second groupe de publications qu'il nous faut considérer.

A divers endroits de l'ouvrage, l'auteur discute des thèses kantiennes et son optique semble varier d'un passage à l'autre. Mais ce n'est pas seulement à ce titre que le livre requiert notre examen. Le point important est plutôt celui-ci: la réflexion sur

---

[1] Sigle: KTS.

[2] La bibliographie de ces cinq textes parus de 1912 à 1914 dans deux revues sera donnée au moment où nous les étudierons.

[3] *Die Lehre vom Urteil im Psychologismus*, Leipzig, Barth, 1914.

[4] *Der Zeitbegriff in der Geschichtwissenschaft*, Leipzig, 1915.

[5] Sigle: SZ.

l'intention critique appartient à la structure même d'une philosophie de l'être et du temps. A telle enseigne que *Kant et le problème de la métaphysique*, imprimé en 1929 mais qui fut composé plusieurs années auparavant, entre dans le projet complet mais jamais exécuté de *Sein und Zeit*.[6]

Selon des indications tardives et du reste partielles de l'auteur, il faut rattacher encore au tronc de *Sein und Zeit*, et très exactement à ce point où vient s'insérer le premier *Kantbuch*, deux ouvrages pensés vers cette époque: *Vom Wesen des Grundes*, publié en 1929, et *Vom Wesen der Wahrheit*, imprimé seulement en 1943.[7]

En plus de leur appartenance organique à ce moment de la pensée heideggerienne, ces deux livres intéressent matériellement notre sujet. Le premier contient un développement sur l'idée kantienne de monde; le second oppose à celle de Kant une conception de la liberté philosophique qui serait plus fidèle à l'être.[8]

3. Deux textes mineurs des années 1928 et 1929 nous paraissent former un troisième ensemble digne d'être considéré pour lui-même. Tous deux concernent Ernst Cassirer.

C'est d'abord le compte rendu, donné en 1928 à la *Deutsche Literaturzeitung*, de la seconde partie de la *Philosophie der symbolischen Formen*.[9]

C'est ensuite le procès-verbal d'un entretien entre les deux philosophes qui eut lieu à Davos lors des rencontres universitaires de 1929 et qui avait pour thème l'interprétation proposée dans *Kant et le problème de la métaphysique*.[10]

Le texte dont nous disposons actuellement représente environ le tiers d'un travail plus complet rédigé à l'époque par J. Ritter et O. F. Bollnow aujourd'hui professeurs ordinaires l'un à Münster l'autre à Tübingen. Le Dr. K. Gründer, assistant du professeur Ritter, est sur le point de publier la totalité de ces pages

---

[6] Cfr SZ, 4C et KM, Aus dem Vorwort zur ersten Auflage, 7; *trad.*, p. 54.

[7] Cfr *Vom Wesen des Grundes*, (Sigle: WG), Vorwort zur dritten Auflage, p. 5 et *Brief über den «Humanismus»* (Sigle: HB), pp. 68–69.

[8] WG, 27–35. WW, 25; *trad.*, pp. 102–103.

[9] E. CASSIRER, *Philosophie der symbolischen Formen*, II *Das mythische Denken*, Tübingen, 1925. – La recension de HEIDEGGER paraît dans la *Deutsche Literaturzeitung*, Berlin, (V) col. 1000 à 1012.

[10] Pour le texte, cfr. SCHNEEBERGER, *Ergänzungen*, 17–27; des commentaires d'un participant et de Madame E. Cassirer sur ces journées de Davos ont été publiés par le même auteur dans *Nachlese*, 1–9.

en les accompagnant de tous les documents, souvenirs et commentaires susceptibles de les éclairer. Le fragment édité par Schneeberger présente pourtant tel qu'il est une importance capitale pour notre sujet: Heidegger y expose une façon de comprendre la Dialectique de la raison pure qui transforme, sans la supprimer il est vrai, la perspective adoptée dans le premier Kantbuch.[11]

A ce troisième groupe se rattachent d'une part les notes concernant Heidegger éparses dans la troisième partie de la *Philosophie der symbolischen Formen* [12] et d'autre part l'article des *Kantstudien* où Cassirer, en 1931, complète et ajuste les remarques sur *Kant et le problème de la métaphysique* qu'il avait formulées déjà à Davos.[13]

4. Depuis 1930 environ, la pensée heideggerienne dépassant toute «métaphysique» et même l'ontologie du *Dasein* s'efforce de comprendre le destin de l'homme à partir de l'être. Deux ouvrages consacrés à Kant s'intègrent à ce mouvement: *Die Frage nach dem Ding*, paru en 1962 mais qui reproduit le texte d'un cours de l'hiver 1935 sur des questions fondamentales de métaphysique[14]; *Kants These über das Sein*, édité lui aussi en 1962.

L'interrogation concernant «la chose» se développe en interprétant le chapitre de l'Analytique intitulé «Système de tous les principes de l'entendement pur». Ces textes sont ceux-là mêmes que Cassirer reprochait à Heidegger de n'avoir pas pris en considération dans *Kant et le problème de la métaphysique*.

Le même chapitre de l'Analytique fournit une bonne part des passages interprétés dans *Kants These über das Sein*. Ils sont examinés ici selon la perspective définie par le rapport que soutient la pensée avec l'être.

Les deux ouvrages précédents peuvent encore être considérés, en un sens large, comme des commentaires de textes kantiens. Mais dans deux autres oeuvres, *Nietzsche* et *Der Satz vom Grund*, Heidegger nous livre une vue plus générale du kantisme en tant qu'il constitue dans l'histoire de l'être une réponse à l'appel

[11] Cfr H. DECLÈVE, *Heidegger et Cassirer interprètes de Kant* in *Revue philosophique de Louvain*, 67, 1969, pp. 517 – 545.
[12] E. CASSIRER, *Philosophie der symbolischen Formen*, III *Phänomenologie der Erkenntnis*, pp. 173 ss., note 1 – p. 190, note 1, – pp. 219–220 – p. 194.
[13] E. CASSIRER, «Bemerkungen», in *Kantstudien*, XXXVI, 1931, 1–26.
[14] FD, VII et RICHARDSON, *Heidegger*, 668.

du principe de raison.[15] Ces réflexions, sous forme parfois de simples notes, rattachent la dernière façon de comprendre Kant à la constellation de pensée que laissait entrevoir déjà *Vom Wesen des Grundes*: l'interprétation du kantisme comme mise en question de la métaphysique se prolonge ici en une critique de la technique.

Une fois dressée cette liste des travaux où nous trouverons Heidegger en train de méditer Kant, il pourrait sembler que nous tenons du même coup le plan de notre travail. Ne suffirait-il pas en effet de suivre, selon la chronologie, l'itinéraire allant du néo-kantisme des premiers écrits jusqu'à l'interprétation la plus récente qui s'efforce de rencontrer Kant dans la clairière de l'être?

Cette façon de procéder n'offrirait en soi que les avantages. Elle implique malheureusement un présupposé qui s'avère inacceptable en fait, et c'est que l'ordre de parution des oeuvres de Heidegger serait identiquement celui de leur composition.

L'auteur lui-même a pris soin, en certains cas au moins, de signaler cette singularité. Mais le philologue qui décrirait le développement de l'interprétation heideggerienne du kantisme ne manquerait pas d'en venir à la même conclusion. Car il repèrerait sans trop de peine que, pour le contenu, le commentaire va, à partir de *Sein und Zeit*, d'une contestation très dure de la philosophie critique à un acquiescement nuancé selon un ordre qui ne coïncide pas, entre 1927 et 1936 principalement, avec celui de l'édition.

Ainsi, tout en articulant certain reproche fondamental, l'Introduction de *Sein und Zeit* porte dans l'ensemble un jugement favorable; et ces pages programmatiques rejoignent, pour le sujet qui nous intéresse, les conclusions de *Kant et le problème de la métaphysique*. Par contre les paragraphes 43 et 64 de *Sein und Zeit* se montrent fort négatifs à l'égard de la pensée kantienne; ils ne tiennent de plus aucun compte d'une éventuelle

---

[15] Cfr *Nietzsche* (Sigle: N), I, pp. 126–135 (texte de 1936 concernant l'esthétique kantienne, spécialement pp. 128–129); N, I, 611 (remarque de 1935 sur la volonté selon Kant); N, II, 464 à 469 (notes sur la Critique dans *Entwürfe zur Geschichte des Seins als Metaphysik*; ces dernières notes trouvent leurs doublets ou leurs parallèles dans d'autres notes datées de 1936–1946 et groupées sous le titre «Die Ueberwindung der Metaphysik», in *Vorträge und Aufsätze*, pp. 71–99).

Dans *Der Satz vom Grund* (Sigle: SG), les chapitres 9 à 11 intéressent notre sujet; *trad.*, pp. 158–204; l'ouvrage contient le texte d'un cours donné durant l'hiver 1955–1956 et celui d'une conférence tenue à Brême, puis à Vienne en 1956.

différence entre les deux éditions de la *Critique de la raison pure*, point qui devient capital dans le *Kantbuch*.

Dans la suite *Vom Wesen des Grundes* et *Die Frage nach dem Ding* ne contiennent que fort peu de remarques négatives. Les perspectives de Heidegger et celles de Kant semblent ici coïncider tout comme, du reste, en bien des passages de l'exposé fait à Davos quelques mois, notons-le, avant la parution de *Kant et le problème de la métaphysique*.

Enfin, à partir des fragments datés de 1936 que font connaître les *Vorträge und Aufsätze* et le *Nietzsche*, les déficiences et le positif de la Critique sont définitivement mis en lumière tant à l'égard du problème de l'être qu'en ce qui concerne l'attrait entre l'être et le penser.

Mis à part les articles de jeunesse, l'interprétation se développerait donc selon quatre périodes rythmiques dont l'articulation ressortirait assez facilement moyennant une révision de la chronologie apparente. Les publications échelonnées entre *Sein und Zeit* et *Vom Wesen der Wahrheit* ne nous restituent en effet que d'une manière artificielle le cheminement de la pensée en train de converser avec Kant durant cette période.

Mais en méditant la Critique le philosophe de Fribourg s'intéresse finalement au seul problème qui, selon sa vue personnelle, constitue la philosophie, c'est à dire à l'interprétation des multiples sens, des multiples manifestations et missions de l'être. Pour comprendre la lecture «authentique» du kantisme qui nous est ainsi proposée, il importe donc d'intégrer les écrits dont nous venons de parler au développement de la pensée heideggerienne elle-même. Or ce développement peut être envisagé selon deux schèmes complémentaires, le premier qui distingue une période antérieure et une période postérieure à la Kehre, c'est à dire un renversement du rapport de la pensée à l'être, – le second qui distingue trois degrés dont la succession est nécessaire: l'accomplissement de la subjectivité, la pensée du rien et la pensée de l'Être.

Il est admis couramment que la *Kehre* consiste à s'interroger sur l'homme et l'étant dans l'histoire à partie de l'être et non plus sur l'être à partir de l'étant et de l'homme dans l'histoire. On a pu dire qu'avant la *Kehre*, c'est seulement dans la mesure où le *Dasein* est qu'il y a l'être, tandis qu'après ce renversement de la pensée, c'est seulement dans la mesure où l'être se donne que le *Dasein* est.

Avec plus de précision et en déterminant la date à laquelle il s'effectue, le revirement en question peut encore se catactériser comme suit. Les premières oeuvres (SZ, WG, KM) se proposaient d'analyser l'être-là et l'accomplissement de sa transcendance, qui est fondamentalement accomplissement de la vérité.[16] A partir de *Was ist Metaphysik?*, le *là* de l'être-là se comprend de plus en plus comme le *là* de l'être. Il apparaît alors que le penser est accomplissement de ce *là*, qu'il appartient donc à l'être, puisque c'est par l'être qu'est jeté l'être-là. Mais d'autre part, le penser est à l'écoute de l'être dans toute la mesure où, par ce penser, le *là* s'assume lui-même comme gardien de l'être.[17]

Comme l'indique le titre de la conférence qui fait ici charnière, la *Kehre* définit le lien entre deux attitudes à l'égard de la métaphysique.

Avant 1929, si la méditation se présente comme une destruction de la métaphysique, elle s'effectue toutefois «à l'intérieur» du courant qui, depuis Platon, s'interroge sur l'étant en totalité mais à partir de l'être de l'étant comme étant. La rupture consiste simplement à porter l'attention sur l'être-là, sur ce qui, dans l'homme, est ouverture à l'être et permet ainsi la rencontre de l'étant. A la rigueur on peut encore voir dans cette ontologie fondamentale un approfondissement de la métaphysique.

Mais en 1929, la question «Qu'est-ce que la métaphysique?» «surgit pour un penser qui est déjà engagé dans le dépassement de la métaphysique».[18] Dès cette époque, l'auteur perçoit claire-ment que l'interrogation concernant l'être ne peut être menée uniquement «de l'intérieur» de l'ontologie et qu'il faut, pour la poursuivre, procéder à une conquête à partir «de l'extérieur». Il ne suffit pas de montrer que la question portant sur l'être de l'étant a son fondement dans une autre portant sur l'être du *Dasein*; il faut faire voir encore que cette dernière se fonde à son tour dans celle-ci, à laquelle s'ouvre le *Dasein* sous la contrainte du rien: «Pourquoi l'étant et non pas plutôt rien du tout?».[19]

Le problème du rien constitue donc, en tant qu'étape du dé-

---

[16] RICHARDSON, *Heidegger*, 294.
[17] *Op. cit.*, 22.
[18] *Was ist Metaphysik?* (Sigle: WM), Nachwort de 1943, p. 43.
[19] WM, 42.

passement de la métaphysique, un moment nécessaire du revirement de la pensée. Or ce problème est lié à un autre, celui de la différence ontologique, que la métaphysique ne pose pas non plus.[20] Et c'est en 1928, nous dit l'auteur, qu'il s'attache à méditer sur le rien en préparant *Was ist Metaphysik?*, tandis qu'il s'efforce, dans *Vom Wesen des Grundes*, de nommer la différence entre l'être et l'étant. Cette année tient donc une place centrale dans le développement de la pensée heideggerienne.

Tout ceci nous indique à quel point le premier livre sur Kant, préparé depuis 1925 et paru en 1929, se trouve intimement intéressé à cette philosophie de l'être en rupture avec l'ontologie traditionnelle. L'ouvrage souligne en effet l'importance du rien en étudiant la structure de l'objectivité et il met en lumière l'ignorance où reste la métaphysique à l'égard de la différence ontologique.[21] Pareilles notations auraient dû prévenir le contresens commis par certains, qui prêtèrent à Heidegger le propos de montrer comment la *Critique de la raison pure* approfondit les thèmes habituels des traités de métaphysique. «Le titre de cet écrit est imprécis, nous dit-il en 1962, et il conduit par suite à ce malentendu qu'il s'agirait, quand on parle du 'problème de la métaphysique', de la problématique que la métaphysique aurait pour tâche de maîtriser. 'Le problème de la métaphysique' veut bien dire pourtant que la métaphysique comme telle est ce qui fait question, *meint doch die Fragwürdigkeit der Metaphysik als solcher*».[22]

Le titre *Kant et le problème de la métaphysique* signifie donc que le philosophe de Königsberg a bien aperçu l'insuffisance de la métaphysique par rapport à la question de l'être mais qu'en même temps, dans la mesure où il ne reprend pas les choses de, l'extérieur, il contribue à rendre cette insuffisance plus aiguë voire plus périlleuse.

Pour notre étude cette situation particulière du premier livre sur Kant comporte des conséquences. D'une part il nous faudra lire les écrits des années 1928–1929 sans perdre de vue le revirement qui est en train de s'y opérer; par voie de conséquence, nous devrons nous demander si les questions concernant le rien et la

[20] HB, 52–53.
[21] HB, 52–53; KM, 71, 211–212, 215; *trad.*, pp. 131, 290–291, 294.
[22] FD, 97.

différence ontologique sont bien intégrées à l'interprétation du kantisme selon les exigences de la *Critique* elle-même. Il nous faudra d'autre part renoncer au schème simpliste qui voudrait distinguer dans la compréhension heideggerienne du kantisme deux étapes complémentaires séparées par la *Kehre,* que l'on daterait de 1930 environ; il est manifeste en effet que les premiers écrits traitant de Kant se situent déjà dans le revirement lui-même.

Cette dernière remarque prend toute son importance si l'on tient compte du lien qui unit la réflexion sur Kant à la problématique de *Sein und Zeit.* Car la façon de poser la question de l'être qu'inaugure cet ouvrage contient en elle-même une invitation à opérer un revirement de la pensée. C'est ce que souligne l'admirable interprète du *Denken* dans l'oeuvre de Heidegger, le P. Richardson.[23] Et la lettre du philosophe qui sert de préface à son étude confirme cette manière de voir:

«Pour qui voudra bien remarquer ce simple fait que dans *Sein und Zeit* la question est posée en étant retirée de la sphère du subjectivisme, que toute problématique anthropologique est écartée, que bien au contraire seule est déterminante l'expérience de l'être-là envisagée toujours dans la prospective de la question de l'être, il sera possible d'apercevoir en même temps que l'être interrogé dans *Sein und Zeit* ne peut pas demeurer ce que pose le sujet humain. C'est bien plutôt l'être, en tant que sa présence est toute empreinte de son caractère de temps, qui à la fois approche et intéresse l'être-là. En conséquence, par la façon même de poser la question de l'être dans *Sein und Zeit,* le penser lui aussi est invité à un changement qui fasse correspondre son mouvement au revirement».[24]

Le sens de cette déclaration ne saurait faire de doute: dès l'origine et jusqu'au terme, le développement de la méditation heideggerienne ne peut se comprendre en se référant uniquement au temps de la chronologie. Son essence temporelle n'est autre que la *Kehre.*

Or dans *Kant et le problème de la métaphysique* le fameux renversement commence tout à la fois à s'exprimer et à se dévoiler comme une exigence contenue dans la problématique de *Sein*

---

und Zeit. Ainsi replacé dans le tout de l'oeuvre l'essai sur la *Critique* suffit à justifier la distinction entre le premier et le second Heidegger. Mais il montre du même coup et l'artificiel de cette opposition didactique et la nécessité de la résoudre en s'efforçant d'atteindre ce que Richardson appelle un *Ur-Heidegger*, «la force secrète plus originelle encore que Heidegger II et qui fait surgir tant le premier que le second Heidegger».[25]

Cette force secrète, on peut se risquer à lui donner un nom. Car les affirmations du philosophe concernant l'unité de son oeuvre ne vont jamais sans souligner l'importance des changements advenus dans sa manière de dire.[26] En conséquence, le *Ur-Heidegger* devrait être considéré comme étant dès le début *Unterwegs zur Sprache* [27]: saisi par le mystère de l'être, le penseur a répondu à son appel en s'efforçant toujours d'assumer la nécessité où le met l'être (*Not-wendigkeit*) de dépasser et d'écouter, dans une langue sans cesse en travail, les insuffisances du dire et du penser. Mais justement parce que sa parole tend partout à dire le point de vue de l'être, ce penseur devra donner à la recherche historique l'impression qu'il change souvent de point de vue.

C'est pourquoi le philologue laissé à ses propres méthodes ne pourrait manquer de décrire le développement de l'interprétation heideggerienne du kantisme depuis la première guerre mondiale selon les quatre étapes que nous avions rapidement dégagées sans tenir compte de la *Kehre*. Pareille division, demeurant tout extérieure, rend évidemment impossible d'intégrer l'unique mouvement qui, dans les modifications idiomatiques, s'efforce de penser l'essence historique du phénomène Kant ou encore de penser Kant selon l'être et l'histoire de l'être.

Nous ne saurions faire fi pourtant de la recherche chronologique: son objectivité quelque peu positiviste enpêche en effet de se laisser prendre au jeu d'une lecture de Kant trop inconsciente de ses prestiges. Bien sûr, la philosophie de Heidegger est maintenant une oeuvre qui doit être considérée pour elle-même: les étapes matérielles de sa pensée n'existent plus pour nous

---

[25] RICHARDSON, *Heidegger*, p. 633.

[26] Cfr spécialement HB, 68–69 (ci-dessus p. 205); SZ, Vorbemerkung (1957), *Holzwege* (*Sigle*: HW), p. 145, et «Vorwort» in RICHARDSON, *Heidegger*, p. XIX.

[27] *Unterwegs zur Sprache* (*Sigle*: US) est, on le sait, le titre d'un ouvrage paru en 1959 dans lequel HEIDEGGER groupe cinq textes composés à des dates diverses depuis 1950.

sinon dans la temporalité nouvelle de ce signifié signifiant que
forme l'ensemble de ses écrits. Bien sûr encore, la compréhension
du tout ne saurait se fonder sur le temps des jours et des mois,
puisque le tout, sans toutefois leur préexister, ne résulte pas
d'une diversité de textes dont chacun serait, par réactions en-
chaînées, l'effet du précédent et la cause du suivant. N'empêche
que, si le temps de l'oeuvre intègre ainsi le temps des dates, il ne
l'abolit pas.

Aussi s'indique-t-il pour notre propos de restituer maintenant
autant que faire se peut l'ordre de composition des divers travaux de Heidegger sur Kant entre 1917 et 1931, durant les années mêmes où l'oeuvre, en train de se saisir comme revirement
de la pensée, commence aussi de transcender le pur chronologique. Quant aux tout premiers écrits, nous pouvons en remettre
l'examen à plus tard: leur sens apparaîtra mieux une fois comprise la complexité de *Sein und Zeit*.

2. LES TRAVAUX DE HEIDEGGER SUR KANT DE 1917 A 1930

Dès 1915, dans sa leçon inaugurale, Heidegger constatait parmi
les philosophes un regain d'intérêt pour les questions métaphysiques.

En 1927, l'Introduction de *Sein und Zeit* débute en se demandant au contraire si l'intérêt pour le problème de l'être tel que le
pose habituellement la métaphysique n'est pas en réalité un
oubli de l'être. Et les pages suivantes, où la référence à Kant af-
fleure sans cesse quand elle n'est pas explicite, rompt décidément
avec le transcendantalisme logique.

Est-il possible de déterminer quelques moments du renversement de perspective qui s'est achevé entre 1915 et 1927? Es-
sayons de le faire, en nous efforçant d'abord de ne pas mêler plus
qu'il ne sera indispensable les données de critique interne aux
renseignements qui ne sont pas issus formellement du contenu
même des oeuvres.

Ayant interrompu ses activités académiques après le semestre
d'hiver 1916–1917, Heidegger les reprend au printemps de 1919.

Il est alors assistant de Husserl. Mais tout en collaborant avec
le maître, il continue de méditer Aristote, principalement le

livre neuvième de la *Métaphysique* et le livre sixième de l'*Ethique à Nicomaque*. Ainsi se prépare le concept de Phénoménologie tel que l'exposera l'Introduction à *Sein und Zeit*.[28]

D'une part en effet, le principe fondamental «aller aux choses elle-mêmes» prend peu à peu le sens de «rendre manifeste ce qui se montre».[29]

Et d'autre part, la vérité est comprise comme un non-voilement (*a-lêtheia*). Ce qui implique que l'on reconnaisse dans la présence (*Anwesenheit*) le caractère essentiel de l'*ousia*, c-à-d de l'être de l'étant. Comme cette pré-sence est inséparable du présent temporel (*Gegenwart*), la pensée est amenée à s'interroger, non seulement sur la temporalité de l'étant, mais sur le caractère temporel de l'être lui-même.[30]

Il n'est plus possible dès lors que *die Sache selbst* – ce qui se montre et qu'il faut rendre manifeste – soit encore une conscience intentionnelle ou un Ego transcendantal. *Sein und Zeit* va précisément montrer que c'est l'être qui doit demeurer pour la pensée «ce dont il s'agit en premier comme en dernier lieu», *die erste und die letzte Sache*.[31] Cette manière de comprendre le principe du «retour aux choses mêmes» s'oppose à «'la Phénoménologie' dans le sens de Husserl, organisée entre-temps en une opposition philosophique nette selon un modèle établi à partir de Descartes, de Kant et de Fichte».[32]

Durant les années où se prépare *Sein und Zeit,* la réflexion de Heidegger sur le kantisme se trouve donc déterminée par le souci de lutter contre une idée de la Phénoménologie qui accorde le primat à la conscience «transcendantale» et ne tient pas compte de l'historicité.[33] Les textes dans lesquels l'interprète attribuera à Kant lui-même une pensée de ce type nous semblent en conséquence devoir être considérés comme les plus anciens.[34] D'autres indices viendront confirmer cette hypothèse.

Mais en même temps tous les éléments sont à pied d'oeuvre

---

[28] HEIDEGGER, «Vorwort» in RICHARDSON, *Heidegger*, XI.
[29] *Loc. cit.*
[30] *Op. cit.,* XII.
[31] *Op. cit.,* XV.
[32] *Op. cit.,* XV.
[33] *Loc. cit.*; Heidegger cite à titre d'exemple l'article de HUSSERL, *Philosophie als strenge Wissenschaft*, qui date de 1910 déjà.
[34] Ainsi les paragraphes 43 et 64 de SZ.

qui permettront une reprise de la problématique critique dans la perspective d'une Phénoménologie proprement ontologique.

C'est en 1923 seulement que le philosophe fait à nouveau figurer des textes choisis de Kant au programme de son enseignement. Il tient avec Ebbinghaus un séminaire sur les fondements théologiques de *La religion dans les limites de la simple raison*.[35]

Quelques mois plus tard, Heidegger est nommé à l'Université de Marbourg en qualité de professeur ordinaire. Durant l'hiver 1925–1926, il y tient un séminaire pour débutants, qu'il intitule «Exercices phénoménologiques sur la *Critique de la raison pure*». Il s'agit de ce qui deviendra *Kant et le problème de la métaphysique*.[36]

Cette explication de la *Critique* s'est développée en relation étroite avec une première élaboration de la seconde partie, jamais publiée, de *Sein und Zeit*.[37] Et c'est à n'en pas douter cette connexion, et non le seul désir de rendre de Marbourg un hommage à Husserl, qui justifie le titre d'«*Exercices phénoménologiques*» choisi par Heidegger pour son cours. L'adjectif doit se comprendre dans le sens qu'explicite l'Introduction à *Sein und Zeit*: le phénomène, la «chose même» qu'il s'agit ici de se laisser manifester, c'est la destruction de l'ontologie accomplie par Kant, en même temps que son insuffisance.

Dès l'hiver de 1925, ce que Heidegger écrira sur Kant ne sera plus orienté seulement par le souci polémique d'atteindre à travers la *Critique* la conception husserlienne de la Phénoménologie: la problématique «transcendantale» de la connaissance et du Je est dès maintenant envahie et dominée par celle de l'être. Du même coup, la séparation d'avec Husserl entraîne l'abandon de l'interprétation néo-kantienne.

Kant et le problème de la métaphysique pourrait toutefois contenir encore des passages antérieurs à ce renouvellement de perspective. Car l'étude sur la *Critique*, nous dit l'auteur, forme une sorte d'introduction historique à la problématique développée dans la première partie de *Sein und Zeit*.[38]

Il n'est pas déraisonnable de supposer, dans ces conditions,

---

[35] Cfr RICHARDSON, *Heidegger*, 664.
[36] RICHARDSON, *op. cit.*, 665 et KM, 7: Aus dem Vorwort zur ersten Auflage; *trad.*, p. 53.
[37] KM, 7.
[38] KM, Vorwort zur ersten Auflage, *trad.*, p. 53.

que le corps même de ce dernier ouvrage s'était déjà constitué au début de l'année 1926. Son Introduction aura été composée, comme il est normal, une fois le reste achevé. Et l'on pourrait même admettre qu'elle fut écrite vers la fin de l'hiver, au moment où Heidegger termine son séminaire sur Kant par une «Répétition de l'instauration du fondement de la métaphysique» en des leçons que le P. Richardson estime à bon droit être la meilleure introduction à *Sein und Zeit*.[39]

L'hiver 1926–1927 est occupé entre autres par des leçons sur l'histoire de la philosophie depuis Thomas d'Aquin jusque Kant.[40] Et c'est en 1927 que paraît *Sein und Zeit* dans la collection dirigée par Husserl. Durant l'été, Heidegger fait cours sur les concepts fondamentaux de la Phénoménologie.

A la rentrée suivante, il reprend une «Interprétation phénoménologique de la *Critique de la raison pure*».[41]

Peut-être est-ce durant ce même hiver 1927–1928 qu'a lieu la dernière conversation de Heidegger avec Scheler sur les thèmes du premier *Kantbuch*, c-à-d sur l'interprétation «phénoménologique» du schématisme transcendantal et son rapport à une anthropologie.[42] Scheler, on le sait, mourra en mai 1928.

En septembre de cette même année, Heidegger expose encore une fois le contenu de *Kant et le problème de la métaphysique* lors de conférences données à Riga.[43] Et c'est également l'interprétation ontologique du schématisme qui constitue la base de la critique dirigée contre le néo-kantisme dans la recension consacrée au second volume de la *Philosophie der symbolischen Formen* de Cassirer.[44]

Le semestre d'hiver 1928–1929 voit Heidegger revenir à Fribourg. Il y tient pour les débutants un séminaire: «Exercices phénoménologiques sur la *Grundlegung der Metaphysik der Sitten*».[45]

---

[39] Cfr KM, 185–222 et spécialement 197–208 (Le problème de la finitude dans l'homme et la métaphysique du *Dasein*), 208–222 (La métaphysique du *Dasein* comme ontologie transcendendantale); *trad.*; pp. 261-275-287-302. – RICHARDSON, *Heidegger*, 28.

[40] RICHARDSON, *op. cit.*, 665.

[41] *Loc. cit.*

[42] KM, 7; *trad.*, p. 54.

[43] KM, 7; *trad.*, p. 53.

[44] Recension parue en 1928 in *Deutsche Literaturzeitung*, V, 1000–1012.

[45] RICHARDSON, *Heidegger*, 666.

Mais en cette fin de 1928, il s'occupe, depuis quelques temps déjà, de composer les deux textes par lesquels il célèbre le soixante-dixième anniversaire de Husserl et sa propre accession à la chaire du maître: *Vom Wesen des Grundes*, qui sera sa contribution au volume jubilaire du *Jahrbuch*, et *Was ist Metaphysik?*, la leçon solennelle qu'il fera à la fin de l'année académique.[46]

Du 17 mars au 8 avril 1929, se tiennent les journées universitaires de Davos. Censément, c'est le contenu de *Kant et le problème de la métaphysique* qu'expose Heidegger aux participants.[47]

Cependant les minutes de son entretien avec Cassirer, que nous avons déjà citées, reflètent une vue du kantisme différente de l'interprétation qu'allait rendre officielle quelques mois plus tard la publication du *Kantbuch*. Et cette différence relie la discussion à *Vom Wesen des Grundes*, d'une part, et au séminaire sur la *Grundlegung*, d'autre part.

En effet, Heidegger, sans affaiblir l'importance qu'il accorde au schématisme et à l'imagination, insiste maintenant sur la place centrale qu'occupe dans la *Critique* la théorie des idées: il voit dans la Dialectique une ontologie fondamentale.[48] Or à pareille conception, on ne trouve dans le *Kantbuch* qu'une allusion purement interrogative: la valeur de la Dialectique comme ontologie doit, nous dit le dernier paragraphe, demeurer une question ouverte pour des recherches ultérieures.[49] Dans *Vom Wesen des Grundes* au contraire, un développement important concernant la notion kantienne de monde met vigoureusement en relief la valeur ontologique des idées de la raison.[50]

De plus la conversation avec Cassirer se réfère de façon indubitable au célèbre passage de la *Grundlegung* sur l'incompréhensibilité de la liberté.[51]

Tout ceci nous montre qu'à la Pentecôte 1929, lorsqu'il achève l'avant-propos à son livre sur Kant, Heidegger a conscience de livrer au public un ouvrage complexe; son incontestable unité

---

[46] WG, 5.

[47] KM, 7; *trad.*, p. 53 et SCHNEEBERGER, *Ergänzungen*, 17–27, *Nachlese*, 1–9.

[48] HEIDEGGER, in SCHNEEBERGER. *Ergänzungen*, 17 – Cette perspective, notons-le, n'est pas radicalement nouvelle. Elle se fait jour dans une note de SZ, 320. Mais elle n'est pas éclaircie avant les entretiens de Davos et WG.

[49] KM, 221; *trad.*, pp. 300–301.

[50] WG, 27–33.

[51] Cfr KANT, GMS, Cass. IV, 322; *trad.*, p. 206–207; et HEIDEGGER, in SCHNEEBERGER, *Ergänzungen*, 21 et 23.

ne saurait, sous peine de perdre toute signification, faire oublier le développement dans lequel elle s'intègre et qui n'est pas encore achevé. La valeur fondamentale accordée au phénomène du schématisme ne se comprend authentiquement qu'à la condition de situer cette interprétation dans un itinéraire de pensée où les étapes de la liberté et du rien mènent de la temporalité du *Dasein* humain à la temporalité et à l'histoire de l'être. Il s'agit bien, en d'autres termes, de penser «Kant et la métaphysique en tant qu'elle fait question».

Pour éclairer l'ensemble de cette problématique, il n'est que de prendre au sérieux les connexions qu'indique l'avant-propos dont nous parlions, non seulement avec *Vom Wesen des Grundes,* mais surtout avec la seconde partie de *Sein und Zeit.*[52]

Pour plus de clarté, donnons ici le plan de ce dernier ouvrage tel qu'il est esquissé à la fin de l'Introduction [53]:

Première partie: L'interprétation de l'être-là par la temporalité et l'explication du temps comme horizon transcendantal de la question de l'être.

Section *1*: L'analyse fondamentale préliminaire de l'être-là.

Section *2*: L'être-là et la temporalité.

Section *3*: Le temps et l'être (N.B.: = WW).

Deuxième partie: Eléments d'une destruction phénoménologique de l'histoire de l'ontologie à la lumière de la problématique de la temporalité.

Section *1*: La doctrine kantienne du schématisme et du temps comme premier développement d'une problématique de la temporalité.

Section *2*: Le fondement ontologique du *cogito sum* cartésien et la survivance de l'ontologie médiévale dans la problématique de la *res cogitans*.

Section *3*: Le traité d'Aristote sur le temps comme critère du fondement et des limites de l'ontologie antique.

A lire ce plan, on pourrait considérer l'interprétation phéno-

---

[52] KM, Vorwort zur ersten Auflage; *trad.*, pp. 53–54; et aussi KM, 112 (WG, 15 ss.), 115 (WG, 11 ss.), 139 (WG, 28 ss.), 202 (WG, 9 ss.); *trad.*, pp. 176–177, 180, 209, 280.
[53] SZ, 39–40: nous indiquons par un pointillé l'endroit où s'arrête le texte publié; la référence marginale à WW sera expliquée plus bas.

ménologique de la *Critique de la raison pure* comme la première section de la seconde partie de *Sein und Zeit,* c-à-d comme la première étape d'une destruction de l'ontologie. Cependant l'auteur nous avertit que cette seconde partie aurait dû se placer au niveau d'une problématique plus générale: elle aurait renoncé à une explication détaillée de la *Critique.* Et il signale, nous l'avons vu, les liens du *Kantbuch* avec la première partie de *Sein und Zeit.*[54]

On ne trouvera donc pas dans *Kant et le problème de la métaphysique* la clarté qu'aurait pu avoir un exposé répondant exactement au plan prévu et intervenant *après* le revirement de «l'être et le temps» en «le temps et l'être» qui devait achever la première partie de *Sein und Zeit.* Le livre sur Kant reflète le mouvement d'une pensée depuis 1924 jusqu'en 1929. Mais s'il déborde ainsi les préoccupations que laissait entrevoir le projet d'une destruction de l'ontologie, il participe toutefois de l'inachèvement où l'impuissance du langage de la métaphysique traditionnelle oblige à laisser le travail promis.

De la sorte ce *Kantbuch* se voit situé par rapport à un autre écrit fort important de Heidegger, *Vom Wesen der Wahrheit.*

Nous l'avons dit, la première version de cette étude présentée à Karlsruhe en juillet 1930 était fortement imprégnée des intérêts idéologiques du moment. Et à cet égard elle demeurait dans l'atmosphère de l'entretien avec Cassirer, où perce une pointe d'antisémitisme.

Mais l'intérêt majeur de ces pages que l'auteur retravaillera souvent provient de ceci: «elles font quelque peu entrevoir la pensée du renversement de *Sein und Zeit* en *Zeit und Sein».*[55]

C'est donc finalement dans *Vom Wesen der Wahrheit* que se trouve exprimée le plus adéquatement la pensée qui se cherche tout au long des années où furent composés les textes issus du projet initial de terminer la première partie de *Sein und Zeit* et d'y ajouter une seconde partie, une destruction de l'ontologie.[56]

Les recherches un peu tatillonnes qui précèdent autorisent à

---

[54] KM, Vorwort zur ersten Auflage; *trad.,* p. 53; ci-dessus, note 49, p. 34.

[55] HB, 68–69.

[56] L'importance philosophique de *Vom Wesen der Wahrheit* demandait, nous a-t-il semblé, que l'on remette cette conférence dans son *Sitz im Leben*; c'est ce que nous avons fait dans l'introduction, ci-dessus p. 10.

risquer de sérier dans le temps les écrits de Heidegger sur le kantisme entre les environs de 1920 et 1930.

1. Les passages les plus anciens semblent bien être les analyses des théories kantiennes sur la réalité du monde extérieur et sur le *Je pense* qui se rencontrent aux paragraphes 43 et 64 de *Sein und Zeit*. Ce dernier paragraphe a été relu sinon retravaillé après 1924, comme le style d'une note et une indication bibliographique le prouvent. A travers Kant, les deux textes en question visent Husserl et les néo-kantiens.

2. A mettre partiellement en parallèle avec la même première partie de *Sein und Zeit*, il y aurait, à titre d'introduction historique, les trois premières sections de *Kant et le problème de la métaphysique*. Mais ces pages consacrées à l'Esthétique et à l'Analytique de la *Critique de la raison pure* sont évidemment postérieures aux discussions sur le *Je pense* et la réalité du monde extérieur. Elles représentent ce qui, dans le livre, demeure le plus proche de l'intitulé du cours fait à Marbourg en 1925–1926. Le texte peut avoir été modifié à l'occasion de divers exposés jusqu'en 1928 au moins. L'interprétation se meut ici en dehors de toute polémique dans la ligne du «problème» de la métaphysique.

3. Nous grouperions ensemble la quatrième section du *Kantbuch* et l'Introduction à *Sein und Zeit*, mais en distinguant des couches rédactionnelles dans le premier de ces textes. Celui-ci a sans doute servi de conclusion aux «Exercices phénoménologiques» dès 1926; mais il a pu se concevoir aussi comme introduction à une métaphysique du *Dasein*. Au début de *Sein und Zeit*, l'auteur reprend ses idées en un exposé où la référence à Kant, partout présente, est moins explicite toutefois. Revenant dans des cours et des conférences à la conclusion du *Kantbuch*, il la retravaille jusqu'en 1928, comme le montrent un renvoi à l'une des dernières oeuvres de Scheler, un renvoi à *Vom Wesen des Grundes* et la mention de la différence ontologique.

4. Le compte rendu de la *Philosophie der symbolischen Formen* représente la pensée de Heidegger sur Kant avant que ne soient explicités les thèmes du rien et de la différence ontologique. Il paraît en 1928.

5. *Vom Wesen des Grundes* publié avant *Kant et le problème de*

la métaphysique offre toutefois une réflexion en progrès par rapport à cette oeuvre.

6. Dans l'entretien de Davos, l'interprétation renouvelée par les méditations de 1928 se confronte à celle que propose Cassirer. Cet échange fournit à Heidegger l'occasion de récapituler sa réflexion sur le kantisme depuis son origine néo-kantienne jusqu'à son intégration dans une philosophie de la présence de l'être telle que l'esquissera *Vom Wesen der Wahrheit*.

La succession chronologique de ces travaux recouvre la maturation d'une méthode qui aperçoit de plus en plus clairement la place d'une interprétation de Kant dans une interprétation *de* l'être. La réflexion sur la Critique contribue ainsi pour sa part à laisser se développer l'idée même de philosophie.

De ce développement nous allons maintenant découvrir les premiers germes et le suivre jusqu'à *Vom Wesen der Wahrheit*.

DE LA VÉRITÉ DU JUGEMENT À LA VÉRITÉ DE L'ESSENCE

I. PREMIÈRES APPROCHES DU KANTISME (1912–1916)

«Kant voulait surmonter les vues périlleusement unilatérales de l'empirisme anglais; il voulait assurer à l'homme une connaissance universelle et nécessaire, en déterminant les limites de sa validité. Mais il n'aboutit qu'à poser une mystérieuse chose en soi. Et lorsqu'on se rappelle que Kant a finalement appliqué sa méthode transcendantale aux seules sciences formelles – il se demande comment sont possibles les mathématiques pures, les sciences pures de la nature et la métaphysique au sens rationaliste –, on comprend que le problème de la réalité ne pouvait trouver place dans sa théorie de la connaissance. Bien sûr, vers la fin de sa vie, Kant s'est employé à tenter d'établir un pont entre métaphysique et physique; mais il ne devait pas arriver à une solution».[1]

Ces lignes sont extraites du premier article signé par Heidegger et qui parut en 1912 dans le *Philosophisches Jahrbuch*. Sous le titre *Le problème de la réalité en philosophie moderne*, l'étude présentait la doctrine d'Oswald Külpe, pour lors professeur à Bonn et promoteur d'un réalisme critique. Encore que Külpe ait conçu la métaphysique comme un savoir inductif, l'idée d'une philosophie où l'on reconnaîtrait aux choses une consistance indépendante du sujet, tout en faisant droit à l'activité propre de la conscience connaissante, devait intéresser le public d'une revue d'inspiration aristotélicothomiste.[2]

Le réalisme critique est évidemment en réaction contre l'esprit néo-kantien, qu'il accuse d'être retourné à Hume beaucoup plus qu'au maître de Königsberg.[3] Le glissement, du reste, était

---

[1] *Das Realitätsproblem in der modernen Philosophie*, p. 354.
[2] Cfr *art. cit.*, p. 363.
[3] Cfr *art. cit.*, p. 355.

fatal, puisque Kant est le type du phénoménaliste, incapable par conséquent de conjurer efficacement l'empirisme.

En effet Kant admet qu'il est possible et même nécessaire de poser le réel; mais il s'arrête là; il nous refuse toute faculté de déterminer ce réel. La chose en soi, le fameux X, n'est pour lui que le substrat des impressions sensibles excitées dans le sujet. Quant aux conditions transcendantales de la connaissance, tant dans l'intuition que dans l'entendement, elles gardent le caractère d'un *a priori* génétique et entièrement subjectif.

C'est précisément l'erreur de Kant d'avoir conclu dogmatiquement au phénoménalisme à partir de l'apriorité et de la subjectivité des formes de nos sens et de notre entendement. Car prétendre que ces formes déterminent dans le connaissant un comportement qui *modifie* le réel, au sens subjectiviste de l'expression c'est tomber dans le dogmatisme.

D'ailleurs Kant lui-même détruit les fondements de sa thèse. Nous ne pouvons, dit-il, connaître que le phénomène des choses, parce que seule l'intuition sensible se laisse penser. Mais ceci à peine posé, il entreprend de rechercher les concepts purs de l'entendement et d'en fournir une déduction. Cette démarche, on l'admettra, suppose que la pensée puisse s'appliquer à ce qui n'est pas intuition.[4] Comment pourrait-on, du reste, envisager une logique formelle si le rapport de la pensée à l'intuition était celui qu'affirme Kant?[5]

Il y a moyen aussi, quoi qu'en dise la *Critique*, de penser ce chaos d'impressions qu'elle suppose être la matière de notre connaissance sensible. Car penser ne signifie pas que nous nous représentions ce dont il s'agit ni que nous en ayons une expérience vécue.[6]

Dans l'optique de Kant, les catégories, en pénétrant le donné, n'éliminent nullement les apports subjectifs; elles ne font que les renforcer. Mais ainsi la connaissance s'éloignerait de son objet, alors que la science s'efforce, autant qu'elle peut, d'atteindre le réel.[7]

En effet, si élaborée que soit notre expérimentation, les instruments scientifiques visent finalement à découvrir des re-

[4] Cfr *art. cit.*, p. 359.
[5] Cfr *art. cit.*, p. 360.
[6] Cfr *art. cit.*, p. 359.
[7] Cfr *art. cit.*, p. 360.

lations réelles entre les choses elles-mêmes, et non seulement des relations de la chose au sujet.[8]

Dès lors, on peut bien situer la caractéristique de la pensée dans sa possibilité de viser quelque chose dont l'existence et l'essence dépendent de cette pensée, il n'est pas exclu pour autant qu'elle se règle sur ses objets.[9] Il faut, en d'autres termes, tenir en toute rigueur que la connaissance est à la fois expérience et pensée. Quand il s'agit de se prononcer sans appel sur la réalité, la pensée pure n'est en aucune façon le tribunal compétent.[10]

Les questions essentielles que devra examiner la philosophie contemporaine seront donc les suivantes: 1. le divorce entre théorie philosophique et pratique de la science est-il réel? – 2. le réalisme et le phénoménalisme ne font-ils que se survivre et ne sont-ils plus rien d'autre que des formalismes selon lesquels la pensée se tourne et se retourne?

La réponse pourrait se trouver dans les résultats d'une recherche épistémologique qui se donnerait pour tâche d'appliquer la méthode transcendantale à une science achevée et qui tenterait de résoudre la question: «Comment une science naturelle empirique est-elle possible?».[11]

On le voit, c'est encore la question de la possibilité d'une science qui constitue, pour Külpe, la démarche philosophique première. Son réalisme critique ne s'éloigne donc pas totalement des voies du néo-kantisme.

Cependant le primat de la pensée sur le réel se trouve ici contesté, et d'une façon qui devait retenir l'attention d'un lecteur rendu, par Aristote, attentif aux multiples significations du mot «être».[12] C'est en effet dans le sens de l'être qu'est affirmée la nécessité de surmonter la distinction abrupte entre sujet et objet en respectant les différences de la pensée et de l'expérience.

Dans le refus de considérer la physique mathématique comme le type même du savoir scientifique se fait jour également l'in-

---

[8] Cfr *art. cit.*, p. 361.
[9] Cfr *art. cit.*, p. 360.
[10] Cfr *art. cit.*, p. 361.
[11] Cfr *art. cit.*, p. 355.
[12] En 1907, à l'âge de dix-huit ans, Heidegger avait lu pour la première fois la dissertation de BRENTANO, *Von den mannigfachen Bedeutungen des Seienden bei Aristoteles* (1862). Depuis lors, dit-il, il l'a retravaillée sans cesse (Cfr le «Vorwort» in RICHARDSO *HeN,idegger*, XI).

tention de réintégrer la science à une interrogation plus fondamentale sur la réalité.

La Critique – ou plutôt la seule *Critique de la raison pure* – demeure toutefois, dans la présente perspective, occasion plutôt que source de la réflexion. On tient sans doute à distinguer la pensée de Kant lui-même et l'interprétation positiviste proposée par un néokantisme que l'on tire un peu du côté d'Ernst Mach. Mais c'est plutôt un certain transcendantalisme logique en bloc que l'on veut surmonter.

Cependant Külpe est bien loin d'être le seul, en 1912, à secouer la domination du néo-kantisme. A l'intérieur même de ce camp, se sont déjà imposées des vues nouvelles, celles de la philosophie des valeurs. Au dehors, s'affirme une réaction qui sera décisive, la Phénoménologie, tandis que le néo-thomisme poursuit son développement.

C'est ce panorama que Heidegger parcourt, en se plaçant à un point de vue particulier, dans son article *Neue Forschungen für Logik*.[13]

Il note d'abord que les recherches récentes ont cessé de considérer la logique comme une science qui grouperait d'intangibles vérités. L'époque de la psychologie triomphante, en subordonnant à cette dernière branche le reste de la philosophie, aura au moins permis de ressaisir la logique comme problème et comme champ d'investigations possibles.[14]

Cette idée, Heidegger reconnaît qu'elle lui fut inspirée par la lecture de deux théoriciens des mathématiques: Bernard Bolzano et Gottlob Frege.[15] Ces noms indiquent suffisamment que le jeune philosophe cherche pour sa part à comprendre la logique en dehors de tout psychologisme.

Aussi accorde-t-il beaucoup d'attention aux *Logische Untersuchungen* de Husserl ainsi qu'à son article *Philosophie als*

[13] L'article parut en trois fois dans la *Literarische Rundschau für das katholische Deutschland*, 1912, col. 466–472, 517–524, 565–570.

[14] Cfr *art. cit.*, 466–467.

[15] Cfr *art. cit.*, 467–468. – De BOLZANO, Heidegger recommande la *Wissenschaftslehre* (1832–1837); il renvoie aux deux articles de FREGE, «Sinn und Bedeutung», in *Zeitschrift für Philosophie und philosophische Kritik* (100), 1892 – «Begriff und Gegenstand», in *Vierteljahrschrift für wissenschaftliche Philosophie*, 1892. – A la fin de son étude (570), Heidegger fait mention des *Principia* de RUSSEL et WHITEHEAD. Il note à ce propos que «la logistique ne dépasse pas les mathématiques».

strenge Wissenschaft. Husserl, en critiquant le psychologisme, fonde théoriquement la Phénoménologie comme recherche des significations et du sens des actes; il maintient du même coup une connexion justifiée avec la psychologie.[16] Il peut alors montrer que l'*affirmation* de la vérité exige que le Je possède une *vue* préalable de cette vérité.[17]

D'un autre côté, Heidegger analyse assez longuement l'ouvrage d'Emil Lask, *Logik der Philosophie.* Lask est néo-kantien. Mais il entend, par ses études logiques, fonder une métaphysique. Il met en lumière le domaine du *Gelten*, situé au-delà de l'étant sensible comme au-delà des déterminations métaphysiques. Il propose de soumettre les catégories elles-mêmes à des catégories. Sans se dissimuler qu'il risque d'être pris ainsi dans un processus indéfini – il pourrait y avoir des formes de formes d'autres formes –, Lask pense qu'il faut ouvrir un nouveau champ d'application aux catégories.[18]

Pas plus qu'il ne juge la théorie des objets de Meinong, Heidegger ne veut se prononcer sur les idées de Lask. Mais on peut penser qu'il y discerne déjà un retour aux questions proprement métaphysiques; et c'est à ce titre sans doute qu'elles retiennent son attention.

Dans ce contexte, la doctrine traditionnelle qui voit une relation nécessaire entre la vérité et le jugement doit être retravaillée. Pour en saisir le sens, il faudrait, entre autres, libérer la logique du carcan de la grammaire.[19] Il faudrait aussi examiner les différentes significations que les philosophes accordent à la copule *est*; et tout spécialement peut-être l'idée de Brentano qui veut la comprendre dans le sens d'*exister*.[20]

En des lignes que développeront des pages plus célèbres, Heidegger remarque: malgré sa structure grammaticalement incomplète, l'expression «Au feu!» est déjà un jugement [21] et la question pourrait bien être l'acte où il est possible de saisir l'es-

---

[16] HEIDEGGER, *art. cit.*, 520.
[17] *Art. cit.*, 567: «Die Wahrheits-*behauptung* des Ich fordert vorausgegangene Wahrheits-*einsicht*».
[18] Cfr *art. cit.*, 476.
[19] Cfr *art. cit.*, 521.
[20] Cfr *art. cit.*, 522.
[21] Cfr *art. cit.*, 520 et KM p. 205; aussi *Die Lehre vom Urteil im Psychologismus*, p. 103.

sence de la vérité.[22] Pour ce dernier point, nous sommes renvoyés à un article publié par Stadler en 1908. Cet auteur analyse
les premières phrases de la *Critique de la raison pure*; il montre
que la réflexion kantienne commence en dialogue et qu'elle découvre le vrai dans l'interrogation elle-même.[23]

Car c'est bien en fin de compte la manière de comprendre
Kant qui est en jeu dans toutes ces recherches sur la logique. On
peut considérer comme centrales les phrases où Heidegger souligne l'importance du choix que fait Kant en prenant pour fil
conducteur de sa déduction des catégories la table des jugements.
Ce choix, dont il donnera dans ses grands commentaires une profonde explication, Heidegger l'estime, pour l'instant, criti-
cable. Mais il admet que «Kant, avec le jugement, a mis en évidence le nerf de la connaissance».[24]

Pour saisir la portée de cette remarque, il faut la replacer dans
une réflexion sur la manière de lire la *Critique*. Ewald s'était
demandé naguère: «Est-ce le psychologisme ou le transcendantalisme qui trouve son fondement dans l'essence de la philosophie
kantienne?». Depuis lors, Cohen, Windelband et Rickert ont
montré qu'il fallait comprendre le kantisme comme une logique
transcendantale. Et M. Heidegger écrit: «Kant ne s'est pas interrogé sur l'origine psychologique de nos connaissances, mais sur
la valeur (*Wert*) logique de leur validité (*Gültigkeit*)».[25] Il tem-
père, il est vrai, ce qui pourrait sembler une adhésion en ajoutant,
contre le néo-scolastique Geyser, que l'on peut très bien refuser
de considérer Kant comme un «psychologiste» sans se porter aux
extrêmes du néo-kantisme.[26]

Cette seconde étude marque bien la place qu'occupe dans
l'horizon philosophique de l'époque le Kant de la *Critique de la
raison pure*. Elle met en relief le mérite premier des Marbourgeois,
qui est de soustraire le transcendantal à la psychologie. Mais si
respectueux que soit le jeune auteur à l'égard de Cohen ou de
Windelband, son article suggère déjà que la perspective transcen-

---

[22] Cfr *art. cit.*, 521 et SZ, p. 5.
[23] Cfr *art. cit.*, 520. – August STADLER, «Die Frage als Prinzip des Erkennens und
die 'Einleitung' der Kritik der reinen Vernunft». in *Kantstudien*, 1908, pp. 238 à 248.
[24] *Art. cit.*, 466–467.
[25] Cfr *art. cit.*, 469.
[26] *Literarische Rundschau für das katholische Deutschland*, 1913, col. 74.

dantale elle-même oblige à modifier radicalement la conception de la logique.

Sans contester la place centrale du problème de la connaissance, Heidegger montre les différents angles sous lesquels on a su l'aborder. En situant ces divers travaux par rapport à Kant, il donne à penser que l'interrogation comme telle – dont Stadler lui découvre la fonction dans la *Critique de la raison pure* – constitue l'essence de la pensée transcendantale et qu'elle ne vise pas seulement les *formes* subjectives de l'objectivité.

Il est significatif, à cet égard, de voir ici souligné le lien que la Phénoménologie de Husserl entend maintenir dans le Je entre l'*a priori* et le psychologique. Et il n'est pas téméraire d'estimer que les indications glanées chez Frege et Bolzano orientent la réflexion vers une connexion essentielle du logique et de l'histoire.

Durant les années qui suivent, va se continuer une approche personnelle de la pensée kantienne mais aussi une discussion de l'interprétation qu'en avait imposée l'Ecole de Marbourg. Quelques textes permettent d'assister à cette évolution.

En 1913, rendant compte du volume *Kants Briefe in Auswahl* édité par F. Ohmann, Heidegger souligne que la correspondance est indispensable pour comprendre l'élaboration des trois *Fundamentalwerke*, c-à-d des trois *Critiques*.[26] Cette expression signifie-t-elle que le recenseur met ou entrevoit un lien «fondamental» entre ces ouvrages? Il n'est guère possible d'en décider. Mais le texte témoigne, sans doute, d'un désir d'aborder la pensée kantienne dans son ensemble.

Ce bref écrit marque encore une sympathie essentielle à l'égard de Kant tel qu'il fut. La correspondance, nous dit-on, est remplie exclusivement des soucis de l'homme d'étude et du célibataire; mais ces détails mêmes révèlent une façon d'être philosophe.[27]

Dans un esprit analogue, une note de 1914 consacrée au livre de F. Gross, *Kant-Laienbrevier*, se félicite d'y retrouver en bonne place les pages qui permettent d'apprécier le *«urdeutschen und kerngesunden Sinn»* du solitaire de Königsberg.

Ce «bréviaire» suggère d'autre part le souhait qu'on ne se contentera pas de lire Kant en dilettante, dans une anthologie. Et

---

[27] *Literarische Rundschau*, 1913, *ibid*.

qu'on n'objecte pas l'ennui: il ne naîtra pas d'une étude sérieuse des textes dans leur majesté.[28]

C'est en 1914 aussi qu'avaient été publiées les remarques de Heidegger sur l'important ouvrage de Mgr Sentroul, *Kant et Aristote*, dont la traduction allemande avait paru trois ans auparavant.[29]

A cette occasion, Heidegger précise rapidement sa position à l'égard du néo-kantisme. Il s'étonne que l'auteur de *Kant et Aristote* n'ait pas utilisé les travaux des Cohen, Stadler, Natorp, Windelband et Rickert. Riehl surtout lui semble capital pour pénétrer l'esprit du kantisme. «On peut, ajoute-t-il, refuser la logique génétique (*Ursprungslogik*) des 'Marbourgeois'; il faut toutefois reconnaître leurs mérites».[30]

Le texte manifeste à nouveau la volonté de ne pas limiter la philosophie kantienne à la première *Critique*. Heidegger loue Mgr Sentroul d'avoir abordé sur une base plus large la question des idées métaphysiques et d'avoir aussi consacré un chapitre à la philosophie de la religion.[31]

Le compte rendu souligne encore la différence des conceptions de la vérité chez Kant et Aristote.

Pour le penseur grec, l'objet de la connaissance est indubitablement l'étant. Mais l'acte de connaître est analysé par lui dans une perspective anthropologique et selon une psychologie de l'individu.

Pour Kant au contraire, ce qui fait *problème*, ce n'est pas, bien sûr, la connaissance ni l'existence de l'étant, mais le *sens* de la connaissance que nous en avons. Le point de vue de la philosophie critique serait celui d'une *théorie de la science*. Non que Kant accepte dogmatiquement la valeur du savoir scientifique; mais ce savoir étant établi, il l'érige en problème et il cherche à dégager les éléments constitutifs de la science devenue problématique.[32]

Heidegger apparaît ici, nous semble-t-il, en train de dépasser la perspective néo-kantienne qui voit l'essentiel de la première

---

[28] *Literarische Rundschau*, 1914, col. 376–377.
[29] *Literarische Rundschau*, 1914, col. 330–332. – La première édition est de 1905. La traduction allemande par l'abbé Ludwig HEINRICHS paraît à München, chez Kösel, en 1911. Une second édition française remaniée paraît en 1913 à Louvain (Institut supérieur de philosophie) et à Paris (Alcan).
[30] Cfr *art. cit.*, 330–331.
[31] Cfr *art. cit.*, 330.
[32] Cfr *art. cit.*, 331.

Critique dans l'analyse régressive du *fait* de la science. Il est à la recherche d'une interprétation qui éviterait à la fois les excès de cette dernière conception et l'autre extrême qu'est une lecture subjectivo-psychologique à la Schopenhauer, avec laquelle ce que propose Mgr Sentroul lui paraît avoir une certaine affinité.[33]

Le recenseur avoue du reste qu'il ne prétend pas trouver chez Kant plus que les éléments d'une approche du problème de la vérité. Mgr Sentroul non plus, ajoute-t-il, ne demande pas à Aristote plus que les éléments de la doctrine qu'il tient lui-même.[34]

Il est intéressant de relever encore l'orientation personnelle qui se fait jour ici à propos de la théorie du jugement. Selon la tradition inaugurée par Lotze, le jeune philosophe se demande si la copule n'exprime pas avant tout le *valoir* universel. Mais en même temps il souligne le lien essentiel de la copule avec l'aspect catégorial exprimé dans le prédicat.[35]

On sait comment, plus tard, la théorie du *valoir* sera critiquée; comment aussi s'élaborera ce qu'on pourrait appeler une ontologie de la vérité, depuis l'analyse de l'énoncé jusqu'à la doctrine des trois synthèses apophantique, prédicative et ontologique, en passant par la critique de la définition du vrai comme *adaequatio rei et intellectus*.[36]

La recension de *Kant et Aristote* permet donc de suivre la maturation d'idées que Heidegger approfondira sans cesse dans la suite. Le jeune philosophe continue de méditer la relation entre jugement et vérité. Il attache de plus en plus d'importance à la notion de problème, qu'il rapproche nettement de la méthode transcendantale.

En liaison avec cette méthode interrogative, s'esquisse pour la première fois une façon de concevoir l'interprétation des textes philosophiques. Et ce n'est pas un hasard assurément que de rencontrer les premiers linéaments de cette synthèse dans la recension d'un ouvrage qui étudie parallèlement l'auteur de la *Métaphysique* et celui des trois *Critiques*. Ce rapprochement, déjà entrevu auparavant, est appelé à prendre peu à peu une signifi-

---

[33] *Loc. cit.*
[34] *Loc. cit.*
[35] Cfr *art. cit.*, 332.
[36] Cfr SZ, 155–156 (critique de Lotze), 154–160 (analyse de l'énoncé), 212–230 (analyse de la définition de la vérité); KM, 59–68 ss. (les trois synthèses).

cation décisive. Et Heidegger s'efforcera d'en éclairer la nécessité.

En 1914 encore paraît *La doctrine du jugement dans le psychologisme*.[37] Cette thèse de doctorat veut être une contribution critique et positive à l'étude de la logique.

A cet effet, Heidegger retient quatre théories, dont chacune
lui semble avoir mis en lumière un aspect particulier du jugement.
Ainsi W. Wundt en a considéré surtout le surgissement. H. Maier
a examiné sa constitution et les actes qui le composent. Th. Lipps,
de son côté, analyse le jugement dans son accomplissement.
Quant à F. Brentano, ses recherches sur la classification des
phénomènes psychiques définissent une problématique profonde
et large; mais elle déborde, quoi qu'il prétende, les limites d'une
logique proprement dite.[38]

Dans la thèse de Heidegger, trois passages seulement doivent
retenir notre attention. Leur situation – en tête et en conclusion
du travail – indique clairement dans quel sens se meut la réflexion du jeune philosophe et la place qu'y occupe la lecture de
Kant.

Après avoir remercié le directeur de thèse, le professeur
Schneider, la préface rend hommage à Rickert qui ouvrit à l'auteur la connaissance de la logique moderne. Vient ensuite cette
déclaration: «Ce que je dois à mes vénérés professeurs de mathématique et de physique, des recherches ultérieures pourront,
j'espère, le montrer. Je ne veux pas non plus laisser ignorer l'influence qu'a exercée sur moi M. le conseiller secret, le professeur
Finke: c'est lui qui par son accueil très empressé a éveillé chez
le mathématicien dépourvu de sens historique amour et compréhension pour l'histoire».[39]

La pensée de Heidegger est donc, à cette époque, «à la recherche

[37] *Die Lehre vom Urteil im Psychologismus. Ein kritischpositiver Beitrag zur Logik*,
Leipzig, Barth, 1914.
[38] *Op. cit.*, p. 3. – A F. Brentano et à son disciple A. Marty, l'un des premiers
philosophes du langage, Heidegger consacre à peine quelques pages (47 à 55). – Le
contenu même de la thèse ne concerne pas les idées de Kant. Il n'est fait
mention de son nom qu'à propos de Lipps. Ce dernier, dont la doctrine
est la plus proche d'une vraie logique, se situerait sur une ligne allant de Hume à
Kant. Et Heidegger se contente de relever sous la plume de Lipps un vocabulaire qui
évoque une interprétation psychologique de la *Critique: Geist, reine Tätigkeit, Ak-
tualität* (cfr. *op. cit.*, pp. 80 s.).
[39] *Op. cit.*, p. VII. – Heinrich FINKE (1855–1938), autodidacte, fut professeur à
Fribourg de 1899 à 1928. Ses recherches portèrent sur le bas Moyen Age, l'histoire
d'Espagne et le romantisme allemand.

du temps perdu», ou du moins à la recherche de ce temps que les mathématiques font aisément perdre de vue. C'est un historien qui le titre de ce «sommeil dogmatique». Cette influence s'ajoute, ne l'oublions pas, à celles de Husserl, de Frege, de Brentano et de l'aristotélisme. Et le point sur lequel elles vont s'exercer toutes ensemble, c'est la conception néo-kantienne de la logique à laquelle Heidegger donne une large adhésion. Il s'en explique en ces termes:

«L'antagonisme entre méthode psychologique et transcendantale au sein de l'idéalisme critique, la longue primauté d'une interprétation psychologique de Kant fondée et soutenue par Schopenhauer, Herbart, Fries, puis en même temps le développement d'une science de la nature qui prétend aussi construire une idéologie – tout cela a exalté la psychologie en lui conférant une signification de plus en plus ample et enlaçante, tout cela aussi a pour effet de 'naturaliser la conscience'. La question de l'interprétation de Kant peut ajourd'hui être considérée comme reglée en faveur de la conception logico-transcendantale qui est défendue depuis les années soixante-dix du siècle passé par Hermann Cohen et, dans un sens un peu différent, par Windelband et Rickert. Cette interprétation logique de Kant et cette élaboration (*Weiterbildung*) n'ont pas seulement mis en lumière l'élément authentique de la *Critique de la raison pure*, c-à-d 'l'acte copernicien'; ils ont surtout retravaillé et préparé puissamment une connaissance du logique comme tel.» Et Heidegger trouve normal dans ces conditions que Natorp ait pu dire: «Si les Marbourgeois n'ont pu que saluer avec joie les beaux développements de Husserl dans le premier volume des *Recherches Logiques*, il ne leur restait toutefois pas grand-chose à en apprendre». En effet le néo-kantisme avait déjà fait voir, comme le disait Riehl, que «la réforme de la logique est devenue une réforme de la théorie du jugement».[40] Cette dernière phrase aurait pu, note l'auteur, figurer en exergue de sa thèse.

La question du temps et la question de l'essence du logique se trouvent aussi rapprochées dans le cadre d'une interprétation du kantisme. Mais dès à présent ces différents thèmes de réflexion,

---

[40] *Op. cit.*, pp. 1–2. – La citation de NATORP est empruntée à son ouvrage *Kant und die Marburger Schule*, Berlin, 1912, p. 6. La phrase de RIEHL provient de son article «Logik und Erkenntnistheorie», in *Kultur der Gegenwart*, I, 2e éd., 1908, p. 81.

dont l'étude à peine historique de Wundt, de Maier, de Lipps et de Brentano ne fait guère ressortir l'unité interne, sont entrevus dans une perspective nouvelle.

La dernière partie du travail prélude à des motifs que Heidegger développera à partir de 1928. Objet logique et validité, le sens et le sens du sens, le jugement et ses éléments, le jugement négatif, le jugement impersonnel, autant d'intitulés des ultimes paragraphes qui indiquent un effort original pour saisir le logique en lui-même et qui seront repris dans *Sein und Zeit*, puis dans maint autre ouvrage.[41]

Mais l'important pour Heidegger est que ces réflexions ouvrent l'accès à un problème beaucoup plus large. Elles obligent d'abord à expliquer et à déterminer de manière univoque la signification des mots. Et «c'est seulement lorsque sur ces bases la logique pure aura été édifiée et complètement achevée que l'on pourra, avec plus grande sécurité, s'attaquer aux problèmes de la connaissance, saisir les articulations du domaine total de 'l'être' en ses divers modes de réalité et déterminer notre manière de les connaître selon sa portée propre. Puisse ce que nous avons dit suggérer que le présent travail veut être philosophique précisément parce qu'il est entrepris au service de cette dernière totalité».[42]

Il faut donc entendre que la critique du psychologisme et la recherche déjà historique portant sur le logique comme tel préparent une reprise du problème de l'être dans sa totalité.

C'est dans ce climat de pensée que le nouveau docteur compose, en 1915, sa leçon inaugurale sur *Le concept de temps dans la science de l'histoire*.[43]

Il est remarquable, pour notre propos, que les idées de Kant sur ce sujet ne soient nulle part mentionnées dans l'article qui fait connaître le texte de cette leçon. Mais la première phrase définit exactement la perspective selon laquelle la *Critique* sera abordée dès le début de *Sein und Zeit*.

Heidegger souligne, sans vouloir en discerner les causes, le retour général de la pensée philosophique vers les thèmes méta-

---

[41] Cfr *op. cit.*, pp. 93, 95, 97, 100, 104, 107.
[42] *Op. cit.*, p. 108.
[43] «Der Zeitbegriff in der Geschichtwissenschaft» in *Zeitschrift für Philosophie und philosophische Kritik*, Leipzig, CLXI, pp. 173–188.

physiques. Mais il insiste aussitôt sur la nécessité d'éclaircir les concepts qu'emploie notre connaissance pour saisir ses objets. La logique est en effet l'accès par excellence à la question de l'être, il nous l'a dit dans sa thèse. Or parmi ces concepts, celui de temps revêt une importance capitale, sans que l'auteur, il est vrai, estime utile de dire ici pourquoi. Afin de faire voir quelle est l'essence du concept de temps, il se propose simplement d'en dégager les structures différentes selon que ce concept est considéré comme condition de possibilité d'une science de la nature d'abord de la science historique ensuite.

Le résultat de la recherche est somme toute assez maigre. Il revient à mettre en évidence le caractère homogène du temps de la physique, qui est assimilé à une grandeur; tandis que le temps de l'histoire est, tout à l'opposé, sans rapport avec une estimation quantitative et n'a d'homogénéité que celle des événements humains dans leur discontinuité propre.

Dans la mesure où ils concernent le kantisme, ces premiers écrits permettent de déceler, encore épars, certains éléments essentiels de l'interprétation qu'inaugureront *Sein und Zeit* et *Kant und das Problem der Metaphysik*. Autour du problème de la connaissance tel que le pose la *Critique de la raison pure* – autour du problème du transcendantal – se sont groupées des questions qui vont le pénétrer et révéler peu à peu sa signification en supprimant son primat absolu: importance de la pensée interrogative, lien de l'*a priori* et du psychologique, rôle typique reconnu à la science naturelle à côté de la physique mathématique, connexion entre la problématique aristotélicienne et celle de Kant, fonction essentielle du temps et de l'histoire et enfin primauté de l'intérêt pour l'être.

Déjà commence d'être dépassée la conception logico-transcendantale du kantisme. Mais en dépit d'indications passagères sur l'unité des trois *Critiques*, Heidegger ne met pas en doute que pour Kant lui-même le problème de la connaissance constituait bien l'essentiel de la philosophie.

Peut-être le climat intellectuel du jeune philosophe à cette époque se laisse-t-il apprécier assez exactement par les sujets qu'il choisit de traiter devant ses premiers auditeurs. Durant le semestre d'hiver de 1915, il fait un cours sur Parménide et donne des exercices sur les *Prolégomènes*, l'oeuvre de Kant où il

s'agit, par excellence, de la possibilité d'une physique mathématique et que l'on a longtemps considérée comme l'expression
même de la pensée critique. Durant l'été de 1916, un cours d'histoire s'intitule: «Kant et la philosophie allemande du XIXe
siècle», tandis qu'un séminaire porte sur les écrits logiques
d'Aristote.[44]

Quelle que soit donc l'attache au transcendantalisme néo-
kantien qui puisse subsister dans la pensée de Heidegger à cette
époque, ses lectures de Kant sont situées dans un très large horizon historique.

2. L'IDÉE DE PHILOSOPHIE DE «SEIN UND ZEIT» À «VOM WESEN DER WAHRHEIT»

L'expose qui va suivre vise simplement à esquisser les grandes
lignes de la conception de l'acte philosophique qui se développe
à partir de 1920 environ pour éclore dans la célèbre conférence
de 1930. Les détails de l'évolution seront alors plus faciles à
situer lorsque nous les rencontrerons dans la suite de nos analyses.

C'est dans la *Lettre sur l'humanisme* que Heidegger a expliqué
le plus clairement peut-être comment se relient les deux livres
qui inaugurent et couronnent sa première pilosophie. Écoutons-
le:

«Si l'on comprend le 'projet' dont parle *Sein und Zeit* comme
un acte de poser par représentation, on le prend alors comme
prestation de la subjectivité; on ne le pense pas selon la seule
façon possible de penser la 'compréhension d'être' dans le domaine d'une 'analytique existentiale' de l'être-au-monde, c-à-d
comme référence extatique à la lumière de l'être. Un prolongement et même un accomplissement suffisant de ce penser nouveau qui abandonne la subjectivité est toutefois rendu difficile
parce que, lors de la publication de *Sein und Zeit*, on s'abstint de

---

[44] RICHARDSON, *Heidegger*, Appendix, 663. – Au début d'août 1914, Heidegger s'est
engagé comme volontaire. Il est libéré en octobre pour raisons de santé. De 1915 à
1917, tout en donnant ses cours, il est vaguemestre à la poste de Fribourg. A la fin
de 1917, il est appelé à prendre du service au front dans un régiment d'infanterie;
il sera devant Verdun dans une station du service météorologique (Cfr la notice in
Das Deutsche Führer-lexicon 1934–1935 rédigée par Heidegger lui-même; texte dans
SCHNEEBERGER, *Nachlese*, 237).

donner la troisième section de la première partie, *Zeit und Sein*. Et c'est là que s'opère le revirement de l'ensemble. La section en question fut tenue en réserve parce que, à dire ce revirement de façon suffisante, la pensée échouait et ne pouvait aboutir avec la seule aide du langage de la métaphysique. La conférence *Vom Wesen der Wahrheit*, qui fut pensée en 1930 mais qu'on imprimerait en 1943 seulement, fournit une vue pénétrant jusqu'à un certain point l'acte de penser le revirement de *Sein und Zeit* en *Zeit und Sein*. Ce revirement n'est pas un changement du point de vue de *Sein und Zeit*; mais dans ce revirement le penser que l'on tente atteint pour la première fois le lieu de la dimension selon laquelle se fait l'expérience de *Sein und Zeit*: l'expérience fondamentale de l'oubli de l'être».[45]

Jusqu'en 1916, le problème philosophique majeur était pour Heidegger de dépasser la conception logique du transcendantal. Cette perspective se précise sous l'effet de la méditation d'Aristote: dépasser la logique veut dire d'abord dépasser la subjectivité positionnelle de soi et du réel. Et c'est ce qu'opère l'analytique existentiale de l'être-au-monde à partir de l'expérience fondamentale de l'oubli de l'être saisie d'abord au niveau du quotidien.

Ainsi dès *Sein und Zeit* la philosophie n'est pas une théorie de la connaissance. Elle n'est pas non plus une critique de la raison pure et des facultés qui la composent; elle n'est pas non plus une anthropologie. A moins que l'on entende par critique de la raison et par anthropologie une analytique des jugements les plus secrets de la raison ou encore une analytique de la disposition naturelle de l'homme à faire de la métaphysique.

Cependant le dessein qu'expriment ces formules d'allure ou d'origine kantienne ne peut se réaliser qu'à la condition de saisir la temporalité intrinsèque de ces jugements secrets ou de cette disposition naturelle. C'est en effet dans la temporalité qu'est découverte la subjectivité du sujet et que ce dernier cesse d'être *res cogitans*. C'est dans la temporalité que l'homme se découvre comme déjà au monde, en avant de lui-même et auprès des étants.

Mais dès lors jugements secrets de la raison et disposition naturelle à la métaphysique deviennent des modalités du phénomène de l'oubli de l'être ou encore compréhension finie de l'être.

Dès ce moment aussi, la pensée de la finitude est invitée à un

---

[45] HB, 68–69. – Nous modifions la traduction.

renversement. En pensant l'être de l'étant selon la temporalité – celle de l'étant et la sienne propre –, elle cesse d'être jugement, adéquation d'une faculté intellectuelle à la réalité. Elle découvre la vérité comme événement et comme avènement de l'être dans la compréhension d'être de l'être-là. En d'autres termes, dans le phénomène de l'oubli de l'être c'est l'être lui-même qui se cache, qui intéresse et approche la pensée.

Ainsi se comprend la formule qui, selon *Sein und Zeit,* établit «la mesure de toute philosophie»[46]: «La philosophie est ontologie phénoménologique universelle; elle part de l'herméneutique du *Dasein,* qui, en tant qu'analytique de l'*existence,* attache la fin du fil conducteur de toute interrogation philosophique au point d'où cette interrogation jaillit et sur lequel elle *se répercute».*[47]

Ce point de jaillissement et de répercussion de toute interrogation philosophique, c'est l'existence en tant qu'elle est expérience de l'oubli de l'être. Mais l'ontologie fondamentale, la métaphysique du *Dasein,* n'accomplit pas la phénoménologie de l'oubli en tant que l'interrogation s'y répercute. En analysant les structures de l'oubli, elle donne à la philosophie un fil conducteur qui n'est plus une table des jugements logiques. Elle mène ainsi la pensée à s'interroger sur la signification de la présence temporelle à l'être de l'étant, c-à-d à s'interroger à partir de l'être.

Ce nouveau mode de penser ne peut toutefois s'inaugurer qu'en comprenant dans le quotidien l'horizon du rien et la différence de l'étant et de l'être.

Kant et le problème de la métaphysique montrera précisément que la théorie critique de la connaissance est en réalité un dépassement de la métaphysique vers une philosophie de la finitude, parce qu'elle situe l'acte d'objectiver par rapport à la chose en soi, c-à-d par rapport à un X qui est proprement un rien.

La connaissance finie implique la nécessité d'une intuition réceptrice et la possibilité pour l'étant de s'objectiver (*Entgegenstehen*). En tant que réceptifs, c'est par nous-mêmes et de nous-mêmes que nous *laissons* s'ob-jeter: c'est une orientation vers

---

[46] SZ, 38 et 436.
[47] MM. Boehm et De Waelhens traduisent ainsi: «La philosophie est ontologie phénoménologique universelle, qui part de l'herméneutique de l'être-là; celle-ci, en tant qu'analytique de l'*existence,* donne le fil conducteur de toute problématique philosophique, fondant celle-ci sur cette existence, dont toute problématique *jaillit* et sur laquelle toute problématique *se répercute».*

..., une manière de se tourner vers ..., constituant la pure correspondance de la faculté à son objet, qui rend possible l'accomplissement d'une intuition réceptrice.

Mais qu'est-ce donc que nous laissons s'ob-jeter ? Ce ne peut être l'étant, puisque nous ne sommes pas maîtres de sa substantialité. Ce ne saurait donc être que la possibilité pour l'étant de s'objeter, c-à-d le rien. «Ce n'est que si le laisser-s'objeter (N.B.: notre acte d'objectivation) est un se-tenir-dans-le-rien que l'acte de représenter peut, au sein de ce rien, nous laisser rencontrer ce qui, au lieu d'être le rien, n'est pas rien, c-à-d l'étant dans le cas où précisément celui-ci se manifeste empiriquement. Naturellement le rien dont nous parlons n'est pas le *nihil absolutum*».[48]

Kant place donc d'emblée la finitude au point de surgissement de l'acte humain de transcender. Et Heidegger insinue que le rien en tant que structure de notre projet doit encore être considéré comme caractère de l'être lui-même. En effet ce qui détermine tous nos concepts, y compris nos concepts purs et l'entendement comme faculté des règles, c'est un *Dawider*, quelque chose qui s'oppose absolument *a priori*, antérieurement à la distinction d'un sujet et d'un objet, c-à-d l'*être*.[49] Dans la mesure où l'objectivation exige une pareille opposition, il faudra donc dire que le rien appartient à l'être.

Le revirement de la pensée est, on le voit, tout proche : la théorie critique de la connaissance est comprise comme une invitation à sortir de la métaphysique pour reprendre de l'extérieur l'approche de l'être. Mais il faut montrer d'abord ce qui arrête Kant sur la voie où il s'engage. S'il s'efforce de dépasser un savoir de type psycho-anthropologique, sa conception des «facultés» de l'homme ne s'éloigne pas radicalement d'une description des «états vécus». Ce genre de philosophie n'est sans doute pas faux ; mais il néglige l'expérience quotidienne et par là il manque la transcendance en ce qu'elle a d'essentiel.[50]

Dans le quotidien en effet, «*s'accomplit* avec la transcendance le *projet* de l'être de l'étant en général, projet caché, il est vrai, et souvent indéterminé : l'être de l'étant se manifeste d'abord et

---

[48] KM, 71 ; cfr. *trad.*, p. 131.
[49] Cfr KM, 71, 72, 73 et KRV, A 104 (*dawider*).
[50] KM, 211–212 ; *trad.*, pp. 290–291.

ordinairement sans qu'il soit articulé, mais pourtant selon une compréhensibilité totale. Dans ce genre de manifestation, la *différence* de l'être et de l'étant *comme telle* demeure cachée. L'homme lui-même se présente comme un étant parmi les autres».[51]

En d'autres termes, Kant saisit la transcendance trop tard, à un stade où dans l'acte de connaissance on peut estimer que la différence ontologique de l'homme se donne sans faire question. Mais en réalité on escamotte ainsi le vrai problème, celui de l'oubli de l'être dans l'oubli quotidien de toute différence de l'être et de l'étant comme telle. Le résultat de cette phénoménologie insuffisante est d'appauvrir l'acte d'objectivation que l'on prétend analyser. Aussi, en dépit de l'effort pour rendre au problème de la connaissance sa densité ontologique, Kant se dégage mal des méprises de la métaphysique rationaliste, même lorsqu'il entend remplacer la logique omnipotente par une logique transcendantale ou lorsqu'il veut mettre la question «Qu'est-ce que l'homme?» au coeur de la philosophie.

C'est pour surmonter ces résistances – ces oublis de l'oubli de l'être – que Heidegger, dans *Sein und Zeit* et dans son premier *Kantbuch,* s'applique à une herméneutique de l'existence quotidienne. Il dévoile ainsi le rien, antérieurement au connaître, dans le phénomène de l'angoisse, qui est expérience existentiale de la finitude de la transcendance. L'angoisse en effet «détermine la finitude de l'être-là, non comme une propriété donnée, mais comme la précarité constante, quoique généralement voilée, qui transit toute existence»; dans l'angoisse, l'être-là saisit que c'est par nature qu'il tient dans le rien.[52]

Cependant la tâche entrevue par Kant et que voulait accomplir sa logique transcendantale n'est pas achevée lorsqu'on a saisi plus originairement le surgissement de la transcendance et l'in-

---

[51] KM, 212; cfr. *trad.,* p. 291. Nous modifions la traductions de ce passage en fonction de l'avant-dernière phrase: «Dabei bleibt der *Unterschied* von Sein und Seienden *als solcher* verborgen»; MM. Biemel et De Waelhens écrivent simplement: «En cette compréhension la distinction de l'être et de l'étant demeure cachée». Mais les mots *Unterschied ... als solcher* sont soulignés par l'auteur. Et la *Lettre sur l'humanisme* (p. 12) met ce texte-ci en relation avec WG, dont nous savons par ailleurs qu'il «nomme *die ontologische Differenz*». Il faut donc rendre (KM, 212) *Unterschied,* non par «distinction» mais bien par «différence». – Cfr. sur ce point précis RICHARDSON, *Heidegger,* 12–13 et note 34.
[52] KM, 215; *trad.,* p. 294.

sertion du rien qui la transit. Puisque la métaphysique subjectiviste voit l'accomplissement de la transcendance dans la vérité,
qu'elle comprend comme *adaequatio rei et intellectus*, il faudra,
pour détruire cette métaphysique, penser d'abord «d'essence de
la vérité».

Dans la conférence qui porte ce titre, Heidegger commence,
nous le savons, le revirement par lequel le temps sera compris à
partir de l'être et non plus l'être à partir du temps. La tâche ne
sera toutefois menée à son terme qu'en des développements
postérieurs à la présente méditation: à dessein le philosophe ne
prend pas ici en considération «la question du sens, ou encore du
domaine de projet, c-à-d de l'ouverture, c-à-d de la vérité de
l'Etre et non pas de l'étant seulement».[53] Il se contente, si l'on
peut dire, de nous faire saisir l'expérience que voici: «c'est seulement à partir du *Dasein*, dans lequel peut s'engager l'homme,
que se prépare pour l'homme historique la proximité de la vérité
de l'être».[54]

Pour nous mener à cette expérience, Heidegger approfondit
la méditation qu'amorçait la reprise de la théorie kantienne de
l'objectivation. En analysant ici l'essence de la *Vor-stellung*, de la
pré-position, ou mieux peut-être de l'*apprésentation*, il cherche à
dire ce qui constitue «la pure correspondance de la faculté à son
objet».[55]

Dans le *Kantbuch* cet élément constituant était un «laisser-
s'objeter», une manière de se tourner vers ...; dans *Vom Wesen
der Wahrheit*, l'essence de l'*adaequatio realitatis et cognitionis* se
découvre comme liberté: «L'apérité du comportement (dans
lequel nous laissons l'étant devenir mesure de nos actes), ce qui
rend intrinsèquement possible la conformité se fonde dans la
liberté. *L'essence de la vérité est la liberté*».[56]

Il faut rappeler qu'en explicitant le sens du *dawider*, de cet
opposant absolu qui selon Kant détermine nécessairement le concept, Heidegger s'était situé déjà, au-delà du logique, au plan de
l'être.

Dès lors la liberté qui accomplit l'essence de la vérité sous la

[53] WW, 26; *trad.*, p. 105.
[54] WW, 27; *trad.*, p. 106.
[55] KM, 131.
[56] WW, 12; *trad.*, p. 79.

forme du dévoilement de l'étant, loin d'être une propriété de l'homme ou un libre arbitre, possède l'homme «et cela si originairement qu'*elle* seule permet à une humanité d'engendrer la relation à l'étant en totalité et comme tel, sur quoi se fonde et se dessine toute l'histoire».[57]

L'histoire, et l'histoire de l'Occident en particulier, commence en effet, selon Heidegger, «là où l'étant lui-même est élevé expressément et maintenu dans son non-voilement, là où ce maintien est compris à la lumière d'une interrogation portant sur l'étant comme tel».[58] En d'autres termes, l'histoire commence là où le *Dasein*, encore incompris et qui n'a pas même besoin de se fonder ni de fonder en général en une essence, s'ex-pose au caractère dévoilé de l'étant en totalité et comme tel, c-à-d là où le *Dasein* commence d'ek-sister en s'ex-posant au non-voilement de l'Etre. On pourra dire en d'autres termes encore: le commencement de l'ek-sistence, plus profonde que l'*existentia* de la substance ou que l'authenticité morale du soi, l'interrogation sur l'étant comme tel, le dévoilement initial de l'étant en totalité s'accomplissent *en même temps*, «mais ce temps, lui-même non mesurable, ouvre la possibilité de toute mesure».[59]

Or l'ek-sistence ainsi comprise s'enracine dans la liberté comme essence de la vérité.

D'autre part, «parce que la vérité en son essence est liberté, l'homme historique peut aussi, en laissant être l'étant, *ne pas* le laisser être en ce qu'il est et tel qu'il est».[60]

Mais ceci dépend-il du simple libre arbitre ou de la négligence de l'homme? Assurément non, puisque, nous l'avons dit, la liberté qui est essence de la vérité *possède* l'homme. La non-vérité doit donc appartenir à la liberté ainsi comprise, c-à-d à l'essence de la vérité. Dès lors la liberté qui fondait l'essence de la vérité en tant qu'adéquation se fonde à son tour dans l'essence de la vérité.

De quelle vérité s'agit-il en ce fondement de la liberté? Heidegger répond: de l'essence complète de la vérité, c-à-d de cette vérité qui contient sa propre non-essence. Et le «non» de cette

---

[57] WW, 16; *trad.*, p. 87.
[58] WW, 16; *trad.*, p. 86.
[59] WW, *loc. cit.* Cfr. aussi WW, 15; *trad.*, p. 85.
[60] WW, 17; *trad.*, p. 88.

non-vérité originaire désigne ici le domaine encore inexploré de la vérité de l'Etre: ce qui dans la présence de l'Etre est nécessairement caché.

Ainsi en pensant l'essence de la vérité comme adéquation, on en vient à penser l'essence d'un comportement du *Dasein*. Cette dernière se découvrant comme racine de l'ek-sistence ou de la transcendance finie de ce *Dasein*, la pensée se tourne vers ce qui possède le *Dasein*, vers la présence présente dans le comportement où il se libère pour l'apérité. A ce point, la question concernant l'essence (*das Wesen*) de la vérité est devenue, par l'interrogation sur l'essence de la liberté, une question concernant la vérité de l'essence. Mais par la même l'essence est comprise maintenant en un sens verbal, c-à-d comme ce qui est activement présent et présente: *Wesen* désigne alors *das was west*.[61]

Mais ne savons-nous pas déjà ce qui est présent? N'est-ce pas l'étant en totalité, dévoilé dans l'apérité première de l'eksistence qui est libérée pour s'exposer à l'étant comme tel venant à sa rencontre?

Sans doute. Pourtant ceci demeure insuffisant.

En effet tout dévoilement de l'étant est partiel. Plus il est net, plus il repousse dans l'ombre le fond sur lequel il s'accomplit, c-à-d l'étant en totalité. Et, ce qui est beaucoup plus important, ce dévoilement de l'étant contribue à dissimuler ce qui rend possible l'apérité, la liberté. Or celle-ci, nous l'avons vu, se fonde sur la vérité complète de l'essence, sur cette essence présente, qui inclut l'obnubilation fondamentale qui est sa non-essence.

Dévoiler l'étant sera donc d'abord ne pas apercevoir que le dévoilement lui-même est partiel, puisque c'est d'emblée voiler l'étant en totalité. Mais c'est aussi contribuer à dissimuler ce qui est nécessairement caché et par là *préserver* «la non-vérité originelle» qui est «plus ancienne que toute révélation de tel ou tel étant ... plus ancienne que le laisser-être lui-même».[62]

Heidegger appelle *mystère* «la dissimulation de l'étant comme tel, obnubilé en totalité» en tant qu'elle domine le *Dasein* de l'homme et permet au libre laisser-être de la préserver.[63]

---

[61] Cfr WW, 26. – Le note est ajoutée en 1949 à la seconde édition.

[62] WW, 19; *trad.*, p. 92.

[63] WW, 19; *trad.*, pp. 92–93. – Ainsi est pensé à partir de l'essence ce qui dans *Kant et le problème de la métaphysique* était considéré à partir du *Dasein*: le souci comme structure de «la précarité constante quoique généralement voilée qui transit

Si laisser être l'étant sous la domination du mystère, c'est pour l'homme ek-sister, c'est néanmoins aussi *insister*, c'est «se raidir sur ce qu'offre l'étant en tant qu'il paraît en soi et se manifeste».[64] De la sorte, le *Dasein* se trouve toujours déjà dans l'*errance*. Celle-ci est constituée, nous dit M. Heidegger, par le dévoilement de l'étant particulier comme oubli de la dissimulation de l'étant en totalité, lequel est lui-même obnubilé.[65]

Dès lors entre la liberté et l'errance existe une relation de priorité mutuelle, mais à des niveaux différents. D'une part en effet, l'obnubilation antérieure au *Dasein* lui-même «ne peut être explicite ou dissimulée que par le fait d'un étant capable de s'ouvrir et d'illuminer».[66] Mais «la liberté, comprise à partir de l'eksistence in-sistante du *Dasein*, n'est l'essence de la vérité (comme conformité de l'apprésentation) que parce que la liberté découle elle-même de l'essence originaire de la vérité, du règne du mystère dans l'errance».[67]

Aussi pour que le laisser être de l'étant comme tel et en totalité s'accomplisse selon l'essence, il doit être assumé de temps à autre selon le mystère caché dans l'errance: c'est dans l'errance aperçue comme telle qu'il faut accepter résolument le mystère.[68]

L'interrogation philosophique est alors retournée vers le point d'où elle surgissait: le phénomène de l'oubli est assumé selon l'authenticité du *Dasein*. «La vue du mystère à partir de l'errance pose le problème de la question unique: qu'est-ce que l'étant comme tel dans sa totalité?».[69]

Le résultat principal de la méditation que nous venons de résumer concerne la métaphysique et l'idée de philosophie.

Une fois de plus, Heidegger a montré, en parlanr le langage de la métaphysique, qu'il fallait la dépasser.[70]

Lorsque la métaphysique veut résoudre le problème de l'Etre en s'interrogeant sur l'être de l'étant et sur l'étant en totalité,

---

toute existence», le souci en tant que «se tenir dans le rien» (KM, 214–215; *trad.*, pp. 293–294). Le mystère est cet événement fondamental du *Dasein* désigné par «se tenir dans le rien», mais l'événement est maintenant pensé à partir de l'Etre.

[64] WW, 21; *trad.*, p. 96.
[65] Cfr WW, 22; *trad.*, p. 97.
[66] DE WAELHENS et BIEMEL, *Introduction* à la *trad.* de WW, p. 50.
[67] WW, 23; *trad.*, p. 99.
[68] Cfr WW, 23; *trad.*, p. 100.
[69] WW, 23; *trad.*, p. 100.
[70] Cfr WW, 26; *trad.*, p. 105.

elle se rend incapable de poser correctement la question à laquelle elle entend répondre. On pourrait dire en effet qu'elle ne s'aperçoit pas elle-même comme ek-sistence in-sistante; elle ne prend pas en considération l'errance et manque par conséquent le mystère qui domine le questionnant lui-même.

On a vu, au contraire, en suivant les démarches successives de la méditation, comment la question concernant l'être de l'étant et l'étant en totalité cessait de viser un horizon du *Dasein* pour devenir une écoute de l'Etre présent et dissimulé dans l'Essence.

Mais, du coup, penser n'est plus seulement une initiative de l'être-là; c'est un événement de l'Etre lui-même dans l'être-là. Et le début de la philosophie ne dépend plus de la décision d'un homme: le premier *penseur* ne fut tel à strictement parler que par la pensée de l'Etre s'accomplissant en lui.

La structure de l'errance et le rapport que soutient avec elle la liberté permettent du reste de comprendre l'insertion de la métaphysique et de la philosophie dans le temps.

Somme toute, la métaphysique occidentale après les premiers Grecs fut toujours dans une certaine mesure victime du sens commun et de son refus constitutif de mettre en question l'évidence de l'étant dévoilé. Car c'est à ce même moment de l'histoire du monde où s'accomplit le début de la philosophie que commence aussi la domination *expresse* du bon sens, de la sophistique.[71]

Révélation de l'étant et pensée de l'Etre sont en effet inséparables et c'est dans leur unité que surgit l'équivocité de l'essence: le sens commun ira à l'essentiel, c-à-d à l'évidence de l'étant, la philosophie se souciera de l'essentiel, c-à-d de la présence puissante et cachée de l'Etre. Mais le sens commun ne veut rien savoir de l'obnubilation de l'étant en totalité; tandis que la philosophie, avant de devenir «métaphysique», l'accepte et s'y soumet. La métaphysique se laisse prendre au mirage du subsistant et de la conscience; elle identifie la certitude de cette conscience évidente à la vérité. La philosophie au contraire laisse dominer le mystère et pense la vérité de l'essence.

Finalement quelques propositions assez claires se dégagent qui concernent la vérité de la philosophie et son essence.

---

[71] Cfr WW, 24; *trad.*, p. 101.

1°. L'interrogation sur l'*être* de l'étant demeure équivoque; elle dérive originairement de la pensée de l'Etre.[72]

2°. Dans la philosophie comme pensée de l'Etre, accède à la *parole* la libération de l'homme pour l'ek-sistence, libération qui fonde l'histoire. La parole est d'emblée articulation protectrice de la vérité de l'étant en totalité, c-à-d qu'elle préserve d'abord la vérité de l'essence. Mais elle est aussitôt, pour le sens commun, expression d'une opinion concernant l'évidence de l'étant.[73]

3°. En tant qu'elle est pensée de l'Etre et qu'elle accepte l'obnubilation originaire, la philosophie est interrogation, mais une interrogation qui ne tolère aucune injonction extérieure.[74]

4° Posant la question de la vérité originaire – de cette vérité qui inclut sa propre non-essence et règne sous la forme de la dissimulation – la philosophie est détresse intérieure de la pensée.[75] Cette détresse est liée au refus de s'en tenir exclusivement à l'étant. Mais elle est surtout souci de garder la vérité de l'essence. La pensée de la philosophie «est la souple douceur qui ne se refuse pas à l'obnubilation de l'étant en totalité. Mais elle est aussi la résolution rigoureuse qui, sans détruire la dissimulation, amène celle-ci, en préservant sa nature, à la clarté de l'intellection et ainsi la contraint (à se manifester) dans sa propre vérité».[76]

5°. La philosophie est par conséquent la détresse même du *Dasein*. Car c'est le propre de l'homme dans l'ek-sistence de son *Dasein* d'être tout à la fois assujetti au règne du mystère et à la menace de l'errance. L'oscillation perpétuelle entre l'un et l'autre est *Not-wendigkeit, Wende zur Not*, orientation vers la détresse. «Du *Da-sein* de l'homme et de lui seul, surgit le dévoilement de la nécessité (*Notwendigkeit*); et par la l'existence humaine peut se placer dans l'inéluctable».[77]

6°. Il faut enfin préciser dans quel sens la philosophie peut être dite, selon une expression de Kant, gardienne de ses propres lois. Si c'est avec toute son originalité initiatrice que l'essence première de la vérité devient fondamentale pour l'interrogation philosophique, il est évident que l'attitude de gardienne auto-

[72] Cfr WW, 23; *trad.*, p. 100.
[73] Cfr WW, 24; *trad.*, p. 101.
[74] Cfr WW, 24; *trad.*, p. 102.
[75] *Loc. cit.*
[76] *Loc. cit.*
[77] WW, 23; *trad.*, p. 99.

nome va de pair avec une docilité à l'égard de l'essence ou de l'étant en totalité. Davantage la philosophie, quand elle s'efforce d'effectuer le revirement qui la fait pensée de l'Etre, est soutenue et déterminée dans son autonomie par la vérité de ce à quoi ses lois se réfèrent.[78] Elle découvre alors que «l'essence de la vérité n'est point la 'généralité vide d'une universalité 'abstraite' mais, au contraire, l'Unique dissimulé de l'histoire, unique elle-même, qui dévoile le 'sens' de ce que nous appelons l'Etre et de ce que nous sommes habitués depuis longtemps à penser comme l'étant en totalité».[79]

Il est caractéristique de voir Heidegger situer cette conception originale de la philosophie par rapport à un texte de la *Grundlegung der Metaphysik der Sitten*. «Nous voyons ici, écrivait Kant, la philosophie placée dans une situation critique: il faut qu'elle trouve une position ferme sans avoir, ni au ciel ni sur terre, de point d'attache ou de point d'appui. Il faut que la philosophie manifeste ici sa pureté, en se faisant la gardienne de ses propres lois, au lieu d'être le héraut de celles que lui suggère un sens inné ou je ne sais quelle nature tutélaire».[80]

Heidegger en conclut: Kant avait bien soupçonné la détresse et la liberté de la philosophie, mais il n'a pu que regarder vers le domaine de la vérité de l'essence en la comprenant à partir de la subjectivité, car la subjectivité est le fondement de la métaphysique kantienne.[81]

Kant pourra donc bien comprendre l'autonomie de la philosophie comme une situation critique; il demeurera incapable pourtant d'apercevoir que la pensée gardienne de la vérité est elle-même gardée par la vérité de l'Etre.

Et ceci assurément deviendra plus clair encore lorsque Heidegger, après 1930, envisagera le phénomène Kant non plus seulement dans l'effort pour dépasser la métaphysique mais au sein d'une histoire de l'Etre.

Vom Wesen der Wahrheit nous fait connaître l'idée de philosophie dont le développement était en germe dans *Sein und Zeit*: l'expérience que cette méditation nous permet de réaliser achève

---

[78] Cfr WW, 25: *trad.*, p. 103.
[79] WW, 25; *trad.*, p. 104.
[80] GMS, Cass. IV, 284; *trad.*, p. 145. Cfr WW, 24–25; *trad.*, p. 102.
[81] Cfr WW, 25; *trad.*, p. 103.

le dépassement de la logique, même de la logique transcendantale, que commençait l'herméneutique du *Dasein*.

Et ce n'est pas un hasard, sans nul doute, qui conduit Heidegger à terminer sa conférence en prenant ses distances à l'égard de la pensée critique à l'endroit même où celle-ci s'efforce d'assurer l'autonomie de la philosophie tout en respectant l'incompréhensibilité de la liberté.[82] Le dialogue commencé dès 1912 et entrecoupé de bien des apartés avec Husserl ou les néokantiens arrive ici à un point décisif. Il apparaît maintenant que la *Critique de la raison pure* dans son ensemble aperçoit bien les phénomènes qui peuvent révéler le sens de la question concernant l'être – c-à-d l'imagination et le schématisme, le temps, l'expérience du rien, la liberté – mais qu'elle souffre du défaut congénital à toute métaphysique et se laisse obnubiler par le dévoilement de l'étant, cet étant fût-il l'homme. Distinguer des facultés du *Gemüt*, vouloir fonder le théorique dans le pratique, admettre une réconciliation de la philosophie et du sens commun au niveau de l'intérêt rationnel pur, c'est encore, selon Heidegger, reculer devant le problème de l'*être* de cet étant particulier qu'est l'homme, c'est ne pas même poser la question de l'être.

Quoi qu'il en soit, Kant occupe certainement une place privilégiée dans la reprise historique de l'interrogation concernant l'être. Son constant interlocuteur aurait pu dès 1930 écrire: «La *Critique de la raison pure* appartient à ces oeuvres de philosophie qui chaque jour, aussi longtemps qu'il y a encore une philosophie sur cette terre, deviennent à nouveau inépuisables. Elle est une de ces oeuvres qui ont déjà prononcé le jugement de toutes les tentatives futures faites pour les 'surmonter', car elles témoignent que ces tentatives ne font que passer par-dessus».[83]

Dans les ouvrages qui suivront la proclamation explicite de la *Kehre*, si les manques de la philosophie kantienne seront encore mis en lumière dans une histoire de l'être, il sera manifeste également que la Critique représente un moment unique de cette histoire et un type absolu de pensée philosophique.

Cependant pour qui veut lire Kant lui-même, pour autant que

---

[82] Cfr le texte cité ci-dessus, sub (487) et GMS, Cass. IV, 322; *trad.*, pp. 206–207: «... *comment une raison pure peut être pratique*, expliquer cela, c'est ce dont est absolument incapable toute raison humaine etc.».

[83] FD, 46.

l'entreprise soit possible, le développement de la pensée heideggerienne en ouvrant des perspectives posent pas mal de problèmes.

Est-il légitime d'abord de vouloir faire éclater la logique
transcendantale en fondant l'entendement dans l'imagination et
le temps? Kant n'-t-il pas indiqué ailleurs le point où les phénomènes contraignent la pensée à céder devant l'être, tout spécialement dans la relation des idées non plus aux images, mais aux
idéaux et aux symboles? Dès lors le primat du pratique sur le
théorique n'est-il pas mis par Kant lui-même en relation avec
l'emprise du néant éprouvée au niveau des idées et n'ouvre-t-il
pas ainsi, dès la Dialectique, une perspective historique à l'interrogation sur l'être dans la finitude? L'historicité de l'acte philosophique n'est-elle pas conçue par la Critique de telle façon que
l'interrogation sur l'étant en totalité ne puisse plus être considérée comme un début radical, même pour la pensée occidentale? –
autrement dit: l'idée kantienne de l'histoire n'est-elle pas fondée
sur ces origines que sont Socrate et «le saint des évangiles» plutôt
que sur la pensée de Parménide ou d'Héraclite? Et n'est-ce pas
en définitive cette optique-là qui commande la compréhension
du savoir scientifique et sa subordination aux fins ultimes de
l'humanité dans l'homme?

L'interprétation de Heidegger, que nous allons suivre maintenant en détail, nous fournira bon nombre d'indications, plusieurs éléments de réponse aussi à ces différentes questions. Mais
elle contribuera surtout à rendre ces questions plus aiguës, nous
invitant ainsi à retourner *zur Sache selbst*, à celui dont il s'agit,
Kant lui-même.

3. CONCLUSION: TITRES DES TROIS PARTIES SUIVANTES

Ce retour à Kant d'un nouveau style, les pages qui précédent
l'ont déjà entrepris. Pour demeurer fidèle au problème qui suscite
chacun de ses pas, c'est à dire Heidegger et Kant, notre marche
doit maintenant s'arrêter au détail des textes.

Dans *Sein und Zeit* et les passages les plus anciens de *Kant
et le problème de la métaphysique* la critique phénoménologique de
la Critique est déjà appelée par l'être mais sans le savoir, ou du
moins sans le dire expressément. Si bien que la manifestation de
l'être en retrait dans le kantisme lui apparaît seulement comme

une crainte de la pensée rationnelle devant l'abandon d'elle-même et la capitulation qu'elle pressent. La médiation ou plutôt la première clairière de l'être qu'aurait ici entrevue Kant tout en renonçant à y pénétrer, c'est le temps. Et le refuge illusoire de la pensée contre l'emprise souveraine de l'être serait tout simplement le sujet rationnel qui subsume la temporalité transcendantale au lieu d'y reconnaître son fondement.

Nous pouvons donc intituler «Kant et le temps» la partie de notre travail où nous refaisons en nous efforçant de la re-situer le chemin qui dépasse le sujet vers cette présence humaine, ce *Da-sein* temporel, dont les traits commenceront de se révéler comme ceux d'un gisant de l'être.

Pour saisir le sens durable de cette première interprétation et comment s'y origine le revirement explicite de la pensée, le plus simple sera de voir ensuite ce qu'il en subsiste dans les derniers écrits où Heidegger parle de Kant. Que ce saut vers l'avant chronologique soit bel et bien un saut en arrière vers le plus originel du kantisme, cela apparaîtra au prix d'une recherche préalable sur l'idée d'interprétation et son rôle dans la soumission à l'histoire de l'être. Ainsi sera déjà justifié le titre «Kant et l'être» qui résume les questions que nous poserons à Heidegger en suivant à rebours la chronologie de ses écrits. Nous apprendrons de la sorte quelques-uns des prénoms kantiens de l'être: «thèse non prédicative», «principes», «liberté», «chose» et surtout «troisième terme», «*zwischen*», cet entre-deux qui se donne d'abord sous les espèces du temps et de l'espace.

Parvenus à ce point nous serons à même de mesurer la distance séparant et joignant le premier *Kantbuch* et *Die Frage nach dem Ding*. Ce qui à vue rapide semblerait n'être qu'une dialectique réexpliquant le kantisme en allant d'une saisie subjective à une position objective de l'être s'avèrera au contraire cheminement et langage de l'interprète pour se faire autant qu'il est en lui berger de l'étant dans le règne de l'être en mission et retrait. Mais cet effort qui est une philosophie nouvelle n'ira pas sans faire surgir la question: Heidegger a-t-il jamais réussi à préserver pour la pensée l'être tel qu'il l'a entrevu dans le phénomène Kant? Ne faut-il pas, pour être fidèle à ce qu'il a voulu dire, accepter de reposer «le problème de la métaphysique selon Kant» à partir, non pas d'une Analytique si large soit-elle, mais d'une Dialectique nullement «idéaliste» de la raison pure?

DEUXIÈME PARTIE

KANT ET LE TEMPS

L'INTERPRÉTATION DU KANTISME SELON «SEIN UND ZEIT»

I. PRÉLIMINAIRES

Le plan qui figure à la fin de l'Introduction à *Sein und Zeit* fut sans doute établi, rappelons-le[1] après la composition du livre. Tel quel cependant il permet d'apercevoir comment l'étude du schématisme transcendantal devait contribuer à cette destruction de l'ontologie en projet et en lente maturation au cours des années 1920–1930. Le travail qui s'intitulerait *Kant et le problème de la métaphysique* ferait ainsi apparaître la contribution de la Critique à la rupture du carcan que depuis Platon la pensée devenait pour elle-même en se flattant, sous les masques du logique et du rationnel, de ne jamais oublier l'être.

Il serait faux d'imaginer pourtant que l'interprétation de l'être-là par la temporalité, qui précède dans *Sein und Zeit* la destruction de l'ontologie, pouvait se dispenser quant à elle de toute discussion avec Kant. Prendre de nouveau au sérieux le problème de l'être suppose en effet que l'homme se dépasse d'abord vers le *Da-sein*. Ce qui exige à son tour, dans la situation de la pensée occidentale une interrogation radicale sur la signification d'être de la conscience ou du Je pense, dont la primauté quasi dictatoriale s'était imposée en philosophie depuis Descartes jusqu'aux néo-kantiens, non sans offusquer une vue correcte de ce qu'est *le monde*.

Aussi en examinant la relation entre l'ipséité et la structure totale du *Dasein*, le souci, *Sein und Zeit* devra-t-il exposer, pour la discuter, une lecture de la doctrine kantienne du Je pense.[2] Et Heidegger relie cette réflexion à ce qu'il avait découvert auparavant dans son analyse de l'être-au-monde.

[1] Cfr ci-dessus p. 33.
[2] SZ, 316–323.

2. LE JE PENSE SELON «SEIN UND ZEIT»

Le but du paragraphe 64 est de faire voir, entre autres, comment, à partir d'une saisie correcte du dire-Je vécu dans le quotidien, une philosophie accepte de partager, dans l'interprétation ontologique, l'aveuglement même qu'elle avait dénoncé à bon droit en décrivant l'attitude ontique. Cette philosophie finit alors, quoi qu'elle en ait, par enfermer la problématique du Soi dans l'horizon de catégories inadaptées.

Disons d'abord brièvement comment M. Heidegger comprend l'ipséité du *Dasein* par rapport au souci.

Le bavardage naturel use et abuse du Je. Il néglige ainsi le contenu visé par le Je et qui s'y manifeste: le *Dasein*. Or «le *Dasein* est *authentiquement soi* dans la singularisation originelle de la résolution devenue silencieuse et s'encourageant à l'angoisse. En tant que *silencieux*, l'authentique être-*soi* ne dit précisément pas: 'Je, Je' mais dans le silence il *est* l'étant jeté: en tant que tel, il a une possibilité authentique d'être».[3]

Cet authentique pouvoir-être n'est autre que le souci. Et «le souci n'a nul besoin d'être fondé dans un Soi: c'est bien plutôt l'existentialité, comme constitutif du souci, qui donne la constitution ontologique de la *Selbst-ständigkeit* de l'être-là; à celle-ci appartient, selon le contenu structurel et complet du souci, la déchéance de fait dans l'*Unselbst-ständigkeit*».[4]

Kant a bien aperçu le point de départ de cette ontologie du Soi. Il saisit qu'un fonds phénoménal est donné dans le fait de dire Je. Il y distingue les caractères de simplicité, de substantialité, de personnalité. Il montre ensuite que, de pareille prémisses, la philosophie traditionnelle n'est nullement en droit de déduire des thèses ontiques concernant la substance de l'âme.

Et la valeur de sa réfutation est incontestable. En effet, l'expérience qui perçoit les trois caractères en question, pour authentique qu'elle soit, demeure pré-phénoménologique: elle les saisit comme les qualités d'un support, elle n'atteint pas ce qui se donne et apparaît en eux.

Kant tente donc d'être plus strictement fidèle que ses prédécesseurs au contenu phénoménal du dire-Je. Mais par après il

---

[3] SZ, 322-323.
[4] SZ, 323; le texte est tout entier en italiques.

glisse dans cette même ontologie du substantiel dont il avait théoriquement refusé pour le Je les bases ontiques.

Il s'agit par conséquent de mener plus loin qu'il le fit la destruction du substantialisme. Cependant, le texte qui suit va le montrer, Heidegger ne pourra pas faire servir à son propos la théorie critique du *Ich denke* sans y ajouter lui-même un peu de ce qu'il veut détruire.

«Kant saisit avec raison le contenu phénoménal du Je dans l'expression: Je pense ou, si l'on prend également égard à l'introduction de la 'personne pratique' dans 'l'intelligence', dans l'expression: J'agis. Dire-Je doit au sens kantien être entendu comme dire-Je-pense. Kant cherche à fixer le contenu phénoménal du Je comme *res cogitans*. Si à ce propos il nomme celui-ci sujet logique, cela ne signifie pas que le Je en général soit un concept obtenu uniquement par un procédé logique. Le Je est bien au contraire le sujet du comportement logique, de l'acte de lier. Le Je pense signifie: Je lie. Tout lier est un: *Je* lie. Dans ce fait de prendre ensemble et de rapporter, le Je sert déjà toujours de suppôt-*hypokeimenon*. C'est pourquoi le sujet est conscience en soi et non pas une représentation; il est au contraire la forme de celle-ci. Cela veut dire que le Je pense n'est pas ce qui est représenté, mais la structure formelle de l'acte de représenter comme tel, structure qui seule rend possible ce qui est représenté. Forme de la représentation ne signifie ni un cadre ni un concept général ,mais ce qui en tant qu'*eidos* fait de tout représenté et de tout acte de représentation ce qu'il est. Le Je, compris comme forme de la représentation, signifie la même chose que: il est sujet logique.

«Dans l'analyse que fait Kant, l'élément positif est double. Il voit d'abord l'impossibilité de ramener l'onticité du Je à une substance; ensuite, il maintient fermement que le Je est *Je pense*. Malgré cela, il prend de nouveau ce Je comme sujet et, par là même, en un sens inadéquat du point de vue ontologique. Car le concept ontologique de Sujet *ne* caractérise *pas l'ipséité (Selbstheit) du Je en tant que soi, mais l'identité (Selbigkeit) comme soi et la stabilité d'un subsistant toujours déjà là*. Déterminer le Je ontologique comme *sujet* signifie: le fixer comme un subsistant toujours déjà là. L'être du Je est compris comme ré-alité de la *res cogitans*.

«A quoi tient donc que Kant ne sache pas apprécier ontologiquement la manière phénoménale authentique d'aborder le *Je
pense*? A quoi tient qu'il doive retomber sur le 'Sujet', c-à-d sur
le substantiel? Le Je n'est pas seulement 'Je pense', mais 'Je
pense quelque chose'. Seulement Kant lui-même n'insiste-t-il
pas toujours à nouveau sur le fait que le Je serait essentiellement
relatif à ses représentations et sans celles-ci ne serait rien?

«Mais les représentations sont pour lui uniquement 'l'empirique'
qui est 'accompagné' par le Je, les apparaîtres(*Erscheinungen*)
auxquels ce Je est 'attaché'. Kant ne montre pourtant nulle part
le mode d'être de cet 'être attaché' et de cet 'accompagner'. Au
fond, ce mode d'être est compris comme un constant être-subsis-
tant-avec du Je avec ses représentations. Kant évite sans doute
de couper le Je du penser, mais sans toutefois aborder le 'Je pense'
dans la plénitude de sa constitution essentielle comme 'Je pense
quelque chose', et surtout sans voir le 'présupposé' ontologique
requis pour qu'un 'Je pense quelque chose' puisse être une
détermination fondamentale du soi. Car le point d'insertion du
'Je pense quelque chose' reste sous-déterminé ontologiquement
aussi longtemps que reste sous-déterminé le 'quelque chose'. Si
l'on entend par là un étant *intra-mondain*, on garde ainsi une
présupposition qui n'est pas exprimée, celle du *monde*; or ce
dernier phénomène co-détermine précisément la constitution
d'être du Je, si toutefois celui-ci doit être quelque chose comme
un 'Je pense quelque chose'. Le dire-Je signifie l'étant que je
suis singulièrement comme: 'Je-suis-dans-un-monde'. Kant n'a
pas vu le phénomène du monde et il fut assez conséquent pour
écarter les 'représentations' du contenu apriorique du 'Je pense'.
Mais de la sorte le Je était réduit à un sujet *isolé*, qui accompagne
les représentations d'une manière complètement indéterminée du
point de vue ontologique».[5]

Ces pages devaient être citées intégralement.

Elles marquent avec force la part de cartésianisme qui subsiste
censément dans la théorie critique. Rencontrent-elles pour autant
la signification profonde du *Ich denke*? On peut se le demander.

Sans doute, Heidegger ne nie pas que l'intention première de
Kant ait été précisément de dépasser le chosisme d'une certaine
tradition. Cependant il semble qu'à ses yeux seule soit valable,

[5] SZ, 320–321.

dans l'exécution de ce projet, la partie négative celle qui dénonce les erreurs du rationalisme. Nulle part il ne suggère qu'en déclarant le *Ich denke* une pure forme, le philosophe a pu apporter une contribution positive à la réalisation de son dessein.

Il est incontestable assurément que le langage kantien est encore prisonnier du mode de pensée dont il voudrait nous libérer. Mais ce n'est là qu'un motif supplémentaire pour éviter de lui prêter ou de sembler lui prêter des expressions dangereuses dont il n'use pas, comme celle de *res cogitans*. Pareille surcharge fausse d'emblée l'intelligence des textes.

Pourtant Heidegger trouve pour définir la nature de l'apperception des formules d'une remarquable justesse: «Le *Je pense* n'est pas un représenté, mais la structure formelle du représenter comme tel ... Il n'est ni un cadre ni un concept général, mais ce qui, en tant qu'*eidos*, fait de tout représenté et de tout acte de représentation ce qu'il est».

Mais *Sein und Zeit*, peut-être sous l'influence de Scheler auquel d'ailleurs il nous renvoie,[6] confère prématurément à la «conscience» ainsi décrite une valeur de totalité. Cette *forme* – dont Kant nous dit que la saisie des Paralogismes la réduit à une idée et qu'il est à peine possible d'en parler puisque «nous devons toujours déjà nous servir de sa représentation pour juger quoi que ce soit à son sujet»[7] –, Heidegger en fait aussitôt un *hypokeimenon*, un suppôt qui serait à lui seul le Soi. Il s'est d'ailleurs donné dès le début ce qui pouvait justifier son interprétation il a intégré au *Je pense*, non seulement la simple spontanéité d'un *J'agis*, mais la personne morale elle-même.

Bien entendu, nous ne songeons pas à prétendre que la personne morale peut être considérée à bon droit comme une «substance». Et Kant, en dépit d'un langage encore causaliste, s'efforce d'éviter cette assimilation paresseuse.

Mais au niveau de la première *Critique*, on fausse gravement la perspective si l'on prête au *Je pense* une personnalité concrète, si l'on prend ce Je pour quelqu'un. Car il n'est encore personne, rappelons-le: c'est au titre de *Cela pense* qu'il est découvert comme structure encore impersonnelle d'une personnalité.[8] Le pro-

---

[6] SZ, 320–321 note I.

[7] Cfr B 426–427 et A 346, B 404.

[8] A 345–346, B 403–404: «Durch dieses Ich, oder Er, oder Es (das Ding), welches denkt ...».

blème mis en évidence par les Paralogismes est précisément celui
de la signification de cette structure pour la compréhension d'être
propre à l'homme. Le *Je pense* est inséparable de cette compréhension, mais il est loin d'en constituer la totalité. De cette
dernière, le fait de la liberté et le jugement réfléchissant, dans
leurs relations au devoir et au sentiment, seront les éléments
décisifs.

Une fois saisie la nature exacte du *Cela pense*, il devient difficile d'accepter que Kant ne montre nulle part le mode de l'accompagner et de l'être-attaché. Lorsqu'il nous dit qu'il s'agit là
d'une forme ou d'une idée, il pose bel et bien une détermination
ontologique de la structure en question. Mais ce n'est évidemment qu'une détermination partielle de l'être du Soi.

Et ceci ôte en fin de compte tout son poids à ce reproche que
le mode d'être de l'accompagner serait une constante subsistance
du Je avec ses représentations.

Ce dernier point est lié, selon Heidegger, au fait que la
Critique ignore l'intentionnalité du *Je pense*. L'auteur nous ren-
voyant ici à son analyse phénoménologique de la réfutation kantienne de l'idéalisme, nous ne pouvons poursuivre la discussion
sans avoir lu ce passage de *Sein und Zeit*.[9]

Auparavant toutefois une remarque s'impose: c'est assez arbitrairement que le paragraphe 64 fait grief à Kant de séparer la
pensée et le monde en isolant un sujet subsistant comme chose
pensante.

En effet lorsqu'on se réfère aux Paralogismes, il importe de
ne pas tronquer la structure essentielle de cette théorie. Or
Heidegger nous parle bien des trois premiers arguments qui concernent la simplicité, la substantialité et la personnalité du *Je
pense*, mais il néglige le quatrième, qui met précisément en cause
cet autre caractère attribué à la conscience transcendantale par
la psychologie rationaliste, l'idéalité.[10]

Il aurait fallu nous dire si cette dernière note est, elle aussi, un
contenu d'expérience pré-phénoménologique. Le silence total de
l'interprète sur ce point pourrait indiquer qu'à son avis la critique
kantienne de ce prédicat demeure sans lien intrinsèque avec l'ensemble de la théorie des Paralogismes.

[9] SZ, 202–208.
[10] Cfr A 367 ss., B 406 ss., selon deux versions très différentes, on le sait.

Il y a donc toute chance que la discussion engagée avec Kant à propos de la réalité du monde extérieur implique un malentendu radical: elle ignorera simplement que la *Critique* entend se séparer de cet idéalisme qui veut fonder sur la seule pensée l'existence du monde. Car l'intention de Kant ne fait pas de doute: il s'efforce de montrer que cet idéalisme-là est psychologique et qu'il en demeure à une compréhension ontique du monde, comme dirait Heidegger.

Selon *Sein und Zeit*, c'est au contraire Kant lui-même qui s'arrête à cette compréhension ontique du monde et ne parvient pas à sortir d'une psychologie du sujet. Pour y réussir, il aurait dû remarquer que le penser inséparable du Je, sans impliquer *a priori* les représentations empiriques, est pourtant ouverture sur la condition de possibilité de toute représentation déterminée, c-à-d sur le monde, qui est aussi structure constitutive du Soi.

3. RÉALITÉ DU MONDE ET ÊTRE-AU-MONDE

La preuve irréfutable que la *Critique* ignore cette structure de l'être-au-monde, c'est qu'elle accepte la prétendue nécessité de démontrer l'existence d'une réalité extérieure au sujet.

Telle est l'argumentation que développe le paragraphe 43 de *Sein und Zeit*.

L'ontologie du *Dasein*, pour sa part, ne s'arrête plus ni à l'extériorité d'un ensemble d'étants ni même au «réel». Ces deux titres correspondent peut-être à des expériences ontiques. Mais dès qu'il s'agit d'expliciter la compréhension d'être de l'être-là, il devient clair que la conscience de réalité est elle-même une manière d'être-au-monde. La réalité renvoie alors au phénomène du souci, c-à-d à l'être-déjà-au-monde, en avant de soi-même auprès des étants[11]: le monde et l'être-là ne sont pas deux subsistants d'indices différents, mais dans le *là* se révèle le monde comme manière d'être de l'être-là.

Loin donc de constituer, comme le dit censément Kant, «un scandale pour la philosophie et la raison humaine en général»,[12] la question de savoir si le monde existe et si on peut le prouver

---

[11] SZ, 202 et 211.
[12] SZ, 203 citant B XXXIX note 1; voyez plus bas le contexte d'où ce membre de phrase est extrait.

de manière contraignante est simplement une question absurde : elle ne se pose en effet qu'à un être-là qui est-déjà-au-monde. Elle ne prend l'apparence d'un problème que pour une pensée encore asservie aux présupposés substantialistes d'un bavardage naïvement déchu.

Sein und Zeit dévoile d'abord ces présupposés en général, puis il repère leurs avatars dans trois passages de la *Critique de la raison pure*.[13]

Dans son ensemble, la tradition rationaliste admet que le réel se distingue par les caractères de l'en-soi et de l'indépendance. Il faut en conséquence que se pose le problème de l'accès et de l'accès adéquat à ce réel indépendant. De tous temps, la connaissance intuitive fut reconnue comme la seule voie de ce genre. Or cette connaissance *est* de manière ontique, en tant qu'état d'âme, *dans* la conscience. Dès lors le problème de l'accès au réel doit se confondre avec celui de l'existence d'un monde extérieur au sujet connaissant.

Examinant ensuite comment cette argumentation est comprise dans le kantisme, Heidegger fait une remarque préliminaire concernant la terminologie : chez Kant, *Bewusstsein meines Daseins* signifie conscience de ma subsistance au sens de Descartes. En d'autres termes, Kant appelle *Dasein* ce que Heidegger désigne par *Vorhandenheit*.[14]

Notons à notre tour que cette déclaration a toutes les apparences d'un préjugé dogmatique. Mais ce soupçon assez grave ne doit pas pourtant nous empêcher de poursuivre la lecture de *Sein und Zeit*.

La preuve de Kant se développe, nous dit-on, à partir d'un changement donné empiriquement en moi, c-à-d la multiplicité des représentations donnée au sens interne. Cette multiplicité est un changement subsistant : elle est en effet ma propre subsistance en tant que déterminée dans le changement du temps. Cette détermination temporelle présuppose à son tour quelque chose qui subsiste en permanence. Mais ce quelque chose ne peut être en nous «puisqu'en effet, dit Kant, notre existence dans le temps ne peut elle-même être déterminée qu'à partir de quelque perma-

---

[13] La note 1 B XXXIX de la seconde préface; la «Réfutation de l'idéalisme», B 275 ss.; «Des paralogismes de la raison pure», B 399–432, surtout B 412.
[14] SZ, 203.

nent». L'expérience de l'être-dans-le-temps des représentations implique donc du même coup du changeant *en moi* et du permanent *en dehors de moi*, celui-ci étant la condition de possibilité de la subsistance du changement.[15]

Simplifiée de la sorte, la «preuve» kantienne constitue évidemment une reprise des préjugés rationalistes. Avec quelques modifications toutefois.

Ainsi elle «ne repose certes pas sur un raisonnement causal, elle n'est donc pas entâchée de l'irrecevabilité qui marque ce dernier». Il s'agirait plutôt d'une sorte de «preuve ontologique», tirée de l'idée d'un étant temporel.[16]

Mais cette réfutation de l'idéalisme rend manifestes les défauts majeurs d'une philosophie qui installe l'ontologie dans la déchéance: emmêlement des questions, confusion de ce qui doit être démontré avec ce qui l'a été en fait et avec ce qui a permis la démonstration.[17]

Dans l'esprit de son argumentation, Kant devrait en effet démontrer la distinction *et la liaison* de l'*en moi* et de l'*en dehors de moi*. Or il la présuppose, comme une ontologie authentique serait du reste en droit de le faire. De même Kant applique sans preuve aux rapports de l'*en moi* et de l'*en dehors de moi* ce qu'il a établi concernant la co-subsistance du changeant et du permanent en prenant le temps comme fil conducteur.[18]

S'il avait réussi à comprendre ontologiquement ce que la totalité de la distinction et du lien de l'intérieur et de l'extérieur implique, Kant aurait vu s'effondrer la possibilité d'exiger une démonstration de l'existence d'un monde en dehors en moi. Il n'aurait pas laissé sous-déterminé le mode d'être de l'étant temporel qui exige et formule de pareilles démonstrations.

Or le temps, qui sert ici de tremplin pour le saut vers une réalité extérieure, est simplement conçu comme l'*en moi*. Peut-être ce rôle dévolu au temps doit-il se comprendre comme une tentative d'abandonner la primauté ontique de l'expérience intérieure et d'un sujet isolé. Mais Heidegger estime plutôt que l'effort aboutit à conférer au temps une valeur ontique.

[15] SZ, 203–204.
[16] SZ, 204.
[17] SZ, 203.
[18] SZ, 204–205.

D'ailleurs, ajoute-t-il, même si l'on admet la légitimité du fondement sur lequel repose la preuve, même si l'on admet un dépassement des préjugés ontiques, il faut reconnaître aussi la position ontologique de Kant demeure celle du cartésianisme. La *Critique* souligne en effet: «L'idéalisme problématique qui ... se contente d'alléguer l'impossibilité de prouver par l'expérience immédiate quelque existence en dehors de nous, est raisonnable et correspond à un principe valable de pensée philosophique: s'abstenir de tout jugement décisif tant qu'une preuve suffisante n'a pas été fournie».[19] La façon même de poser le problème contraint ici à ne prouver jamais que la co-subsistance de deux étants, l'un changeant, l'autre permanent, sans que l'on parvienne seulement à montrer une co-subsistance de sujet et d'objet. Ce dernier point du reste, même s'il était atteint, ne serait pas décisif pour l'ontologie. Car «la co-subsistance du physique et du psychique est totalement distincte, tant sur le plan ontique que sur le plan ontologique, du phénomène de l'être-au-monde».[20]

Et ce phénomène échappe entièrement à la *Critique*. Kant en fournit le témoignage lorsqu'il envisage d'«accepter l'existence du monde extérieur par un simple acte de foi»,[21] pour le cas où nulle démonstration ne serait possible. Il conçoit ainsi l'être-à-un-monde comme un rapport d'intention, de présomption, de certitude ou de foi, rapports qui sont déjà autant de modes dérivés de l'être-au-monde. Car «*antérieurement* à toute présupposition et à toute attitude de l'être-là, il y a l'*a priori* de la constitution ontologique selon le mode d'être du souci».[22]

4. TROIS TEXTES VIOLENTÉS

Les trois passages de la *Critique de la raison pure* auxquels se réfère cette destruction phénoménologique de la réfutation de l'idéalisme sont extraits de la seconde édition. Ils sont difficiles et plus nuancés que ne laisse croire Heidegger. Nous nous contenterons d'indiquer l'un ou l'autre élément susceptible de modifier l'interprétation que l'on vient de nous proposer.

[19] SZ, 204 citant B 274–275; nous complétons le texte plus bas.
[20] SZ, 204.
[21] SZ, 205 citant B XXXIX note 1; cfr. également ci-dessous, notes 38, 30, 26.
[22] SZ, 206.

On peut se demander en premier lieu si l'équivalence posée d'entrée de jeu entre *Dasein* au sens kantien et *Vorhandenheit* au sens heideggerien ne fait vraiment aucun doute. En effet la conscience de mon existence relève toujours pour Kant de l'empirique. Il lui oppose «la conscience de moi-même dans le penser», c-à-d la conscience de mon appartenance à un *Cela pense* transcendantal. Parler de substance, remarque-t-il, c'est ajouter au penser en général le mode d'exister (*die Art des Daseins*). Et il ne se lasse pas de répéter que la catégorie de substance vise une chose, c-à-d un objet ou encore ce qui est pensé en général, qu'il s'agisse d'étants humains ou non, voir même de mon corps.[23]

Il est donc imprudent d'assimiler le *Dasein* de la *Critique* à la *Vorhandenheit* tout simplement. Il n'est pas prouvé en effet que l'exister auquel Kant se réfère toujours en premier lieu n'est pas l'exister humain. S'il en parle en termes de subsistance, c'est uniquement lorsqu'il envisage la relation du penser à ses objets, sans prétendre que le penser est identiquement notre compréhension d'être. Ainsi écrira-t-il: «Que ce Je, celui de mon je pense, doive toujours valoir dans le penser comme *sujet* ... ne signifie pas que je sois, en tant qu'objet, un être subsistant pour moi-même ou une substance. Ce que nous venons de dire va très loin; cela exige qu'il y ait aussi des données qui ne se rencontrent pas dans le penser, qu'il y ait plus peut-être que tout ce que je rencontrerai jamais en considérant simplement le pensant comme tel».[24]

Notre première remarque n'entend pas nier la supériorité en ontologie de la terminologie heideggerienne; pas plus qu'elle ne veut défendre le langage kantien contre tout reproche d'ambiguïté. Elle dénonce simplement une rigueur excessive de l'interprétation. Car *Dasein* peut fort bien se comprendre chez Kant comme «le fait d'être un étant», sans autre détermination. Et pour Heidegger l'être-là doit bien lui aussi s'appeler parfois un étant.

Une seconde remarque doit être formulée. Elle concerne le contexte général et particulier dans lequel s'inscrit la «preuve de la

---

[23] B 409 (*Bewusstsein meiner selbst im Denken*), B 410 (*die Art des Daseins*), B 409 (moi comme *un* être pensant, les autres choses au dehors, mon corps).
[24] B 407.

réalité du monde extérieur». De ce double contexte, Heidegger, tant dans *Sein und Zeit* que dans son premier *Kantbuch*, fait vraiment trop bon marché.

La deuxième édition de la *Critique*, la seule qu'utilise ici l'interprète, entend marquer les distance à l'égard de l'idéalisme psychologique: les principales attaques contre l'ouvrage l'accusaient en effet de professer un scepticisme à la Berkeley. En même temps la logique de son système entraîne Kant à le distinguer déjà des interprétations que voudront en donner ses «amis hypercritiques», précurseurs de l'idéalisme fichtéen ou hégélien.[25]

La position de Berkeley est inévitable, estime Kant, dès que l'on considère l'espace comme une qualité inhérente aux choses en elles-mêmes. La pierre de touche du criticisme est donc la thèse de l'idéalité des intuitions sensibles. Celles-ci, rappelons-le, demeurent irréductibles au penser. Et le penser, à son tour, n'exerce un rôle constitutif de l'expérience qu'au plan d'une logique transcendantale.

C'est à la lumière de ces distinctions quelque peu polémiques visant à préciser la portée de l'idéalisme critique qu'il faut apprécier la démonstration de la réalité du monde extérieur et comprendre en quel sens elle entend réparer un scandale philosophique.

Sur ce dernier point, les quelques mots cités par Heidegger ne peuvent qu'induire en erreur s'ils ne sont replacés en leur lieu originel. Relisons la phrase de la *Préface* d'où ils ont été extraits: «Par rapport aux fins essentielles de la métaphysique, cet idéalisme psychologique peut bien (*mag*) être tenu pour aussi innocent que l'on voudra (ce qu'en fait il n'est pas), ce n'en est pas moins un scandale pour la philosophie et l'humaine raison en général de devoir s'appuyer simplement sur la foi pour accepter l'existence des choses en dehors de nous (de ces choses dont pourtant nous tenons toute la matière destinée aux connaissances, même pour notre sens interne) et de ne pouvoir répliquer par une preuve satisfaisante lorsqu'il vient à l'esprit de quelqu'un de mettre cette existence en doute».[26]

---

[25] Cfr H. DE VLEESCHAUER, *L'évolution de la pensée kantienne*, pp. 114 ss., J. MARÉCHAL, *Le point de départ de la métaphysique*, Cahier IV, pp. 66 à 77 et 194 ss., E. CASSIRER, *Bemerkungen*, 21.

[26] B XXXIX, note 1.

En d'autres termes, le scandale d'une simple croyance en la réalité du monde extérieur est inévitable dès que l'on adopte la thèse idéaliste à la Berkeley, thèse qui peut, il est vrai, paraître compatible à première vue avec les fins essentielles de la métaphysique. Le scandale philosophique, c'est donc à proprement parler l'idéalisme psychologique lui-même. Et Kant nous indique l'origine du scandale : l'idéalisme ne tient pas compte de l'expérience pré-phénoménologique authentique, comme dirait Heidegger, selon laquelle nous tenons des choses extérieures toute la matière de nos connaissances, même pour notre sens interne.

Berkeley, pour sa part, se trouve bel et bien réfuté par l'esthétique transcendantale qui établit l'idéalité des intuitions de l'espace et du temps.[27]

Pourquoi convient-il donc de répondre davantage aux doutes que l'on peut émettre concernant la réalité extérieure ? C'est qu'ils peuvent se fonder sur un autre idéalisme, uniquement problématique celui-ci, tel qu'il se rencontre chez Descartes. Et ici encore Heidegger défigure légèrement le texte qu'il cite. Il passe sous silence l'une des deux propositions de la période qui expliquent pourquoi, selon Kant, la méthode cartésienne demeure raisonnable et correspond à un mode philosophique de penser.

«L'idéalisme problématique, nous dit Kant, *n'affirme rien concernant les formes a priori de la sensibilité*; il se contente d'alléguer l'impossibilité de prouver une existence en dehors de la nôtre par expérience immédiate. Comme telle cette attitude est raisonnable et correspond à un mode philosophique de penser : s'abstenir de tout jugement décisif tant qu'une preuve suffisante n'est pas fournie».[28]

Le point en litige est donc exactement la nature de l'expérience intérieure, dont Descartes concède l'immédiateté. Kant de son côté admet que nos imaginations incontrôlables pour autrui – ce qu'il appelle *Einbildung* – peuvent sembler nous fournir du monde des phantasmes complètement étrangers à une véritable expérience. Il tentera de montrer que toute expérience intérieure – et donc également l'*Einbildung* – présuppose une expérience extérieure comme condition de sa possibilité.

---

[27] B 274.
[28] B 274–275 ; nous soulignons les mots omis dans **SZ**.

Bien sûr, Heidegger est encore en droit de répliquer: toutes les expériences dont vous parlez sont des modes dérivés de l'être-au-monde fondamental et c'est cela seul qu'il importe de montrer.

Mais la question est précisément de savoir si, en établissant l'apriorité des intuitions sensibles contre Berkeley et en montrant contre Descartes le lien de l'expérience interne avec l'expérience extérieure, Kant ne tente pas d'exprimer dans son langage l'antériorité de l'être-au-monde par rapport à ses modes dérivés.

L'examen du contexte où s'insère l'argumentation de Kant nous a menés ainsi à formuler sous forme de question notre troisième remarque. Précisons-la maintenant.

Pour réfuter l'idéalisme problématique, la *Critique* procède par étapes. Elle analyse d'abord la conscience empirique que j'ai du fait d'être un étant déterminé dans le temps. Pareille détermination est liée à son tour à la perception d'un élément constant, dans l'espace, par exemple les objets terrestres par rapport au mouvement du soleil.[29] Cet élément constant ne saurait être une intuition en moi: en effet tous les fondements de détermination de mon existence empirique qui peuvent être rencontrés en moi sont des représentations. «En tant que telles, ces représentations exigent elles-mêmes un permanent qui soit distinct d'elles, par rapport auquel puisse être déterminé leur changement et par conséquent mon existence empirique dans le temps au sein de laquelle elles changent».[30]

On peut objecter ici que mon sens interne peut fort bien me donner à lui tout seul une *Einbildung* spontanée et immédiate de quelque chose d'extérieur. Mais l'objection elle-même, répond Kant, suppose déjà une distinction entre spontanéité de l'*Einbildung* et réceptivité de l'intuition dans laquelle on présente au sens la chose extérieure. «Car le simple fait de se former l'image d'un sens externe anéantirait la faculté d'intuition qui doit être déterminée par l'imagination».[31]

Par conséquent, la détermination de mon existence empirique dans le temps n'est possible que par l'existence de choses réelles que je perçois en dehors de moi.

[29] B 277–278.
[30] B 275, note 1 et B XXXIX note 1.
[31] B 276 note 1.

Vient alors une seconde étape, fort brève mais capitale: «Or la conscience dans le temps est nécessairement liée avec la conscience de la possibilité de cette détermination temporelle. Donc la conscience dans le temps est liée nécessairement aussi avec l'existence des choses en dehors de moi comme condition de la détermination temporelle; c-à-d que la conscience du fait d'être moi-même un étant est en même temps une conscience immédiate du fait que d'autres choses en dehors de moi sont des étants».[32]

Que désigne Kant par cette expression «la conscience dans le temps»? Ce n'est assurément pas la conscience ontique de mon existence empirique en tant que déterminée dans le temps, puisqu'elle est liée à une saisie de la *possibilité* d'une détermination temporelle. Ce n'est pas non plus la conscience intemporelle d'exister qu'exprime le *Cogito sum* rationaliste. Kant nous dit en effet que cette conscience-là, si elle inclut bien de façon immédiate l'existence d'un sujet, n'est à aucun titre connaissance ni par conséquent expérience.[33]

La conscience dans le temps est donc cet «usage d'expérience de notre pouvoir de connaître dans la détermination du temps» [34] ou encore la conscience de notre condition humaine. En d'autres termes, l'expression de Kant semble bien désigner la compréhension ontologique de notre existence ontique, compréhension toujours exercée ontiquement elle-même. Comme telle cette conscience de notre existence est immédiatement conscience du fait que d'autres choses existent; mais l'existence des choses extérieures n'est pas la condition de possibilité de cette conscience dans le temps.[35]

Kant démontre ainsi que la conscience de notre condition temporelle implique l'intuition *empirique* d'étants différents de nous que caractérise, par exemple, l'impénétrabilité d'une matière. Il fait voir, en d'autres termes, que la compréhension d'être de l'homme est structurée ontiquement comme être-à-un-monde.

Mais il indique également comment va pouvoir s'opérer la découverte de l'être-au-monde. Car la conscience dans le temps est aussi pure représentation intellectuelle du Je pensant. Celle-

[32] B 276.
[33] B 277.
[34] B 277.
[35] B 276–277.

ci de son côté a comme corrélat, en tant que condition *a priori* de la détermination temporelle de notre expérience interne par les choses extérieures, la permanence d'une matière.[36] Ni la représentation du Je pense-Je suis, ni la représentation de la matière ne sont des intuitions. Mais leur corrélation structure la compréhension ontologique dans le temps de notre être-à-un-monde. La mondanéité fondamentale de cette compréhension même ne pourra donc se manifester qu'en explicitant la signification du Je pense et de son corrélat comme totalités, c-à-d comme idées.

La démonstration de Kant se veut démonstration pour répondre à un idéalisme qui ne se prononce pas sur l'apriorité des intuitions sensibles. Partant de ce qu'on lui concède, la réalité de l'expérience interne, elle montre que le lien du représenter et du temps au sein de cette expérience manifeste la condition ontique de la compréhension ontologique de l'étant humain comme être-à-ce-monde.[37]

Il y a donc un peu plus dans la *Critique* qu'une simple reprise du substantialisme cartésien. Kant estime, il est vrai, que nous demeurons incapables d'expliciter «comment nous pensons en général ce qui se tient (*das Stehende*) dans le temps, et dont la simultanéité avec le variable produit le concept de changement».[38] Mais Heidegger est-il parvenu lui-même à répondre depuis 1927 à la question qu'il posait en terminant *Sein und Zeit* et qui évoque le précédent propos: «Pourquoi l'être est-il précisément compris tout d'abord à partir du subsistant et non pas à partir du disponible qui pourtant se trouve encore plus proche?»[39]

Au demeurant, il semble bien qu'en rédigeant sa critique de la preuve d'une réalité extérieure à nous-mêmes, Heidegger se soit aperçu des violences qu'il faisait subir au kantisme. Ayant marqué la distance qui sépare du réalisme sa conception de l'être-au-monde, il en vient à se situer par rapport à l'idéalisme et il écrit:

«A l'encontre du réalisme, l'idéalisme, si inconciliable et intenable qu'il soit, jouit d'un avantage fondamental, pourvu que toutefois il ne se méconnaisse pas lui-même sous la forme de

---

[36] B 278.
[37] Pris en lui-même, le *Ich denke* n'est pas compréhension d'être. Il n'a de signification ontologique que dans sa liaison à l'expérience ontique dans le temps.
[38] B XXXIX note 1.
[39] SZ, 437.

l'idéalisme 'psychologique'. Lorsque l'idéalisme sonligne que l'être et la réalité ne sont que 'dans la conscience', il comprend que l'être ne saurait s'expliquer par l'étant. Toutefois, en laissant inexpliqués la signification ontologique de cette compréhension de l'être, comment elle est possible et le fait qu'elle appartient à la constitution ontologique de l'être-là, l'interprétation de la réalité se construit dans le vide ... La thèse idéaliste a pour conséquence la nécessité préalable d'une analyse ontologique de la conscience ... Si le sens de l'idéalisme consiste à comprendre que l'être n'est pas explicable par l'étant, mais que l'être constitue ce qui pour chaque étant, et d'emblée, est le 'transcendantal', alors l'idéalisme énonce la possibilité unique et nécessaire de toute problématique philosophique. Selon cette perspective, Aristote n'était pas moins idéaliste que Kant. Si, au contraire, l'idéalisme s'entend comme la réduction de tout étant à un sujet ou à une conscience, caractérisés seulement par le fait qu'ils demeurent *indéterminés* dans leur être, être que l'on pourra tout au plus définir négativement par sa répugnance à être pris comme 'chose', alors cet idéalisme et sa méthode ne sont pas moins naïfs que le réalisme le plus grossier».[40]

Selon MM. Boehm et De Waelhens, «il est évident que tout ce passage définit la position de Heidegger à l'égard de la conception husserlienne de l'idéalisme».[41]

On peut se demander également si *tout* le paragraphe sur la réalité du monde extérieur, y compris les considérations sur l'idéalisme, n'est pas orienté dès le début par la volonté de répondre à Dilthey et à ses *Contributions à la solution de la question concernant l'origine et le bon droit de notre croyance à la réalité du monde extérieur*.[42]

Mais l'intention de se situer par rapport à des contemporains n'interdit pas sans doute de lire dans les réflexions sur l'idéalisme

---

[40] SZ, 207–208.
[41] *L'Etre et le Temps*, p. 308, note sur SZ, 208.
[42] Cfr SZ, 205 note 2: «Cfr W. DILTHEY, *Beiträge zur Lösung der Frage vom Ursprung unseres Glaubens an die Realität der Aussenwelt und seinem Recht*, 1890; *Gesammelte Schriften*, vol. V, 1, pp. 90 ss. Dilthey dit sans équivoque au début de cet écrit: «S'il doit y avoir pour les hommes une vérité universelle, il faudra que d'abord et selon la méthode prescrite par Descartes, la pensée se fraye un chemin qui la conduise des faits de conscience vers la réalité extérieure» (*op. cit.*, p. 90)». – On le voit, Dilthey pourrait bien être le terme moyen qui permet à Heidegger de relier sans cesse Kant à Descartes!

une indication qui touche la manière heideggerienne de comprendre Kant lui-même.

Ainsi la phrase suivante nous paraît bien résumer le manque essentiel que *Sein und Zeit* décèle dans la *Critique de la raison pure*: «Que l'être ne puisse s'expliquer par l'étant et que la réalité ne soit possible que dans la compréhension ontologique, cela ne dispense pas de poser la question de l'être de la *res cogitans*».[43] Et l'analyse de la théorie du *Ich denke* d'abord, celle de la démonstration de l'existence d'un monde extérieur ensuite nous ont montré en quoi consistait, selon l'interprète, le défaut d'explicitation de l'être de la conscience.

Heidegger pousse d'ailleurs plus loin. Il indique que l'explicitation dont il parle sera la seule réponse authentique au problème que voulait poser Kant en s'interrogeant sur l'usage des catégories et de la catégorie de substance en particulier: «Ce n'est que parce que l'être est 'dans la conscience', c-à-d à comprendre dans l'être-là, que l'être-là en vient également à comprendre et à élever au concept des caractères ontologiques tels que l'indépendance, l'en soi et, en général, la réalité. C'est par là seulement que l'étant 'indépendant' devient, en tant que rencontré à l'intérieur du monde, accessible à la prévoyance».[44]

Pour l'instant – avant les *Exercices phénoménologiques sur la Critique de la raison pure* –, Heidegger estime que Kant ne s'est guère engagé sur la voie que trace l'ontologie du *Dasein*. *Kant et le problème de la métaphysique* montrera que l'Analytique, et peut-être toute la première *Critique*, se comprend mieux si l'on y voit un effort en vue de réaliser cette ontologie.

Mais tant le *Kantbuch* que les paragraphes 43 et 64 de *Sein und Zeit* font apparaître l'obstacle majeur que rencontre, dans le système kantien lui-même, le propos de Heidegger. Pour que se justifient sans réplique tant l'interprétation positive de l'Analytique à partir du schématisme que le reproche de négliger une ontologie de la conscience, il faudrait que la notion de *Dasein* ou du moins son analogue ait dû nécessairement se rencontrer en ces seuls endroits de la *Critique* qui retiennent l'attention du commentateur.

[43] SZ, 207–208. – Cette phrase appartient au texte cité plus haut, note, où nous l'avons remplacée par les premiers points de suspension.
[44] SZ, 208. – Ces phrases se lisent à l'endroit des seconds points de suspension dans le texte cité plus haut note 40 p 85.

Or, quoi qu'il en soit des développements ultérieurs de l'interprétation, les pages de *Sein und Zeit* qui nous ont occupés jusqu'ici ne tiennent pas compte de la signification différente qu'il faut attribuer aux textes selon qu'ils proviennent de l'Analytique ou de la Dialectique. Les Paralogismes et les Antinomies approfondissent pourtant de manière importante les notions d'aperception et de monde rencontrées d'abord dans l'Esthétique, puis dans la Déduction des catégories.

On ne peut oublier, en particulier que les idées de la raison soutiennent, selon Kant, un rapport essentiel avec la moralité.

5. LE JE PENSE ET LA DIALECTIQUE DE LA RAISON PURE

Un article de Heimsoeth paru en 1924 touche à ce dernier problème[45] et Heidegger tient à nous faire part des réflexions que lui inspire la lecture de ce travail. Il y consacre une longue note qu'il insère en marge de son analyse du *Ich denke*.[46]

Nous avons reporté ici l'examen de cette note parce qu'elle marque un progrès dans l'interprétation de la *Critique* et semble avoir été composée plus tard que le paragraphe 64 auquel elle vient se rattacher. A lui seul, le tour embarrassé de la phrase initiale indique un effort pour raccorder à un texte déjà rédigé des considérations issues d'un renouvellement de perspective en train de s'opérer:

«Que Kant ait quand même, au fond, conçu le caractère ontologique du Soi de la personne comme 'substantiel', sans sortir de l'horizon de l'ontologie inadéquate du subsistant, c'est ce qui ressort clairement des matériaux mis en oeuvre par Heimsoeth dans son article ...».

La dissertation, ajoute Heidegger, n'est pas seulement historique; elle a en vue «le problème 'catégorial' de la personnalité».

Heimsoeth soulignait que l'on néglige trop souvent «l'étroite intrication du pratique et du théorique telle que Kant l'exerce et la vise». En effet les catégories conservent une validité sous le primat de la raison pratique. Elles sont alors remplies par un

---

[45] H. HEIMSOETH, «Persönlichkeitsbewusstsein und Ding an sich in der Kantischen Philosophie», in *Immanuel Kant, Festschrift der Königsberger Universität zur zweiten Jahrhundertfeier seines Geburtstages*, 1924, pp. 43–80; paru en tiré-à-part à Leipzig, Dietrich, 1924, 40 pp. Heidegger cite le tiré-à-part.
[46] SZ, 320 note 1.

corrélat qui n'a plus rien du naturalisme des «Principes»: à substance correspond maintenant personne ou immortalité, à cause correspond causalité par liberté ou interactivité dans la communauté des êtres raisonnables. Cette application-ci est dégagée du naturalisme rationaliste et de cette façon les catégories «ménagent un nouvel accès à l'inconditionné, sans vouloir donner pour autant une connaissance rationalisante d'objets».[47]

Mais Heidegger n'est nullement convaincu: «Ici, dit-il, on ne fait pourtant que *sauter par-dessus* le problème ontologique authentique. On ne saurait éviter la question de savoir si ces 'catégories' peuvent conserver leur validité originelle sous la seule réserve d'être appliquées d'une autre manière ou bien si elles ne *détournent* pas fondamentalement la problématique ontologique du *Dasein*. Même si la raison théorique est intégrée à la raison pratique, le problème ontologique existential du Soi ne demeure pas seulement sans solution, *il n'est même pas posé*. Sur quelle base ontologique doit donc s'accomplir cette 'intégration mutuelle' de la raison théorique et de la raison pratique? Est-ce le comportement théorique ou le comportement pratique qui détermine le mode d'être de la personne, ou bien encore ni l'un ni l'autre – mais alors lequel donc? Les paralogismes, malgré leur signification fondamentale, ne révèlent-ils pas que la problématique du Soi, depuis la *res cogitans* de Descartes jusqu'au concept hégélien de l'esprit, manquent totalement de fond ontologique? On peut fort bien ne pas penser 'en naturaliste' ni 'en rationaliste' et se trouver pourtant sous la domination de l'ontologie du 'substantiel', domination d'autant plus fatale qu'elle semble davantage aller de soi».[48]

Cette réponse à Heimsoeth nous livre la pensée de Heidegger concernant le kantisme en plein processus de mitose: les éléments vivants qui composent la réflexion figurent tous ici, mais en train de se transformer.

Somme toute, Heimsoeth attribue encore à Kant l'idée que l'application des catégories logiques constitue le mode fondamental de notre compréhension de l'être de l'étant en général et de l'être du Soi en particulier. L'intégration du pratique au théorique est conçue par lui comme si la *Critique* n'envisageait pas une

---

[47] Heimsoeth, *art. cit.*, p. 31 s.
[48] SZ, 320 note 1.

union de l'un et de l'autre qui fût originelle et antérieure à leur distinction.

Heidegger ne conteste pas que l'on puisse interpréter ainsi le kantisme. Mais il réplique: si l'on pose le problème des catégories comme vous le faites, il empêche radicalement d'interroger sur l'être du *Dasein* et du Soi.

Cependant l'union originaire du pratique et du théorique dans l'oeuvre même de Kant, sans être reconnue, fait maintenant l'objet d'une question ouverte. Et l'ouverture se situe exactement dans la signification *fondamentale* des Paralogismes. La critique de l'application du concept de substance à l'étant humain commence ainsi d'être aperçue comme un effort pour penser selon l'être la compréhension humaine de l'être de l'étant et du soi; car c'est bien un penser de ce genre que désigne le mot «fondamental».

Pour autant que la dernière phrase de la note s'adresse à Kant et non à Heimsoeth, elle donne à entendre que l'impuissance à libérer du substantialisme traditionnel le langage après la pensée manifeste l'échec de la tentative instaurée par les Paralogismes.[49]

Et Heidegger aurait entièrement raison si la Dialectique visait effectivement à situer l'union fondamentale du pratique et du théorique – ou le mode d'être de la personne – dans une *idée*. Contre ce chosisme plus secret mais plus virulent, il n'y aurait assurément qu'un seul remède capable de sauver l'intention kantienne: montrer que c'est le temps qui détermine et fonde le mode d'être de la personne humaine.

L'Introduction à *Sein und Zeit* d'abord, le premier *Kantbuch* ensuite développent cette dernière façon de voir.

Mais le rôle purement directif des idées est susceptible peut-être d'une autre interprétation, plus conforme à l'ensemble de la philosophie heideggerienne: les idées pourraient désigner le rien grâce auquel peut s'objeter tout étant rencontré par l'homme et dans lequel se dissimule la liberté. Cet autre sens de la Dialec-

---

[49] Heidegger faisait remarquer, dès la première édition de *Sein und Zeit* (*Jahrbuch für Phänomenologie und phänomenologische Forschung*, 1927, vol. VII) que l'analyse kantienne du *Je pense* était reprise dans le contexte à titre seulement d'illustration pour éclairer le phénomène du dire-Je et la problématique du souci et de l'ipséité (SZ, 319). A cet endroit, la neuvième édition de 1960 ajoute en note: «Pour une analyse de l'aperception transcendantale, cfr. maintenant: M. HEIDEGGER, *Kant et le problème de la métaphysique*, 2de édition inchangée 1951, IIIe section» (SZ, 319 note 1).

tique rejetterait complètement le néo-kantisme ; car il implique un renoncement à toute priorité de la connaissance sur l'être.

Heidegger entreverra la possibilité d'une pareille lecture. Mais il ne l'explicitera jamais parfaitement. Et en conséquence il continuera de comprendre malgré tout le *Denken* kantien à la façon du transcendantalisme logique.

CHAPITRE II

KANT DANS L'INTRODUCTION À
«SEIN UND ZEIT»

I. COMPRÉHENSION D'ÊTRE ET JUGEMENTS
SECRETS DE LA COMMUNE RAISON

L'Introduction à *Sein und Zeit* en précisant ce qu'est l'ontologie fondamentale va nous indiquer ce qui, dans la *Critique de la raison pure,* pourrait contribuer à supprimer le caractère étroitement rationnel et substantialiste du Je pour conférer à celui-ci quelque chose au moins de la densité ontologique d'un *Dasein.*

En commençant sa leçon inaugurale sur le concept de temps en histoire, Heidegger se plaisait à enregistrer le retour de la philosophie vers les problèmes métaphysiques. Dans les pages qui nous occupent maintenant, la perspective est inversée: il s'agit plutôt de comprendre pourquoi la philosophie et l'homme en général doivent nécessairement perdre de vue et tenter sans cesse de retrouver le sens de ces problèmes: «La question de l'être est aujourd'hui tombée dans l'oubli, bien que notre époque tienne pour un progrès d'accepter à nouveau la'métaphysique'. On se croit pourtant dispensé des efforts que demanderait une renaissance de la *gigantomachia peri tês ousias».*[1]

La tâche de *Sein und Zeit* sera précisément de déceler les conditions de possibilité de cet oubli de l'être, qui commencera ainsi d'apparaître déjà comme une révélation de l'être.

Dans ce but, ce qu'il s'agit d'abord de comprendre, c'est *«la compréhension ordinaire et vague de l'être»* qui *«est un fait»,*[2] c'est l'accès imprécis mais indéniable que nous avons au sens de l'être et qui nous permet de poser la question même de ce sens.

Si Heidegger s'intéresse d'abord à tout ce qui, dans la compréhension ordinaire de l'être, est «flottant, confus, proche de

[1] SZ, 2.
[2] SZ, 5.

la connaissance purement verbale»,[3] il n'ignore pas que l'explication dernière de cette indétermination exige un concept élaboré de l'être et une saisie explicite de ses modalités. Cependant *Sein und Zeit* ne fournit guère d'indications directes sur ce concept. L'attention s'y concentre sur cet étant qui pose et oublie la question de l'être: «Le développement de la question de l'être comporte ... l'explication d'un étant – celui qui questionne – dans son être».[4]

Il faut donc développer suffisamment la structure ontologique de l'être-là, si l'on veut que la question sur l'être soit comprise.[5] Mais ceci sans oublier toutefois que «la possibilité de développer l'analytique de l'être-là est suspendue à un examen préalable de la question du sens de l'être en général».[6] C'est en maintenant unies ces deux considérations de directions opposées que l'on pourra percevoir l'ambiguïté nécessaire et dépourvue d'équivoque de l'affirmation suivante: «l'analytique ontologique de l'être-là est elle-même l'ontologie fondamentale».[7] Il est en effet impossible de penser l'être autrement qu'en référence aux structures de l'être-là; bien que ces structures ne soient saisies dans leur essence qu'à la condition de se laisser être elles-mêmes comme révélations de l'être.

La philosophie s'est efforcée depuis le début de ressaisir la compréhension ordinaire de l'être. Et depuis le début cet effort a toujours été du même coup une trahison; car bien peu de philosophes ont rendu explicite le fondement de leur recherche, c-à-d l'interrogation sur le sens de l'être. Sans doute n'ignore-t-on pas ce fondement. Mais on le laisse dans l'ombre; il ne devient pas thématique. On institue alors des métaphysiques et des ontologies comme si elles pouvaient être définitives. On n'en montre pas le caractère interrogatif et partant problématique.

De ce caractère, Platon et Aristote avaient encore claire conscience. Mais ce qu'ils présentaient comme des questions fut rapidement figé en thèses. Ainsi l'être est-il considéré depuis les Grecs comme le concept le plus général, indéfinissable et simplement évident. Or, les anciens le savaient bien, la généralité ne

[3] SZ, 5.
[4] SZ, 7.
[5] SZ, 14.
[6] SZ, 13.
[7] SZ, 14.

dispense pas d'explication, car l'être reste le concept le plus
obscur. L'impossibilité de le définir ne dispense pas non plus
d'interroger sur le sens de l'être; au contraire, elle y oblige.
Quant à l'évidence, y recourir comme à un critère serait suspect,
«surtout si ce qui est évident, et cela seul, c-à-d les 'jugements
secrets de la raison commune' (Kant), doit devenir et demeurer le
thème explicite de l'Analytique ('l'affaire du philosophe')».[8]

Heidegger met donc en parallèle ce qu'il appelle «compréhension ordinaire de l'être» et ce que tout le kantisme s'efforcerait
d'éclairer, ces «jugements secrets de la commune raison». Très
provisoirement, nous prendrons cette expression dans le sens
suivant: ces affirmations auxquelles l'homme est naturellement
porté par un besoin métaphysique.

En dépit du parallèle, se marque d'emblée pour le lecteur la
distance qui sépare les niveaux de l'analytique existentiale et de
la pensée critique. *Sein und Zeit* veut poser la question de l'être
à partir d'une compréhension imprécise. Pour Kant au contraire,
ce qui est explicitement en question, c'est la portée et la valeur
d'affirmations spontanées concernant en définitive Dieu et l'immortalité.

Tandis donc que pour Kant l'interrogation proprement dite ap-
paraîtrait seulement avec la philosophie et resterait postérieure
aux *affirmations* du sens commun, pour Heidegger la compréhension ordinaire de l'être, précisément parce qu'elle concerne
l'être, semble bien se structurer formellement sur le mode de la
question. Car si elle est compréhension, elle est aussi primitive-
ment obscure [9]; son manque de clarté n'est pas uniquement
acquis sous l'influence des théories et des opinions dominantes;
celles-ci ne font que contaminer et durcir sous une forme particulière une compréhension déjà vague par essence. Mais conta-
minée et durcie, cette compréhension vise toujours l'être et demeure, comme telle, obscure, partant interrogative ou du moins
déjà engagée dans l'articulation d'une interrogation, avant même
que soit posée par le philosophe la question explicite de l'être.

Heidegger dira plus loin [10] que Kant a manqué cette question
sur l'être. Il ne motive pas son jugement. Mais peut-être faudrait-

[8] SZ, 4.
[9] SZ, 6.
[10] SZ, 24.

il le fonder sur ce que nous venons de dire: voulant ressaisir la compréhension ordinaire de l'être, Kant croit la trouver dans des affirmations originaires, alors qu'elle est essentiellement interrogative.

Le premier pas dans la compréhension du problème de l'être, la philosophie l'a fait lorsqu'elle a renoncé, selon le mot du *Sophiste*, à «raconter des histoires», «c-à-d lorsqu'on a renoncé à déterminer l'origine de l'étant par le recours à un autre étant, comme si l'être avait le caractère d'un étant possible».[11]

Nous pensons ici encore au projet kantien, à l'idée de renoncer au concept de causalité en métaphysique, là où il est question du «supra-sensible». Mais sans doute Heidegger dirait-il que le mot de Platon ne s'applique pas pleinement à la Critique: la renonciation à la causalité demeure imparfaite aussi longtemps que n'a pas été explicitée la problématique de l'être.

Cependant *Sein und Zeit* trouve chez Kant une reconnaissance plus qu'implicite de «la primauté ontologique de la question de l'être».[12] C'est du moins la conclusion qui semble se dégager du paragraphe consacré à cette primauté.

2. LOGIQUE TRANSCENDANTALE ET COMPORTEMENT SCIENTIFIQUE

Par *ontologique*, Heidegger désigne le caractère fondamental de la question: elle précède et elle rend possible toutes les déterminations du concept d'être que les sciences posent de façon souvent tacite à la base des recherches qu'elles vont effectuer dans telle région de l'être.

Confronté à la réussite des sciences mathématiques et physiques, le philosophe doit faire plus qu'examiner après coup la méthode qui les a menées à ce stade accidentel de leur développement. Il veut établir, comme l'avaient fait Platon et Aristote, une logique productive qui, s'installant d'emblée dans un domaine d'être déterminé, en dégage originairement la constitution d'être et offre aux sciences positives les structures ainsi obtenues; celles-ci deviendront les règles évidentes de l'interrogation scientifique.

[11] SZ, 6.
[12] SZ, 8.

Tout ceci fait déjà penser à la *Critique de la raison pure*. Et l'on ne s'étonne pas que le texte continue: «C'est pourquoi l'apport positif de la *Critique de la raison pure* réside, non pas dans une 'théorie' de la connaissance, mais dans un effort d'élaborer ce qui, en général, appartient à la Nature comme telle. La Logique transcendantale est une logique réelle *a priori* de la Nature comme domaine d'être».[13]

Dans cette déclaration prend définitivement forme une conception de la *Critique* qu'esquissait, dès 1914, le compte rendu du livre de Mgr Sentroul, *Kant et Aristote*.[14] Si pour la philosophie transcendantale la science peut devenir problème, c'est en fonction de la question concernant l'être.

Et, sans qu'il soit fait mention de Kant dans le paragraphe suivant intitulé «La primauté ontique de la question de l'être», on ne peut s'empêcher d'y discerner le prolongement de la même réflexion.

Les sciences y sont en effet envisagées non seulement comme des ensembles fondés et coordonnés de propositions vraies, mais d'abord comme «des comportements de l'homme» qui «participent du mode d'être de cet étant (l'homme)».[15]

Heidegger entend réserver à l'homme le nom d'*être-là*.[16] Celui-ci «se caractérise ontiquement», c-à-d comme étant, «par le fait qu'il y va en son être *de* cet être ... *La compréhension de l'être est elle-même une détermination d'être de l'être-là. Le caractère ontique propre de l'être-là tient à ce que l'être-là est* ontologique».[17]

Le texte continue: «La recherche scientifique n'est pas le seul mode d'être que peut adopter cet étant» – l'être-là – «et elle n'est pas non plus celui que cet étant adopte en premier lieu».[18] Dans

---

[13] SZ, 10.

[14] Cfr ci-dessus. p. 46–47.

[15] SZ, 11.

[16] SZ, 12. Cfr. la définition de la notion de *Dasein* in SCHNEEBERGER, *Ergänzungen*, 23–24: «Ce que j'appelle *Dasein* est codéterminé essentiellement non seulement par ce que l'on désigne comme esprit ou comme vie, mais par l'unité et la structure immanente de l'être-relatif (*Bezogenheit*) d'un homme qui se tient par ses liens à son corps dans un attachement propre à l'étant. Je veux dire que l'être-là jeté parmi l'étant accomplit en tant que libre une irruption dans l'étant; irruption qui, en un sens ultime, est toujours historiquement contingente, tellement contingente que l'homme, dans la durée de l'être-là entre la vie et la mort, existe de rares instants seulement au sommet de sa propre possibilité».

[17] SZ, 12.

[18] *Loc. cit.*

une ontologie fondamentale qui est une analytique de la compréhension d'être du *Dasein*, la recherche scientifique n'est pas, en dépit de son autocritique, un type exemplaire du mode d'être humain, ni le modèle de l'interrogation philosophique. Son intérêt éventuel vient d'ailleurs: «Les sciences sont des modes d'être de l'être-là dans lesquels celui-ci se rapporte également à l'étant qu'il n'est pas lui-même».[19]

Mais c'est à l'essence de l'être-là qu'appartient la compréhension de l'être de l'étant non humain; et ceci parce qu'à cette essence appartient l'être-au-monde. «La compréhension de l'être propre à l'être-là comprend donc tout aussi originellement la compréhension de ce qu'on nomme 'le monde' et la compréhension de l'être de l'étant qui dans ce monde nous devient accessible».[20]

Ici se pose, nous semble-t-il, une question capitale pour l'interprétation du kantisme sous l'angle de l'ontologie fondamentale.

Heidegger nous a dit plus haut que la Logique transcendantale était une logique réelle de la Nature comme domaine d'être. Dès lors, la Logique transcendantale envisagerait la science en tant que comportement de l'homme, non pas typique, non pas normatif pour la philosophie, mais manifestant le rapport à l'étant non-humain. En termes un peu simples, on pourrait dire somme toute: selon Heidegger, l'originalité de Kant lorsqu'il pose la question des conditions de possibilité *a priori* de la science consiste à ne pas considérer la science comme fait brut, mais à y voir un comportement fondé sur le penchant naturel de l'homme pour la métaphysique.

Seulement, une fois ceci admis, ne doit-il pas admettre également que la Logique transcendantale implique bel et bien l'être-au-monde? Le paragraphe 43 de *Sein und Zeit* niait cette implication. Et l'Introduction ne la considère pas. Mais le progrès de l'interprétation qui se marque ici par l'allusion à la Logique transcendantale dans son ensemble – comprenant Analytique *et* Dialectique – ne devrait-il pas contraindre Heidegger à reconnaître que sa lecture de la *Critique* se condamne elle-même si elle ne montre pas positivement dans le kantisme la présence au moins cachée de la notion d'être-au-monde?

[19] SZ, 13.
[20] *Loc. cit.*

3. RÉVOLUTION COPERNICIENNE ET
TEMPORALITÉ DE L'ÊTRE

La problématique ainsi ouverte ne retient pas pour l'instant l'attention de l'auteur. Toutefois la façon nouvelle de comprendre le phénomène de la science impose déjà une modification profonde dans l'intelligence de ce que Heidegger appelait en 1914 «l'élément authentique de la *Critique*, l'acte copernicien».

Pour l'ontologie fondamentale, mettre l'homme au centre de l'univers philosophique ne consiste plus à s'interroger sur les conditions subjectives ou logiques de la possibilité d'une connaissance objective, mais bien plutôt en une compréhension originaire par l'être-là de son propre être, en tant que cet être implique une compréhension de l'étant et en général une compréhension de l'être.

Et la confrontation explicite ou latente avec la *Critique* qui détermine la totalité de l'Introduction à *Sein und Zeit*, si elle joint partout le trait négatif à la reconnaissance positive, nous invite en tout cas à penser ceci: l'idée de révolution copernicienne telle que la présentait Kant contient ce qui rend possible la façon heideggerienne de concevoir cette révolution.

C'est qu'en effet pour l'ontologie fondamentale la référence au kantisme n'est pas arbitraire ni simplement exemplative. Elle est exigée par la nature du problème de l'être et par l'oubli actuel de son *sens*.

Ceci, il nous faut maintenant l'expliciter. Mais pour mieux découvrir l'Introduction à *Sein und Zeit*, nous devons effectuer certains détours.

«Le sens, dit Heidegger, est cet horizon du projet primordial à partir duquel quelque chose peut être compris dans sa possibilité comme ce qu'il est. Le 'projeter' révèle des possibilités, c-à-d ce qui rend possible».[21]

Or «l'être de l'être-là signifie: être-déjà-à ... (au monde), en avant de soi-même comme être-auprès-de ... (auprès de l'étant rencontré à l'intérieur du monde)».[22] Dans l'unité de sa triple articulation, cette dernière structure dévoile l'être-là comme totalité; Heidegger l'appelle le *souci*.

[21] SZ, 324.
[22] SZ, 192.

Il faudra donc s'interroger sur le sens du souci, c-à-d de l'être de l'être-là, si l'on veut poser la question essentielle de *Sein und Zeit*, la question du sens de l'être. Ceci découle du privilège ontico-ontologique de l'être-là.[23]

La structure de l'horizon qui rend possible le *Dasein* comme souci permet d'établir que le sens de l'être-là, c'est la temporalité, *die Zeitlichkeit*.

Sans entrer dans le détail de l'analyse, on peut dire en effet que «l'être-en-avant de soi se fonde dans l'avenir. L'être-déjà-à ... manifeste en lui le passé. L'être-auprès-de ... est rendu possible dans le présent».[24] Et «ce phénomène unifié, s'articulant comme avenir qui ayant été se présentifie, nous l'appelons la temporalité».[25]

La temporalité ainsi dévoilée se distingue du concept vulgaire de temps tel qu'il s'est maintenu en philosophie depuis Aristote jusqu'à Bergson. L'analytique du *Dasein* conteste, contre Bergson, que ce concept vulgaire puisse se réduire à celui d'espace. Elle lui restituc un domaine limité en montrant qu'il a son origine dans la temporalité et l'intratemporalité.[26]

Cependant l'explication de l'être-là comme temporalité ne fournit qu'une base de départ pour la conquête d'une réponse à la question sur le sens de l'être. Sans perdre de vue que l'être pré-ontologique de l'être-là entre dans sa constitution ontique, «il faudra établir une explication authentique du temps comme horizon de la compréhension de l'être, à partir de la temporalité comme être d'un être-là comprenant l'être».[27]

«Si l'être doit être compris par le temps et si les différents mo-des et dérivés de l'être sont de fait rendus compréhensibles dans leur modification et leur dérivation par rapport au temps, c'est l'être lui-même qu'on aura rendu visible dans son caractère 'tem-porel' – et non seulement l'étant comme étant 'dans le temps'».[28] Ce caractère temporel de l'être, Heidegger le désigne, dans l'In-troduction de *Sein und Zeit*, par le mot *Temporalität*.

---

[23] Cfr SZ, 44.
[24] SZ, 327.
[25] SZ, 326.
[26] SZ, XI, 18 et 404.
[27] SZ, 17. – Le texte allemand est imprimé en italiques depuis les mots *ursprüng-liche Explikation*.
[28] SZ, 18.

Quel que doive être le détail des déterminations originelles de sens que l'être, ses caractères et ses modes reçoivent du temps, c'est assurément par son explicitation que la question de l'être trouvera une réponse. Et puisque l'être ne saurait être saisi sinon dans cette ouverture qu'est l'être-là, nous pouvons apercevoir le sens authentique de cette réponse avant d'avoir précisé les articulations de ces déterminations temporelles: «le sens authentique de la réponse apparaît, si elle nous oriente à l'intérieur d'un horizon dégagé vers le développement d'une ontologie concrète».[29]

Ainsi c'est déjà la temporalité de l'être qui éclairait la pensée dans la découverte de la primauté ontico-ontologique de l'être-là; c'est cette temporalité qui conduit à discerner les structures de l'être-là à partir de la banalité quotidienne et non pas à partir de la recherche scientifique; c'est encore cette temporalité de l'être qui fait apparaître la *Zeitlichkeit* comme sens du souci compris d'abord dans la quotidienneté; c'est elle enfin qui révèle l'historicité du *Dasein*, de tous ses modes d'être et de tous ses comportements.

Dès lors, une ontologie concrète, puisqu'elle est une des possibilités ontiques de l'être-là, se découvre elle-même comme historique, guidée qu'elle est par une saisie de la temporalité de l'être. Et cette saisie, la réponse à la question du sens de l'être, n'a nul besoin d'être une nouveauté. «Si elle est positive, elle doit être assez *ancienne* pour nous apprendre à voir les possibilités que les 'anciens' nous ont préparées».[30]

Car nous ne pouvons découvrir les possibilités caractéristiques de notre être-là et les réaliser authentiquement au niveau ontique qu'en assumant le passé que nous sommes déjà. Une tradition nous précède, nous et notre génération; l'être-là et la compréhension pré-ontologique de l'être correspondant à sa manière d'être «s'agglutinent à une interprétation de l'être-là en général qui a été transmise à cet être-là».[31]

La tradition, «loin de rendre accessible ce qu'elle 'transmet', contribue au contraire de prime abord et le plus souvent à le recouvrir». Accepté par l'être-là comme moyen de se décharger de conduire soi-même sa vie, elle est au plan ontique la structure

[29] SZ, 19.
[30] SZ, 19.
[31] SZ, 21.

temporelle de l'oubli de l'être. Elle renforce «la tendance qu'a l'être-là de succomber au monde dans lequel il est et de s'interpréter lui-même 'réflectivement' (*reluzent*) à partir de ce monde».[32]

Les ontologies, elles aussi, sont soumises à la fois à une tradition et à une tendance de succomber au monde. Par conséquent, pour poser authentiquement la question de l'être, la philosophie aura d'abord à dépister les conceptualisations «catégorielles» qui interprètent l'être et l'être-là non seulement à partir de l'étant mais surtout en des termes prétendus valables pour l'étant en général. Il faudra d'autre part tenter de retrouver dans la tradition pesante ce qui rend possible une interrogation authentique sur l'être.

Cette possibilité est précisément ce que la tradition trahit et recouvre en prétendant nous la transmettre. «Si l'on veut que la question de l'être s'élucide par sa propre histoire, il faudra que se ranime une tradition sclérosée et que s'éliminent les surcharges dont elle s'est embarrassée en se temporalisant. Nous comprenons cette tâche comme une *destruction*, menée *en vue de la question de l'être*, du depôt auquel la tradition a réduit l'ontologie antique; celle-ci devra être ramenée aux expériences originelles où furent conquises les premières déterminations de l'être, qui devaient demeurer décisives pour l'avenir».[33]

Pareille destruction «n'a rien de commun avec une mauvaise relativisation des points de vue des diverses ontologies». Elle «ne doit pas davantage être entendue en un sens *négatif*, comme un rejet de la tradition ontologique. Au contraire, il s'agira de dévoiler ses possibilités, ce qui veut toujours dire ses *limites*; celles-ci résultent en effet de la position du problème et de la délimitation que cette position impose au champ de la recherche».[34]

La relation ainsi indiquée entre les limites et les possibilités de l'ontologie évoque de façon transparente le kantisme. Et nous vérifions au terme de ce détour à travers *Sein und Zeit* à quel point l'interprétation de Kant est rendue nécessaire par le dessein même de *poser* la question du sens de l'être.

[32] SZ, 21.
[33] SZ, 22.
[34] SZ, 22.

Heidegger ne tarde pas du reste à expliciter sa pensée à ce sujet.

Il note d'abord que la tendance positive de la destruction conduit à se demander «si, et en quelle mesure, au cours de l'histoire de l'ontologie, l'interprétation de l'être a été explicitement liée au problème du temps, et encore, si la problématique de la temporalité de l'être, nécessaire à cette fin, a été ou pouvait être radicalement développée». Puis il écrit: «Le premier et l'unique philosophe qui fit un bout de chemin dans le sens de cette recherche, sous la contrainte même des phénomènes à laquelle il obéit, fut Kant. Ce n'est qu'au moment où la problématique de la temporalité se trouvera fixée, qu'on réussira à dissiper les ténèbres qui entourent la doctrine du schématisme. La même voie permet de montrer *pourquoi* ce domaine devait néanmoins demeurer inaccessible à Kant en ses dernières dimensions et en sa fonction ontologique centrale. Kant savait d'ailleurs fort bien lui-même qu'ils s'aventurait dans une région obscure: 'Ce schématisme de notre entendement relativement aux phénomènes et à leurs formes pures est un art caché dans les profondeurs de l'âme humaine et dont il sera difficile d'arracher jamais le véritable mécanisme à la nature, pour l'exposer, découvert, à nos yeux'. Il faudra thématiquement et fondamentalement mettre en lumière ce devant quoi Kant se dérobe ici, si toutefois on veut accorder au mot 'être' un sens susceptible de légitimation phénoménale. En fin de compte, les phénomènes que l'on exposera dans les analyses qui vont suivre sous le titre de *Temporalität*, sont les jugements *les plus secrets* de la 'raison commune', dont l'analytique est, pour Kant, l''affaire du philosophe'».[35]

Nous retrouvons dans ce nouveau contexte cette formule qui semble se présenter comme une citation de Kant mais que n'accompagne aucune référence.[36]

Les jugements les plus secrets de la raison commune étaient tout à l'heure mis en parallèle avec la compréhension ordinaire de l'être. Dans le présent paragraphe, nous sommes invités à les identifier au schématisme de l'entendement, cet «art caché dans

---

[35] SZ, 23.
[36] Nous ne sommes pas parvenus, nous l'avouons, à découvrir le texte où Kant désignerait en ces termes soit son Analytique, soit sa Logique transcendentale, soit l'ensemble de sa philosophie.

les profondeurs de l'âme humaine». On pourrait donc admettre que, selon Heidegger, le schématisme est, dans la *Critique*, ce qui ressemble le plus à ce qu'il entend lui-même par compréhension ordinaire de l'être.

Cependant, à prendre littéralement la distinction établie plus haut entre la *Zeitlichkeit* du *Dasein* et la *Temporalität* de l'être, Heidegger ne considère pas le schématisme, les jugements secrets de la raison ou la compréhension ordinaire de l'être à partir seulement de l'étant interrogeant qu'est le *Dasein*: il les envisage comme temporalité de l'être.

Le point est capital pour saisir correctement la parenté avec la *Critique* d'une ontologie fondamentale qui est d'abord herméneutique du phénomène de l'oubli de l'être. Il semble en effet certain que la temporalité du schématisme intéresse l'auteur de *Sein und Zeit* en tant surtout qu'elle est liée au secret, au caractère caché: dans le temps du schématisme, gît l'essence de l'homme parce que s'y cache l'être.

Dans cette perspective, il faut le reconnaître, le texte de la *Critique* repris en toutes lettres par *Sein und Zeit* acquiert un vigoureux relief.[37] Ce qu'il faudrait exposer découvert à nos yeux, c'est sans doute le mécanisme des schèmes, qui d'ordinaire demeure caché pour nous. Mais c'est aussi la «Nature» qui veut, pourrait-on dire, se cacher elle-même dans l'art secret que nous oublions.

Dès lors, l'affaire du philosophe n'est assurément plus, en analysant les conditions subjectives de notre connaissance, d'élaborer une épistémologie, mais bien de constituer une analytique de la condition d'être de l'étant humain. Dans le schématisme, ce qu'on appelle communément le sujet kantien apparaît en réalité, c-à-d comme un *Dasein*.

En parlant de la sorte, nous faisons évidemment subir une modification importante au terme «Nature». Mais, si nous comprenons bien l'exégèse de Heidegger, ce mot atteste précisément que Kant à cet endroit se dérobe: il n'a pas osé reconnaître que l'art caché par la nature dans l'âme humaine est tout simplement un secret de l'être.

La *Critique* toutefois était en route vers cette reconnaissance. Ce qui en effet rend Kant proprement unique, c'est, nous dit

[37] A 141 in SZ, 23.

Heidegger, qu'en s'attachant à comprendre l'essence du schématisme, il s'est laissé guidé vers la problématique du temps *par la contrainte des phénomènes*, c-à-d par ce qui se manifeste soi-même.[38]

Or qu'est-ce donc qui se manifeste dans le schématisme, sinon la temporalité de l'être oubliée dans la temporalité du *Dasein*?

4. LE SENS DE L'*ERSCHEINUNG*

Mais précisément Kant n'aurait pas été en possession d'une notion du phénomène qui lui eût permis d'apercevoir thématiquement «la chose même» se manifestant dans le schématisme. Car l'*Erscheinung* de la *Critique* demeurerait encore, selon Heidegger, «synonyme de production ou de chose produite, sans que cependant cette production ou cette chose produite constitue l'être véritable du producteur».[39] Puisqu'elles sont d'abord «les objets de l'intuition empirique», les *Erscheinungen* sont sans doute ce qui se manifeste dans cette dernière ou encore le *phénomène* au sens authentique et originel du mot. «Mais en même temps, ce qui se manifeste (le *phénomène* au sens authentique et originel) est aussi *Erscheinung* en tant que rayonnement annonçant quelque chose qui se dissimule dans cette manifestation».[40]

Autrement dit: l'*Erscheinung* de la *Critique* n'est que la notion formelle de phénomène. Elle demeure dans l'indétermination touchant l'étant qui se manifeste et en outre elle ne décide pas si ce qui se manifeste est un caractère ontologique de l'étant.[41]

Par exemple: «Kant prétend énoncer une affirmation transcendantale fondée dans la nature des choses elles-mêmes lorsqu'il dit que l'espace est le contenant apriorique d'un ordre».[42] Un tel contenant apriorique inclut évidemment une référence au temps. Et ces deux intuitions pures sont envisagées comme des caractères ontologiques de l'étant humain dans sa relation au monde: elles appartiennent d'avance et constitutivement à chaque *Erscheinung* dans chaque expérience. Kant devrait donc reconnaître

[38] SZ, 23.
[39] SZ, 30.
[40] SZ, 30.
[41] SZ, 31.
[42] SZ, 31.

qu'elles «apparaissent» autant que l'objet empirique, c-à-d qu'elles sont elles-mêmes des *phénomènes*.

Ce débat sur le phénomène se résume comme suit: «Dans l'horizon de la problématique kantienne, on pourrait caractériser ce que l'on entend phénoménologiquement par phénomène (sous réserve d'autres différences) en disant: ce qui dans les *Erscheinungen*, dans le phénomène au sens vulgaire, se manifeste déjà de façon toujours antécédente et concommitante peut être conduit à se manifester thématiquement, et ce qui, ainsi, se manifeste de lui-même ('les formes de l'intuition') est phénomène de la phénoménologie».[43]

Cette imprécision concernant la signification de l'apparaître nous semble être en définitive le point auquel se rattache l'essentiel des critiques négatives que Heidegger articule contre le kantisme. C'est, si l'on peut dire, le manque d'esprit phénoménologique qui empêche Kant d'établir une relation ontologique entre la subjectivité et le temps. Au lieu de chercher à dévoiler ce qui se manifeste dans le schématisme, c-à-d la temporalité de l'être dans la temporalité de l'être-là, Kant se contente somme toute de juxtaposer à la *res cogitans* de Descartes le concept populaire de temps: le sujet kantien se réduit à un étant qui pense et qui est situé dans le temps.[44]

Bien sûr, cette tentative a le mérite de renouer avec la problématique d'Aristote. Bien sûr aussi, elle marque une étape capitale dans un retour à la manière originelle de poser la question de l'être, entendons: la manière des pré-socratiques. Mais il n'en demeure pas moins que le cartésianisme n'est pas évacué par la *Critique*; car elle omet «une ontologie thématique de l'être-là, c-à-d en termes kantiens, une analytique ontologique de la subjectivité du sujet».[45] Ce qui fait que le sujet *soit* sujet ne peut précisément se manifester que dans le phénomène de sa temporalité.

Ainsi s'éclaire de nouvelle façon l'affirmation rencontrée plus haut, selon laquelle Kant aurait omis tout simplement le problème de l'être.[46] Chercher à mettre au jour le mécanisme secret de l'imagination transcendantale n'est pas encore, en effet, s'in-

[43] SZ, 31.
[44] SZ, 24 et 18.
[45] SZ, 24.
[46] SZ, 24.

terroger sur sa signification. Et considérer cette imagination temporelle comme un caractère de la finitude n'est pas encore se dégager des cadres de l'ontologie traditionnelle, aussi longtemps que l'on ne pose pas la question de l'être de ce mode humain de présence.

On peut toutefois se demander si Heidegger en s'efforçant de faire apparaître le positif et le négatif du kantisme ne néglige pas les textes eux-mêmes au profit de son propre système.

En ce qui concerne le sens du mot *Erscheinung* d'abord, il semble bien que les remarques articulées plus haut, en dépit de leur finesse, durcissent indûment la conception kantienne.

Dans sa «Remarque sur l'ambiguïté des concepts de la réflexion», Kant soulignait l'inanité de plaintes comme celle-ci: *«Nous ne saisissons pas du tout l'intérieur des choses!».*[47] Il ajoutait que même si la nature nous était découverte dans sa totalité, nous ne pourrions jamais répondre aux questions transcendantales qui la dépassent. Car «il ne nous est même pas donné d'observer notre propre *Gemüt* avec une autre intuition que celle de notre sens interne. En celui-ci en effet, réside le mystère de l'origine de notre sensibilité. La relation de cette sensibilité à un objet et ce qu'est le fondement transcendantal de cette unité est sans aucun doute caché trop profondément pour que nous – qui ne nous connaissons pas nous-mêmes sinon par le sens interne et donc comme *Erscheinungen* –, nous puissions employer l'instrument si peu adapté de nos recherches à découvrir autre chose que des apparaîtres et toujours des apparaîtres, alors que nous voudrions bien pourtant en chercher les causes non-sensibles».[48]

Lorsque Kant définit la réflexion transcendantale comme un état du *Gemüt*,[49] il entend donc nous présenter cette réflexion comme un apparaître, comme une *Erscheinung*, dans toute la mesure du moins où nous avons *connaissance* de cette réflexion. Or dans l'état en question, loin de nous occuper des objets pour en recevoir directement des concepts, «nous nous mettons en devoir de trouver les conditions subjectives sous lesquelles nous pouvons parvenir aux concepts».[50] Par conséquent, toutes ces conditions subjectives seront elles aussi des apparaîtres.

[47] A 277, B 333.
[48] A 278, B 334.
[49] A 260, B 315.
[50] *Loc. cit.*

C'est bien la conclusion à laquelle se range Kant lui-même, nous semble-t-il, dans un passage à vrai dire difficile de la seconde édition de la *Critique*: «Quand je dis: dans l'espace et le temps, l'intuition de l'objet extérieur aussi bien que l'intuition de soi du *Gemüt* représentent l'un et l'autre selon qu'ils affectent notre sens, c-à-d comme ils apparaissent, je ne veux pas dire que ces objets sont pur et simple semblant. Car dans l'intuition les objets et même les propriétés que nous leur attribuons sont toujours envisagés comme un donné effectivement réel; seulement, pour autant que cette propriété dépend du mode d'intuition du sujet dans la relation que l'objet donné soutient avec ce dernier, cet objet comme apparaître est distingué de lui-même comme objet en soi. Ainsi, si je prétends que la qualité d'espace et de temps, qui est la condition d'existence selon laquelle je pose les corps et mon âme, se situe dans le mode de mon intuition, je ne dis pas pour cela que les corps semblent simplement être en dehors de moi ou que mon âme ne fait que sembler être donnée dans ma conscience de soi. Si je faisais de ce que je dois compter comme apparaître un pur et simple semblant, ce serait ma propre faute».[51]

La suite montre qu'il est au contraire inévitable de considérer les choses comme de purs semblants dès que l'on veut, avec Berkeley, envisager l'espace et le temps «comme des qualités qui devraient se rencontrer, selon leur possibilité, dans les choses en soi».[52]

Il n'est pas douteux, pensons-nous, que l'espace et le temps, soit comme qualités du donné soit comme fondements subjectifs de la possibilité de ces qualités, c-à-d comme intuitons, sont bien considérés par Kant de façon vraiment «phénoménologique»: en eux, et non pas derrière eux, se donne l'être de l'homme et l'être des étants.

Mais l'herméneutique de ces apparaîtres est conçue différemment par la *Critique* et par l'ontologie fondamentale.

5. *ERSCHEINUNG* ET DIALECTIQUE DE LA RAISON PURE

Pour Heidegger, même si l'onto-logie demeure une caractéristique ontique du *Dasein* et ne rompt jamais la finitude, l'homme

[51] B 69.
[52] B 70–71.

n'en est pas moins doué d'une compréhension de l'être lui-même ; si vague qu'en soit concept, c'est «du point de vue de l'être», «à partir de l'être» que l'homme aura finalement à interpréter les phénomènes.

Selon Kant, la lecture de l'apparaître est encore un apparaître. Les éléments *transcendantaux* auxquels aboutit la pensée philosophique sont encore des «phénomènes» : ils sont l'attente humaine à l'égard de l'être, mais ils n'invitent en aucune manière à prendre le point de vue de l'être pour comprendre l'homme, car ce serait réduire l'être à un étant fini! Kant nous le dit équivalemment lorsqu'il situe le transcendantal en montrant son rapport nécessaire à la chose en soi et au semblant.

La chose en soi n'est pas d'abord l'en-soi des différentes choses que je rencontre, de ma pipe, du platane, de la mer. «Le concept de noumène n'est donc pas le concept d'un objet, nous dit Kant, mais un problème (*Aufgabe*) inévitablement lié à la limitation de notre sensibilité, (celui de savoir) s'il ne pourrait pas y avoir des objets déliés tout à fait de cette intuition sensible».[53] Cette formulation n'élimine pas encore l'idée que l'intellect intuitif constituerait, en tant qu'invisible, un «degré d'être» supérieur à la sensibilité. Mais elle suffit à faire comprendre que la chose en soi est bel et bien, comme intuition pure non-réceptrice, ce qui donne à notre intuition d'être réception liée par une pensée et aux objets de notre expérience d'être capables de rencontre humaine. La chose en soi ne peut en fin de compte désigner que le point de vue de l'Etre, c-à-d l'Etre lui-même que Kant appelle encore Dieu.

Ce point de vue nous demeure à jamais problématique, mais il est comme tel nécessairement supposé par le transcendantal ou par le point de vue humain sur l'être au niveau de l'homme.

Cependant, si c'est par notre propre faute que nous appellerions «semblant» ce qui est «apparaître» y compris le transcendantal en tant qu'il apparaît, la raison de l'homme se trouve, sans aucune faute de sa part,[54] toujours en train de se prononcer sur la chose en soi, toujours en train de prendre le point de vue de l'Etre, toujours en train de poser le «semblant transcendantal». Ce semblant domine toute discussion entre les hommes qui ne

---

[53] A 287, B 343.
[54] Cfr. A VII.

peuvent jamais s'y soustraire, bien que le devoir philosophique consiste à rendre l'illusion inoffensive.[55] Ce semblant s'exprime entre autres dans la division traditionnelle de la métaphysique spéciale en cosmologie, psychologie et théologie.[56] Et ce semblant est le «phénomène» par excellence dont la *Critique* s'efforce de fournir une interprétation.

Elle accomplit cette tâche, on le sait, au niveau de la Dialectique principalement. Et là s'ouvre également le domaine de la liberté qui ne se donne toutefois que dans l'expérience morale où la relation du transcendantal à l'être se trouve modifiée.

Kant et le problème de la métaphysique, puis surtout l'entretien de Davos avec Cassirer nous montreront que Heidegger n'est pas resté sans prêter attention à ces problèmes directement liés à l'idée de «phénomène».

Pour l'instant, nous nous contenterons de souligner l'incidence de la problématique du *Schein* sur la compréhension de la philosophie critique que nous propose *Sein und Zeit.*.

Heidegger laisse sans référence la formule selon laquelle l'affaire du philosophe serait d'élaborer une analytique des jugements secrets de la raison commune. Et nous avons vu qu'il suggérait de trouver ces jugements secrets dans le schématisme de l'imagination, pour saisir dans le phénomène en question la temporalité de l'être.

Mais l'expression «raison commune» inviterait plutôt, si elle est empruntée à Kant, à ne pas situer les jugements secrets dans une activité dévolue fondamentalement à la fonction imageante de l'*entendement*. En tant que commune précisément, la raison ne serait-elle pas le lieu transcendantal des semblants auxquels l'homme confère prématurément valeur d'objets de jugement, pressé qu'il est par l'urgence d'assurer théoriquement les intérêts *pratiques* de l'humanité en lui? N'est-ce pas en ce lieu originaire de l'illusion transcendantale *et* des intérêts suprêmes de la raison qu'il faut selon Kant saisir le phénomène de l'oubli de l'être?

Ces deux questions ne sont pas sans conséquence pour la compréhension de la problématique critique de la temporalité. Dans la perspective que nous venons d'ouvrir, il ne suffit plus d'interpréter le schématisme pour comprendre la pensée de Kant sur le

---

[55] Cfr A 297, B 353 et A XIII.
[56] Cfr A 398.

temps; il s'agit, pour atteindre le phénomène de l'oubli et de la compréhension ordinaire de l'être en sa racine, de saisir la relation du temps avec les idées et par celles-ci avec la liberté.

D'autre part, le lien dans la «raison commune» de l'illusion transcendantale et des intérêts pratiques de l'humanité imposerait de comprendre tout autrement que ne le fait Heidegger le début de l'histoire et de la philosophie ainsi que le conflit corrélatif de la philosophie et du sens commun.

La Méthodologie de la raison pure considère le dogmatisme et le scepticisme comme des étapes de l'histoire de la raison.[57] Et les *Fortschritte* établissent une relation entre ce déroulement temporel et la structure de la connaissance humaine.[58]

Le dogmatisme est ce vécu de la philosophie où le dynamisme de l'entendement produit l'illusion transcendantale en se soumettant à la commune raison pour défendre ses intérêts supérieurs. Le scepticisme est une expectative du jugement réfléchissant soucieux de revenir aux sources de nos affirmations, et qui aboutit à distinguer les domaines théorique et pratique dans leur articulation réciproque.

Le progrès de la philosophie consiste donc à tracer les frontières de la commune raison. Cependant jamais n'est mis en doute que cette commune raison ait réellement saisi l'obligation morale et son sens ontologique. Dès lors, la «compréhension ordinaire de l'être» que la philosophie devra ressaisir n'est pas chez Kant fondamentalement interrogative: elle sera affirmation d'un *Sollen*. Comme telle aussi, elle est dialogante: la raison commune veut parler d'une loi qui implique respect d'autrui. Et c'est en fin de compte pour rendre à ce dialogue sa pureté fondamentale que l'*interrogation* philosophique entreprend d'analyser les jugements secrets de la commune raison.

On le voit, les risques d'équivoque sont grands pour une interprétation qui prétend dépasser la distinction du pratique et du théorique et chercher dans le kantisme une position immédiate encore qu'inexplicite de la question concernant l'être de l'étant. Bien sûr, Heidegger a précisément souligné l'omission chez

---

[57] Cfr KRV, *Transzendentale Methodenlehre*, Erstes Hauptstück, erster und zweiter Abschnitt, A 708–769, B 736–797.

[58] *Fortschritte*, Cass., VIII, 242: «*Diese Zeitordnung wird in der Natur des menschlichen Erkenntnisvermögens gegründet*».

Kant du problème de l'être en même temps qu'il indiquait la possibilité de trouver dans la *Critique* une herméneutique du *Dasein*. La difficulté majeure est toutefois que les éléments d'une herméneutique du *Dasein* ne sont que très partiellement là où Heidegger veut les situer. Quant au problème ontologique, il est posé par Kant à partir de la reconnaissance vague et obscure, mais affirmative et dialogante, du Législateur de la conscience morale; le problème de l'être de l'étant posé au plan théorique par la *Critique de la raison pure* s'enracine dans une anthropologie pratique et s'épanouit dans une philosophie des fins de la raison.

CHAPITRE III

«KANT ET LE PROBLÈME
DE LA MÉTAPHYSIQUE»:
LA SUBJECTIVITÉ DU SUJET

I. PRÉLIMINAIRE

Le présent chapitre est consacré aux trois premières sections seulement du livre le plus connu de Heidegger sur Kant. Nous nous contenterons ici d'étudier la compréhension de l'être du sujet comme imagination transcendantale et comme temporalité, selon le propos annoncé dans *Sein und Zeit*.

Quant à la destruction de la conception kantienne de l'anthropologie à laquelle Heidegger consacre la quatrième section de son ouvrage, une discussion allant au fond du problème ne pourra prendre place qu'à la fin de la troisième partie et dans les conclusions générales de notre étude. Auparavant nous aurons dû prendre connaissance d'autres aspects du kantisme qui se manifestent à une pensée ayant accompli la *Kehre* plus résolument encore qu'elle ne le fait dans *Kant et le problème de la métaphysique*.

2. BASE TEXTUELLE DE
L'INTERPRÉTATION HEIDEGGERIENNE

L'interprétation de la *Critique* selon une méthode phénoménologique se continue et s'amplifie dans le premier *Kantbuch*. En reprenant l'oeuvre de Kant comme «instauration du fondement de la métaphysique», Heidegger se propose d'expliciter l'idée d'une ontologie fondamentale, c-à-d, nous le savons, l'idée d'une herméneutique du *Dasein*.[1]

Si rigoureux que soit ce dessein, il faut toutefois remarquer dès le départ que la base textuelle sur laquelle il s'appuie n'a pas l'ampleur promise par l'Avant-propos. Celui-ci annonce en effet une

---

[1] KM, 9 et 15; *trad.*, pp. 306 et 60.

«explication de la *Critique de la raison pure*».[2] Mais l'auteur se bornera finalement à étudier «l'Analytique transcendentale prise au sens large».[3] Entendons que le travail se limite aux passages de l'Analytique et de l'Esthétique qui concernent l'imagination transcendantale, à l'exclusion presque totale de ce qui regarde les principes de l'entendement pur.

Sans doute, la perspective de l'ouvrage prétend-elle englober l'ensemble du système kantien. Mais le commentaire proprement dit ne dépasse pas le cadre matériel assez étroit que nous venons de dire. Il s'agit malgré tout, on ne saurait l'oublier, d'une oeuvre conçue d'abord comme une série de cours ou d'exercices pour la durée d'un semestre et non pas à proprement parler d'un «livre» sur le kantisme ni même sur la totalité de la «première» *Critique*.

Cet adjectif doit, *in casu*, être pris selon son acception la plus stricte: au contraire des paragraphes 43 et 64 de *Sein und Zeit*, qui citaient exclusivement l'édition de 1786, *Kant et le problème de la métaphysique* concentrent l'attention sur l'édition de 1781, celle qui contient la déduction dite *psychologique* des catégories.[4]

Cette focalisation est commandée par la méthode et par le sujet de l'étude. Méthode et sujet sont indissolublement liés, nous allons le voir. Mais on peut tenter d'approcher le second, en l'occurence le problème de la métaphysique et l'instauration de son fondement, en précisant ce qu'est la première, c-à-d une recherche historique qui est authentiquement une histoire.

3. JUSTIFICATION DE CE CHOIX PAR LA MÉTHODE ET LE SUJET DU LIVRE

Sein und Zeit soulignait déjà qu'un ouvrage de recherche historique (*Historie*) ne prend «pour thème ni ce qui s'est accompli une seule fois, ni un universel qui planerait par-dessus, mais bien la possibilité qui a été facticiellement existante ... Cette dernière n'est pas retrouvée comme telle, c-à-d qu'elle n'est pas authentiquement comprise, si elle est transformée en un pâle modèle supra-temporel. Seule une historicité facticielle authentique est capable, en tant qu'elle est une destinée assumée par un en-

[2] KM, 7; *trad.*, p. 53.
[3] KM, 221; *trad.*, p. 300.
[4] SZ, 395 et KM, 154–155; *trad.*, pp. 225–226.

gagement (*Entschlossenheit*), d'explorer l'histoire qui fut celle d'un être-là, de telle sorte que dans la reprise (*Wiederholung*) la 'force' du possible s'engouffre dans l'existence facticielle, c-à-d de telle sorte que cette force advienne à cette existence en tant que celle-ci est en avenir. Aussi la recherche historique – tout comme l'historicité d'un *Dasein*, qui n'est pas, elle, objet de cette recherche – ne prend-elle pas son point de départ dans le 'présent' et à propos du 'réel' d'aujourd'hui seulement, pour se retâter elle-même en se tournant de là vers une chose du passé; mais l'exploration qu'est la *recherche historique* se temporalise elle aussi *à partir du futur*. La *sélection* (*Auswahl*) de ce qui doit devenir objet possible pour cette recherche *est déjà effectuée* dans l'*élection* (*Wahl*) existentielle facticielle de l'historicité de l'être-là en qui la recherche historique surgit tout d'abord et en qui uniquement elle *est*».[5]

En bref, c'est la temporalité ontologique exercée par le *Dasein* dans son activité ontique – l'engagement ou la résolution n'est rien d'autre – qui détermine la méthode d'une lecture vraiment historique d'un texte philosophique ancien. L'engagement, assumant sa destinée comme être-pour-la-mort, comprend sa propre finitude de telle sorte qu'un auteur «disparu» ouvre à celui qui l'étudie une perspective d'avenir et d'un avenir qui constitue le présent dans sa finitude.

Il s'agira donc, comme le dit Heidegger, d'ouvrir une voie qui mène «à une interprétation temporaliste des notions».[6] Et dans ce but, pour être fidèle au choix existentiel exercé facticiellement par le *Dasein* en qui *est* le projet de lire Kant, il faudra sélectionner le passage de la *Critique* le plus propre à cette temporalisation.

En rejetant les modifications apportées au texte par la seconde édition de 1786, on commence d'emblée à dépasser ce que le philosophe disait explicitement. Mais «une interprétation qui se borne à redonner ce que Kant a dit explicitement est condamnée d'avance à n'être pas une explicitation authentique, si la tâche de celle-ci consiste à faire voir clairement ce que Kant, au-delà des formules expresses, met en lumière dans son instauration du fondement. Ceci, bien sûr, Kant n'était plus capable de le dire. De façon générale, ce qui doit être décisif en toute connaissance

---

[5] SZ, 395.
[6] KM, 182; *trad.*, p. 255.

philosophique, ce n'est pas ce qui s'y trouve dit en formules explicites, c'est tout l'encore inexprimé que ces formules mêmes nous mettent devant les yeux».[7]

Rappelant que Kant lui-même présentait la *Critique de la raison pure* comme une apologie de Leibniz et qu'il reprochait aux leibniziens prétendument orthodoxes de n'avoir pas compris les intentions, d'être demeurés incapables de reconnaître par-delà les mots, ce que le philosophe *a voulu dire*, Heidegger conclut: «Il est vrai que pour saisir au-delà des mots ce que ces mots veulent dire, une interprétation doit fatalement user de violence. Mais cette violence ne peut se confondre avec un arbitraire fantaisiste. L'interprétation doit être animée et conduite par la force d'une idée inspiratrice. La puissance de cette idée permet seule à l'interprète le risque, toujours présomptueux, de se confier à l'élan secret d'une oeuvre (*der verborgenen inneren Leidenschaft eines Werkes*), pour s'attacher à ce qu'elle n'exprime pas et tenter d'en trouver l'expression. L'idée directrice elle-même se confirme alors par sa puissance d'éclairement».[8]

La méthode heideggerienne d'interprétation assume sur le mode de l'historicité fondamentale la maxime phénoménologique: «aller aux choses elles-mêmes». Et elle nous met ainsi devant notre propre responsabilité: il n'y a pas moyen de lire sérieusement un philosophe si l'on ne pense «à nouveau».

Ce renouvellement comporte évidemment une part de destruction, *Sein und Zeit* nous l'avait déjà dit. Mais nous comprenons mieux maintenant que la critique négative, loin de viser le passé, concerne plutôt *l'aujourd'hui* de la philosophie [9] et tout spécialement notre propre aujourd'hui. La relecture ainsi entendue comme un présent authentique est du reste la seule manière de nous insérer dans la tradition: «C'est la *Wiederholung*, la reprise, *qui est expressément tradition*, s'entend: le retour en des possibilités de l'être-là qui a-été-là».[10]

Et précisément, ce sera dans une *Wiederholung* de la théorie de l'imagination transcendantale selon la première édition de la

---

[7] *Loc. cit.*
[8] KM, 183; *trad.*, p. 256.
[9] SZ, 22–23.
[10] SZ, 385.

Critique qu'apparaîtra pour nous l'essence de l'instauration kantienne du fondement de la métaphysique.[11]

Le terme que nous traduisons par «reprise»[12] désigne donc l'ensemble du processus ontologique dans lequel la recherche historique acquiert l'authenticité d'une histoire; il signifie: la véritable tradition accomplie par un être-là et, plus précisément, par un être-là considéré explicitement comme membre d'une génération déterminée.

En réalité, toute l'analyse dont se constitue *Sein und Zeit* peut s'appeler, elle aussi, une «reprise» de la compréhension antécédente de l'être au sein de l'être-là pour découvrir la source de sa possibilité. Reprise encore que l'acte du soi se remettant au soi dans le souci ou la résolution.[13] Et ces deux dernières significations se retrouvent du reste comme structures de la tradition.

Dans *Kant et le problème de la métaphysique,* ce que Heidegger veut dire et faire, c'est une philosophie qui soit à la fois tradition active, remise du soi et ressaisie des possibilités fondamentales de la compréhension ordinaire de l'être. Il s'en explique comme suit: «Par reprise d'un problème fondamental, nous entendons le dégagement de ses possibilités originelles cachées jusqu'alors. Par leur élaboration, il est transformé et, ainsi seulement, il est préservé dans son contenu propre. Préserver un problème veut dire: le maintenir libre et en éveil au sein de ses forces intérieures qui le rendent possible comme problème au fondement de son essence».[14]

Le problème à reprendre est ici, nous le savons, celui d'une instauration du fondement de la métaphysique. Ce qui revient à dire que la métaphysique traditionnelle tout entière est problé-

---

[11] Cfr le titre de la 4e section, KM, 185; *trad.,* p. 261.

[12] MM. De Waelhens et Biemel donnent dans leur traduction le mot «répétition». Le P. Richardson (*Heidegger,* p. 89 note 181 et p. 93 note 194) emploie le mot«retrieve». Selon une indication orale de M. le Professeur De Waelhens, nous préférons «reprise» à «répétition», le second terme situant le processus en question dans une perspective presque exclusivement kierkegaardienne. Le mot «ressaisie» n'eût sans doute pas moins bien fait l'affaire; Nabert l'emploie, on le sait, pour désigner une réflexion dont l'analogie avec la *Wiederholung* mériterait une étude.

[13] Sur les différents sens du terme *Wiederholung,* cfr. RICHARDSON, *Heidegger,* pp. 92–93.

[14] KM, 185; cfr. *trad.,* p. 261 et RICHARDSON, *Heidegger,* p. 29, note 4, et p. 93, note 194. – Nous rendons par «préserver» l'allemand «bewahren». Les traducteurs français emploient «conserver». Dans leur *Introduction* (p. 42), ils notent que «bewahren» doit s'entendre dans tous les sens que voici: restituer, vérifier, sauvegarder et confirmer.

matique. Le travail du philosophe consiste à mettre en lumière ce qui rend possible la présence de ce problème, c-à-d son essence active. Et il ne peut le faire qu'en une résolution à l'égard de son propre *Dasein*.

Kant avait projeté d'abord de rendre raison de la constitution du savoir métaphysique selon ses branches générale et spéciales. C'est en effet sous cette forme concrète que se présentait à lui la «disposition naturelle» à tous les hommes qui lie indissolublement à leur existence une métaphysique, quelle qu'elle soit du reste. Mais ce phénomène, Kant n'entend pas lui donner une base dont il manquerait, ni rénover celle que le rationalisme lui avait construite. Instaurer le fondement signifie «tracer les limites architectoniques et le dessin de la possibilité intrinsèque de la métaphysique».[15]

La question se pose aussitôt de savoir pourquoi cette instauration du fondement prend l'allure d'une *Critique de la raison pure*.[16]

A cette question, on peut trouver chez Heidegger deux réponses d'inégale importance. La première expliquera simplement la comparaison qui assimile l'acte critique à une action judiciaire. La seconde s'efforcera de saisir pourquoi l'acte critique doit être une analyse des jugements synthétiques *a priori*. L'une et l'autre permettront de comprendre que le problème de la métaphysique est lié à celui de l'imagination transcendantale, et que l'interprétation du kantisme doit, par conséquent, attribuer la primauté au texte édité en 1781.

4. L'IMAGINATION TRANSCENDANTALE ET LE TRIBUNAL DE LA RAISON PURE

Kant a souvent comparé son entreprise à un procès. Il parle du tribunal suprême de la raison[17] et la pièce centrale de son livre, la Déduction des catégories, porte ce titre par analogie avec l'emploi du terme «Déduction» dans le langage juridique.[18] On pour-

---

[15] KM, 14; *trad.*, p. 58. – Heidegger fait ici une allusion évidente à des passages comme A 13, B 27 et A 832 ss., B 860 ss.

[16] Cfr KM, 22 ss. et 67–68; *trad.*, pp. 73 ss. et 126–127. – Un complément d'informations historiques sur le titre de l'ouvrage de Kant et un développement sur l'influence du mathématisme se trouvent dans FD, 46–47, 92–95 (*Critique*) et FD, 49 ss. (Mathématisme).

[17] Cfr. A XI; A 669, B 697; A 703, B 731 et KM, 83; *trad.*, p. 144.

rait interpréter cette façon de parler comme une profession de foi rationaliste et y lire l'affirmation d'un subjectivisme logicisant. Heidegger découvre à ce juridisme une tout autre signification.

L'usage empirique des concepts de l'entendement ne soulève, nous dit Kant, aucune difficulté particulière: il peut se justifier par le fait lui-même. Il est cependant un usage *de fait* de ces mêmes concepts qu'il est impossible de fonder sur l'expérience: c'est celui qui se rencontre dans les branches spéciales de la métaphysique et qui concerne l'invisible. Ainsi s'impose la tâche d'examiner, non pas seulement la validité des catégories, mais la possibilité de leur rapport à un objet en général, c-à-d d'en fournir une *déduction* transcendantale. L'appellation s'explique fort bien: la réflexion sur le rapport du concept à l'objet est ici comparable au raisonnement du juriste qui établit l'existence d'un droit dont les faits ne suffisent pas à rendre compte.[19]

Il y va donc dans la *Critique* de l'instauration du fondement de la métaphysique spéciale, dont les «objets» sont liés aux fins les plus hautes de l'homme. Mais en déplaçant l'accent de la sorte, Kant en venait, Heidegger y insiste, à s'interroger sur la signification objective de nos catégories en général, c-à-d à poser le problème de notre rapport à l'étant comme tel et en totalité. La *Critique de la raison pure* doit alors se comprendre au sens strict comme «la métaphysique de la métaphysique» ou encore comme l'instauration du fondement de la métaphysique générale ou de l'ontologie.[20]

Bien sûr, il serait vain de le nier, Kant, en assignant cette tâche à la pensée pure accorde encore un large privilège au *logos*, à la *ratio* comprise comme faculté de rendre compte. Il s'oblige ainsi à conserver à son exposé un caractère strictement logique, encore que logico-transcendantal. La façon de s'interroger sur la relation des catégories à un objet possible implique du même coup le risque de faire oublier l'unité originaire de la pensée et de l'intuition.[21]

---

[18] A 84, B 116.

[19] A 84–85, B 116–117.

[20] KM, 15 à 22; *trad.*, pp. 65 à 73 et KM, 208; *trad.*, p. 286 où M. Heidegger cite la *Lettre à Markus Herz* de mai-juin 1781, Cass. IX, 198 (métaphysique de la métaphysique).

[21] Cfr. KM, 66 à 68; *trad.*, pp. 126–127.

Mais les prétentions mêmes des concepts purs à un usage métaphysique, qui demeure pourtant incapable de justifier ces prétentions, vont précisément faire apparaître ce en quoi consiste la pureté des catégories, c-à-d leur ordination à une synthèse pure et leur relation au temps.[22]

C'est ce que permet d'apercevoir cette phrase de Kant : «Parmi les concepts variés qui constituent le tissu très complexe de la connaissance humaine, il en est quelques-uns qui sont aussi destinés à un usage pur *a priori* (complètement indépendant de l'expérience), et cette compétence qui est la leur a besoin en tout temps d'une déduction ...».[23] Le mot *jederzeit* (en tout temps, constamment) est souligné par Heidegger. Et ce n'est pas à tort, peut-il sembler, puisque la temporalité se manifeste ici comme un constitutif essentiel de l'acte rationnel par excellence, la réflexion transcendantale.

Au demeurant, si le dualisme opposant l'intuition et les facultés rationnelles donne lieu à des confrontations diverses et à la comparution des catégories devant l'instance suprême de la raison pure, c'est pour faire apparaître ce mystérieux troisième, participant à la fois de la réceptivité du sens et de la spontanéité de l'intellect, l'imagination transcendantale, dont les schèmes ont pour fonction de temporaliser les concepts de façon pure. La logique même du système kantien conduit donc à considérer comme fondamentale la partie de la *Critique de la raison pure* où le rôle de l'imagination transcendantale est étudié pour lui-même. Et si, dans la seconde édition de son ouvrage, l'auteur recule devant sa découverte originelle pour faire de l'imagination une modalité de l'entendement, c'est qu'il n'aura pu être fidèle à son propos d'instaurer le fondement de la métaphysique.[24]

5. L'IMAGINATION TRANSCENDANTALE ET LE JUGEMENT SYNTHÉTIQUE A PRIORI

Heidegger montre plus profondément encore que l'instauration du fondement de la métaphysique doit, en tant que *Critique de la raison pure*, se concentrer dans une doctrine de l'imagination transcendantale.

[22] KM, 83; *trad.*, p. 144.
[23] A 85, B 117 repris par KM, 83; *trad.*, p. 144.
[24] Cfr KM, 146 à 156; *trad.*, 217 à 227.

Selon son interprétation en effet, les jugements synthétiques *a priori* constituant la connaissance ontologique, qui rend possible toute connaissance ontique et toute métaphysique spéciale, trouvent eux-mêmes leur fondement dans la synthèse pure de la réceptivité sensible et de l'entendement, c-à-d dans la temporalité de l'imagination transcendantale.

Faisons voir les articulations de cette méditation.

C'est le dessein de fonder en toute rigueur la connaissance de l'étant suprême, Dieu, et de notre immortalité qui conduit Kant à instituer une analyse de nos jugements synthétiques *a priori*. Une théodicée ne peut en effet prétendre qu'elle atteint scientifiquement son objet invisible si nous ne disposons pas préalablement à toute expérience des moyens de comprendre l'être d'*un* étant comme tel.

Ces moyens, l'ontologie traditionnelle prétendait les découvrir. Prenant pour objet l'*ens commune*, elle définissait les concepts valables pour *tout* étant quel qu'il fût. Mais cette métaphysique générale était en réalité une logique formelle qui se donnait pour une connaissance ontique de l'être, un ensemble d'abstractions qui s'attribuaient, sans l'apercevoir, la portée d'une intuition purement intellectuelle. En soulignant la dépendance de l'ontologie et la primauté de la métaphysique spéciale par rapport aux intérêts les plus élevés de l'homme, Kant dévoile l'inanité de cette tentative. Il est nécessaire, selon lui, de rendre raison de l'usage pur des moyens de connaissance dont parle l'ontologie ou encore d'instituer une critique de la faculté de connaître selon des principes *a priori*, c-à-d de la raison pure.[25]

Le rationalisme parlait d'emblée d'un concept général d'être. Dans la *Critique*, «la question posée concernant l'instauration du fondement (*die Grundlegungsfrage*) réclame pour la première fois quelque clarté sur le mode de généralisation et par là sur le caractère de dépassement propre à la connaissance de la constitution d'être».[26]

Dans cette connaissance de la constitution d'être, l'étant se rend manifeste: son *Wassein*, non pas sa quiddité abstraite, mais sa talité singulière apparaît selon sa différence ontologique. Et c'est dans cette manifestation que se dévoile l'ensemble des

---

[25] KANT, KU, Cass. V, 235 cité par KM, 23; *trad.*, p. 74.
[26] KM, 21; *trad.*, p. 72.

moyens préalables à toute expérience, l'équipement, l'apprêt, la *Zurüstung* qui nous rend possible de rencontrer l'étant comme tel.[27]

La connaissance synthétique *a priori* est précisément le comportement dans lequel cet apprêt lui-même devient manifeste. En termes plus heideggeriens encore, la connaissance synthétique *a priori* en tant qu'elle porte sur la talité de l'étant s'appelle la *transcendance* de l'homme ou plus exactement de l'être-là. Cette compréhension projette en effet non seulement l'étant rencontré, mais encore l'horizon d'être dans lequel apparaîtra cet étant comme tel. De la sorte, orienté vers l'être pour comprendre l'étant, l'étant compréhensif, c-à-d l'homme, doit passer par la compréhension de lui-même : il se transcende vers l'être de l'étant et par là vers l'être qui, antérieurement à toute rencontre ontique, les fait ce qu'ils sont, lui et l'étant à comprendre.

Ressaisir les conditions de possibilité des jugements synthétiques *a priori*, c'est donc rendre manifeste la possibilité essentielle de la transcendance ou de la connaissance ontologique qui rend possible toute connaissance ou tout comportement ontique.

Dans ce contexte, il faut à nouveau préciser ce qu'entend Heidegger par «ontologique».

Est ontologique, tout mode d'être ou tout comportement qui laisse être l'étant pour ce qu'il est, selon son essence ou ses possibilités fondamentales – tout comportement qui saisit l'étant selon sa différence d'être.

Par conséquent, comme le dira Heidegger à Davos, «l'ontologie est un indice de la finitude. Dieu ne la possède pas».[28] Et dans le *Kantbuch*, il pourra s'interroger sur une infinitude éventuelle en ces termes non équivoques : «Est-il sensé et légitime de penser que l'homme, parce que le fondement même de sa finitude lui rend nécessaire une ontologie, c-à-d une compréhension de l'être, est 'créateur' et donc 'infini', alors que précisément l'idée de l'être infini n'exclut rien aussi radicalement qu'une ontologie»? [29]

---

[27] Cfr KM, 23; *trad.*, p. 74 (*Wassein*) et KM, 21; *trad.*, p. 72 (*Zurüstung*, le mot étant repris de KANT, *Fortschritte*, Cass. VIII, 302).

[28] HEIDEGGER, in SCHNEEBERGER, *Ergänzungen*, 19.

[29] KM, 222; cfr. *trad.*, p. 301. – La traduction française du dernier membre de phrase nous semble insuffisante. Voici l'allemand : «... *wo doch gerade die Idee des unendlichen Wesens nichts so radikal von sich stösst wie eine Ontologie*», que l'on a rendu par : «... alors que rien ne répugne aussi radicalement à l'ontologie que l'idée d'un être infini».

S'il y a lieu de présupposer une infinitude pour développer la finitude du *Dasein*, on ne pourra le faire en tout cas que du point de vue de l'être, en sortant de l'ontologie pour s'engager dans une histoire de l'être.

Le lien de l'ontologie et de la finitude s'éclaire encore par la relation qu'établit Heidegger entre la transcendance et le souci: «Par la transcendance, l'être-là se manifeste comme besoin de la compréhension de l'être. Ce besoin transcendantal assure (*sorgt*) fondamentalement la possibilité que l'être-là soit. Ce besoin n'est autre que la finitude sous sa forme la plus intime comme source de l'être-là. – L'unité transcendantale de ce besoin caractéristique de l'être-là dans l'homme a reçu le nom de souci».[30] Et l'auteur prend soin de préciser qu'il ne s'agit ni d'une propriété ontique de l'homme ni d'une valeur éthique ou idéologique de la «vie humaine».

Lorsqu'il interprète comme une instauration du fondement de la métaphysique générale l'analyse kantienne des jugements synthétiques *a priori*, Heidegger voit donc dans la *Critique* un effort pour ressaisir, par-delà ces comportements synthétiques à l'égard de l'étant, leur enracinement dans le souci, c-à-d dans la totalité de finitude d'où surgit en nous le *Dasein*. Somme toute, la *Critique de la raison pure* aurait tenté déjà de réaliser le dessein même de *Sein und Zeit*. Aussi n'est-il pas étonnant d'y trouver les jugements synthétiques *a priori* fondés sur la temporalité transcendantale.

On peut exprimer le propos du *Kantbuch* d'une autre manière encore, que les rapprochements précédents entre la transcendance et la connaissance *a priori* rendent maintenant assez claire. L'auteur veut nous faire entendre que la *Critique* n'est pas une épistémologie. En s'interrogeant sur les conditions de possibilité de la vérité au niveau de l'expérience, c-à-d de la vérité ontique, elle dépasse la théorie de la connaissance vers une ontologie de la vérité. S'interrogeant ensuite sur la connaissance ontologique, sur les jugements synthétiques *a priori*, elle tente de les saisir dans leur possibilité essentielle, c-à-d dans la finitude en tant que source du *Dasein*. Selon cette autre perspective, la *Critique* ébaucherait donc non seulement l'itinéraire de *Sein und Zeit*, mais encore la démarche qu'accomplira *Vom Wesen der Wahr-*

---

[30] KM, 213; *trad.*, 291–292.

heit. Kant toutefois n'opérera qu'imparfaitement le renversement de l'essence de la vérité ontique en vérité ontologique de
l'essence: il n'explicitera pas le lien de la temporalité et de la
liberté qui seul lui eût permis de dépasser sans retour les «conditions *a priori* de la vérité» vers la vérité de l'essence, c-à-d vers
l'authenticité d'un pouvoir-savoir-être.

Beaucoup ont voulu voir dans la fameuse «révolution copernicienne» la ruine de la conception classique de la vérité comme adéquation de la connaissance à l'étant. Mais lorsque Kant propose,
pour y voir clair en métaphysique, d'examiner plutôt si les objets
ne doivent pas se régler sur notre connaissance, il veut dire par
là, selon Heidegger, que la vérité ontique a pour pivot la vérité
ontologique: la manifestation de l'étant tourne autour du dévoilement de la constitution d'être de l'étant comme autour de
son axe.[31] Et l'idée d'une conformité à l'objet est si peu ébran-
lée par la *Critique* que la vérité ontologique y est elle-même
considérée comme l'ensemble des *jugements* synthétiques *a priori*.

Cette dernière expression demeure toutefois très imprécise
aussi longtemps que l'on a pas spécifié en quel sens Kant entend
le mot «synthèse».

Tout jugement, même analytique, est déjà synthèse d'un prédicat et d'un sujet (synthèse apophantique). A cette première
liaison, tout jugement synthétique, même empirique, en joint
une autre: il «apporte» à partir de l'étant lui-même la légitimité
des représentations du prédicat et du sujet (synthèse prédicative). C'est une troisième synthèse encore (synthèse véritative)
qui caractérise nos jugements synthétiques *a priori*: ceux-ci
apportent en effet, à propos de l'étant, quelque chose que l'expérience ne peut tirer de lui, son *Wassein*.[32]

L'examen portant sur la possibilité de cette relation *a priori*
de notre connaissance à un objet en général – l'examen du fondement de la possibilité de la transcendance humaine – est ce que
Kant appellerait un acte de philosopher *transcendantal*.[33] Dans
la langue de Heidegger, le mot «transcendantal» désignera donc
ce qui appartient à la ressaisie finie de la connaissance ontologique ou à la possibilité finie de la finitude.

---

[31] Cfr KM, 22; *trad.*, p. 73.
[32] Cfr KM, 24; *trad.*, p. 75.
[33] A 11, B 25; KM, *loc. cit.*

Une des façons possibles de mener cette réflexion transcendantale consiste à se demander ce que seront dans la connaissance par jugements purs les trois synthèses dont nous venons de parler.

Il faut se rappeler d'abord que pour Kant le jugement synthétique en général ne saurait être acte de la seule pensée. De cette pensée, isolée par un procédé abstractif, parle la logique formelle. Sur l'essence de cette logique, qui considère les lois du penser *quel que soit son objet*, c-à-d sans tenir compte de l'objet, ni Kant ni Heidegger ne sont très explicites. Quoi qu'il en soit, le point important est qu'un jugement synthétique *a priori* n'est pas «forme» des jugements ontiques à la façon dont l'universelle affirmative de la logique mineure est «forme» d'une infinité possible de propositions à contenu «matériel» variable. La connaissance ontologique a déjà un contenu qui rend possible l'expérience.

On pourra légitimement distinguer un «sujet» et un «prédicat» dans la compréhension de la structure d'être de l'étant. Le sujet comme tel ne saurait, par essence, jouer le rôle de prédicat : il a les caractères d'immédiateté et de singularité propres à l'objet d'une intuition. Le prédicat, au contraire, assure la communication et le partage du contenu de l'intuition entre une pluralité de connaissants : il a le caractère «universel» de la pensée. S'agissant de jugements synthétiques *a priori*, tant le sujet que le prédicat devront ne dépendre en rien de l'expérience. Et les deux termes «purs» ainsi reliés seront des possibilités actives de relation à l'objet en général. Kant les appelle les intuitions pures de la sensibilité, d'une part, et les concepts purs de la pensée, de l'autre. Le jugement *a priori* les unit dans ce que Heidegger appelle, de son côté, une synthèse apophantique pure.[34]

En tant qu'il apporte – au lieu de la constater –, à partir de l'étant lui-même, la légitimité des représentations du sujet et du prédicat, le jugement synthétique implique, disions-nous, une seconde synthèse, que l'on pourrait appeler, avec Heidegger, prédicative.[35] Que désigne-t-elle exactement au niveau de la connaissance *a priori*?

Elle désigne le lien que la pensée pure reconnaît entre sa propre

[34] Comparez KM, 24; *trad.*, p. 75 et KM, 34; *trad.*, p. 90.
[35] Cfr les deux mêmes passages.

spontanéité universalisante et la réceptivité singulière de l'intuition. En d'autres termes, la connaissance ontologique comporte une reconnaissance de la dépendance mutuelle de l'intuition et de la pensée en tant que toutes deux sont des «représentations». «Un jugement, dit Kant, est la représentation de l'unité de la conscience de diverses représentations, ou la représentation de la relation entre celles-ci pour autant qu'elles forment un concept».[36]

Ceci revient à dire que la pensée comme telle, unie dans le jugement synthétique *a priori* à l'intuition, saisit sa propre nature judicative au sein et au fondement de son activité conceptualisante: l'examen du concept *a priori* selon son contenu et son universalité conduit à reconnaître à quoi se rapporte la fonction unifiante de la pensée.

L'universalité d'un concept, quel qu'il soit, ne résulte pas d'une comparaison entre divers étants particuliers dont serait abstraite une note commune. Ce qui est de fait obtenu par une abstraction de ce genre ou par une comparaison instituée au niveau de l'intuition sensible, c'est le *contenu* du concept *empirique*. Mais la mise en évidence d'une note commune à plusieurs au moyen d'une comparaison empirique ne serait pas possible sans un acte fondamental qui discerne au préalable l'élément commun: ce qui est conçu à proprement parler, ce n'est pas seulement ce qui convient de fait à divers étants, mais ce qui convient en tant que convenant ou dans son unité. Et l'acte qui confère au concept cette unité universalisante, c'est la réflexion. Aussi Kant appelle-t-il le concept en général une «représentation réfléchie».[37]

Lorsqu'il s'agit de notions dont le contenu même est donné *a priori*, celui-ci ne pourra pas avoir d'autre source que celle d'où jaillit l'universalité, c-à-d la réflexion conceptualisante. Or la fonction conceptualisante est, nous venons de le dire, saisie préalable de l'unité selon laquelle pourra s'effectuer la comparaison des divers étants. Le contenu des concepts *a priori* ne pourra donc consister qu'en des formes de cette unité; et par conséquent ces concepts doivent être considérés comme des modes de la ré-

---

[36] *Logik*, Cass. VIII, 408, cité par KM, 34; *trad.*, p. 89.
[37] *Logik*, Cass. VIII, 401, cité par KM, 54; *trad.*, 112.

flexion elle-même, comme des concepts non plus réfléchis mais réfléchissants.

En tant que réfléchissants, ces concepts purs sont formes d'unité de cet acte qui range diverses représentations sous une représentation commune, c-à-d formes d'unité du jugement ou encore prédicats purs et possibilités fondamentales de juger.

La pensée prise en elle-même est donc réflexion conceptualisante et, plus profondément encore, conception réfléchissante: dans sa pureté, elle apparaît, tant pour son contenu que pour sa forme, non comme une fonction unifiée et close sur elle-même, mais comme une fonction unifiante, ouverte sur ce qui est à unifier.

La nature prédicative de la catégorie pure est donc d'être reliée ou de se relier à un autre terme, le «sujet», dont elle dépend: en tant que représentation, les concepts purs de l'entendement unifient l'intuition sensible sans laquelle eux-mêmes en fin de compte n'auraient ni contenu propre ni universalité. Il appartient à l'essence des notions pures d'être non seulement les termes d'un jugement qui en opérerait la synthèse apophantique, mais d'être en elles-mêmes synthèses qui entrent à ce titre dans la structure d'une synthèse ultérieure.

Ainsi est mise en évidence la signification de ce procédé de déduction des catégories, qui emprunte comme fil conducteur la table des jugements.[38] Le recours à une structure de la logique formelle n'implique aucune supériorité de celle-ci. Que l'on puisse utiliser ce détour pédagogique s'explique par la nature des actes de l'entendement pur: «Ainsi, dit Kant, le même entendement et, à la vérité, par les mêmes actes au moyen desquels il produit dans les concepts, en se servant de l'unité analytique, la forme logique d'un jugement, introduit aussi, au moyen de l'unité synthétique du divers qui se trouve dans l'intuition en général, un contenu transcendantal dans ses représentations ...».[39] Si la synthèse *a priori* se présente sous l'espèce d'une liaison logique entre un sujet et un prédicat selon le principe de non-contradiction formelle, c'est fondamentalement parce que la pensée est prédicative: la synthèse apophantique appartient à la synthèse prédicative.[40]

[38] Cfr KM, 56, 57, 58; *trad.*, pp. 114 ss.
[39] A 79, B 105, cité par KM, 65; *trad.*, p. 123.
[40] KM, 60; *trad.*, p. 119.

Pour Kant, cette liaison du principe d'identité analytique et de l'unité synthétique du divers de l'intuition démontre que la logique formelle se fonde sur une logique de la relation à l'objet. Mais selon Heidegger, l'intrication des deux structures que nous venons d'analyser fait apparaître l'insuffisance de toute logique, fût-elle transcendantale, lorsqu'il s'agit de comprendre le sens de toute connaissance humaine. Ce qui fait véritablement problème, c'est l'essence de la synthèse véritative *a priori* : car c'est à elle qu'appartient la synthèse prédicative, comme à cette dernière appartenait la synthèse apophantique. Et il faut tenter de montrer où se fonde la relation entre l'intuition et la pensée en tant qu'elles sont l'une et l'autre des représentations pures, c-à-d des modes de rencontrer l'étant selon son être, modes dont l'unité constitue la finitude. Kant a raison de présenter ensemble la discussion portant sur l'essence des catégories et le problème de l'unité de l'intuition et de la pensée. Mais qu'il ait réellement raison doit précisément pousser l'interprétation à rejeter le cadre logique pour reprendre sur une base plus originelle la question de l'unité de la connaissance ontologique.[41]

Il faut donc s'interroger sur la constitution de la synthèse qui rend possible les deux précédentes et leur confère leur unité. Kant nous dit que cette synthèse pure est simplement un effet de l'imagination, «fonction indispensable de l'âme sans laquelle nous ne pourrions jamais et nulle part avoir aucune connaissance».[42]

Une intuition qui soit à la fois réceptrice et pensante: telle est la structure de nos jugements synthétiques *a priori*. Elle ne peut s'enraciner qu'en une faculté à la fois sensible et non sensible, dont l'unité est antérieure aux distinctions et séparations entre penser et intuitionner. Dans l'imagination transcendantale, nous est rendue manifeste la préadaptation du sens à l'entendement et de l'entendement au sens.

Ainsi c'est parce que la sensibilité pure appartient originairement à une synthèse qu'elle est une *synopse*, une vue embrassant la diversité du donné. L'espace livre la totalité, préalablement donnée, des relations qui ordonnent ce qui affecte le sens externe. Quant au temps, s'il est présenté d'une part comme forme du

---

[41] KM, 66–67; *trad.*, pp. 125–126.
[42] A 78, B 103; KM 63; *trad.*, p. 121.

seul sens interne, il est considéré aussi comme condition formelle
a priori de tous les phénomènes en général.[43] C'est dans un coup
d'oeil instantané que la totalité de l'espace est donnée selon
l'appréhension formelle de l'unité empirique du moi: «plus le
temps est subjectif, dit Heidegger, plus le sujet est capable de
sortir originellement et foncièrement de ses propres limites».[44]

Cette unité de l'appréhension sensible dans la synthèse pure,
Kant l'avait en vue quand il remarquait avec insistance que les
intuitions sans concepts demeurent aveugles. Et il exprimait
l'aspect corrélatif de la même synthèse en ajoutant que les concepts sans l'intuition sont vides. Nous avons explicité ceci en
examinant la nature des concepts purs.

L'analyse des jugements synthétiques *a priori* selon leur triple
structure, analyse nécessaire pour instaurer le fondement de la
métaphysique spéciale et par là de l'ontologie, conduit donc à
reconnaître la fonction irremplaçable de l'imagination transcendantale: c'est en elle qu'est donnée l'unité synthétique de la
synopse intuitive et de la synthèse prédicative antérieurement à
l'expérience. Comme la *Critique de la raison pure* se propose essentiellement de comprendre le sens de la pensée unie à l'intuition,
il est essentiel aussi à une réflexion qui veut reprendre le problème
posé par Kant de s'intéresser d'abord à l'imagination. Dès lors,
la préférence devra être donnée au texte de 1781, celui dans lequel
Kant a traité sans préjugé de la synthèse imaginative pure.

6. LE SCHÉMATISME TRANSCENDANTAL ET LE PHÉNOMÈNE

a. Nouvelle interprétation de l'Erscheinung

L'histoire de la philosophie, à s'en tenir aux méthodes habi-
tuelles en cette recherche, pourrait présenter l'interprétation
heideggerienne comme la vérification, ou du moins comme une
tentative de vérification au moyen des textes d'une hypothèse
que l'on pourrait formuler comme suit: les dualismes que maintient la kantisme – dualismes du sensible et de l'intelligible, de
l'intuition et de la pensée, du théorique et du pratique – mas-

---

[43] A 94; cfr KM, 61, 63, 64; *trad.*, pp. 119, 122, 123; et KM, 131; *trad.*, p. 200.
[44] KM, 52; *trad.*, p. 110.

quent l'unité originelle de la connaissance ontologique, unité que Kant avait saisie dans l'imagination et dans le schématisme transcendantal.

La justesse de cette hypothèse s'efforce de se démontrer principalement par un dévoilement de l'essence des schèmes. Mais elle entend se prouver aussi en réduisant l'opposition que l'on met habituellement entre phénomène et chose en soi, comme s'il s'agissait là d'un trait absolument caractéristique de la pensée kantienne.

Nous allons le voir, l'interprétation du phénomène et celle du schématisme sont étroitement liées.

Dans *Kant et le problème de la métaphysique*, l'auteur ne s'embarrasse plus de comparer, fût-ce implicitement, les notions de phénomène selon la Critique et selon la Phénoménologie de Husserl. Aussi prend-il à l'égard de la théorie kantienne sur ce point une attitude beaucoup plus positive qu'il ne le faisait dans l'Introduction de *Sein und Zeit*.

Il n'est plus question maintenant de présenter l'*Erscheinung* comme ce qui annoncerait une autre chose cachée derrière elle. «L' 'au-delà du phénomène' est le même étant que le phénomène. Mais comme le phénomène ne livre l'étant que sous la forme d'objet (*Gegenstand*), il lui est principiellement impossible de laisser voir ce même étant sous forme de création (*Ent-stand*)».[45]

En effet, selon une expression de l'*Opus postumum*, «la chose en soi n'est pas un autre objet, mais une autre relation (*respectus*) de la représentation à l'égard du *même objet*».[46] A proprement parler, il faudrait éviter de désigner la chose en soi comme un objet. Ce dernier terme doit être réservé à ce qu'atteint la connaissance finie. Aussi Heidegger forge-t-il le mot *Entstand* pour exprimer la relation à l'*intuitus originarius* de l'étant que nous saisissons comme phénomène, relation qui n'est autre que la chose en soi.

Dans la pensée de Kant, l'opposition entre phénomène et chose en soi est liée au problème d'une connaissance analogique de l'être et de l'être créateur.[47]

---

[45] KM, 38; *trad.*, p. 94.

[46] Cfr KM, 37; *trad.*, p. 93; les mots soulignés le sont par M. Heidegger.

[47] Dans sa thèse sur *Les grandes lignes de la philosophie de M. Jean Nabert*, Louvain, 1960, p. 44, note 1, M. L. ROBBERECHTS remarque que l'identité du phénomène et de la chose en soi, telle que M. Heidegger la propose, supposerait d'emblée l'intervention

Pour Heidegger au contraire, cette opposition ne sert qu'à expliciter l'essence de la connaissance finie. Parler d'un «au-delà du phénomène», c'est dire «que la connaissance finie est, en tant que finie, nécessairement dissimulatrice, et dissimulé, d'emblée, de telle façon que la 'chose en soi', non seulement ne lui est pas accessible de manière parfaite, mais ne l'est, par essence, d'aucune manière. Cette impossibilité caractérise la chose en soi comme telle».[48]

On ne peut contester qu'il entre essentiellement dans l'intention kantienne «de mettre en lumière le caractère intrinsèquement fini de notre connaissance sans réduire cette finitude à une pure négativité».[49] Mais l'interprète dénature le souci critique en présentant comme exclusive cette mise en lumière. En réalité, Kant poursuit bien le dessein de dévoiler la positivité originale de la finitude sans la ramener à un degré déficient de l'infini; mais il entend aussi sauvegarder par là même l'absolue transcendance de l'être originel et créateur qu'aucune démarche analogique ne peut dire sinon négativement. La positivité de la finitude consiste alors en ceci qu'elle se fait un concept négatif de l'infini.[50]

Le dynamisme de l'analogie – conçue comme *via negationis* – n'est jamais absent des distinctions entre sensible et intelligible, entre théorique et pratique si fréquentes dans la philosophie critique. C'est lui qui constitue en fin de compte le «besoin métaphysique» où s'enracinent ces dualismes structurels.[51] Très spéciale-

---

d'un créateur et corrélativement une «métaphysica specialis». C'est bien la conception de Kant, pour qui la chose en soi demeure une *Aufgabe* de la raison spéculative (A 288, B 344). Ce problème et cette tâche feront l'objet d'une théorie de l'analogie dont les éléments se trouvent dans les textes suivants: A 179–180, B 221–222–B 425 – A 695 à 702, B 723 à 730 – A 766, B 794 – A 825, B 853 – KU par. 59 et 90, Cass. V, 428 à 431, 543 à 549 – *Rel.*, Cass. VI, 205–206 – *Fortschritte*, Cass. VIII, 260–261 – *Logik*, Cass. VIII, 436–437 – ainsi que dans les différentes cours de Métaphysique publiés par Pölitz, Heinze, Kowalewski; cfr aussi les *Kants Vorlesungen über die philosophische Religionslehre*, éditées par PÖLITZ, pp. 49, 50, 145. (Ces références sont dues en grande partie au cours manuscrit du Père M. REGNIER, professeur au Séminaire missionnaire à Chantilly).

[48] KM, 38; *trad.*, p. 94.

[49] A. DE WAELHENS et W. BIEMEL, *Introduction* à la *trad.* de KM, p. 19, note 1.

[50] L'analogie comme *via negationis* est liée à ceci que l'homme «se fait un concept» de l'être suprême. Cfr *Von einem neuerdings erhobenen vornehmen Ton in der Philosophie*, Cass. VI, pp. 488, 489, 490 en note.

[51] Les structures ne sont jamais, en tant que telles, saisies dans des expériences proprement dites. Dans l'état du *Gemüt* qu'est la réflexion transcendantale en tant qu'accomplissement d'un devoir du philosophe (A 261 et 263, B 316 et 318), elles sont distinguées en vue de l'usage de nos facultés rationnelles finies. Cfr p. ex. «Beant-

ment, l'unité fondamentale du dynamisme analogique s'exprimera dans un lien *a priori* de la pensée comme telle et de la sensibilité.

Nous allons, pour plus de clarté, commencer par exposer ce que la *Critique* enseigne à ce propos. L'interprétation de Heidegger traite en effet le texte du chapitre consacré au schématisme des concepts purs de l'entendement avec une liberté qui apparaîtra mieux après avoir considéré l'original.

b. Le schématisme selon le texte de Kant

Selon Kant, pensée et sensibilité se limitent l'une l'autre. Cette limitation mutuelle n'est autre que la connaissance du phénomène. En effet l'intuition sensible, sans altérer l'originalité du penser, lui donne son objet, lequel est par la même distingué du noumène «dont le concept n'est pas celui d'un objet mais l'*Aufgabe*, inévitablement liée à la limitation de notre sensibilité, (de savoir) s'il ne pourrait pas y avoir des objets déliés de cette intuition sensible».[52] D'autre part, la sensibilité ne peut être ramenée à une faculté fondamentalement intellectuelle dont les perceptions seraient seulement moins distinctes [53]: c'est par son union à la pensée que l'intuition se révèle limitée à l'apparaître et incapable d'atteindre la chose en soi. L'intuition sensible est comprise alors comme la réceptivité de notre faculté de connaître.[54]

On peut donc concevoir que la chose en soi joue ici, en même temps que le rôle de limite négative suprême de la pensée et de l'intuition, le rôle positif d'un pôle dynamique de la connaissance, absolument hors de portée pour celle-ci.

Si la chose en soi est en ce sens la limite transcendante de la connaissance, il reste à déterminer la limite immanente du connaître en son unité non pas seulement empirique mais transcendantale ou *a priori*. Il faut, pourrait-on dire, préciser quel est le corrélat subjectif du phénomène, ce qui est saisie *a priori* de l'objet en tant que phénomène. Ou encore: il faut montrer quel

---

wortung der Frage: Ist es eine Erfahrung dass wir denken»? in *Sieben kleine Aufsätze aus den Jahren 1788–1791*, Cass. IV, 519–520.

[52] A 287, B 343.
[53] Cfr p. ex. A 43, B 61 et *Anthr.*, Cass. VIII, 25 à 28.
[54] Cfr p. ex. A 44, B 62.

est l'élément antérieur à l'expérience dans lequel les formes de l'intuition viennent combler le vide de la pensée pure tandis que cette pensée supprime la cécité des intuitions.

Ce résultat transcendantal de la limitation mutuelle du penser et de l'intuition – qui implique une référence à la chose en soi, puisqu'il est corrélat du phénomène –, Kant l'appelle schème de l'entendement; ce schème est donné dans l'intuition et exercé par la faculté de juger.

Kant distingue deux espèces de schèmes *purs*. Seuls les seconds ont une portée proprement métaphysique.

Les premiers sont des méthodes, ou des représentations d'un processus général de l'imagination pour procurer à un concept *sensible pur* une image qui lui corresponde. Tels sont les schèmes qui soutiennent la pensée du mathématicien, et que les images – du nombre ou du triangle par exemple – n'expriment jamais parfaitement.[55]

«Par contre le schème d'un concept de l'entendement est quelque chose qui ne peut nullement être mis en image, mais qui est tout simplement la synthèse pure exprimant la catégorie selon une règle de l'unité par concepts en général; il est un produit transcendantal de l'imagination; il concerne la détermination du sens interne en général selon les conditions de sa forme (le temps), par rapport à toutes les représentations, pour autant que celles-ci, conformément à l'unité de l'aperception, doivent *a priori* constituer un ensemble dans un concept».[56]

Dans cette période, Kant s'efforce de faire comprendre le caractère double, mais synthétique, des schèmes de l'entendement. Ceux-ci offrent d'une part l'aspect concret d'une intuition sensible et d'autre part l'aspect universel d'un concept: ils expriment à la fois l'universalité potentielle du particulier et la particularité originaire de l'universel. Ils constituent, pourrait-on dire, la disponibilité propre de l'intelligence humaine, ou plus exactement sa présence à l'objet.

Selon leur premier aspect, les schèmes sont les conditions uniques et authentiques de la relation des catégories à des objets: les catégories sans schèmes n'ont aucune *signification*. Les con-

---

[55] Cfr A 140–141, B 179–180.
[56] A 142, B 181. Cfr KM, 97; *trad.*, p. 160: Heidegger arrête la citation au mot «image» de notre traduction.

cepts purs de l'entendement ont besoin pour se réaliser de ces
conditions restrictives qui leur viennent de la sensibilité. «Par
conséquent, conclut Kant, le schème n'est à proprement parler
que le phénomène, ou le concept sensible d'un objet en accord
avec la catégorie».[57]

Selon leur second aspect constitutif, les schèmes sont les relations que soutiennent entre elles l'unité de l'aperception et la
totalité de l'expérience. C'est parce qu'elles sont schématisées
que les catégories, qui sont les modes de l'unité originaire de la
conscience, peuvent soumettre les phénomènes à des règles générales de synthèse «et les rendre propres à une liaison constante
en une expérience». Et Kant poursuit aussitôt: «Or c'est dans la
totalité de toute expérience possible que se situent toutes nos
connaissances, et c'est dans la relation générale à cette totalité
que consiste la vérité transcendantale, qui précède toute vérité
empirique et la rend possible».[58]

Les schèmes pris comme ensemble constituent donc la vérité
transcendantale ou encore l'essence de la connaissance finie en
tant que telle.

Rendent-ils raison par eux-mêmes de la finitude? L'affirmer
serait, pensons-nous, nier leur liaison en une totalité et nier par
conséquent l'unité de l'expérience possible. Dans l'esprit du kantisme, il faut au contraire admettre que la totalité de la vérité
transcendantale, en tant qu'elle est le fait de l'homme, demande
elle-même à être comprise selon la finalité pratique d'un monde
humain, dont seule la *Critique de la faculté de juger* dévoilera le
sens ultime et toujours caché.

Dans cette perspective, il ne saurait être question de considérer
la totalité du temps comme fondement unique des schèmes.

La raison en est que le temps ne confère pas aux schèmes la
totalité qui les unifie. Le temps lui-même au contraire n'est totalité, ou plus exactement image d'une totalité, qu'en vertu de ses
relations schématiques à deux catégories: par rapport à la
catégorie «mathématique» de la quantité, on pourra parler d'une
totalité des objets de l'intuition et, par rapport à la catégorie
«dynamique» de la modalité, on envisagera la totalité de ses objets selon leur existence.[59]

[57] A 146, B 185.
[58] *Loc. cit.*
[59] B 110.

Kant nous dit explicitement ce que le schème de ces deux catégories «contient et rend représentable: celui de la grandeur, la
production (synthèse) du temps lui-même dans l'appréhension
successive d'un objet; ... celui de la modalité et de ses catégories, le temps lui-même comme le corrélat de la détermination
d'un objet quant à son appartenance au temps et quant au mode
de son appartenance».[60]

Ainsi le second schème, celui de la nécessité, sera «l'existence
d'un objet en tout temps»[61] et il concerne «la *totalité du temps*
par rapport à tous les objets possibles».[62]

Le premier schème, celui de la grandeur ou de la quantité, concerne «la *succession du temps*».[63] Il est appelé par Kant le *nombre*
«représentation qui embrasse l'addition successive de l'unité à
l'unité (homogène). Le nombre n'est donc rien d'autre que l'unité de cet acte qui synthétise le divers d'une intuition homogène
en général par le seul fait que je produis le temps lui-même dans
l'appréhension de l'intuition».[64] Comme tel, ce nombre transcendantal schématise de façon pure la grandeur ou quantité qui est
un concept de l'entendement. Il s'applique par conséquent aux
deux intuitions sensibles pour en construire une image: «L'image
pure de toutes les grandeurs (quanta) pour le sens externe est
l'espace, mais celle de tous les objets des sens en général est le
temps».[65]

Le temps ne peut donc devenir l'image d'une totalité que dans
deux cas. Ou bien, s'il est considéré selon la quantité, dans la
mesure où, tout en l'engendrant pour appréhender le divers d'une
intuition, je le détermine en le nombrant. Ou bien, s'il est considéré selon la modalité, dans la mesure où il est représentation
sensible pure de la corrélation entre nécessité et contingence dans
l'existence.

Pour Kant, l'*image pure* du temps, si nécessairement liée qu'
elle soit à toute connaissance humaine concernant l'être de
l'étant, ne peut donc pas être comprise comme le sens de cette
connaissance ou comme le sens des catégories. Le philosophe

---

[60] A 145, B 184–185.
[61] A 145, B 184.
[62] A 145, B 185.
[63] *Loc. cit.*
[64] A 142–143, B 182.
[65] A 142, B 182.

nous dit au contraire expressément: «Les schèmes des concepts purs de l'entendement sont donc les vraies et les seules conditions qui permettent de procurer à ces concepts un rapport à des objets, par suite une *signification*».[66]

Ainsi ce qui constitue la signification transcendantale et rend possible une connaissance théorique dans l'expérience, c'est le schème, qui n'est adéquatement représentable dans aucune image, même pas dans l'image pure du temps. Synthèse du concept et du temps dans le temps, cette signification requiert elle-même un fondement ultérieur. Car si elle assure l'usage des catégories, elle les restreint du même coup.[67] Elle en effet débordée par l'intérêt spéculatif de l'homme, qui s'exprime dans les idées constituées par les concepts en tant que produits purs de l'entendement.

La logique traditionnelle a compris cette universalité non schématisée des «notions» comme une saisie des choses en elles-mêmes. La Critique au contraire cherchera à déterminer quelle est l'expérience dans laquelle ces notions pourraient trouver une application grâce à d'autres schèmes, pour être orientées alors vers une certaine connaissance du suprasensible, sans rompre pour autant les limites de la vérité transcendantale.

Ce que Kant a voulu rendre impossible par sa théorie du schématisme, c'est la prétention d'expliquer le besoin métaphysique par les seuls concepts de la logique ou par la spontanéité d'un *Cogito* censément intemporel. Mais il n'a pas voulu remplacer le pouvoir abusif de ces notions vides par l'absolutisme d'une temporalité qui se donnerait à elle-même la pensée comme marque de sa finitude.

C'eût été en effet remplacer l'illusion d'une connaissance de la chose *en soi* par la saisie prétendue de ce qu'est *en soi* la finitude C'eût été, en d'autres termes, oublier que le schème est tout simplement le phénomène, c-à-d la limite active tant de l'intuition que du penser, face au «problème» de tout en soi, y compris celui du temps et de la finitude.

[66] A 145–146, B 185.
[67] A 146, B 185.

c. Le schématisme selon Heidegger

Nous pouvons revenir maintenant à l'interprétation du schématisme selon Heidegger.

Il faut lui accorder tout d'abord que la théorie kantienne entend bien donner réponse au problème posé par la *généralité* propre à la métaphysique générale.[68] L'universalité des concepts ontologiques que sont les catégories n'est pas obtenue seulement par une abstraction plus élevée, elle relève de ce mode originel de conceptualisation qu'est le schématisme.[69] Et Heidegger a raison de dire que l'emploi d'expressions telles que «subsomption sous des catégories» et «mise en concepts» est simple recours au langage de la logique formelle dans le but de ménager un accès à la question du mode de généralisation propre à l'ontologie.[70]

Sans doute est-ce pour éviter les inconvénients même mineurs de ces façons de parler que notre *Kantbuch*, lorsqu'il aborde l'étude du fondement de la possibilité intrinsèque de la connaissance ontologique, préfère employer le mot *Versinnlichung*, qui signifie dans la langue courante «illustration», «démonstration intuitive». Les traducteurs français utilisent ici l'expression «transposition sensible».[71] Consciemment ou non, ils rendent ainsi plus manifeste le caractère analogique de la schématisation.

Mais on ne peut s'y tromper: pour Heidegger, chercher à mettre en lumière le fondement du processus transcendantal qui nous sensibilise à l'être de l'étant comme tel ne va pas sans refuser d'entrée de jeu à ce processus toute portée analogique. Sa façon d'entendre la *Versinnlichung* renverse complètement la direction de l'opération comparative suggérée par ce vocable. Il ne s'agit plus en effet de montrer comment l'universalité du concept doit se présenter dans et pour une sensibilité intuitive. Il faut au contraire dévoiler les structures de l'acte unifiant par lequel la pensée est mise tout entière *au service de l'intuition*.[72] Et l'interprète entend toujours par intuition ce que Kant appelle les formes *a priori* de la sensibilité.[73] La pensée n'est plus ici

---

[68] Cfr KM, 104–105; *trad.*, pp. 168–169.
[69] Cfr KM, 103; *trad.*, p. 167.
[70] Cfr KM, 103–104; *trad.*, pp. 167–168.
[71] Cfr KM, 86 ss.; *trad.*, pp. 148 ss.
[72] Cfr p. ex. KM, 70, 71, 73, 74; *trad.*, pp. 130, 133, 134.
[73] C'est oublier que le problème de l'application des catégories comporte un autre aspect qui est, «l'intuition ici pouvant être de la forme qu'elle veut, ... (de) déter-

que l'universalité intrinsèque à l'intuition pure, c-à-d la finitude
de celle-ci.

La référence à un *intuitus originarius*, qui pour Kant structure
la limitation des deux éléments de la connaissance théorique, indique, selon Heidegger, la nature essentiellement intuitive de
cette connaissance et la subordination radicale de la pensée aux
conditions de la sensibilité.[74]

Dès lors l'objectivation, qui est le déploiement par la transcendance finie de l'horizon dans lequel peut être donné un étant
comme tel, ne saurait être que la formation d'une in-tuition ou
d'une vue pure sensible représentant le mode de régulation du
concept pur dans la possibilité même de voir se présenter un
étant: «La règle est représentée dans le comment de son activité
régulatrice, c-à-d selon qu'en réglant la présentation elle s'impose et se dicte elle-même dans la vue qui présente».[75]

En d'autres termes: la connaissance finie est ontologique, ou
encore transcendance, ou encore objectivation, ou encore transposition sensible, ou encore «réception de quelque chose qui se
forme originellement dans l'acte de réception lui-même, à savoir
une vue qui, cependant, ne présente pas l'étant».[76]

Ce qui nous sensibilise à l'objet ne peut évidemment pas le
faire surgir tout simplement et doit cependant nous en donner
une intuition conforme à l'universalité de l'entendement. Ainsi
est définie l'essence du schème transcendantal.

Et Heidegger, pour expliciter sa pensée, la livre au jeu des
mots qui en sont inséparables. C'est dans ce jeu qu'apparaît
vraiment ce qu'il veut dire, beaucoup plus que dans les ensembles
grammaticaux où il s'efforce de transcrire sa réflexion.[77]

Dans cette découverte du noyau de la connaissance métaphysique, le terme allemand *Bild*, évoquant aussitôt le verbe *bilden*
et le substantif *Bildung*, occupe la place centrale.

En passionné de la montagne beaucoup plus qu'en philologue,

miner pour les catégories mêmes, mais en tant maintenant que concepts propres à
penser des objets en général, un champ qui s'élargirait au-delà des bornes du sensible
également, mais qui ne procurerait aucune connaissance» (*Lettre à J. S. Beck* du 20
janvier 1792, Cass. X, 114–115).

[74] Cfr KM, 28, 29 et surtout 30, 31; *trad.*, pp. 82 à 86.

[75] KM, 92; cfr. *trad.*, pp. 154–155.

[76] KM, 88; *trad.*, p. 150.

[77] On ne peut manquer d'évoquer ici la remarque de M. DUFRENNE dans son article
«Heidegger et Kant», *RMM*, 1949, p. 15: «Car le mot est peut-être l'organe privilégié
du schématisme, etc.».

Heidegger prétend trouver la signification «la plus originelle» de *Bild* dans l'expression *die Landschaft bietet ein schönes Bild*, qu'il commente en y accolant entre parenthèses *Anblick*.[78]

Il est tout à fait évident que dans la phrase en question *Bild* ne peut pas avoir d'autre sens que celui de *vue*. Que, dans la longue histoire du mot depuis le saxon, des phrases de ce genre ne se présentent pas avant l'époque moderne, cela n'a guère d'importance quand il s'agit d'en déterminer le sens originel! C'est qu'en effet la *vue*, qui est intuitive assurément, est comme *Bild* le produit d'un *bilden*. Et ce verbe veut précisément dire: pouvoir rendre intuitivement perceptible l'horizon de l'objectivation comme telle. Dès lors «la transcendance se forme (*bildet sich*) dans la transposition sensible des concepts purs».[79] Et «la transposition sensible pure s'accomplit comme 'schématisme' puisqu'aussi bien «l'imagination pure, en formant le schème, fournit d'avance la vue (l'image) de l'horizon de la transcendance».[80]

A partir de ces variations d'allure étymologique, ce que Kant appelait «un procédé général de l'imagination pour procurer à un concept son image» se comprend comme suit: «La formation du schème (*Schemabildung*) dans son accomplissement, en tant que mode de la transposition sensible des concepts, se nomme schématisme. Sans doute, le schème doit-il se distinguer de l'image, mais il est aussi relatif à elle, ce qui veut dire que le caractère d'image (*Bildcharakter*) appartient nécessairement au schème ... Nous l'appellerons l'image-schème».[81]

Bien sûr, l'image-schème n'est pas «la vue qu'offre de lui-même un étant qui se manifeste comme subsistant», ni non plus l'*Abbild*, le décalque, la copie d'un subsistant – qui peut être aussi reproduction (*Nachbild*) ou projet (*Vorbild*) selon que le subsistant n'est plus ou n'est pas encore.[82]

L'image-schème sera une vue au sens le plus large «sans qu'on spécifie si cette vue rend intuitif un étant ou un non-étant».[83]

Par conséquent, lorsque nous lisons dans la *Critique* que «le schème d'un concept pur de l'entendement est quelque chose qui

[78] KM, 87; *trad.*, p. 149.
[79] KM, 87–88; *trad.*, p. 149.
[80] KM, 88; *trad.*, pp. 149–150.
[81] KM, 92; *trad.*, p. 155.
[82] KM, 88; *trad.*, p. 150.
[83] KM, 89; *trad.*, pp. 150–151.

ne peut être mis en aucune image», cette exclusion ne saurait s'entendre que des images-schèmes corrélatives à des concepts empiriques ou mathématiques. Mais puisqu'il existe un schématisme transcendantal, il doit y avoir également une image-schème correspondante.[84]

Heidegger s'est aidé encore d'autres variations verbales. Il a fait jouer le sens de «dessin» que l'on peut attribuer au mot «schème». Plus exactement, le schème empirique est le dessin des structures essentielles d'un objet, d'une maison par exemple, tel que cette *representatio singularis* me donne d'emblée ce qui est nécessaire pour savoir ce qu'est une maison en général. Le schème est ainsi un *Verzeichnis* de la règle selon laquelle pourra être construite n'importe quelle image d'une maison.[85]

Le terme *Verzeichnis* est choisi avec bonheur: employé en composition, il désigne l'index ou la table des matières d'un livre (*Inhaltsverzeichnis*) et il vise toujours le relevé ordonné fournissant une vue d'un ensemble. Le schème est donc la règle de constitution d'un ensemble en une image intuitive.

Cette dernière détermination est particulièrement précieuse quand il s'agit d'interpréter le schématisme transcendantal.

Les catégories ne sont en effet que les articulations de l'unité originelle de l'aperception qui constitue leur affinité et les groupe en une totalité régulatrice. Or ces notions pures n'ont d'objectivité que dans leur relation au temps. Leurs schèmes devront donc représenter l'unité de chacune d'entre elles mais dans sa liaison à l'unité de la conscience.[86] Et le caractère d'image propre à ces schèmes sera par conséquent la vue totalisante dans laquelle les règles s'appliquent, c-à-d le temps: «Le temps est, en tant qu' 'image pure', l'image-schème et non pas seulement la forme de l'intuition opposée aux concepts purs de l'entendement».[87]

Heidegger précise encore sa conception du rapport que soutient le temps avec la multiplicité close des catégories et avec l'unité de leur affinité.

A l'égard des premières, les schèmes, s'introduisant dans le

[84] KM, 97; *trad.*, p. 160: «Les concepts purs doivent se fonder sur des schèmes purs qui leur procurent une image».
[85] Cfr KM 90, 91; *trad.*, pp. 152–153, Heidegger emploie le jeu des mots *Vorzeichnung, Verzeichnis, Auszeichnen*.
[86] Cfr à ce propos l'analyse du schème de la catégorie de substance (A 144, B 183) qu'entreprend Heidegger, KM, 101–102; *trad.*, pp. 164–165.
[87] KM, 98; *trad.*, pp. 161–162.

temps sous forme de règles, produisent une multiplicité d'images pures.[88]

A l'égard de la seconde, le temps, qui est la représentation d'un seul objet,[89] est non seulement «l'image pure des schèmes des concepts purs de l'entendement, mais encore leur unique possibilité d'offrir une vue pure».[90] Et c'est cette possibilité que structurent les images-schèmes relatives aux différentes catégories.

Nous avouons ne pas saisir la distinction qu'introduit l'interprète entre le temps comme forme d'intuition, le temps comme image-schème pure et enfin le temps comme unique possibilité d'offrir aux schèmes une vue pure. Plus exactement: la forme de l'intuition sensible nous semble être identiquement la possibilité unique d'offrir une vue pure. Et selon Kant cette vue demeure aveugle aussi longtemps qu'elle n'est pas informée en schème dans l'application de la catégorie: l'intuition sans le concept est la possibilité subjective pure de recevoir une *impression* sensible.

Heidegger oppose à ceci deux textes où il serait question du temps comme image-schème pure.

Voici le premier, imprimé en italiques dans la première édition du *Kantbuch*: «L'image pure ... de tous les objets des sens en général (est) le temps».[91] Nous avons analysé cette phrase dans son contexte ci-dessus. Nous n'y reviendrons pas.[92]

Le second est une parenthèse introduite à la fin d'une définition de la *notion*: celle-ci est «le concept pur en tant qu'il a uniquement son origine dans l'entendement pur (et non dans une image pure de la sensibilité».[93]

On n'objectera pas qu'il n'est pas ici fait mention explicite du temps. Mais on observera qu'il faut remettre la phrase dans son contexte.

Dans ce passage, le concept est défini comme l'un des deux modes de la *connaissance*, c-à-d de la représentation consciente se rapportant à un objet et non à une modification de l'état du sujet.

---

[88] Cfr KM, 99; *trad.*, p. 162.
[89] A, 31 sq., B. 47; cfr. KM, *loc. cit.*
[90] KM, *loc. cit.*
[91] A 142, B 182 cité dans KM, 98; *trad.*, p. 161.
[92] Cfr ci-dessus p. 133.
[93] A 320, B 377 cité dans KM, 98; *trad.*, p. 161.

Le premier mode de la perception objective (*cognitio*) est l'intuition qui se rapporte immédiatement à l'objet et est singulière. Il est donc clair que l'*intuitus* en question est de nature intellectuelle.

Le concept au contraire est cette connaissance qui atteint l'objet médiatement, au moyen d'une note qui peut être commune à plusieurs choses.

Il sera donc ou bien empirique ou bien pur. Et Kant ajoute: «Le concept pur, pour autant qu'il ait son origine uniquement dans l'entendement (et non dans l'image pure de la sensibilité) s'appelle *notio*. Un concept constitué de notions et qui dépasse la possibilité de l'expérience est l'Idée ou le concept de raison».[94]

Si l'on se rappelle que la sensibilité doit être définie d'abord, selon une remarque de Kant à Beck, comme «ce qui dans une connaissance constitue simplement la relation de la représentation au sujet»,[95] il devient compréhensible qu'un concept-connaissance pur puisse avoir son origine dans l'image pure de la sensibilité: c'est dans cette image pure qu'il trouvera la médiation, mais subjective, qui est essentielle à sa nature de concept, en tant qu'il est susceptible de valoir pour plusieurs choses.

On se demandera assurément pourquoi l'origine subjective de ce concept-connaissance pur n'est pas située par Kant dans le *schème*.

Nous proposerions de répondre ceci: le schème en tant que règle est unité et non multiplicité; il ne saurait donc être l'origine du divers pur requis par la nature médiate du concept-connaissance.

Quant à l'image pure de la sensibilité, il semble que l'on puisse la considérer comme le tableau ou la vue d'ensemble de l'expérience en tant que sensible, en tant, par conséquent, que les intuitions formelles d'espace et de temps sont incapables de comprendre suffisamment la diversité incommensurable des phénomènes.[96] Produite par l'imagination transcendantale, cette image pure, qui est celle du temps ou l'une de ces spécifications, a bien l'aspect singulier et immédiat de l'intuition. Mais elle ne présente pas *toute* l'expérience comme intelligible. Encore qu'elle suggère

[94] A 320, B 377.
[95] *Lettre du 20 janvier 1792*, Cass. X, 116.
[96] A 127.

la possibilité de penser tous les phénomènes, elle ne fournit pas
la règle qui permet de les penser objectivement, c-à-d le *Je pense*.
Elle-même est du reste construite selon un des schèmes qui relient l'aperception pure et ses catégories à la forme du sens interne. Comme telle, elle est la diversité propre à un concept-
connaissance dont l'universalité objective suppose une médiation subjective.

On peut donc dire avec Kant que l'image pure de la sensibilité
est origine ou fondement des concepts; on pourrait dire aussi
qu'elle est contenue, à titre de synthèse de l'imagination, dans
les catégories ou l'entendement.[97] Mais on ne saurait la poser à
aucun titre comme schème, à moins de nier qu'un schème est
une règle.

Au demeurant, le texte que nous venons de discuter indique
que la *notion* est un concept-connaissance dont l'origine serait à
chercher ailleurs.[98] Si l'idée est constituée par des notions, le
problème de l'objectivité de notre connaissance s'oriente du
coup dans une direction nouvelle. Il s'agira de savoir s'il existe
une médiation capable d'assurer la relation de l'idée à un objet.
Et cette médiation ne serait plus celle des intuitions sensibles, ou
du moins plus exclusivement. Selon l'interprétation de Heidegger, cette nouvelle perspective est d'emblée impossible: il n'y
a pas pour lui d'ouverture de la transcendance sur un transcendant.

Et c'est en définitive la seule chose qui importe pour le philosophe de *Sein und Zeit*. La théorie du schématisme lui paraît
capitale, car elle lui permet d'établir pour son propre compte que
«l'imagination pure alors ne 'construit' (*bildet*) pas seulement la
perceptibilité intuitive de l'horizon, en le 'créant' (*schafft*) par la
libre orientation, mais elle est encore, par là même, 'construc-
trice' (*bildend*) en un second sens, à savoir qu'elle nous procure
en général ce qui peut être une 'image'».[99]

Dès lors le schématisme devient «la conceptualisation originelle et authentique»,[100] sans que puisse se poser la question d'une
ouverture du concept sur quelque chose dont nous n'aurions au-

---

[97] Cfr p. ex. A 118: «Mais cette unité synthétique (de l'aperception) suppose une
synthèse ou la renferme etc...».

[98] C-à-d dans l'entendement pur, cfr. A 320, B 376.

[99] KM, 87; cfr. *trad.*, pp. 148–149.

[100] KM, 103; *trad.*, p. 167.

cune vue, c-à-d sur l'en soi. C'est le schématisme en effet qui construit (*bildet*) l'objet dans l'objectivation qui est un «laisser s'objeter». L'image pure du temps, plus exactement son image-schème, «apporte un don *a priori*, qui prête d'emblée à l'horizon de la transcendance le caractère d'une offre perceptible».[101]

Et Heidegger élimine ainsi toute possibilité de poser le problème de l'être de l'étant en termes de «chose en soi». En effet, puisque le temps est «la seule image pure et universelle, il donne à l'horizon de la transcendance *eine vorgängige Umschlossenheit*»,[102] il en fait d'avance un horizon fermé, l'horizon unique et pur de l'ontologie, c-à-d de la connaissance finie. Comme tel, le temps est «la condition de possibilité de ce que l'étant donné qu'il contient soit en mesure de posséder lui-même tel ou tel horizon particulier ouvert, de caractère ontique ... Il rend perceptible à un être fini l'opposition (*das «Dawider»*) de l'objectivité, opposition qui appartient à la finitude de l'acte d'orientation par lequel s'accomplit la transcendance».[103]

Que l'opposition comme telle appartienne à la finitude, ce n'est point là une affirmation inouïe. Saint Thomas remarquait déjà que, même dans la vision béatifique, l'homme demeure «*in se oppositus*».[104]

Mais l'interprétation du kantisme que l'on nous propose attribue au fini une *vue* de cette opposition constitutive de la finitude.

Bien sûr, Heidegger peut maintenir pour l'image-schème du temps ce qu'il affirmait de l'image-schème empirique, à savoir qu'en elle «le singulier écarte de lui-même le champ de ses possibilités mais devient par là un exemple possible pour l'identique qui règle le champ polyvalent des possibilités comme tel».[105]

Dans l'image-schème du temps, ce qui trouverait un exemple possible, c'est l'identité pure du *Je pense* en tant qu'elle règle le champ polyvalent des phénomènes d'expérience. Et le singulier qui détacherait de lui-même le champ de ses possibilités concrètes serait le moi empirique comme centre de l'expérience. L'image-schème du temps pourrait alors être considérée comme

[101] KM, 102; *trad.*, p. 166.
[102] *Loc. cit.*
[103] *Loc. cit.*
[104] *Somme Théologique*, I, q. 4, a. 2, ad 1.
[105] KM, 93; cfr. *trad.*, p. 154.

la vue pure que le *Dasein* aurait de lui-même en tant qu'il est au monde.

Poussons plus loin. Disons à propos de l'image-schème du temps ce que Heidegger met en lumière concernant l'image-schème mathématique: «La possibilité de l'image se forme (*bildet*) déjà dans la représentation de la règle de présentation. Cette possibilité même ... est la *vue* véritable inhérente au schème».[106]

Lorsqu'il s'agira de schèmes transcendantaux, ceci voudra dire que, dans la règle de présentation d'un étant selon son être, est inscrite la possibilité d'une image du temps, c-à-d d'une vue de l'unique condition qui rende possible à la transcendance humaine de rencontrer l'étant comme tel.

La possibilité d'objectivation en général – tant pour l'homme que pour l'étant qu'il rencontre – devenant une vue close offerte à la transcendance, la réceptivité intuitive demeure bien médiate et n'est pas, en ce sens, une création qui ferait surgir un *Entstand*. Mais la relation au *Gegenstand* est pourtant rendue telle qu'elle ne requiert plus un fondement différent d'elle-même. Il devient absurde pour l'homme de parler d'un *Entṣtand* autrement que de son propre néant.

Or pareille conclusion méconnaît l'originalité de la doctrine kantienne du schématisme.

Celle-ci en effet, en refusant aux schèmes transcendantaux une image proprement dite, marque l'aveuglement relatif où la finitude demeure par rapport à elle-même. D'autre part, en reconnaissant que l'élan des concepts théoriques déborde le schématisme sensible, cette doctrine reconnaît aussi la nouveauté des problèmes que posent, avec le surgissement de la liberté dans l'expérience, l'expérience et le devoir d'une foi rationnelle.

De cette foi, il ne saurait assurément être question dans la philosophie de Heidegger: que devrait encore croire un être fini qui possède une vue déjà fermée des possibilités de sa finitude?

Mais le courage philosophique ne consiste-t-il pas à admettre ce dernier risque, qu'au sein de la raison pure finie existe une foi, encore finie sans doute, qui rompe pourtant l'horizon du temps en lui conférant un sens?

Il faudrait au moins admettre que certains, comme Kant, peuvent raisonnablement comprendre de la sorte les limites de la

---

[106] KM, 95; *trad.*, p. 158.

«connaissance ontologique» dont ils ne veulent pas faire une *vue* de la finitude.

Chemin faisant, notre exposé et notre critique de l'interprétation heideggerienne nous ont conduits à marquer des points de désaccord. Une fois admis que Kant veut montrer en quoi et pourquoi la métaphysique doit être problématique, une fois admis que la Critique est une philosophie de la finitude, une fois admis que le schématisme doit donc occuper une place centrale dans la compréhension du kantisme il reste que le schématisme, la finitude et le problème de la métaphysique peuvent s'entendre, en demeurant plus fidèle au texte, tout autrement que ne le fait Heidegger.

C'est ce qui va nous apparaître davantage encore en voyant comment l'auteur développe la problématique de la subjectivité du sujet, dont l'Introduction à *Sein und Zeit* avait déjà tracé le cadre et dont les précédents commentaires sur le schématisme et les jugements *a priori* ont préparé les éléments.

7. L'IMAGINATION TRANSCENDANTALE ET L'ÊTRE DU SUJET

a. *L'imagination pure faculté fondamentale de l'âme humaine*

Heidegger introduit l'analyse concernant la subjectivité du sujet par un rapprochement qui renouvelle et complète l'une par l'autre diverses métaphores employées par Kant lorsqu'il s'efforce d'exprimer le fondement du Je.

«Notre connaissance dérive dans le *Gemüt* de deux sources fondamentales: la première est le pouvoir de recevoir les représentations (la réceptivité des impressions), la seconde, celui de connaître un objet au moyen de ces représentations (spontanéité des concepts)».[107] Ainsi s'exprime par deux fois la *Critique*, et elle ajoute: de l'union seule de ces deux sources peut sortir la connaissance.[108]

Ailleurs cependant Kant use d'un langage qui interdit de considérer la connaissance comme le résultat de deux courants

---

[107] A 50, B 74; cfr. aussi A 294, B 350. Ces deux passages sont commentés dans KM, 40 ss. et 125 ss.; *trad.*, pp. 95 ss., 194 ss.
[108] A 51, B 75. Cfr. KM, 40; *trad.*, p. 96.

d'abord distincts: «... il y a deux souches de la connaissance humaine qui partent peut-être d'une racine commune mais inconnue de nous, à savoir: la sensibilité et l'entendement; par la première les objets nous sont donnés, mais par la seconde ils sont pensés».[109]

Y-a-t-il moyen de spécifier quelle est cette unité primordiale, ce domaine originel de la connaissance finie, cette «racine inconnue» d'où surgissent les éléments distincts en tant qu'ils s'appartiennent l'un à l'autre?

Kant nous donne une réponse à cette question: «Nous avons donc, écrit-il, une imagination pure, *comme faculté fondamentale* de l'âme humaine, qui sert *a priori* de fondement à toute connaissance».[110] Cette faculté est possibilité essentielle de connaître – ou encore: ce qui fait que la connaissance ontologique est connaissance ontologique. Comme elle est nommée en situation intermédiaire entre l'intuition et l'aperception pure d'où proviennent les catégories,[111] Heidegger voit dans l'imagination pure la «racine inconnue» des deux «souches» de la connaissance.[112]

Ces rapprochements de textes ne sont pas de simples exercices verbaux. Ils concernent un point essentiel de la *Critique*, à savoir: la signification de la dualité des fonctions humaines de connaissance. A-t-on compris réellement la finitude de notre compréhension d'être lorsqu'on a mis en lumière la nécessité et les limites d'une complémentarité des sens et de l'entendement? Ou bien faut-il encore chercher en quel pouvoir, en quelle possibilité interne se fonde cette finitude?

Heidegger veut dépasser tout dualisme pour ressaisir la finitude dans son unité. Aussi va-t-il s'efforcer de montrer que s'enracinent dans l'imagination transcendantale non seulement nos pouvoirs de connaître, intuition pure et raison théorique, mais encore la raison pratique.

Espace et temps, avons-nous dit, ne sont pas des objets, mais des intuitions et des formes d'intuition. L'un et l'autre sont des vues immédiates de la totalité des diversités pures de relations préalables à l'expérience externe ou interne. Ceci n'est possible

---

[109] A 15, B 29; cfr aussi A 835, B 863; les deux passages sont commentés dans KM, 41 et 125 ss.; *trad.*, pp. 96 et 194 ss.
[110] A 124, Cfr KM, 124; *trad.*, p. 195.
[111] A 94 et 115. Cfr KM, 126; *trad.*, p. 195.
[112] KM, 126–127; *trad.*, pp. 195–196.

que par une fonction proprement *imageante*, c-à-d formatrice de
la vue qu'elle prend. Dans l'expérience courante déjà, l'image que
nous formons d'un objet n'en est pas le décalque mental, elle
l'anticipe et le rend présent, qu'il s'agisse d'un objet extérieur ou
d'un objet d'expérience interne. Les conditions sensibles pures
de ces rencontres seront formées et vues de manière analogue.
Aussi Kant dit-il sans ambiguïté: «... l'espace pur et le temps
pur, tout en étant quelque chose en qualité de formes de l'intuition, ne sont pas par eux-mêmes des objets d'intuition», ce qu'il
explique par la formule latine *ens imaginarium*.[113]

En d'autres termes: si nous voulons nous former une image de
l'être de l'étant en général, nous ne pouvons rien faire sinon
tenter de saisir les «formes préformantes» que sont, dans l'intuition, l'espace et le temps.[114]

Ainsi ce qui rend possible la syn-opse pure en tant qu'elle doit
s'articuler à la syn-thèse prédicative, c'est l'imagination formatrice.

Dans cette relation des formes pures de l'intuition à la fonction
imageante comme telle, l'espace et le temps apparaissent comme
des formes possibles du «rien»: ils ne sont pas des étants accessi-
bles à la perception, ils ne sont pas «objets» au sens de ce qui se
manifeste dans le phénomène, ils sont des «formes à intuitionner»
ou encore ce qui ne surgit que pour laisser surgir l'étant.[115]

Dès lors l'imagination transcendantale est racine et possibilité
de l'intuition pure dans la mesure même où sa fonction imageante
est essentiellement un mode de se rapporter à l'objet en général,
dans la mesure où «former une image» c'est former la transcendance.

b. L'imagination pure, racine de la raison théorique

La fonction formatrice en tant que rapport à l'objet en général
fait encore de l'imagination la racine de la raison théorique.

On sera tenté d'objecter d'emblée à Heidegger que la faculté
supérieure, l'entendement, ne peut être produite par l'imagina-

---

[113] A 291, B 347. Cfr KM, 132; *trad.*, p. 201.
[114] KM, 131; *trad.*, p. 201. – Il s'agit d'une formule empruntée au *Nachlass*, N°
5934.
[115] KM, 132; *trad.*, pp. 201–202.

tion qui, étant sensible, lui est inférieure. Mais nous avons montré déjà que l'essence du concept consistait dans son ordination à l'intuition. Il ne saurait dès lors être question d'accorder à la pensée une supériorité quelconque. Il lui revient simplement dans l'unité de la connaissance ontologique un rôle différent de celui que remplit l'intuition; mais aucun des deux éléments pris séparément n'a le moindre sens ni par conséquent la moindre supériorité.[116]

Assurément la logique formelle est souvent présentée comme la science qui dévoile l'essence de la pensée. Mais tout l'effort de Kant tend précisément à faire éclater ce cadre trop étroit en constituant sa logique transcendantale, dont le point central se situe dans l'unité de pensée et d'intuition rendue manifeste par les schèmes que produit l'imagination transcendantale.

Par ailleurs, si les structures logiques donnaient effectivement à connaître la nature interne de la pensée, pourquoi ne pas se contenter de la caractériser tout simplement par le jugement? Pourquoi expliquer encore l'entendement d'une autre manière, plus proche, nous dit Kant, de son essence, pourquoi l'appeler la *«faculté des règles»*[117]

C'est que l'on découvre par là un chemin vers la détermination fondamentale de la pensée comme unité synthétique de l'aperception. Et cette unité est «le point le plus élevé auquel il faut rattacher l'usage de l'entendement, même la logique entière et, après elle, la philosophie transcendantale».[118] Or qu'est-ce que l'usage de l'entendement, sinon la relation interne de la pensée à l'intuition?

L'interprétation de Heidegger suit donc la ligne que voici: penser, c'est juger – juger, c'est réfléchir par concepts purs – ces concepts purs sont des règles qui, en tant que représentations, proposent d'emblée les unités catégoriales qui guident toute unification possible dans l'acte de représenter – en tant que représentations unifiantes, ces notions ont elles-mêmes, d'emblée, à être englobée par une représentation plus originelle qui demeure présente, le *Je pense*[119] – le *Je pense* à son tour apparaî-

---

[116] Cfr. A 51, B 75 et KM, 39; *trad.*, p. 95.
[117] A 126 et KM, 137; *trad.*, p. 207.
[118] B 133, note. Cfr. KM, 137; *trad.*, p. 206.
[119] KM, 137; *trad.*, p. 207.

tra dans son identité comme caractère fondamental de l'acte d'objectivation, entendons: du «laisser s'objeter quelque chose»; la pensée se manifeste ainsi comme «préformation représentative de l'horizon d'unité»,[120] c-à-d comme fonction imageante, comme «aperception» pure.

Il nous faut prêter une spéciale attention au dernier chaînon de ce raisonnement. Il est constitué par une analyse, ou du moins par le début d'une analyse du *Je pense* qui fera droit aux exigences formulées en cette matière par *Sein und Zeit* : sur la base du texte de 1781 – et non plus à l'aide du seul paragraphe seizième de la seconde édition –, Heidegger entreprend de montrer comment il faut poser, par rapport à la connaissance de l'objet en général, la question de l'être du soi ou encore la question de la subjectivité du sujet.[121]

Le *Je pense* comme représentation d'unité est ce par quoi l'affinité des catégories est toujours présente dans son identité.

La présence permanente de la représentation *Je pense* est l'identité ou le soi de l'affinité des règles de l'entendement prises comme totalité. C'est l'identité de cette totalité qui forme le trait fondamental de l'acte par lequel nous «laissons devenir objet». L'objectivation est donc tout à la fois représentation active de soi et orientation vers un horizon où pourra surgir l'objet. Dans cette orientation, le soi est en quelque sorte emporté hors de soi vers ce même horizon; cette orientation ex-prime et «extériorise» le «soi» de telle sorte que le «moi» de ce «soi» devienne manifeste.[122]

Si l'on décode ce dernier logogriphe, on obtient environ ceci: la spontanéité originelle de la pensée (le moi) devient manifeste dans l'orientation vers l'objet possible qui est l'essence permanente (le soi) des actes de concevoir pris dans leur totalité.

«Tel est le mode selon lequel le 'je représente' 'accompagne' tout acte de représenter», écrit Heidegger.[123] Et cette activité du Je ne s'accomplit pas en plus du représenter lui-même, comme un savoir qui aurait à connaître de la pensée. Le Je «accompagne» la pure orientation de soi, en ce sens qu'il y appartient: elle ne va pas sans Je.

[120] KM, 138; *trad.*, p. 208.
[121] Il faut comparer SZ §§ 43 et 64 avec la troisième section de KM du § 26 au § 35.
[122] KM, 137–138; *trad.*, p. 207.
[123] KM, 138; cfr. *trad.*, p. 208; cfr. SZ, 320–321, ci-dessus p. 75, 70.

Dès lors, pour autant que le penser pur n'est lui-même ce qu'il est que dans ce «Je pense», l'essence du penser, aussi bien que celle du Je, réside dans la «pure conscience de soi». Mais cet «être-conscient» du soi ne saurait s'éclairer qu'à partir de l'être du soi; tandis qu'au contraire l'être du soi ne saurait s'expliciter à partir de la conscience et à plus forte raison celle-ci ne saurait-elle rendre celui-là superflu.[124]

Or en mettant à jour la connexion essentielle des catégories comme règles d'unité avec le *Je pense*, nous avons assurément rendu manifeste le sens de l'aperception ou sa signification transcendantale, mais nous avons surtout ménagé un accès à l'être du soi.

En effet, si le *Je pense* est toujours un «Je pense la substance», un «Je pense la causalité» etc.[125], c'est dans le schématisme transcendantal que s'accomplit cette spontanéité représentative et pré-formatrice qui est l'entendement pur lui-même: la catégorie n'est pleinement règle unifiante et ainsi aperception que dans son rapport synthétique à l'intuition, c-à-d dans le schème.

Ici encore il faut comprendre ensemble deux expressions de Kant qui, à première vue, peuvent sembler inconciliables. D'une part, il nous dit que le schématisme transcendantal est schématisme de l'entendement[126] et il qualifie, d'autre part, les schèmes de «produit transcendantal de l'imagination».[127]

Heidegger n'hésite pas: si l'entendement «emploie»[128] les schèmes, cet emploi lui-même se fonde dans l'imagination transcendantale et c'est ainsi qu'il constitue l'être originel de l'entendement, son «Je pense la substance» etc. «Cet acte, apparemment indépendant, que pose l'entendement pur dans la pensée des unités est, en tant que représentation spontanément formatrice, un acte fondamental pur de l'imagination transcendantale».[129]

Contre cette interprétation qui réduit l'entendement à l'imagination, on peut faire valoir deux objections.[130]

Voici la première: comment une faculté dont l'essence réside

---

[124] KM, 138; *trad.*, pp. 207–208.
[125] A 343, B 401 cité par KM, 138; *trad.*, p. 208.
[126] A 141, B, 180; cfr KM *loc. cit.*
[127] A 142, B 181, cfr KM *loc. cit.*
[128] A 343, B 401, cfr KM, *loc. cit.*
[129] KM, *loc. cit.*
[130] Les deux objections sont présentées conjointement par Heidegger (KM, 139 ss; *trad.*, pp. 209 ss.). Nous les distinguons pour plus de clarté.

dans la spontanéité peut-elle résulter d'un pouvoir qui de son côté est, par essence, réceptivité?

Heidegger répond en expliquant ce qu'est une réceptivité *pure*. En tant qu'elle est rapport à l'objet sensible, l'imagination le reçoit, c'est incontestable. Mais elle le reçoit selon les formes pures que sont l'espace et le temps. Or la pureté de ces intuitions est précisément ce qui constitue leur caractère préformateur ou encore leur caractère «imageant». Car la connaissance pure et ses éléments, intuition et concept, ne portent pas sur l'étant mais sur l'étant comme étant, c-à-d sur l'être. C'est pour ce motif, nous l'avons dit, que les «jugements *a priori*» sont identiquement la transcendance. Mais ce dépassement du «sujet» et de l'«objet» vers l'être implique que la représentation pure et réceptrice se donne à elle-même ce qui est susceptible d'être représenté. Dès lors l'intuition pure doit être, d'une certaine façon, «créatrice». Ce mode de spontanéité propre à l'intuition finie sera l'intra-temporalité formelle de l'expérience interne, c-à-d cette tempo-ralité dont la subjectivité même rend le sujet capable de sortir de ses propres limites. Et pareille temporalité n'est autre que celle de l'imagination productrice des schèmes.[131]

Ainsi la spontanéité de l'entendement ne se juxtapose pas à une passivité de l'imagination transcendantale, mais au contraire elle résulte de l'activité schématisante comme telle.

Cette réponse à la première objection laisse toutefois subsister une autre difficulté, qui nous introduit davantage dans la struc-ture de la *Critique de la raison pure*.

L'affinité des catégories entre elles constitue une totalité uni-fiée et, en ce sens, «fermée». Cette unité n'est autre que l'entende-ment pur, dont nous savons qu'il est faculté de représentation consciente ou encore *Je pense*.[132]

Or Kant écrit que «sans raison, nous n'avons plus d'usage systématique de l'entendement».[133] Et la raison est, on le sait la faculté des *idées*, celles-ci étant des représentations par con-cepts purs, mais des représentations qui dépassent l'expérience

---

[131] Les éléments de la réponse sont empruntés à KM, 140; *trad.*, p. 210 et KM, 47; *trad.*, p. 104.
[132] KM, 139; *trad.*, p. 209.
[133] A 651, B 679; cfr KM, *loc. cit.*

et dont le contenu est «une certaine perfection»[134] ou encore «la forme d'un tout».[135]

Heidegger, sans s'expliquer sur le rôle simplement directeur et non plus constitutif des idées, conclut des derniers textes cités que ces idées sont «en un sens plus originel apport de règles».[136] La raison, qui en est la faculté, est alors l'essence de l'entendement, l'essence du *Je pense*.

Et une composante importante du système kantien pourrait d'abord donner à penser qu'il faut d'emblée rattacher les règles totalisantes de la raison à l'imagination transcendantale. Ce qui en effet «doit servir de règle et de prototype»,[137] c'est un *idéal* transcendantal, que Kant appelle précisément *ein Urbild*.

Au même endroit cependant, il est dit en termes exprès qu'il en va très différemment de cet idéal et des créations de l'imagination que les peintres et les physionomistes, par exemple, prétendent avoir dans leur tête. Le lien des idées de la raison et de l'imagination se trouverait donc nié au moment même où il nous est suggéré.

Heidegger fait remarquer – et c'est l'évidence, effectivement – que Kant veut distinguer ici l'idéal en question qui «doit toujours reposer sur des idées déterminées» et le «dessin flottant» produit arbitrairement par l'imagination *empirique*. Il n'y aurait plus dès lors aucune objection à faire de la raison théorique, en tant qu'elle est la totalité du *Je pense* et l'unité de sa fonction régulatrice, une souche dont la racine est l'imagination transcendantale. En effet l'*Urbild* qui sert de règle ultime peut être considéré comme le schème fondamental.

Cette interprétation permet à Heidegger de compléter sa thèse sur la spontanéité de l'intuition réceptive et de l'imagination par une seconde qui affirme corrélativement la réceptivité de la pensée dans sa spontanéité.

«Dans l'entendement, pris comme faculté des règles, ces règles ne sont point représentées comme quelque chose de donné 'dans la conscience', mais comme des règles de liaison (synthèse) contraignantes en tant qu'elles lient. Si une règle n'existe qu'en

---

[134] A 567, B 595; cfr KM, *loc. cit.*
[135] A 832, B 860; cfr KM, *loc. cit.*
[136] KM, *loc. cit.*
[137] A 570, B 598. KM, 139-140; *trad.*, p. 209.

exerçant sa fonction dans l'acte réceptif qui se la laisse imposer, l'*idée*, comme représentation des règles, ne peut être source de représentation que sur le mode d'une réceptivité».[138]

Dès lors, la pensée comme telle est intuition pure et elle ne peut, pour être ce qu'elle est, dériver d'aucune autre faculté que de l'imagination transcendantale.

A cet endroit, le débat entre Heidegger et Kant prend, nous semble-t-il, toute son acuité.

Nous aurions attendu ici qu'en établissant le lien entre spontanéité et réceptivité de la pensée dans l'idée de la raison, l'interprète introduise à nouveau une référence au «rien», comme il l'avait fait en montrant la spontanéité de l'intuition réceptrice pure. Ce rappel eût été d'autant plus normal que les idées de la raison théorique demeurent pour Kant non constitutives et structurent par leur dynamisme même l'illusion transcendantale.

Toute allusion au rien n'est pourtant pas absente. Mais elle demeure cachée dans l'effort pour «comprendre et retenir la véritable essence de l'intuition finie, comme acte de recevoir ce qui se donne».[139]

«Le caractère fondamental de l'‘unité’ de l'aperception transcendantale, constamment unifiante d'emblée, s'est avéré par ailleurs, écrit Heidegger, être l'opposition (*Dawider*) à tout arbitraire. C'est pourquoi l'acte représentatif d'orientation ne reçoit rien d'autre que cette opposition. Le libre projet, qui développe l'affinité en même temps qu'il s'y soumet, est en soi un acte réceptif de représentation».[140]

Quel est donc ce *Dawider* qui caractérise l'unité du *Je pense*?

Le mot est emprunté à un texte de la *Critique*: «Mais nous trouvons que notre pensée concernant le rapport de toute connaissance à son objet comporte quelque nécessité, attendu en effet que cet objet est considéré comme ce qui s'oppose à ce que nos connaissances soient déterminées non pas au hasard ou arbitrairement, mais bien de manière certaine *a priori*, puisque, devant se rapporter à un objet, elles concordent nécessairement entre elles dans leur relation à ce dernier, c-à-d qu'il leur faut avoir cette unité qui constitue le concept d'un objet».[141]

---

[138] KM, 141; *trad.*, p. 211.
[139] KM, 141; *trad.*, p. 211.
[140] *Loc. cit.*, cfr. ci-dessus pp. 54–55.
[141] A 104–105. Cfr KM, 72; *trad.*, p. 132. Heidegger cite le texte jusqu'au mot *a*

Ce qui s'opposerait à l'arbitraire, c'est l'objet transcendantal = X, dont Kant nous dit ailleurs qu'il ne peut contenir aucune intuition déterminée, qu'il concerne par conséquent l'unité nécessaire de la conscience en tant qu'elle est précisément relation unifiante à un objet en général.[142] L'X transcendantal est ainsi condition de possibilité de l'objectivité de tous nos concepts empiriques.

Pour Heidegger, ce *Dawider*, écrit maintenant avec une majuscule, devient condition de possibilité de l'orientation préalable de la transcendance vers l'étant à rencontrer. Et l'interprète remarque: «Il ne s'agit pas ici d'un caractère d'opposition intérieur à l'étant, et moins encore d'une pression exercée sur nous par les sensations, mais, au contraire, du caractère d'opposition préalable, spécifique à l'être».[143]

Ainsi le *Je pense* dans son unité est opposition à l'arbitraire et comme tel déterminé par un caractère propre de l'être.

Par ailleur, l'objet transcendantal = X est aussi l'au-delà des phénomènes. En cette qualité, il est, selon Heidegger, nécessairement perceptible et de façon immédiate dans une intuition pensante pure.[144] Comme tel, le *Dawider* est un quelque chose dont, en général, nous ne pouvons rien savoir: il est donc un *rien*, il est, en d'autres termes, ce que la transcendance aperçoit comme horizon non thématique capable de proposer et de rendre thématique l'étant rencontré en lui en tant que tel.[145]

priori de notre traduction. Voici la dernière phrase de sa citation: «... *da nämlich dieser* (l'objet) *als dasjenige angesehen wird, was dawider ist, dass unsere Erkenntnisse nicht aufs Geratewohl, oder beliebig, sondern a priori auf gewisse Weise bestimmt seien, ...*». Kant ne présente donc ici qu'une objection: l'objet est normalement considéré comme ce qui s'oppose à ce que nos connaissances soient déterminées de manière certaine *a priori*; la concordance nécessaire de ces connaissances entre elles semble impliquer une comparaison qui ne pourrait se faire qu'*a posteriori*. La suite du raisonnement (A 105–106–107) montre que c'est là une fausse conception de l'objet transcendantal: celui-ci ne saurait être que l'unité formelle de la conscience, dont le fondement ultime est l'aperception transcendantale. C'est donc assez arbitrairement que Heidegger interrompt sa citation dans le but de mettre l'accent sur le fait que l'objet s'opposerait surtout ... à l'arbitraire. Sans doute Kant aurait-il pu admettre que «l'entendement, pris comme totalité, s'accorde d'avance ce qui s'oppose à l'arbitraire, *was wider das Geratewohl ist*» (KM, 73; *trad.*, p. 133). Mais le texte sur lequel l'interprète appuie cette conclusion ne la contient pas explicitement. Il n'autorise que très indirectement le commentaire: «Dans l'objectivation comme telle se manifeste quelque chose qui 's'oppose'» (KM, 72; *trad.*, p. 132).

[142] Cfr A 108–109.
[143] KM, 72; *trad.*, p. 132. La seconde édition allemande ne met plus le mot «Seins» en italiques.
[144] KM, 112; *trad.*, p. 179.
[145] KM, 114–115; *trad.*, pp. 179–180; cfr. ci-dessus pp. 54–55.

L'unité du *Je pense*, caractérisée par une opposition provenant immédiatement de l'être, est donc du même coup porteuse de néant.

Que devient dans ces conditions la structure du soi ou encore la subjectivité du sujet?

Le soi est, nous l'avons vu, l'orientation vers l'objet possible, c-à-d l'essence permanente des actes de concevoir pris dans leur totalité. Par et dans cette orientation devient manifeste – est «extériorisée» – la spontanéité originelle de la pensée, qui est le «moi» de ce soi permanent.

Nous pouvons déterminer davantage à présent ce que signifie ce moi extériorisé dans le projet de la transcendance: il est à la fois être et rien. Comme tel, il est la liberté du projet originel dans laquelle peut surgir l'étant à rencontrer. L'essence du *Je pense* – la subjectivité du sujet – devra donc se comprendre comme réceptivité à l'égard de soi-même au sein de la liberté et de la spontanéité. Cette spontanéité réceptive est ce qui rend possible le caractère proprement «représentatif» du *Je pense*: c'est parce qu'il se reçoit spontanément, parce qu'il «s'affecte» lui-même qu'il est relation à un objet et peut être «affecté» par un étant autre que lui. Et l'on ne peut plus alors s'étonner que l'essence de la raison comme faculté des jugements synthétiques *a priori* soit l'imagination transcendantale.

c. *Idées de la raison et schèmes: discussion*

Une fois parvenu à ce point, le lecteur doit se demander, nous semble-t-il, si Heidegger n'a pas irrémédiablement gauchi la visée d'ensemble de la *Critique de la raison pure*, qu'il paraissait précisément vouloir saisir en introduisant la considération de l'idée comme apport de règles.

Tentons d'expliciter brièvement notre pensée à ce propos.

La détermination la plus générale de l'idée dans la *Critique* se trouve sans doute dans l'Appendice à la Dialectique transcendantale. Kant y définit les concepts suprêmes de la raison spéculative comme des réalités analogues aux schèmes de la sensibilité. En appliquant les concepts de l'entendement à ces schèmes d'un nouveau genre, nous n'atteignons toutefois aucune connaissance d'objet; nous obtenons seulement la règle ou le principe de l'unité

systématique de tout usage de l'entendement.[146] Autrement dit:
les idées permettent à l'entendement de se donner des *maximes*
conformes aux intérêts *spéculatifs* de la raison.[147]

Dans ce contexte, l'idée apparaît encore comme la règle selon
laquelle nous nous imaginons une intelligence suprême qui exis-
terait objectivement, c-à-d comme la règle de cette représentation qu'est l'idéal transcendantal. L'idée est ainsi «un schème,
ordonné selon les conditions de la plus grande unité de la raison,
d'un concept d'une chose en général; ce schème sert uniquement
à maintenir la plus grande unité systématique dans l'usage empirique de notre raison: on déduit en quelque sorte l'objet de
l'expérience à partir de l'objet imaginé de cette idée comme à
partir de son fondement ou de sa cause».[148]

Nous savons par ailleurs que le concept d'une chose en général
est la représentation de l'objet transcendantal = X. L'idée de
l'intelligence suprême est donc ce qui nous fournit la maxime
d'un usage de la représentation *a priori* de l'objet transcendantal.

Puisque de plus l'objet transcendantal n'est autre en définitive que l'unité transcendantale du *Je pense*, il faudrait considérer l'idée de l'être suprême comme la règle selon laquelle nous
pouvons faire un usage empirique de la synthèse de l'aperception.

Que cette dernière soit, elle aussi, reconnue comme une idée, et
précisément comme l'idée de la liberté, se comprend: il faut un
schème totalisant qui permette de régler l'application des catégories de substance et de causalité à l'expérience interne. Ainsi
sont distingués les phénomènes situés dans l'espace et l'activité
de la pensée; ainsi également le *Je pense*, dont nous n'avons aucune expérience en lui-même, peut être considéré comme un sujet
en communauté avec d'autres «choses» dans le monde.[149]

Que conclure de ces notations sur les idées, qui puisse concerner
l'interprétation heideggerienne de la *Critique*?

Nous retiendrons tout d'abord que le lien établi par Kant entre l'objet transcendantal – le «quelque chose en général» ou la
«chose en général» – et l'unité synthétique du *Je pense* écarte radi-

---

[146] Cfr A 665, 670, 674, 679, 682; B 693, 698, 702, 707, 710. – M. DUFRESNE dans
son article «Heidegger et Kant», in *RMM*, 1949, (59) p. 95, attire l'attention sur ces
passages pour confirmer l'importance du schématisme.
[147] Cfr A 666, B 694.
[148] A 670, B 698.
[149] A 682–683, B 710–711.

calement le *chosisme*: ce n'est point l'étant non humain qui sert d'*analogatum princeps* à la conception critique de l'homme, c'est au contraire l'homme en son activité spécifique qui constitue l'élément à partir duquel et dans lequel nous pouvons nous faire un concept des choses.

Affirmer, comme le fait Kant, que «la chose en soi» – qui n'est pas l'objet transcendantal[150] – demeure pour nous le problème et la tâche (*die Aufgabe*) de savoir s'il n'existe pas des objets susceptibles d'une intuition autre que sensible,[151] c'est donc poser la question de l'être en tant qu'il est origine de l'être de l'homme et de l'être de l'étant. Mais en distinguant le transcendantal et l'en soi, Kant affirme aussi, il est vrai, que la question ne pourra jamais recevoir de réponse autre qu'humaine, alors qu'elle constitue avec sa réponse l'intérêt majeur de celui qui la pose.

Or c'est précisément dans les idées que nous saisissons, au plan spéculatif, cet intérêt majeur de notre raison. Ceci, Kant le découvre dès le début de la *Critique*. Il s'interroge en effet sur la valeur des réponses que constituent la théologie, la psychologie et la cosmologie édifiées, sans qu'il y ait culpabilité de la raison, à partir de trois représentations prétendues objectives.

Il est incontestable que ces «idées» ont une relation essentielle à l'imagination transcendantale: nous leur «imaginons» un corrélat objectif réel, Dieu, âme, monde et elles possèdent une image qui leur est effectivement corrélative, l'idéal transcendantal, par exemple, et l'homme idéal en nous.

Maintenant, dans cette unité première de l'idée et de l'image, quel sera l'élément déterminant et l'origine de leur synthèse?

Pour Heidegger, c'est l'image qui constitue ici le fondement du caractère projectif de l'idée.

Il nous semble au contraire que dans la pensée de Kant l'essence schématique de l'image résulte du schématisme constitutif de l'idée. S'il existe un mystérieux schématisme de l'entendement dont les schèmes nous sont donnés dans l'intuition sensible,[152] c'est parce que la raison pure est faculté des idées, c-à-d faculté

---

[150] A 253, B 309.
[151] A 228, B 344.
[152] A 665, B 693.

des schèmes régulateurs de l'activité spéculative de l'entendement dans sa totalité.

Le projet constitutif de la transcendance finie est donc fondamentalement *idée*: comme tel, il est orientation vers ce qui lui
est radicalement opposé, la chose en soi ou l'être. Et sa finitude
réside en ceci que l'idée accomplit cette orientation vers l'être
sous l'espèce d'un horizon, de soi non thématique, où peut surgir
tout étant et d'abord l'activité même de l'entendement.

L'idée, en tant qu'essence du projet pur ou privé d'intuition,
serait ainsi le *rien* fondamental, dont l'opposition à la pensée,
tout en extériorisant le moi, dévoilerait, mais en la cachant,
l'opposition spécifique de la chose en soi, c-à-d de l'être lui-
même. Le rien de l'idée serait alors la racine d'où surgirait cet
autre néant qu'est l'objet transcendantal. Et sur lui se grefferait
le *rien de la sensibilité* qui consiste dans les intuitions formelles de
l'espace et du temps.

Mais en déterminant comme idée la subjectivité du sujet kantien, ne renonce-t-on pas à surmonter le dualisme de l'intelligible
et du sensible? Non, à condition d'accepter qu'il s'est agi dans la
Critique de la raison pure du seul aspect théorique de notre
transcendance.

Kant d'ailleurs indique clairement qu'il n'a pas atteint avec
la Dialectique l'ultime fondement de la subjectivité. Après avoir
caractérisé l'entendement comme faculté des règles, il le soumet
aux directives des idées de la raison. Et ces schèmes de la raison
doivent fournir à l'entendement des *maximes*, des principes subjectifs d'action. C'est dire, pensons-nous, que l'essence de tout
schématisme réside dans une liberté qui ne se donne plus comme
règle d'unification de l'expérience interne seulement, mais qui
apparaît dans le monde sensible comme présence efficace et
mystérieuse à l'en soi.

En fondant le théorique sur le pratique, Kant ne substitue
pas un nouveau dualisme à celui de la sensibilité et de l'intelligible, il approche davantage l'unité première du besoin métaphysique qui s'exprime dans les idées de la raison pure spéculative. Il remonte à la source du projet constitutif de l'entendement
et de l'imagination en découvrant l'aspect «jeté» de ce projet.

Heidegger, pour sa part, propose une interprétation exactement contraire. Continuant sa recherche sur la subjectivité du

sujet, il montre que la raison pratique elle-même, loin d'être fondement du projet, trouve sa racine dans l'imagination transcendantale. Suivons-le maintenant dans cette démarche.

d. L'imagination pure, fondement de la raison pratique

Dès le début du paragraphe qu'il consacre à la raison pratique, l'interprète résume l'essentiel de sa pensée: «Kant déclare déjà dans la *Critique de la raison pure*: 'Nous appelons pratique tout ce qui est possible par liberté'. Donc la raison théorique, pour autant que sa possibilité dépende de la liberté, est en elle-même, comme théorique, pratique. Mais si la raison finie est réceptive en sa spontanéité même et, pour cela, dérive de l'imagination transcendantale, la raison pratique se fonde nécessairement sur cette dernière».[153]

Réduite à sa plus simple expression, cette argumentation d'apparence déductive deviendrait ceci: L'élément théorique saisi dans la raison est spontanéité réceptive. Or cet élément théorique, en tant qu'il est une pareille spontanéité, est déjà la raison pratique. Donc la raison pratique est spontanéité réceptive et dérive ainsi de l'imagination.

Nous retrouvons ainsi l'assimilation du pratique et du théorique que nous avions rencontrée dans le paragraphe 64 de *Sein und Zeit*. Mais le motif s'en dégage ici plus clairement: envisageant l'activité théorique dans l'horizon de la finitude, l'interprétation phénoménologique saisit du même coup l'essence de tout mode d'être du *Dasein*. Lorsque Heidegger écrit que «la raison finie est réceptive en sa spontanéité même», il ne s'agit donc pas d'une proposition universelle déguisée telle que «toute raison finie est réceptive etc.» Il faut plutôt comprendre l'énoncé comme l'expression d'une image-schème de toute activité rationnelle, c-à-d finie.

L'explication du soi pratique en son essence va nous faire mieux voir encore ce qu'est la saisie d'un mode d'être propre à l'homme dans la perspective de la finitude.

Le Je de l'aperception pure était apparu comme conscience de soi et très exactement comme une conscience à laquelle appartient un soi dont l'être est de se manifester lui-même dans l'orientation

<hr>
[153] KM, 143; *trad.*, p. 213.

vers un horizon d'objectivité. Le moi ainsi extériorisé de ce soi avait dévoilé qu'il s'enracine dans l'imagination transcendantale.

Le soi moral devra également dévoilé sa structure essentielle; et il nous faut chercher dans quelle mesure celle-ci renvoie à l'imagination transcendantale comme à son origine.[154]

Selon Heidegger, Kant désigne par le mot *Personne* «le moi éthique, le soi, l'essence propre de l'homme». Et l'interprète croit pouvoir utiliser un texte de *La religion dans les limites de la simple raison* pour définir ce qu'il appelle «l'essence de la personnalité de la personne»[155]:

«La personnalité même est ... l'idée de la loi morale avec le respect qui en est inséparable».[156]

Le respect étant réceptivité à l'égard de la loi en tant que morale, il constitue l'essence de la personne et il doit se manifester comme un mode de la conscience de soi.

Bien sûr, il semble impossible de réduire l'essence du soi à ce qui est un simple sentiment. Mais précisément tout sentiment est «sentiment *à l'égard de* ... et, comme tel, pour celui qui l'éprouve, une manière de *se* sentir, un sentiment de soi. La modalité selon laquelle ce sentiment manifeste, c-à-d laisse être, le soi, se trouve toujours et essentiellement codéterminée par la nature de l'objet pour lequel le sujet, tandis qu'il se sent, éprouve ce sentiment».[157]

Interprétant les indications que fournit la *Critique de la raison pratique*, on pourra dire: le sentiment pur du respect pour la loi morale ne suit pas l'action une fois accomplie, il est plutôt la possibilité même de l'action. S'il ne peut fonder la loi, il nous ouvre à elle, il est un mode déterminé de révélation de la loi par elle-même.

Puisque le sujet moral est autonome, en dévoilant la loi comme fondement de la détermination de l'agir, «le respect ... est en soi un dévoilement de moi-même comme soi agissant».[158] Et comme ce dévoilement s'opère en ceci que le respect est sou-

---

[154] Cfr KM, 143; *trad.*, p. 213.

[155] KM, 143; *trad.*, p. 214.

[156] *Rel.*, Cass. VI, 166. – Cette citation télescope deux fragments d'une même phrase dont voici la teneur: «L'idée de la loi morale à elle seule, avec le respect qui en est inséparable, ne peut pas s'appeler sans inconvénients une *disposition à la personnalité*; elle est la personnalité même (l'idée de l'humanité considérée tout à fait intellectuellement)».

[157] KM, 144; *trad.*, p. 214.

[158] KM, 145; *trad.*, p. 215.

mission à la loi, c'est moi-même en tant que soumis à moi-même que ce sentiment pur me révèle.

Me soumettant à moi-même comme raison pure, je m'élève à ma propre liberté et découvre la dignité de mon moi. Le respect en même temps m'interdit de me mépriser. Donc «le respect consiste à être responsable de soi, est l'être-soi véritable».[159]

Comme le respect est d'une part réceptivité pure, en tant qu'«abandon immédiat à . . .»[160] et d'autre part spontanéité pure dans la libre autonomie qui pose la loi, l'unité originelle de sa structure fait apparaître en elle-même, et cela «sans autres démarches», la nature même de l'imagination transcendantale.[161] «Et à son tour cette origine de la raison pratique, située ainsi dans l'imagination transcendantale, permet seule de comprendre pourquoi, dans le respect, on ne saisit objectivement ni la loi ni le soi agissant, pourquoi ils s'y révèlent sous un aspect plus originel, non objectif et non thématique, comme devoir et agir, comment enfin ils forment l'être-soi non réfléchi et agissant».[162]

Cette conception du respect appelle dès l'abord deux remarques.

La première concerne l'objet auquel le respect s'adresse; la seconde regarde l'enracinement de ce sentiment pur dans l'imagination transcendantale.

Explicitons la première.

Heidegger ne peut assurément pas se dispenser de citer la phrase célèbre: «Le respect est toujours relatif aux personnes, jamais aux choses».[163] Mais son analyse laisse dans l'ombre la conséquence nécessaire de cette orientation originaire vers la personne, c-à-d l'appartenance essentielle du *Mit-sein* au *Selbst-sein*.[164] En restreignant la «phénoménologie» du respect à une manifestation du soi, l'interprète ne fait certainement pas droit au contenu authentique du kantisme.

Sans doute, un autre mot de Kant vient-il immédiatement à la mémoire, qui semble justifier l'optique restreinte de Heidegger:

---

[159] KM, 145; *trad.*, p. 216.
[160] KM, 146; *trad.*, p. 216.
[161] *Loc. cit.*
[162] KM, 146; *trad.*, p. 217.
[163] KPV, Cass. V, 84; *trad.*, p. 80.
[164] Cfr Paul RICOEUR, *Philosophie de la volonté*. I: *Le volontaire et l'involontaire*, Paris, Aubier, 1948, p. 126.

le respect, est-il dit ailleurs, s'adresse en fait à la loi elle-même, dont la personne nous fournit un exemple.[165] Mais l'essence de la loi est précisément de me relier à l'idée d'un royaume des fins et les fins qui me sont originairement données dans l'expérience ne sont autres que les personnes.

Une note marginale de la Préface à la première édition de la *Critique de la raison pure* indique plus complètement comment Kant comprend la nature du respect. Ayant remarqué que son époque est celle «de la critique à laquelle il faut que tout se soumette», il ajoute: «La *religion*, alléguant sa *sainteté*, et la *législation*, sa *majesté* propre, veulent d'ordinaire échapper à cette critique; mais alors elles excitent contre elles de justes soupçons et ne peuvent prétendre à ce respect non déguisé que la raison accorde seulement à ce qui a pu soutenir son libre et public examen».[166]

Ce texte est particulièrement important, car il souligne l'origine dialoguante et par là morale de la démarche philosophique, au moment même où elle se fait strictement spéculative. Le respect est présent dès le début de l'acte critique; il le maintient dans ce domaine où des personnes sont précisément telles parce qu'elles se soumettent l'une par l'autre, non seulement à la raison pure, mais à tout ce que celle-ci pourrait présupposer. S'adressant à autrui dans la recherche de la libre vérité, le respect nous sensibilise à la loi suprême qui fait à la raison pure un devoir de se critiquer elle-même.

Si de la sorte notre seul sentiment pur nous manifeste bien la finitude du soi, il nous découvre également que ce soi exerce sa finitude en reconnaissant la possibilité au moins d'un fondement absolu, qui n'est pas la raison pure elle-même, mais dont l'existence à jamais mystérieuse est supposée par le devoir qu'impose aux personnes leur participation à la raison pure finie comme telle.

Sans doute, le respect n'aurait pas de sens si la raison n'était essentiellement relative à une sensibilité. Mais il implique tout aussi essentiellement que, dans l'unité originaire de cette relation, le fondement de la détermination appartient à la raison. L'homme, qui est unité des sens et de la raison, peut prendre le respect

---

[165] GMS, Cass. IV, 258, note; *trad.*, p. 102, note.
[166] A XI, note.

comme *motif* et ressort de son acte moral.[167] Mais il ne fait ains
que reconnaître la structure hiérarchisée de son unité.

Cette reconnaissance s'adresse en même temps à la liberté d'autrui, soumise elle aussi à la loi. Le respect rend donc sensible ce
qui, dans le soi, est tout ensemble le plus certain et le plus imprévisible: une spontanéité dont la nature est de se soumettre à une
loi qu'elle se donne à elle-même, cette loi étant universellement
valable sans toutefois que l'on puisse l'imposer à aucun des autres
sujets qui lui doivent obéissance d'avance et assurément.

Si, comme le dit Heidegger, on saisit dans le respect la loi et le
soi agissant sous un aspect non objectif et non thématique, comme devoir et agir, en tant qu'ils forment l'être-soi non réfléchi
et agissant,[168] le *non* portant sur la réflexion entendue comme
possession de soi est tout d'abord silence du soi devant sa propre
gratuité révélée dans la présence d'autrui agissant. Dans le respect, l'humain me devient sensible, non pas comme tel, mais en
tant qu'il existe en moi et dans les autres, en tant qu'il nous a
déjà engagés à réaliser des fins que nous sommes et qui nous dépassent pourtant de façon absolue.[169]

En d'autres termes, le respect me rend sensible notre appartenance à ce monde où un en soi se donne dans le devoir-être et où
cependant notre connaissance théorique atteint uniquement les
phénomènes, étant par là même une condition de notre soumission libre à la finalité morale.

De la sorte, le respect à l'égard de la loi en moi et dans autrui
est inséparable du sentiment de notre faillibilité. Il s'étend de
ma finitude à celle de l'autre. Mais dans notre finitude il s'adresse
à ce qui pourrait ne point avoir son origine dans le fini, à ce dont
il n'existe aucune manifestation sensible en dehors du respect
lui-même.

Ce n'est point pourtant à l'infini dans l'homme que s'accorde
le sentiment pur; c'est à la liberté, qui rend l'homme capable de
poser de manière sensée et nécessaire la question de l'infini.

Nous sommes conduits ainsi à nous demander si l'on peut encore prétendre que le respect, structuré comme nous venons de
le dire, s'enracine dans l'imagination.

---

[167] Cfr KPV, Cass. V, 94; *trad.*, p. 90.
[168] KM, 146; *trad.*, pp. 216–217.
[169] Cfr KPV, Cass. V, 95–96; *trad.*, pp. 91–92.

Ricoeur, pour sa part, met simplement en parallèle l'imagination et le respect.[170] Nous estimons, qu'il vaudrait mieux rapprocher le respect d'un schème, du moins dans le cadre d'une certaine orthodoxie kantienne. De même que le schème est un produit de l'imagination transcendantale sous le dynamisme judicatif de l'entendement, ainsi le respect serait-il un produit de la faculté du plaisir et du déplaisir sous le dynamisme judicatif de la raison pratique.

Kant y insiste : le respect à l'égard de la loi comporte pour nous un déplaisir dans la mesure où il humilie nos penchants et tout spécialement lorsqu'il s'adresse à la loi devenue réalité dans la personne d'autrui. Mais en même temps le respect est ce plaisir conscient d'agir selon l'humanité en nous.[171] Aussi Kant estime-t-il que le respect est la seule réalité que puisse désigner l'expression assez vague de «sentiment moral».[172] Plus fermement encore, il affirmera que le respect est la moralité même, considérée subjectivement comme mobile de l'agir.[173]

D'une manière analogue, le schème transcendantal était compris comme l'unité de la relation que soutient un sujet rationnel et sensible avec l'expérience. Et Kant l'identifiait ainsi au phénomène.

Pour pur qu'il soit, ce schème transcendantal demeure une détermination du temps. Au contraire, le respect n'est pas un sentiment fondé sur le sens interne, car il n'a rien de «pathologique» : lui-même ne subit rien, il accompagne plutôt la loi dont la spontanéité humilie nos penchants.[174]

En tant qu'il est sentiment pur accompagnant la loi, le respect est ce qui, dans notre relation à autrui, va d'emblée à l'humanité en lui, par-delà tout apparaître. C'est ainsi que l'homme cultivé gardera pour Voltaire un certain respect, même après avoir découvert les aspects les moins nobles de ce caractère. Par-delà les engouements de la mode ou l'admiration du commun, le lettré est capable d'estimer à sa juste valeur le développement à ce degré d'un talent littéraire.[175]

---

[170] *Philosophie de la volonté*, I : *Le volontaire et l'involontaire*, p. 125 ss.
[171] Cfr KPV, Cass. V, 85 à 88 ; *trad.*, pp. 81 à 84.
[172] KPV, Cass. V, 88 ; *trad.*, p. 84.
[173] KPV, Cass. V, 84 ; *trad.*, p. 80.
[174] KPV, Cass. V, 83–84 et 88–89 ; *trad.*, pp. 79–80 et 84–85.
[175] KPV, Cass. V, 85–86 ; *trad.*, pp. 81–82.

Mais ce que découvre le respect en Voltaire, c'est précisément ce que nulle imagination ne peut atteindre.

Tous mes autres sentiments à l'égard d'autrui et toutes les passions qui me lient ou m'opposent à lui sont pénétrés d'imaginaire: c'est l'imagination avec son schématisme qui invente en nombre infini les noms que l'amour ou la colère peuvent adresser à celui que peu à peu je tente d'investir. Schématisé par l'imagination, le sentiment déploie l'abondance des mots, pour susciter ce phénomène et cette image d'autrui auxquels il s'adresse.

Le respect au contraire échappe à cette structuration quasi poétique. Il empêche à jamais l'homme d'être «un sorcier pour l'homme».

Son projet lui aussi anticipe en quelque manière la personnalité à laquelle il s'adresse. Mais bien qu'il s'accomplisse dans le temps, bien qu'il prenne en considération la totalité temporelle des actions de la personne, ce projet vise directement ce qui permet à l'homme d'affirmer, dans la conscience de sa liberté, qu'il aurait pu ne pas poser jadis ou naguère tel acte dont le regret subsiste encore en lui.[176]

En d'autres termes, le respect s'adresse à ce qui fait, dans l'autre et en moi-même, que les événements de nos vies deviennent véritablement notre histoire personnelle. «Car la vie des sens a par rapport à la conscience intelligible de son existence (de la liberté) l'unité absolue d'un seul phénomène qui, en tant qu'il contient simplement des apparaîtres de l'intention (*Gesinnung*) qui concerne la loi morale (du caractère), ne doit pas être jugé d'après la nécessité naturelle qui lui appartient comme apparaître, mais d'après la spontanéité de la liberté».[177]

Le respect nous sensibilise à cette liberté, dont l'idée, ajoute Kant, tient lieu dans l'être fini de la «vue» (*Blicke*) intuitive qui seule permettrait de saisir en nous l'unité effective du phénoménal et de la spontanéité nouménale. «A défaut de cette intuition, la loi morale nous rend certaine cette différence entre la relation que nos actions, comme apparaîtres, soutiennent avec l'être sensible de notre sujet et la relation par laquelle cet être sensible est lui-même rapporté au substrat intelligible qui est en nous».[178]

---

[176] Cfr KPV, Cass. V, 107–108; *trad.*, pp. 104–105.
[177] KPV, Cass. V, 108; cfr. *trad.*, p. 105.
[178] KPV, Cass. V, 109; cfr. *trad.*, pp. 105–106.

Le respect est donc cette conscience sensible de l'idée d'une loi morale accompagnant toute action accomplie par devoir; comme tel il nous rend sensible la *différence* qui constitue proprement l'humain. Et cette différence demeure radicalement inimaginable parce qu'elle implique un mode d'action étranger par nature à la successivité du temps mais qui permet de rendre sensée la série des «maintenant» pour en constituer le phénomène d'une histoire morale.

Nous avions proposé, comme fil conducteur d'une analyse du respect, l'hypothèse que ce «sentiment pur» pourrait se calquer sur la structure d'un schème de l'imagination. En précisant comment il dépend de l'idée d'une loi morale, inséparable elle-même de l'idée de liberté, nous ne pouvons oublier que l'idée elle aussi est considérée par Kant comme un schème, dont aucune représentation ne saurait se rencontrer dans l'expérience. Et nous tiendrions alors dans le respect le schème d'un schème, la règle de construction de l'image d'une régle de construction d'image mais qui ne peut pas avoir d'image!

La difficulté que recouvre cette dernière formule n'est pas insurmontable, encore qu'elle marque une borne infranchissable de l'analyse théorique: en examinant la double nature du respect, qui est à la fois sentiment de l'humiliation des penchants et joie de réaliser la finalité morale, nous avons découvert le point où une idée théorique est embrayée dans l'action concrète, le point où le théorique se manifeste tout entier au service du pratique. Le respect n'est rien d'autre en effet que l'unité affectivement vécue d'un homme – corps et âme – qui agit en se sachant libre et en communion avec tous les hommes.

Le redoublement du concept de schème dans la définition du respect montre simplement que le véritable soi n'est pas pour Kant celui de la conscience théorique, celui de l'entendement ou de l'imagination transcendantale. Cette réflexion spéculative ne peut dire elle-même qui elle est avant de s'être abandonnée en quelque sorte à l'agir dans l'obéissance à la loi.

Mais dès lors la structure proposée par Heidegger se renverse: ce n'est point l'imagination transcendantale qui est à la racine de la raison pratique, c'est la raison pratique et par conséquent sensible qui est à l'origine du théorique et de l'imaginaire.

La reprise personnelle des passages auxquels nous renvoie

Heidegger lui-même nous a conduits maintes fois déjà à récuser la lecture qu'il nous propose. Pour mesurer exactement la distance qui nous sépare, il faut pourtant, au risque de paraître nous répéter, discuter encore deux points de son interprétation: l'assimilation du temps originaire et du Je transcendantal d'abord, puis l'idée de la philosophie qui découle de cette manière de comprendre la subjectivité du sujet. Le second point toutefois sera explicité dans le huitième chapitre seulement et dans nos conclusions.

8. LE RECUL DE KANT DEVANT LA TEMPORALITÉ ORIGINELLE

a. L'imagination pure et le temps

Non content d'avoir montré comment l'imagination transcendantale était à la racine des autres facultés du *Gemüt*, Heidegger approfondit sa méditation en faisant voir le caractère intrinsèquement temporel de cette imagination et conséquemment la temporalité intrinsèque du soi.

Le temps, avions-nous dit, est enraciné dans l'imagination par cela qu'il est une intuition sensible pure, c-à-d une réceptivité spontanée de ce qui s'offre sans jamais être thématisé.

Or dans le flux du temps s'offre constamment un *maintenant*, ou plus exactement la série des maintenant comme telle. Ceci toutefois n'est possible qu'à une condition: il faut que chaque maintenant soit saisi dans la continuité qui le relie à un instant à peine passé et à un autre tout de suite à venir.[179] C'est ainsi que l'intuition du temps est liberté: elle n'est pas liée à une présence donnée, fût-ce à celle d'un moment présent.

Mais un texte des *Vorlesungen über die Metaphysik* éditées par Pölitz permet un pas de plus: c'est non seulement le caractère d'intuition sensible qui unit le temps et l'imagination transcendantale, c'est aussi le caractère formateur et quasi créateur. Kant rapporte en effet l'imagination au *présent* en tant qu'elle est *facultas formandi*, au *passé* en tant qu'elle est *facultas imaginandi* et à l'*avenir* en tant qu'elle est *facultas praevidendi*.[180]

---

[179] Cfr KM, 158: «... sein Soeben und Sogleich»; cfr. *trad.*, p. 229.
[180] Cfr KM, 159; *trad.*, p. 230. L'auteur cite Pölitz, *Vorlesungen über die Metaphysik*, pp. 88 et 83.

Bien sûr, ces notations concernent directement l'imagination empirique. Cependant, après avoir entendu Heidegger nous expliquer le sens originel des mots *Bild* et *bilden*,[181] nous ne nous étonnons pas de le voir accorder grande importance à pareil passage. Effectivement du reste, si l'acte imageant comme tel implique saisie du présent, il devient nécessaire d'admettre que l'imagination est bien l'origine de la succession des *maintenant* et qu'elle constitue donc le temps originel.[182] Car, d'un côté, tout *maintenant* se prolonge en un passé et en un avenir immédiats, tandis que dans ce qu'elle forme, c-à-d ici dans la texture même du temps, l'imagination se reçoit elle-même.

Des pages capitales de la première édition de la *Critique de la raison pure* viennent d'ailleurs confirmer et approfondir, nous dit l'enterprète, ce que laissait entrevoir la remarque des *Vorlesungen*. Il s'agit de la section qui prépare l'exposé, selon deux voies diverses, de la déduction transcendantale, section intitulée: «Des principes *a priori* de la possibilité de l'expérience».[183]

Kant entend dévoiler ici la structure de l'imagination transcendantale comprise comme faculté de la synthèse pure. Et il distingue trois aspects de cette synthèse: selon qu'elle est reliée à l'intuition, elle est appréhensive; selon qu'elle comporte une *Einbildung*, une représentation de ce qui peut n'être pas présent, elle est reproductive; selon qu'elle implique un concept de son objet, elle est reconnaissance ou récognition.

Encore une fois, Kant analyse d'abord le fonctionnement de notre imagination empirique pour éclairer et saisir les fonctions de l'imagination transcendantale. Cependant il ne laisse aucune doute sur la portée de sa réflexion: il entend bien découvrir ce qui constitue le fondement transcendantal de la possibilité de toute connaissance, non seulement empirique mais aussi pure *a priori*,[184] c-à-d le rôle transcendantal de l'imagination.

Ce rôle synthétique est exprimé en référence à ce que la psychologie traditionnelle appellerait des facultés de connaissance, l'une d'intuition, la seconde d'imagination, la troisième de concevoir. Mais Heidegger souligne, plus encore que ne le fait Kant,

---

[181] Cfr ci-dessus pp. 136–137 ss.
[182] Cfr KM, 159; *trad.*, p. 230.
[183] A 95 ss. – Cfr KM, 160 ss.; *trad.* pp. 231 ss.
[184] Cfr A 103.

l'imbrication de ces trois moments dans l'unité d'un seul acte. Il montre que l'appréhension est, en tant que synthèse, inséparablement liée à une reproduction, l'une et l'autre, dans leur unité, étant impossibles sans la récognition.

Or l'appréhension n'est rien d'autre que la perception qui unifie dans le *présent* le divers de toute intuition sensible, y compris le divers des intuitions pures de l'espace et du temps.

La synthèse, en tant qu'elle forme ce présent, est liée à la reproduction, à la *Nachbildung*,[185] du *passé* immédiatement antérieur à ce maintenant. Et leur unité suppose à son origine une vue qui d'avance reconnaisse l'identité de ce qui est formé et de ce qui est reproduit, c-à-d une vue qui soit déjà l'*avenir* dans la synthèse même.

Ainsi la connaissance ontologique apparaît d'une part comme l'acte de l'imagination transcendantale et cet acte se révèle d'autre part structuré selon les trois extases du temps. La première édition de la *Critique de la raison pure* fait donc bien du temps l'origine et le fondement de toute synthèse pure, de toute connaissance ontologique; et ce temps originaire est l'horizon que se donne l'imagination formatrice en se formant elle-même comme spontanéité réceptrice.

C'est du moins la conclusion qu'impose l'interprétation de Heidegger.

Elle se heurte, l'auteur le dit lui-même, à une difficulté majeure. En effet, s'il ressort bien d'une simple lecture des textes que l'appréhension et la reproduction sont conçues en relation au présent et au passé, il faut pas mal de sagacité pour assimiler «la synthèse de la récognition dans le concept» à un avenir.[186] En s'engageant dans cette dernière voie, on s'oblige du même coup à montrer que le penser comme tel est intrinsèquement temporel. Ce qui implique en particulier la temporalité essentielle non seulement de l'aperception pure, mais encore du premier principe de tout jugement analytique, le principe de non-contradiction, et du principe suprême de la possibilité de l'expérience.

---

[185] KM, 166; *trad.*, p. 237.
[186] Cfr KM, 167: *trad.*, pp. 238–239.

b. Le Je pense, ses principes et le temps

Que le *Denken* pur manifeste «l'essence la plus originelle du temps, à savoir qu'il se temporalise premièrement par l'avenir».[187] on peut le comprendre comme suit : le concept est représentation d'unité valant pour plusieurs en son identité; mais cette unification propose comme identique ce que l'appréhension et la reproduction pourront recevoir comme étant; ou plus exactement la pro-spection du concept fournit la possibilité de toute identification, elle est la formation originelle de ce qui permet tout projet, c-à-d l'avenir.[188]

Que l'aperception pure soit elle-même temporelle, Heidegger va le montrer par un détour, en établissant que le temps possède comme tel un caractère d'ipséité ou qu'il est proprement l'affection pure du soi. Cette preuve «peut d'autant moins échouer que, nul ne le conteste, le temps n'est 'rien en dehors du sujet',[189] ce qui signifie donc que, dans le sujet, il est tout».[190]

Spécifions d'abord de quel temps il s'agit à ce point de l'analyse. Bien sûr, de ce temps originel qui est l'imagination transcendantale et l'essence de la transcendance, c-à-d de la connaissance ontologique et de la finitude. Mais précisément le cours de la méditation partie de l'Esthétique transcendantale a dépassé, dans le phénomène du schématisme, non seulement le concept vulgaire du temps comme qualité des objets créés, mais encore le concept d'une temporalité limitée à l'expérience interne. Aussi Heidegger reconnaît-il le bon droit des affirmations nombreuses où Kant soustrait à ce temps intérieur, à cette forme temporelle de l'expérience psychologique, la raison pure et le moi de l'aperception pure.[191]

Ailleurs cependant Kant parle d'un temps qui «doit toujours affecter le concept des représentations des objets».[192] Et ceci ne concernerait plus seulement l'horizon à l'intérieur duquel les affections des sens peuvent nous atteindre et nous solliciter. Il s'agit maintenant, selon Heidegger, d'un temps qui nous affecte

---

[187] KM, 169–170; *trad.*, p. 242.
[188] Cfr KM, 169; *trad.*, p. 241.
[189] A 35, B 51.
[190] KM, 170; *trad.*, p. 242.
[191] Cfr KM, 176; *trad.*, p. 249.
[192] A 77, B 102.

lui-même, et cela dans la mesure même où il est lié à l'universalité d'une représentation d'objets.[193]

En d'autres termes, le temps est à proprement parler un processus d'objectivation ou la transcendance du soi: il forme cette relation qui consiste tout entière en «partir de soi pour se diriger vers», de telle sorte que, se formant ainsi, le terme vers lequel on se dirige rejaillit en retour jusque dans la visée ou le départ lui-même. La structure du temps est donc celle d'une intuition réceptive ou d'une spontanéité objectivante qui s'affecte de l'intérieur.[194]

La pureté du temps le situe ainsi à la racine de toute ipséité et du *Je pense*, puisqu'il n'y a de soi que dans une pensée au service de l'intuition, dans une pensée où se suscite une opposition, un *Dawider*, qui révèle l'essence du soi.[195]

Le temps n'est donc pas dans le *Gemüt* à côté du *Je pense*. Bien au contraire, il est déjà dans l'aperception pure: il s'y trouve comme fondement de la possibilité de l'ipséité et il fait précisément du *Gemüt* ce qu'il est.[196]

Kant l'avait clairement aperçu. Aussi est-ce très conséquemment qu'il attribue au *Je pense* et au temps pur les mêmes prédicats. D'une part en effet, «le Je fixe et permanent (de l'aperception pure) constitue le corrélat de toutes nos représentations . . .».[197] Et d'autre part, «le temps ne s'écoule pas . . .», ce temps «qui est lui-même immuable et permanent»,[198] ce temps qui «. . . persiste et ne change pas».[999]

Personne ne contestera à Heidegger que les prédicats en question n'ont pas une signification ontique. De part et d'autre il faut les entendre au sens transcendantal.

Dès lors l'interprète se croit autorisé à conclure: la fixité et la permanence du moi «signifient que le moi ne peut former un horizon d'identité que pour autant que, comme moi, il se pro-pose d'emblée la permanence et l'immutabilité en général»; ces deux prédicats désignent «l'apport d'une *vue* pure du présent en

---

[193] Cfr KM, 171; *trad.*, pp. 243–244.
[194] Cfr KM, 171–172; *trad.*, pp. 244.
[195] KM, 172; *trad.*, p. 244.
[196] KM, 173; *trad.*, p. 246.
[197] A 123.
[198] A 144, B 183.
[199] A 182, B 225. Cfr KM, 174; *trad.*, p. 248.

général», c-à-d «l'essence du temps comme intuition pure».[200]

L'usage de ces qualifications reviendrait à dire «que le moi, en formant originellement le temps, c-à-d comme temps originel, forme la nature de l'ob-jectivation et son horizon».[201]

Dans ces conditions, il devient possible de comprendre pourquoi Kant voulait supprimer toute référence temporelle dans l'énoncé du principe de non-contradiction, le principe suprême de tous les jugements analytiques, qu'il énonçait comme suit: «A nulle chose ne convient un prédicat qui lui soit contradictoire».[202] En réalité, Kant n'a refusé ici que la référence à une temporalité psychologique. Mais le principe pourrait très bien s'énoncer: «Deux prédicats contradictoires ne peuvent convenir *en même temps* au même sujet», pourvu que l'on entende par temporalité le caractère de «récognition» préalable ou de préformation qui appartient à toute indentification.[203] Dès lors le principe d'identité exprimerait à la fois l'essence la plus intime du soi et du temps originel. Et en conséquence Kant *devait* bannir de son énoncé la référence à une temporalité psychologique, celle de l'expérience intérieure, qui dérive simplement du temps originel ou du *Je pense*.[204]

Nous tenons ainsi la réponse à la question concernant la subjectivité du sujet. *Sein und Zeit* avait reproché à Kant de ne pas même l'avoir aperçue. L'interprétation phénoménologique de la *Critique de la raison pure* prétend avoir montré, en disant, il est vrai, ce que Kant lui-même ne pouvait plus dire,[205] que la question et la réponse ont été aperçues dans la première édition de l'ouvrage. Il y apparaît, selon Heidegger, que: «La sensibilité pure (le temps) et la raison pure ne sont pas seulement homogènes, elles appartiennent ensemble à l'unité d'une même essence, celle qui rend possible la finitude de la subjectivité humaine totale».[206]

Et nous devrions maintenant comprendre sans peine pourquoi le principe suprême de tous les jugements synthétiques – le principe de l'acte propre à la subjectivité finie – implique nécessairement une relation à la temporalité, que Kant a remarquée mais

---

[200] KM, 175; *trad.*, p. 248.
[201] *Loc. cit.*
[202] A 151. – Cfr KM, 176, note 271; *trad.*, p. 249, note 1.
[203] KM, 177; *trad.*, p. 249.
[204] KM, 177; *trad.*, p. 250.
[205] KM, 182; *trad.*, p. 255.
[206] *Loc. cit.*

sans en reconnaître l'importance fondamentale. Voici l'énoncé de ce principe dont *Die Frage nach dem Ding* dira que le comprendre c'est comprendre toute la *Critique* [207] : «Les conditions de la *possibilité de l'expérience* en général sont en même temps les conditions de la *possibilité des objets* de l'*expérience*».[208] Et Heidegger juge qu'il serait plus exact de souligner les mots *en même temps* au lieu des autres qu'a soulignés Kant.

Le principe énonce en effet l'articulation de la transcendance comme *Ek-stasis*, comme acte de s'exposer à un étant en formant l'horizon possible de toute rencontre d'objet.[209] Car «l'expérience possible» est simplement l'activité synthétique en tant que véritative ou encore en tant qu'elle est la relation à «quelque chose de tout autre» [210] qui est intrinsèque au rapport entre le sujet et le prédicat.[211] En d'autres termes, «l'expérience possible» est l'acte d'intuition réceptif qui doit se laisser donner l'étant.[212] Le «en même temps» contenu dans l'énoncé du principe suprême de l'expérience exprime donc «la connaissance phénoménologique originelle de la structure intime et unifiée de la transcendance».[213]

A ce point, la réduction de tous les dualismes que laissaient subsister l'interrogation et les théories kantiennes est parvenue à un maximum. La *Critique* cherchait à dévoiler le fondement et les limites du besoin ou de l'intérêt qui rend l'homme nécessairement métaphysicien. Ce fondement se situe, selon Kant, dans l'essence pratique du besoin lui-même tel qu'il est donné dans l'expérience morale. Les limites, pour leur part, sont dévoilées par l'analyse transcendantale du *Gemüt* : dans l'expérience, les diverses activités de l'être raisonnable et fini découvrent à la fois leurs possibilités et leurs frontières. L'interprétation de Heidegger identifie les limites et le fondement de l'intérêt de l'homme pour la métaphysique : s'il est possible de poser la question de l'être et si la question ne peut pas se poser sinon à

---

[207] FD, 143.
[208] A 158, B 197; cfr KM, 111; *trad.*, p. 176.
[209] KM, *loc. cit.*
[210] A 154, B 193.
[211] KM, 108, *trad.*, pp. 172–173.
[212] KM, 110; *trad.*, p. 175.
[213] KM, 111–112; *trad.*, p. 176. – A la fin de ce paragraphe (*loc. cit.*). Heidegger renvoie à *Vom Wesen des Grundes*, où est affirmée la possibilité de comprendre le principe suprême des jugements synthétiques comme principe *de raison suffisante*. C'est principalement au principe suprême et à son lien avec le rationalisme leibnizien que seront consacrés les commentaires de Heidegger après le premier *Kantbuch*.

propos de l'étant, c'est que l'humain est constitué par l'imagination transcendantale, c-à-d par le temps originel.

En bref, s'il existe une question concernant l'être et, partant,
un problème de la métaphysique, c'est parce qu'*il y a* la temporalité de l'imagination transcendantale, c-à-d le *Dasein*.

c. *Signification du recul Kantien*

Kant, répète Heidegger, a reculé devant cette conclusion
nécessaire de ce qu'avait découvert la première rédaction de la
Critique.[214] Dans l'édition de 1786, le primat de l'imagination
sera voilé, voire supprimé au profit de l'entendement devenu
seule faculté de synthèse pure.[215]

Dans la perspective de *Sein und Zeit*, cette incapacité d'assumer concrètement la temporalité s'expliquerait par une structure, elle-même temporelle, mais inauthentique, «la déchéance,
liée à la facticité et à la déréliction».[216]

Le *Kantbuch* ne reprend pas aussi explicitement cette thèse
d'une «fuite devant la révélation originelle de la vérité fondamentale dans l'angoisse»,[217] encore que l'on doive la prendre en
considération pour comprendre la dernière section du commentaire.[218]

De manière plus immédiate pourtant, le recul de Kant est attribué ici à des motifs d'ordre historique qui viennent empêcher
le philosophe de laisser sombrer la métaphysique dans l'abîme,
mais l'abîme salutaire, de son essence problématique. «Luttant
contre l'empirisme de la philosophie morale régnante qui essaie
de dissimuler sa platitude, Kant fait prendre une importance
croissante à la distinction décisive qu'il institue entre l'*a priori*
pur et toute donnée empirique. Et puisque l'essence de la subjectivité du sujet réside dans sa personnalité, laquelle est identique à la raison morale, la rationalité de la connaissance pure et
de l'agir devait se trouver affermie».[219] Aussi la découverte de
l'universalité propre à la connaissance ontologico-métaphysique,

---

[214] KM, 146 ss.; *trad.*, pp. 217 ss.
[215] KM, 147 et 148; *trad.*, pp. 217 et 218.
[216] SZ, 225. – Cfr l'importante note de MM. Boehm et De Waelhens sur ce texte
L'être et le temps, p. 309.
[217] Boehm et De Waelhens, *loc. cit.*
[218] KM, 221, note 293; *trad.*, p. 290, note 1.
[219] KM, 153.

c-à-d l'universalité formée par l'imagination transcendantale, qui a permis la position correcte du problème moral, se trouve-t-elle interprétée dans la seconde édition de la *Critique* en fonction de la pensée et de l'entendement.[220]

Cette seconde édition insiste, il est vrai, sur le caractère strictement humain du problème et de la connaissance métaphysiques.[221] Mais cette insistance manque toutefois la finitude originelle: elle n'atteint la raison pure humaine que par comparaison avec une raison pure en général et elle restitue ainsi la primauté du logique sur l'ontologique.[222]

Le fait que cette même édition accorde une fonction à l'espace pur dans l'activité schématique ne constitue pas non plus un argument sérieux contre le caractère fondamental de la temporalité originaire: celle-ci en effet est encore à la source de la spatialisation inhérente à la connaissance ontologique dans sa finitude.[223]

En fin de compte, «il faut donc trouver dans l'imagination transcendantale elle-même le motif pour lequel Kant s'en est détourné et l'a niée comme faculté fondamentale et transcendantale autonome».[224] Ce motif, c'est que l'autonomie de l'imagination est liée à l'abandon définitif du rationalisme logique, à la chute dans l'*Abgrund* de la temporalité et de la finitude. Et ceci rejoint la conclusion générale de *Sein und Zeit* concernant l'erreur dans l'histoire de la philosophie.

9. KANT, LE TEMPS ET LA PHILOSOPHIE

Au terme de cette seconde partie son titre «Kant et le temps» se trouve à la fois justifié et insuffisant.

Justifié, puisque les textes de Heidegger relus jusqu'ici nous ont acheminés, par une destruction du logicisme, du rationalisme, du subjectivisme vers ce point où la solidité systématique de la Critique doit nous apparaître comme un recul effrayé devant l'angoisse de la temporalité, seule capable pourtant de nous introduire danse rien de l'être et où il devient manifeste que nos

---

[220] Cfr *loc. cit.*
[221] Cfr B 33. – KM, 29, 32, 154; *trad.*, pp. 83, 87, 225.
[222] Cfr KM, 154; *trad.*, p. 225.
[223] Cfr B 291. – KM, 180 à 182; *trad.*, pp. 253 à 256.
[224] KM, 152; *trad.*, pp. 222–223.

constructions atemporelles oublient l'oubli de l'être. Justifié encore notre titre, puisque la fameuse révolution copernicienne s'avère en fin de compte non pas un établissement dans le Je pense mais un dépassement, que Kant n'achève pas il est vrai, vers le *Dasein*, vers cette présence toujours en avant de nous-mêmes et en avenir dans laquelle l'humain s'apparaît jeté et ouvert, par le temps, à l'altérité de l'étant comme tel, c'est à dire de l'être.

Notre recherche elle-même s'est découverte chemin faisant une temporalité qu'elle n'avait fait qu'entrevoir dans la première partie.

Après avoir établi laborieusement une chronologie selon laquelle l'Introduction à *Sein und Zeit* rejoignait la quatrième section de *Kant et le problème de la métaphysique*,[225] nous traitons bel et bien l'Introduction avant les parties supposées les plus anciennes du *Kantbuch*, et c'est à celles-ci que nous nous arrêtons. Nous expérimentons de la sorte la faiblesse du calendrier assez bien fixé pourtant par les arguments de critique externe. Si probable qu'il soit de ce point de vue philologique, il ne saurait rejoindre ce mouvement de pensée qui, ne s'arrêtant jamais même dans un ouvrage écrit ou imprimé, nous livre un Heidegger toujours plus loin déjà que sa parole du moment. Ainsi malgré l'avance dont peut témoigner l'Introduction à *Sein und Zeit* sur les autres textes de cette période en ce qui concerne l'idée de philosophie, elle demeure en retard sur les premières sections de *Kant et le problème de la métaphysique* pour ce qui regarde le sens de l'*Erscheinung* selon Kant.

Notre infidélité aux dates probables de composition offre par ailleurs l'avantage de faire voir à quel point Heidegger est dès le début en train de rejoindre, par des voies impossibles à déterminer avant de s'y engager et de s'y perdre, une conception de la philosophie dans laquelle il se sait déjà situé. Les détours de notre seconde partie montrent donc le bien fondé de la section consacrée antérieurement à l'idée de philosophie depuis *Sein und Zeit* jusqu'à *Vom Wesen der Wahrheit*. Ils nous invitent également à commencer la troisième partie par l'examen des derniers écrits sur Kant, où la pensée est parvenue à se mieux dire en histoire de l'être.

[225] Cfr ci-dessus p. 37, n° 3.

Mais du coup le titre «Kant et le temps» ne doit-il pas être déclaré insuffisant? En ce sens du moins qu'il ne peut désigner ni un tout ni une articulation dialectique de ce tout.

En effet si la temporalité se révèle être l'essence du sujet de la révolution copernicienne, ce n'est justement plus le sujet mais la révolution elle-même, et donc la métaphysique ou la philosophie, qui est rendue au temps originaire et devient de part en part problématique. Par conséquent, méditer sur «Kant et le temps» c'est sans doute faire exploser toute idée d'autoposition de la pensée, mais c'est aussi renoncer à présenter cette destruction comme une partie d'un processus destinée à remplacer ce qui est mis en ruines.

Autrement dit, le seul titre possible pour notre réflexion eût été, semble-t-il, «Kant, le temps et la philosophie». Or nous nous sommes dispensés jusqu'à présent d'aborder la section de *Kant et le problème de la métaphysique* où cette question est examinée. L'insuffisance de notre titre ne serait-elle pas alors un artifice pour présenter comme un tout, c'est à dire comme une remontée au fondement temporel de toute pensée, ce qui est en réalité une impuissance à saisir l'acte philosophique d'interpréter ou le dialogue de pensée entre Heidegger et Kant?

Nous devons répondre ici que si l'intitulé «Kant et le temps» est bien insuffisant, c'est en partie pour les raisons qu'on vient de lire, mais c'est surtout, et sans artifice, parce qu'il désigne l'insuffisance nécessaire de toute interprétation, insuffisance reconnue peu à peu par Heidegger lui-même et que nous devons donc commencer par faire nôtre.

Et ceci, sauf erreur, les résultats de notre enquête peuvent le montrer.

La discussion du Je pense dans *Sein und Zeit* s'est trouvée en arrêt devant la signification des Paralogismes; et le bloquage de l'apperception pure avec la personne morale témoigne d'une incompréhension à l'égard de la théorie kantienne des idées, de l'idée de liberté en particulier. C'est encore un malaise face à ces idées que laisse diagnostiquer l'examen de l'interprétation heideggerienne du schématisme et du respect. Quand en se rappelle alors la question posée à la dernière page du *Kantbuch* et les affirmations nettes des journées de Davos concernant le rôle originaire de la Dialectique dans l'interrogation critique,[226] on est

---

[226] Cfr ci-dessus p. 34.

obligé de se demander d'abord si l'ouverture la plus authentique *de* la pensée kantienne n'est pas la théorie des idées, et ensuite si le thème «Kant et le problème de la métaphysique» ne doit pas s'entendre comme l'appel d'un nécessaire dont la temporalité même ne peut jamais que laisser être notre impuissance à le saisir et à le vivre, sinon comme nécessité nécessiteuse. Dès lors le dialogue mystérieux entre Heidegger et Kant devient un chemin de pensée déjà se meut dans la clairière de l'être,[227] dès les trois premières sections du *Kantbuch*, «le temps est le prénon de l'être».[228]

Expliquons ceci en un langage moins heideggerien pour justifier davantage le plan de notre travail.

Jamais chez Heidegger la Dialectique de la raison pure ne fait l'objet d'une reprise systématique. A plus d'un endroit pourtant, mais sous forme souvent de parenthèse, d'allusion ou d'ellipse, l'auteur laisse entendre que là gît l'essentiel de la Critique. Pourquoi alors tant d'autres textes qui demeurent somme toute fidèles, moyennant des réajustements, à ce que développent *Sein und Zeit* et le premier *Kantbuch*? Ne serait-ce pas que, tout en considérant qu'il est indispensable de penser Kant selon le temps pour assurer, fût-ce par violence le, problématique comme statut de la métaphysique, Heidegger sait qu'il demeure incapable de rejoindre la mission et le retrait de l'être tels qu'ils se manifestent en Critique dans la théorie des idées et tels aussi pourtant que seul un passage par le temps offre une chance de les saisir?

Le point culminant de l'interprétation se situerait donc là où elle aperçoit elle-même et sa nécessité et son insuffisance, c'est à dire durant les années 1928–1930, quand s'élabore *Vom Wesen des Grundes*. Il s'indique ainsi de terminer par les écrits de cette époque une étude qui a pour sujet Heidegger et Kant. La nécessité et les manques de la reprise selon le temps y apparaîtront alors comme des nécessités et des manques de l'histoire de l'être que l'on aura tenté de saisir auparavant dans la Critique. Et pourra se poser alors avec plus d'ampleur le problème de la philosophie ou de la métaphysique, qui s'illumine de l'obscurité même de la question posée par l'être. Ainsi ce qu'a pu et voulu dire à ce sujet Kant en personne nous deviendra moins inaccessible.

---

[227] Cfr H. DECLÈVE, «Le second avant-propos de 'Kant et le problème de la métaphysique'», in *Dialogue*, VI, n° 4, 1968, p. 555–565.
[228] WM, 17.

TROISIÈME PARTIE

KANT ET L'ÊTRE

PRÉSENCE VIOLENTE DE L'ÊTRE
DANS L'INTERPRÉTATION

I. PRÉLIMINAIRES

L'interprétation heideggerienne de cette subjectivité dont veut parler la première *Critique* est inséparablement liée à une conception de la philosophie qui est tout entière «problème de la métaphysique». Dans la quatrième section de son premier livre sur Kant, c'est pour ne pas renoncer à la question *de* l'être, cachée et redécouverte au coeur de l'institution transcendantale du fondement de la métaphysique, que notre auteur entreprend de lever l'ambiguïté voilée par les mots *logique transcendantale* et *anthropologie philosophique*.

Ce faisant, la tentative se voit elle-même située, par le problème qu'elle entend sauvegarder, dans une philosophie qui est déjà *die Kehre*: la mise en question de l'articulation classique de la métaphysique devient explicitement compréhension *de* l'être lui-même dans l'être du *Dasein*.

Pour ne point manquer le sens de l'interprétation heideggerienne sur ce point précis, il s'impose donc de dire d'abord comment est compris le kantisme dans les ouvrages plus récents qui thématisent la *Kehre* ou qui en supposent la thématisation, tel *Le principe de raison*.

Toutefois l'accession à cette nouvelle profondeur de la pensée ne s'est pas accomplie sans un travail du langage, lequel n'allait pas sans une ressaisie des principes herméneutiques. Avant donc d'écouter ce que le «second» Heidegger doit nous dire de Kant, il nous faut comprendre avec lui que toute interprétation est présence de l'être. C'est par là seulement qu'elle ouvre à l'homme dont elle est l'oeuvre un passage vers l'être-là.

2. COHÉRENCE ET FIDÉLITÉ DE L'INTERPRÉTATION

L'herméneutique de Heidegger prise dans son ensemble veut éclairer les liens de la pensée et du langage en les assumant.[1] On serait mal venu de contester la légitimité et la profondeur d'un pareil projet. Mais il invite cependant par lui-même, puisqu'il s'étend sur bien des années, à mesurer sa cohérence au cours du temps.

Or lorsque l'on considère l'interprétation de Kant à son début, en 1927, et près de son terme, en 1957, le dynamisme de ses principes demeure remarquablement constant, du moins à première vue.

Sein und Zeit avait déjà fait voir que la lecture d'un auteur du passé était un mode de la compréhension d'être. *Kant et le problème de la métaphysique* rend plus explicite la stucture de ce mode qui mérite spécialement le nom de *Wiederholung*.[2] La «reprise» d'un philosophe dégage les possibilités fondamentales qu'un problème cachait jusqu'alors et elle préserve ainsi l'essence de ce problème.[3]

Selon *Der Satz vom Grund*, ouvrage paru en 1957, le terme «compréhension d'être», employé jadis, voulait désigner ce que, dans une langue moins hésitante, une philosophie de la dispensation de l'être exprime actuellement comme suit:

«Nous sommes ceux que l'être a engagés dans et pour l'aire du temps, ceux qu'il engage pour oeuvrer à la clairière de l'être, pour la construire et pour lui donner forme ou, dans un sens large et multiple, pour la préserver».[4]

Lire Kant en reprenant ses problèmes, ce sera donc maintenant préserver une clairière de l'être, accepter que l'histoire de la pensée occidentale et spécialement le kantisme «repose dans la dispensation qui est octroyée par l'être retiré en lui-même».[5]

Il apparaît ainsi que le plus récent mode d'interprétation ne contredit nullement l'ancien. Il explicite au contraire, de façon

---

[1] Cfr ci-dessus p. 28 ss.
[2] Cfr ci-dessus p. 112 ss.
[3] Cfr KM, 185; *trad.*, p. 261.
[4] *Der Satz vom Grund* (*Sigle*: SG), p. 146; *trad.*, pp. 191–192. «Préserver» traduit l'allemand *verwahren*. Dans KM, *loc. cit.*, M. HEIDEGGER employait le verbe *bewahren*, cfr. ci-dessus p. 115.
[5] SG, 144: «... die Geschichte des Denkens beruhe im Geschik des Seins ...»; *trad.*, p. 189. La même expression se trouvait en SG, 130; *trad.*, p. 173.

décisive mais vraiment simple, ce que voulait déjà la *reprise,* ce qui la rendait possible sans qu'elle le renfermât «logiquement».

Montrons-le en comparant de plus près les structures de l'acte d'interpréter tel qu'il se présente lui-même en 1927 et trente années plus tard.

a. La reprise et le saut

En reprenant le kantisme, le premier *Kantbuch* tentait déjà d'effecteur, mais comme de l'intérieur, un dépassement de la métaphysique. Et les dernières lignes du livre méditaient encore une fois l'essence de ce dépassement ou de cette reprise. Elles suggéraient d'y reconnaître deux éléments. D'abord une *philia,* une «amitié pour l'essentiel, le simple, le durable», dans laquelle seulement «peut s'effectuer complètement l'orientation vers l'étant comme tel, orientation dont naît la question du concept d'être (*sophia*), *la* question fondamentale de la philosophie».[6] En plus de cette amitié et en vue d'y accéder (*dazu*), nous aurions besoin encore, ajoutait Heidegger, d'une remémoration (*Erinnerung*).[7]

Fidèle à cette structure double de la reprise ou du dépassement, l'interprétation de la *Critique* se terminait en donnant la parole à Aristote: «Et en vérité l'objet éternel de toutes les recherches, présentes et passées, le problème toujours en suspens: qu'est-ce que l'être (*ti to on*)? ... (*Métaphysique,* Z 1, 1028 b 2 ss.)».[8]

Ainsi commençait de s'accomplir, en se modifiant déjà, le plan de la seconde partie de *Sein und Zeit* qui prévoyait une destruc-

---

[6] KM, 222; *trad.,* pp. 301–302.

[7] KM, 222: «Oder bedürfen wir auch dazu erst der Erinnerung?». Cfr *trad.,* p. 302.

[8] Le texte d'Aristote est cité par Heidegger en grec. Nous reprenons la traduction de J. Tricot, tome I, p. 349. Dans l'original, la phrase qu'interrompt Heidegger continue: «... *ti to on,* revient à se demander: qu'est-ce que la substance (*ousia*)?» – Ce dernier terme grec sera rendu chez le philosophe allemand par *Anwesung, Anwesenheit* voir *Anwesen.* C'est dans ce contexte qu'il faut comprendre la formule: *Anwest nämlich Anwesen* (KTS, 35) qui tente d'indiquer la présence de ce qui rend présent et est présent. A la forme *west,* ancienne troisième personne du singulier de *sein* à l'indicatif, Heidegger associe souvent *waltet.* A ce propos, rappelons que le Pseudo-Alexandre, dans une scolie, commente par *kuriôs on* le terme *ousia* du texte d'Aristote repris en fin de KM, 222 (cfr Tricot, *trad. cit.,* I, p. 349, note 4). *Walten* indique précisément le règne souverain de l'être. – Sur tout ceci, consultez Richardson, *Heidegger,* 729: Index of greek terms, s.v.

tion de l'histoire de l'ontologie à la lumière d'une problématique de la temporalité.[9]

En 1957, *Le principe de raison* achève d'accomplir et de modifier ce plan en reliant plus explicitement encore la problématique de la *Critique* à celle des Grecs. Et le langage renouvelé permet d'exprimer, mais cette fois par-delà toute métaphysique, l'essence de la remémoration et de l'amitié qui structurent la reprise.

L'amitié n'est plus maintenant une disposition du *Dasein* à l'égard de l'étant en son être. Elle est l'être lui-même, en tant qu'il lui appartient à la fois de se manifester et de ce cacher, selon le sens de la parole attribuée à Héraclite: *phusis kruptesthai philei*.[10] Par conséquent, il ne serait pas contraire à l'intention de Heidegger d'affirmer que, dans l'auteur des trois *Critiques* et dans son interprète, s'accomplit cette amitié, cette unité du retrait et de la dispensation de l'être.

Considéré comme amitié *de* l'être – dans les deux sens que les grammairiens appellent subjectif et objectif [11] – la lecture de Kant est une étape du retour de la pensée vers le domaine de départ, c-à-d vers l'histoire de la pensée occidentale en tant qu'elle repose sur une dispensation de l'être.[12]

Dans cette étendue de l'histoire, c'est depuis les Grecs que l'on parle du principe de raison, sinon explicitement du moins à la façon d'une idée directrice.[13] La méthode transcendantale en parle, pour sa part, lorsqu'elle cherche à déterminer l'objectité de l'objet. Pour y parvenir, elle situe en effet la raison ou le fondement (*Grund*) de l'objet dans la Raison (*Vernunft*). Mais la critique, c-à-d le discernement qui accomplit cette tâche, en traçant les limites de cette Raison, rassemble «ce à partir de quoi l'étant, pour nous, se détermine comme tel dans son ensemble».[14]

Il y a donc dans la philosophie critique un trait résolument rationaliste: en trouvant le *Grund* dans la *Vernunft*, elle répond à l'appel leibnizien selon lequel *rationem reddere*, «rendre raison

---

[9] SZ, 39–40; ci-dessus, pp. 35–36.
[10] Cfr SG, 115–116; *trad.*, pp. 154–155.
[11] HB, 28–29: «Denken ist l'engagement par l'Être pour l'Être ... ... penser, c'est l'engagement de l'Être. ..., dass der Genitiv zugleich ist gen. subiectivus und obiectivus».
[12] Cfr SG, 130; *trad.*, p. 174.
[13] Cfr SG, 14, 51, 129; *trad.*, pp. 44–45, 85, 172.
[14] SG, 126; *trad.*, p. 168.

des choses», c'est les calculer. Mais sans nier ce rationalisme de la Critique, il faut encore en faire ressortir un second caractère : bien que son itinéraire se situe dans une dimension et une direction tout autres que celui des penseurs grecs, Kant, pour la première fois depuis ces illustres initiateurs, «esquisse comme une question à creuser la question de l'être de l'étant». En interrogeant sur l'objectité de l'objet, il «concentre expressément sa pensée sur la méthode, sur le chemin pouvant conduire vers l'être de l'étant».[15]

Considérée sous ce dernier aspect, la pensée transcendantale se trouve exactement sur l'itinéraire que suit Heidegger lui-même. Elle «aide à préparer le saut faisant passer d'une accentuation du principe de raison à l'autre».[16] On peut en effet comprendre la proposition *Nihil est sine ratione* comme si elle concernait une relation entre des étant : «Tout ce qui est a une cause». D'autre part, on peut et l'on doit entendre le principe selon l'être lui-même. La proposition signifie alors : «A l'être appartient la raison», ou plus abruptement : «Être et raison : le Même».[17] Passer de la première à la seconde accentuation, c'est faire un «saut», qui «traverse tout l'espace entre l'étant et l'être».[18] La pensée *transcendantale* de son côté *dépasse* l'objet vers l'objectité, c-à-d l'étant vers son être.

«Pensée transcendantale, passage et saut ne sont sans doute pas équivalents, mais ils sont une même chose, pour autant que, du point de vue de la distinction de l'étant et de l'être, ils sont inséparables».[19]

La méthode kantienne, le passage d'une accentuation à l'autre du principe leibnizien et le saut heideggerienne diffèrent en ceci : la première n'est pas explicitement une interprétation ni un retour au commencement grec de la pensée ; le second interprète mais n'effectue pas nécessairement le retour ; le *saut* est à la fois interprétation et regard vers le domaine de départ.[20]

Ainsi donc dans le saut et dans la préservation d'une éclaircie de l'être réapparaissent plus vigoureusement et l'amitié pour le simple et la remémoration des Grecs, dont le premier essai sur

[15] SG, 131; *trad.*, p. 175.
[16] SG, 134; *trad.*, p. 178. Le mot «accentuation» traduit l'allemand *Tonart* emprunté au langage musical et qui signifie «tonalité» ou «mode».
[17] SG, 129 *et passim*; *trad.*, p. 172 *et passim*.
[18] SG, 134; *trad.*, p. 179.
[19] SG, 134–135; *trad.*, p. 179.
[20] SG, 129; *trad.*, p. 172.

Kant parlait comme de structures intrinsèques à la *Wieder-holung*.

La lecture de Kant est un mode de l'amitié pour le simple. Comme telle, elle est aussi *Andenken*, pensée commémorante «tournée non pas vers un passé révolu (*Vergangenes*), mais vers ce qui n'a cessé d'être en mode rassemblé (*Gewesenes*).[21] Et, dans cette orientation vers ce qui a été, la pensée entend l'appel de l'avenir.[22] En reliant, comme nous l'avons montré, la problématique de la *Critique* à celle de la philosophie grecque, la pensée commémorante fait apparaître Kant en tant qu'il «a été» penseur, c-à-d en tant qu'il l'est essentiellement et qu'il l'est donc encore.[23]

En résumé: l'interprétation heideggerienne du kantisme considérée en son début, *Sein und Zeit*, et en son terme, *Der Satz vom Grund*, se révèle de plus en plus fidèle à elle-même.

b. *Le non-dit et l'impensé*

Dans ce développement homogène, un élément semble toutefois faire exception. Il s'agit de l'attitude à l'égard des textes pris dans leur matérialité. Ce point ne peut assurément pas être éclairé par la seule comparaison du premier essai sur la *Critique* et des cours sur *Le principe de raison*. Le second ouvrage se réfère en effet fort rarement à la lettre de Kant. Mais la méthode telle qu'il la présente professe, au plan des principes, un respect de l'écrit que l'on ne rencontrait pas trente années auparavant.

D'après le premier *Kantbuch*, on s'en souvient, l'auteur de la *Critique* n'avait pas pu voir qu'en analysant l'imagination et le schématisme il voulait parler de la temporalité comme essence de la subjectivité.[24] Pour cette raison, qui se fonde finalement dans la déchéance du *Dasein*, la reprise ne va pas sans faire violence aux textes. C'est à ce prix seulement qu'elle atteint, par-delà les formules explicites d'un écrivain, tout l'encore inexprimé contenu dans ces formules mêmes, l'*Ungesagtes*.[25]

---

[21] SG, 107; *trad.*, p. 147.
[22] SG, 159: «An-denken das Gewesenes ist Vor-denken in das zudenkende Ungedachte. Denken ist andenkendes Vordenken». Cfr. *trad.*, p. 207.
[23] SG, 118: «... gewesen, also west und also noch ist». Il s'agit, dans le contexte, de Mozart, «der Hörendsten einer unter den Hörenden». Cfr. *trad.*, p. 159.
[24] KM, 182; *trad.*, p. 255.
[25] Cfr KM, 182–183; *trad.*, pp. 255–256.

Dans *Le principe de raison*, le ton s'est modifié et la modulation fait apparaître un autre thème.

«Sans doute, écrit Heidegger, Kant lui-même a toujours essayé à nouveau de faire ressortir, par une architectonique plus extérieure, l'unité interne (des trois *Critiques*) que certainement il apercevait. Mais Kant en savait plus qu'il n'a réussi à dire par cette architectonique de ses oeuvres».[26] Aussi la pensée commémorante tente-t-elle d'approcher, dans l'oeuvre de ce grand auteur, ce qui le fait précisément grand, «l'impensé (*Ungedachtes*) qu'elle renferme, c-à-d ce qui, pour la première fois et grâce à elle, monte à la surface comme n'ayant pas encore été pensé».[27] Bien sûr, penser l'impensé que fait monter la parole à la surface suppose un effort pour dire ce qui n'avait pas encore été dit. Préserver l'éclaircie de l'être, c'est en effet la construire et lui donner forme. Mais si une violence doit encore s'exercer, elle semble devoir porter maintenant sur le langage de l'interprète lui-même et ne plus s'attaquer à l'écrit parvenu jusqu'à nous. C'est du moins ce qui peut ressortir de la phrase suivante:

«A vrai dire cet impensé ne concerne pas quelque chose qu'un penseur n'aurait pas vu ou dont il n'aurait pas pu venir à bout, et qu'après lui d'autres penseurs plus capables devraient tirer au jour».[28]

Que le déplacement d'accent de l'*Ungesagte* vers l'*Ungedachte* signifie, dans l'étude d'un philosophe du passé, un plus grand respect pour l'écrit, la fin de la *Lettre sur l'humanisme* (1947) le confirme indirectement. «L'attention soigneuse dans le penser» et «le soin amical pour la lettre en sa matérialité» y sont en effet présentés comme «ce dont nous avons un urgent besoin dans la détresse actuelle du monde».[29] Car «il est temps» – au sens le plus strict de l'expression – «de perdre cette habitude de surestimer la philosophie et de trop lui demander par le fait même».[30] Il est temps d'accepter ce qui pourrait être la forme authentique de l'amour pour la sagesse (*philo-sophia*): la pauvreté inhérente à l'essence toujours provisoire d'une pensée qui rassemble le langage dans le simple dire.[31]

[26] SG, 128; *trad.*, p. 171.
[27] SG, 124; *trad.*, p. 166.
[28] *Loc. cit.*
[29] HB, 170–171.
[30] *Loc. cit.*
[31] HB, 172–173.

Heidegger détermine dans ces lignes sa tâche personnelle: l'aboutissement actuel du dépassement de la métaphysique et de la destruction de l'ontologie se définit par l'acceptation de la finitude en tant que celle-ci est pensée «de» l'être [32] rassemblant le langage dans la lettre du dire. Mais puisque l'auteur prend le point de vue de l'être, il détermine, semble-t-il, en même temps que sa propre tâche, l'essence manifeste et cachée de toute oeuvre philosophique.

Nous disons: «semble-t-il». On peut en effet comprendre aussi que Heidegger veut simplement définir sa tâche à lui. Il le fait, il est vrai, en ouvrant une perspective dans laquelle s'éclairent les desseins de ceux qui l'ont précédé sur le chemin de la pensée. Mais il se gardera bien de prêter ses vues personnelles à un auteur ancien; car sur le chemin de la pensée le voyageur avance toujours seul.

Quoi qu'il en soit, pour Heidegger, ce dont il s'agit (*die Sache*), c'est la mission de l'être dans la relation entre la pensée soigneusement attentive et la lettre à laquelle il faut apporter des soins amicaux. Dans ces conditions, Heidegger, interprète de Kant, doit se montrer jaloux de l'intégrité du *Gesagte*, même si la philosophie critique n'a pas considéré explicitement ce problème du langage et de la pensée.

Du reste, poser en principe, comme le faisait *Kant et le problème de la métaphysique*, que «la fidélité à la passion intérieure d'une oeuvre»[33] exige de faire violence à l'écrit pour en faire jaillir l'*Ungesagte*, c'était s'exposer, même dans la perspective plus étroite d'une destruction de l'ontologie, à des difficultés considérables. En effet, puisque le temps doit finalement se comprendre comme avènement originel dans lequel devient possible une herméneutique de l'être de l'étant, puisque l'exprimé devient ainsi l'accès nécessaire à l'inexprimé voire à l'inexprimable, il est indispensable de se laisser guider par la pauvreté des mots, mais de tous les mots, vers ce qu'ont voulu dire les philosophes. En vertu donc de son interrogation sur l'être, Heidegger devait en venir, sinon à condamner, du moins à *reprendre* son interprétation de Kant pour lui faire exécuter un *saut*. Et cela, non pas parce que l'*Ungesagte* auquel l'interprète s'efforçait de nous introduire contenait en lui-même une erreur ou

---

[32] HB, 34-35.
[33] KM, 183; cfr *trad.*, p. 256.

demeurait sans rapport avec le *Gesagte* kantien, mais parce que faire violence à l'écrit n'est pas la méthode la plus propre à mettre en lumière l'essence de l'*Ungesagte* et son lien avec ce qui, ayant déjà été dit, le demeure.

Pour une pensée qui s'efforce sans cesse d'acquiescer à l'errance et au rien, inséparables l'une et l'autre du règne de l'être en train de se dévoiler, il ne saurait être question de corriger un commentaire paru quelques années plus tôt. En effet, selon une maxime heideggerienne dont la vulnérabilité même interdit que l'on abuse, «celui qui pense grandement doit aussi grandement errer»;[34] il n'y a jamais lieu, en d'autres termes, de renier ou de regretter aucun cheminement de la pensée.

Aussi l'auteur de *Kant et le problème de la métaphysique* n'avoue-t-il jamais par la suite qu'il a eu tort de forcer les textes ou de ne les citer qu'avec une évidente partialité. Pareil aveu ne témoignerait pas, dans son optique, d'une plus grande fidélité à ce qui a été dit par Kant; ou du moins cette fidélité serait factice, parce qu'elle impliquerait le reniement de ce que l'interprète lui-même a dit. La violence fut et demeure une voie allant du *Gesagte* à l'*Ungesagte*; une voie que l'on ne suivra plus, peut-être; mais quant à nier que l'on est effectivement passé par là, ce serait, sous prétexte de respecter la lettres du kantisme, trahir ce que, dans la lettre du kantisme, l'être nous donne à penser et qui n'est pas encore dit.

3. JUSTIFICATION DE LA VIOLENCE

Du premier *Kantbuch* aux leçons sur le principe de raison tout se passe comme si Heidegger apercevait peu à peu que sa violence initiale, pour inévitable qu'elle fût, n'en demeurait pas moins lourde d'inauthenticité, mêlée de ce ressentiment d'un indigent qui aurait compris la béatitude de la pauvreté en esprit sans être à même de la vivre. De cette *Kehre*, de ce retournement toujours en train de s'accomplir mais qui jamais ne peut devenir une conversion, une *Bekehrung*, le présent paragraphe et le suivant vont examiner deux moments caractéristiques.

En 1935, l'*Introduction à la métaphysique* entreprenait au pas-

---

[34] *Aus der Erfahrung des Denkens*, Pfullingen, 1954, p. 17: «Wer gross denkt, muss gross irren».

sage de fonder l'herméneutique de la violence. L'auteur s'emparait dans ce but du premier choeur de l'*Antigone* de Sophocle. Choix judicieux, il faut le reconnaître, car ce texte semble appeler et justifier d'avance la méthode d'interprétation que lui applique le philosophe.

L'homme, nous dit Sophocle dès le premier vers, est plus divisé en lui-même, plus inquiétant, plus étrange (*deinoteron*) que la multitude étrange de ce qui, comme lui, vit sur la terre et l'habite (*pelei*).[35] Par la suite, à l'arrière-plan de la structure grammaticale, la prosodie du choeur rappelle en deux contrastes le linéament décisif: *pantoporos, aporos*, l'homme partout fraie un chemin et nulle part ne le trouve; *hypsipolis, apolis*, il organise les cités, mais il demeure incivique.[36] Le poète indique ainsi, comme par un procédé de surimpression, que la dualité intime et l'étrangeté inquiétante sont le fondement de l'ingéniosité qui, forçant les souverains domaines de la nature, la mer, la terre et le monde animal, forçant aussi le souverain domaine du langage, domestique et occupe l'univers, pour échouer enfin devant la mort.

Tout ceci, un philologue très respectueux du texte mais quelque peu ouvert à la poésie sait le découvrir.[37]

Mais «ce que l'interprétation authentique doit montrer ... c'est ce qui ne se trouve plus dans les mots et qui pourtant est dit. En cela, l'interprétation doit nécessairement user de violence. L'authentique est à chercher là où l'explication scientifique ne trouve plus rien ...».[38]

Or voici ce qui, n'étant plus dans les mots, est toutefois exprimé, mais que la seule violence peut faire voir:

Le supervaillant (*das Ueberwältigende*)[39] qui occupe et domine

---

[35] SOPHOCLE, *Antigone*, vv. 332–333; cfr. HEIDEGGER, EM, 112. – Nous paraphrasons le texte grec en tentant de rappeler les racines de *deinos* (latin: *duo*) et de *pelô* (latin: *colere*); cfr E. BOISACQ, *Dictionnaire étymologique de la langue grecque*.

[36] *Antigone*, vv. 360–362. et vv. 370–371 – Pour tous les éditeurs, le premier mot des vers 360 et 370 se rapporte grammaticalement à ce qui précède. Prosodiquement certains éditeurs préfèrent aussi rattacher ces deux mots au vers 359 et au vers 369 respectivement. Pour Heidegger, nous le verrons, c'est l'unité prosodique qui doit déterminer le sens, advienne que pourra de la grammaire.

[37] Voyez par exemple les notes d'une édition scolaire qu'a pu connaître Heidegger dans sa jeunesse, celle de G. WOLFF et L. BELLERMANN, Leipzig, 6e édition, 1900, pp. 36–37.

[38] EM, 124.

[39] EM, 119. – *Das Ueberwältigende* désigne tantôt le règne de l'étant en totalité, tantôt le règne de l'être compris comme *physis*. Nous proposons «supervaillant» parce qu'il évoque *valere*, parent latin de *walten*. De plus, «vaillant» peut être employé sub-

souverainement les domaines de la mer et de la terre mais aussi l'homme ingénieux soumis au règne du langage, c'est l'être à la fois manifeste et caché.

Sous sa puissance, l'homme n'est pas seulement inquiet, il est inquiétant; il demeure dans le monde un étranger toujours un peu étrange; il est l'hôte mal connu dont la présence recèle toujours quelque hostilité. Mais cette hostilité de l'hôte peut être fécondante: elle peut apporter la révélation de l'être. L'homme est précisément le sans foyer parce que, de son propre fond, il ne cultive et ne veille le foyer que pour s'en évader et pour laisser s'y engouffrer par la brèche ce qui domine souverainement.[40]

Ainsi, la violence fécondante (*Gewalt-tätigkeit*) est le comportement proprement humain à l'égard de l'étant. Elle est cette vaillance propre à celui qui est dans le besoin de se faire vaillant, car il n'a de vaillant lui-même qu'un domaine garanti par le vaillant de l'être.[41]

Mais l'être ne peut manifester sa supervaillance à moins que ne s'y heurte et ne s'y brise la violence de l'homme, dont la présence comporte toujours imminence de ruine et de corruption.

«Le besoin et la nécessité de briser et de se briser n'a de consistance que dans la mesure où ce qui doit briser et se briser est mis dans l'urgence d'être ainsi présent. Et l'homme est mis dans l'urgence d'être ainsi présent; il est jeté dans cet être nécessiteux parce que le supervaillant en tant que tel, pour apparaître comme régnant, doit user des places ouvertes à la manifestation de son règne».[42]

Ceci, que les mots ne disent pas, l'interprétation de Heidegger le met audacieusement dans la traduction. Elle exerce ainsi la violence fécondante qui est dite dans ce non-dit qu'ouvre le texte.

L'interprète est cet étranger devenu l'hôte d'une place-forte

stantivement pour indiquer le domaine ou le fonds qui *garantit* l'avoir en monnaie. Saint-Simon connaissait ce sens du mot, conservé du reste dans «pas un sou vaillant» (cfr. Littre, au mot *vaillant*).

[40] EM, 125: «Das Unheimlichste (der Mensch) ist, was es ist, weil es von Grund aus das Einheimische nur betreibt und behütet, um aus ihm auszubrechen und das hereinbrechen zu lassen, was es überwältigt».

[41] Spécifions ici les sens des composés de *Gewalt*: *Uebergewalt* désigne le règne et la garantie de l'être comme *physis*, qui à la fois se manifeste et se cache; cette supervaillance apparaît dans le règne de la terre, de la mer, du monde animal. Dans le langage, qui n'est pas une invention de l'homme. elle est présente comme *das Durchwaltende* (cfr. EM, 119–120). Sous la puissance et la garantie de l'être en ces divers domaines, l'homme exerce une *Gewalt-tätigkeit*, il fait violence à l'étant pour la cause de l'être.

[42] EM, 124. – Nous traduisons par «briser et se briser» l'allemand *zerbrechen*.

et qui «tente une sortie vers le non-dit».[43] Il est créateur dans la
mesure où il «s'introduit par effraction dans l'impensé, force
l'inaccompli et fait apparaître le jamais encore vu».[44] Mais l'au-
dacieux auteur de ces violences se risque lui-même tout entier à
ce jeu;[45] et, se risquant ainsi, il rend manifestes, avec la puissance et la pauvreté du texte, les nécessités, c-à-d l'indigence, et
la souveraineté de l'être.

Tout en se développant, l'interprétation du poème s'explique
donc-elle-même à partir de lui.

Elle montre ainsi du point de vue de l'être, et non seulement
à partir de l'humanité du *Dasein*, le lien du dit et du non-dit; elle
fonde la violence dans le rien qui appartient à l'essence de l'homme en tant que l'être a besoin de lui.

Mais il n'est pas sans intérêt de repérer ici l'origine littéraire
de l'interprétation philosophique qui découvre dans le texte de
l'*Antigone* l'affirmation poétique que l'homme «toujours s'échap-
pant, toujours en chemin, mais sans expérience du chemin, sans
pouvoir trouver d'issue, s'en vient au néant».[46] Cette traduction
pensante paraît bien reprendre celle de Hölderlin, qui déjà grou-
pait les mots grecs de la même façon et les rendait par: «Connaissant tout chemin, il ne sait pas le chemin. Il n'arrive à rien».[47]

Dès lors, ce que la justification mutuelle du poème par l'interprétation et de celle-ci par celui-là rend manifeste, c'est l'union
dans le langage même du penser et d'un dire proprement poétique, en tant que cette union est le rien où se tient l'essence de
l'homme et le dévoilement de l'être. A la fois dire poétique et
penser, le langage constitue la présence nécessiteuse et violente

---

[43] EM, 123: «Der *Gewalt-tätige*, der Schaffende, der in das Un-gesagte ausrückt,
in das Un-gedachte einbricht, der das Ungeschehene erzwingt und das Ungeschaute
erscheinen macht, dieser Gewalt-tätige steht jederzeit im Wagnis». Cfr *Antigone*, v.
371.
[44] *Ibid.* (der Schaffende, der ... in das Un-gedachte etc...).
[45] *Ibid.* (Wagnis).
[46] EM, 113: «Ueberall hinausfahrend unterwegs, (*pantoporos*, en grec), erfahrungs-
los ohne Ausweg (*aporos*, en grec) kommt er zum Nichts». – Nous avons cité le texte
de Sophocle au début du présent paragraphe, *Antigone*, vv. 360–362.
[47] HÖLDERLIN, SW, Stapf, 915, rattache prosodiquement le premier mot du vers
360 au vers 359. Mais il traduit: «.... Allbewandert, – Unbewandert. Zu nichts
kommt er». – Il faut également rapprocher les traductions des vers 370–371. Hölderlin écrit, *op. cit.*, p. 916: «Hochstädtisch kommt, unstädtisch – Zu nichts er, wo das
Schöne – Mit ihm ist und mit Frechheit»; M. Heidegger de son côté traduit, EM, 113:
«Hochüberragend die Stätte, verlustig der Stätte – ist er, dem immer das Unseiend
seiend – der Wagnis zugunsten».

de l'homme à l'être ainsi que la présence souveraine et nécessiteuse de l'être à l'homme.

En pensant Sophocle dans Hölderlin, l'interprétation de Heidegger accepte avec décision ce destin et cette mission qu'est le langage. Et son acceptation accomplit cela même qu'indique le mot *Kehre*.

4. «MEHR PFLEGE DES BUCHSTABENS»

a. *Agir, pensée et poésie*

Il peut sembler que nous soyons égarés bien loin du kantisme. Il n'en est rien; car c'est dans un contexte où abondent les références kantiennes que nous retrouvons Heidegger aux prises, en 1947, avec le problème de la relation entre poésie et pensée dans l'être.

L'écrit où nous cherchons maintenant un complément d'indication sur l'idée d'interprétation débute en effet par une phrase qui peut évoquer les réflexions de *Sein und Zeit* concernant l'agir dans la philosophie critique[48] et l'auteur enchaîne aussitôt en abordant la question du penser et du dire poétique.

Lison le début de ce texte déjà célèbre, la *Lettre sur l'humanisme*:

«Nous sommes encore fort éloignés de penser avec assez de décision l'essence de l'agir. On connaît l'agir uniquement comme acte de produire un effet, dont la réalité effective est appréciée d'après son utilité. Or l'essence de l'agir est la consommation. Consommer veut dire: déployer quelque chose jusqu'en la plénitude de son essence, c'est le reconduire et l'accompagner jusqu'en cette plénitude, *producere*. Par conséquent, ne peut être consommé au sens propre que ce qui déjà est. Or, ce qui 'est' avant tout, c'est l'être. Le penser consomme l'at-trait de l'être pour l'essence de l'homme. Il ne fait pas cet at-trait, il ne le produit pas. Le penser l'offre à l'être comme ce qui lui est remis à lui-même par l'être. Cette offrande consiste en ceci, que dans le penser l'être vient au langage. Le langage est la maison de l'être. Dans cette demeure, l'homme habite. Les penseurs et les poètes sont les veilleurs qui gardent cette demeure. Leur veille est la consommation de la révélabilité de l'être, pour autant que par leur dire ils amènent cette révélabilité au langage et la conservent en lui. Le penser ne devient pas d'abord action par le fait seulement qu'un effet en sort, ni par le fait qu'il est appliqué. Le penser agit par là-même qu'il pense».[49]

[48] SZ, 320–321 et 320 note 1; cfr ci-dessus pp. 87–88.
[49] HB, 26–27, 28–29. Nous modifions la traduction. Nous rendons *vollbringen* par *consommer*; le mot allemand évoque en effet le *Es ist vollbracht* de l'évangile, *Jo.*, 19,

Il s'agit évidemment de la pensée «de» l'être. Et cette action la plus simple, essentiellement unie au langage, constitue l'acte philosophique lui-même, l'amitié pour le problème de l'être. Mais l'être n'est plus, chez Heidegger, l'être de l'étant, dont s'occupait la pensée occidentale; c'est l'être révélable. La question fondamentale est maintenant la vérité de l'être selon toute l'ampleur des harmoniques qu'éveille le mot grec a-lêtheia.[50]

La pensée traditionnelle se trouve ainsi reprise selon un mode ou une tonalité nouvelle; de même qu'un choral populaire est repris par Pachelbel ou Bach selon leur manière propre.[51] Mais surtout la pensée, dans le langage révélant, rejoint la source d'où procède avec elle la poésie. Et c'est à Hölderlin que Heidegger emprunte partiellement la formule qui résume la *Lettre sur l'humanisme*:

30, que l'on traduisait traditionnellement par «Tout est consommé»; *accomplir* peut ainsi être conservé en parallèle exclusif à *geschehen*. Pour rendre *Bezug*, nous avons choisi le mot *at-trait*, non seulement par allusion à l'expression «avoir trait à», mais parce que nous pouvons facilement marquer ainsi la réciprocité différentielle de la relation qui intéresse ici l'auteur. – Dans *anwenden*, appliquer, on peut lire une allusion à l'idée kantienne d'une application des catégories au sensible.

[50] *Lettre à M. Beaufret*, in HB, 182–183.

[51] Cette comparaison nous est suggérée par l'usage que l'auteur fait des mots *Weise*, *Ton* et *Tonart* dans SG et US comme déjà dans *Was heisst denken?* (Sigle: WD). *Weise* doit être pris «dans le sens de la mélodie, c-à-d comme cette sonorité et cette tonalité qui ne concernent pas seulement le fait que le dire est divulgué. Le mode (*Weise*) du dire est le ton dans lequel ce qui est dit est accordé (*gestimmt*)» (WD, 14). Du point de vue d'une histoire de l'être, l'histoire de la métaphysique déroule alors les diverses tonalités ou les divers modes, selon lesquels s'est dit «le Même», c-à-d la vérité de l'être en dévoilement et en retrait. Ainsi, à propos de l'aphorisme de Parménide: «penser et être, c'est le même», Heidegger pourra écrire: «La variation sur la phrase de Parménide dit: 'Les conditions de possibilité de l'expérience en général sont en même temps les conditions de possibilité des objets d'expérience' (A 158, B 197). Le 'en même temps' est l'explication kantienne du *to auto*, du 'le même'. Ce que dit cette nouvelle phrase, qui est maintenant un principe, diffère fondamentalement de ce que dit l'aphorisme de Parménide. Aussi ce dernier ne se laisse-t-il pas comprendre et expliquer à partir de Kant; mais c'est le contraire qui est possible et qu'il faut faire. Kant dit quelque chose de tout à fait différent: cependant sa pensée se meut dans le même domaine que celle du penseur grec, encore que ce ne soit nullement un domaine équivalent» (WD, 149). – La temporalité du Même dans le langage est, elle aussi, indiquée par le mot *Weise*: «L'annoncement (*Sage*) est le mode dans lequel l'événement parle; le mode, non pas comme façon et comme genre, mais mode comme *melos*, comme mélodie qui dit en chantant» (US, 266). – On peut, croyons-nous, entendre *Weise* de la même manière dans HB 164–165: c'est dans la mesure où l'être amène le penseur ek-sistant au langage que «le langage *est* selon ce mode mystérieux dont pourtant la domination nous pénètre toujours». – Et l'analogie musicale éclaire également la réponse que donne HB 168–169 à la question: comment sauver l'élément d'aventure que comporte toute recherche sans faire de la philosophie une aventurière? «La poésie se trouve située vis-à-vis de cette même question selon le même mode que le penser.» Ce mode, nous le savons, c'est le langage.

«Moins de philosophie, mais plus d'attention soigneuse dans le penser; moins de litérature, mais plus de *soin amical pour la lettre dans sa matérialité*».[52]

Cette allusion implicite, venant après bien des rappels et des citations du même poète, doit, croyons-nous, retenir l'attention.[53]

Le cheminement de la *Lettre sur l'Humanisme* invite, nous venons de le dire, à remonter vers la région où les cours toujours naissants de la pensée et de la poésie sont encore communs. Or le penseur que les problèmes ici traités suggèrent d'associer au poète des *Hymnes* n'est autre que Kant. Par delà toute polémique récente, c'est bien Kant, en effet, qu'évoquent la discussion sur l'humanisme et le passage sur l'agnosticisme.[54] Mais en d'autres pages encore, Heidegger situe la pensée «de» l'être et le service du langage par rapport à l'éthique, à l'ontologie et aux branches de la métaphysique classique, de la logique tout spécialement.[55] Et ici non plus le lecteur ne peut manquer de se rappeler que, selon *Kant et le problème de la métaphysique*, la division wolffienne de la philosophie détermine précisément le cadre, sinon l'essence, de l'interrogation critique.[56]

Pour nous qui tentons d'approcher Kant en prenant Heidegger comme guide, la *Lettre sur l'humanisme* constitue un point culminant de l'itinéraire. De ce sommet, nous pouvons apercevoir comment, en essayant de suivre le progrès d'une mé-

---

[52] Comparez HB, 170-171: «... weniger Philosophie, aber mehr Achtsamkeit des Denkens; weniger Literatur, aber *mehr Pflege des Buchstabens*» (c'est nous qui soulignons) - et HÖLDERLIN, *Patmos*, vv. 220-226; SW, Stapf, 334: «Wir haben gedient der Mutter Erd - Und haben jüngst dem Sonnenlichte gedient, - Unwissend, der Vater aber liebt, - Der über allen waltet, - Am meisten, *dass gepfleget werde - Der feste Buchstab*, und Bestehendes gut - Gedeutet. Dem folgt deutscher Gesang», (c'est nous qui soulignons). Les vers 222 à 225 sont mis en exergue par Jean BEAUFRET, dans *Hölderlin et Sophocle*, étude qui sert de préface à HÖLDERLIN, *Remarques sur Oedipe, Remarques sur Antigone*, traduction et notes par F. FEDIER, Paris, 1965, p. 5.

[53] Rappels explicites: HB, 48-49, 90-91, 96-97, 98-99, 100-101, 156-157.

[54] Sur l'humanisme, cfr spécialement HB, 62-63 (Kant et l'existentia), 78-79 (Kant et la question de l'être), 108-109, 110-111 (humanisme et acte de penser l'homme comme voisin de l'être). Sur l'agnosticisme et l'athéisme, dont se défend Heidegger, HB, 132-133 ss.

[55] Sur la pensée «de» l'être dans le langage par rapport à la *logique*, cfr HB, 30-31, 34-35, 36-37, 126-127, 128-129, 142-143; par rapport à l'ontologie, y compris celle de Kant, HB, 150-151, 152-153; par rapport à l'ontologie et l'éthique, HB, 138-139 ss.; par rapport à la métaphysique en général, spécialement HB, 52-53 et 90-91.

[56] KM, 15 à 22; *trad.*, pp. 67 à 78. Dans HB, 34-35, 142-143, Heidegger considère uniquement la division ancienne de la philosophie en trois branches, Logique, Physique, Ethique. Mais cette division, tout comme celle de Wolff, repose finalement sur une volonté de fonder la philosophie comme *science* ou de l'orienter sur l'être de l'étant

thode d'interprétation, nous avons dû parcourir tout simplement le chemin «de» l'être et nous engager ainsi sur les sentiers du langage. Nous le voyons maintenant, c'est une ligne ininterrompue qui, par mille détours mène des positions du néo-kantisme, d'où part le philosophe en 1912, jusqu'au pic de la raison pure.

Dès ses premiers écrits, Heidegger avait distingué, sous l'éclairage nouveau fourni par la lecture d'Aristote mais aussi par les travaux de Stadler et de Husserl, que le logicisme critique recélait une interrogation profonde dont le dynamisme tendait à rompre l'échafaudage grammatical dressé autour du jugement pour atteindre, dans le dialogue et le langage, l'essence de la pensée.[57] Ouvrant de l'intérieur des brèches de plus nombreuses dans le rempart néo-kantien, le philosophe s'échappe, à travers bois, à travers champs, pour gagner les pistes de l'être s'élevant en spirales de plus en plus larges loin du réduit logique. En 1947, le penseur parvient à un sommet d'où sa vue peut embrasser la chaîne des pics qu'il lui fallut grimper et regrimper à pas lents. Il habite enfin ce cirque de montagnes que lui masquait le mur néo-kantien et qui dominent de leur majesté inquiétante la citadelle maintenant démantelée où l'être a conservé si longtemps enclos, pour la pensée, un projet de libération.

Le projet de libération ne perd pas sa nature de projet dans la pensée parvenue au coeur de la nuée poétique. Il avait commencé d'accomplir sa finitude essentielle dans une entreprise de destruction de l'ontologie; il la consomme dans le service respectueux de la lettre.

L'écrit *Ueber den Humanismus* donne ainsi à penser que, pour rencontrer Kant, il ne suffit pas de préserver ses problèmes au prix de certaines brutalités à l'égard des textes. Il faut sans doute dégager d'abord de la platitude et des platras d'une logique simpliste, non seulement les idées, mais surtout la langue critique. Toutefois ce travail reste préparatoire; il faut en venir enfin à écouter la langue de Kant avec la dévotion dont le poète entoure les mots.

---

[57] Cfr ce que nous avons dit de l'article *Neue Forschungen für Logik* (1914), ci-dessus pp. 42–45 et la conclusion de *Die Lehre vom Urteil im Psychologismus* (1914) que nous citons p. 50.

b. *Kant et Hölderlin*

Or il se trouve que le poète avec qui Heidegger se décide à assumer «le service de la lettre», fut précisément un lecteur recueilli de Kant. Aussi ce n'est nullement par hasard que M. Jean Beaufret, le destinataire de la *Lettre sur l'humanisme*, a tenu à faire remarquer naguère les sentiments «d'adoration» de ce poète, Hölderlin, à l'égard du philosophe critique.[58]

Ce contexte indique qu'il serait possible d'orienter nos chemins vers l'être d'après une constellation où brillent d'un éclat particulier Kant, Hölderlin et Heidegger. On peut sans doute considérer la constellation comme un signe du Zodiaque et tenter d'y lire un destin. Mais même pour le plus pénétrant astrologue il n'est pas sans intérêt de préciser les contours des figures célestes et de mesurer les angles qui nous permettent, à partir des deux étoiles plus proches, de situer la plus lointaine. Or la droite idéale qui dans notre ciel, mène de Heidegger à Kant prolonge-t-elle vraiment celle que l'on peut tracer depuis Kant jusqu'à Hölderlin?

En d'autres termes, en nous suggérant par son langage de chercher l'intelligence authentique de la philosophie critique auprès de Hölderlin, Heidegger ne nous engage-t-il pas à découvrir un Kant très différent de celui qu'ont fait apparaître ses propres interprétations?

Sans l'affirmer positivement, M. Jean Beaufret semble indiquer qu'une recherche dans ce sens devrait être fructueuse.

Il remarque d'une part que, par sa façon de comprendre le kantisme, Hölderlin s'inscrit d'emblée en faux contre cet idéalisme allemand dont, justement, Heidegger estime qu'il constitue «l'oubli croissant de ce pour quoi Kant avait livré bataille».[59] Tout comme Kant en effet, et en s'appuyant sur lui, le poète s'efforce de maintenir séparés pour ne point les corrompre des

---

[58] BEAUFRET, *Hölderlin et Sophocle*, pp. 13 et 14, qui cite pour justifier ce mot, HÖLDERLIN, Lettre à Neuffer du début décembre 1795: «pour l'instant, j'ai de nouveau cherché refuge auprès de Kant, comme je le fais toujours quand je ne puis me souffrir» *trad.*, p. 138 – et surtout Lettre à Karl Gock du Ier janvier 1799, *trad.*, p. 220.

[59] KM, 220; cfr *trad.*, p. 299. Nous citons d'après BEAUFRET, *Hölderlin et Sophocle*, p. 21. – cfr, plus nettement encore, FD, 44–45.

mondes que l'idéalisme mélange dans la métaphysique;[60] – tels ceux du noumène et du phénomène, tels ceux du divin, du *Geist*, et de la nature;[61] – Hölderlin aurait donc entrevu et vécu la question posée plus tard par Heidegger sous le titre *Kant et le problème de la métaphysique*.

D'autre part, lorsqu'il s'agit de faire voir un peu plus précisément quels aspects de la philosophie critique ont pu mettre Hölderlin sur la voie qui conduit au domaine de la distinction ontologique et de «l'entre-deux», M. Beaufret nous renvoie à un Kant dont Heidegger ne parle quasiment pas, celui des discussions avec Haman et Herder,[62] celui de *La religion dans les*

---

[60] Cfr BEAUFRET, *op. cit.*, pp. 20–21 et 26. – Lorsqu'il se réfère à Kant, l'auteur demeure peu précis. Une fois même il ne recule pas devant un style d'interprétation qui n'est pas sans rappeler les accommodations de l'Ecriture par certains Pères. Ainsi à propos des derniers poèmes de Hölderlin, M. ALLEMANN a écrit, *Hölderlin et Heidegger*, trad. F. FEDIER, p. 171, qu'ils «maintiennent séparés des mondes qui, autrement, ne pourraient que se corrompre en se mélangeant». Citant ces lignes, M. BEAUFRET, *op. cit.*, p. 20, enchaîne: «On ne peut s'empêcher ici de penser à nouveau à Kant et à la piété kantienne, si attentive dans son 'séparatisme' à maintenir la distinction entre … *phénomène* et *noumène*». Le mot 'séparatisme' est emprunté, nous dit une note, à SF, Cass. VII, 386; *trad.*, p. 90. Or en cet endroit Kant reproduit le texte d'une lettre à lui adressée par le médecin Carl Arnold WILLMANNS et qui avait été publiée déjà dans un ouvrage de ce dernier, *De similitudine inter mysticismum purum et kantianam religionis doctrinam*, paru à Halle en 1797. Kant note, SF, Cass. VII, 381–382; *trad.*, p. 83, qu'il n'est pas disposé à admettre absolument la ressemblance de sa propre conception avec celle de son jeune disciple. Il explicite sa pensée à ce sujet dans une lettre de mai 1799, Cass. X, 363–364. Quoi qu'il en soit, dans le passage invoqué par M. Beaufret, le séparatisme n'est nullement présenté comme un caractère de la piété de ces gens «qui, (pardonnez-moi l'expression) seraient de vrais kantiens, s'ils étaient philosophes» (Cass. VII, 387; *trad.*, p. 91). A l'endroit indiqué, Willmanns écrit: «J'en étais arrivé, vénérable père, à ce point dans l'étude de vos écrits, quand j'appris à connaître une classe d'hommes, qu'on nomme séparatistes, mais qui eux-mêmes se donnent le nom de *mystiques*; chez ceux-ci, je trouvais votre doctrine mise en pratique presque à la lettre.» Le terme *séparatiste* est donc celui qu'employait le Luthéranisme orthodoxe, dès la fin du XVIIe siècle, pour désigner ces nombreuses communautés qui, comme le groupe décrit par Willmanns, professaient «des principes religieux semblables à ceux des Quakers» et «ne pratiquaient aucun culte»; se soumettant toutefois, au contraire des Quakers, à l'impôt civil et ecclésiastique, ces chrétiens ne sortaient pas officiellement de l'Eglise. Pareils mouvements s'apparentaient souvent au piétisme ou à l'Eglise morave revigorée par Zinzendorf. – Tout ceci n'autorise guère, on l'avouera, à parler, à propos d'Hölderlin, du «séparatisme de la piété kantienne»!

[61] *Geist* est la traduction hölderlinienne du grec *Theos* et *daimôn* dans les poèmes tardifs. C'est du moins l'opinion de M. Beda ALLEMANN, *Hölderlin et Heidegger*, trad., pp. 223–224, qui s'appuie sur bien des commentateurs autorisés.

[62] BEAUFRET, *Hölderlin et Sophocle*, p. 14, cite la lettre à Haman du 6 avril 1774, Cass. IX, 120–122. Entre le Mage du Nord et Kant, la discussion porte sur l'idée exposée par Herder d'une concordance de la Genèse avec les écrits hermétiques. Par ce biais est abordé le problème d'une différentiation de l'humain et du surhumain dans le langage. Sur le même sujet, cfr. aussi Lettre à Haman du 8 avril 1774, Cass. IX, 125–128, et *Rezensionen von J. G. Herders Ideen zur Philosophie der Geschichte der Menschheit*, 1775, Cass. IV, 177–200.

limites de la simple raison,[63] bref: un Kant qui n'oublie pas le piétisme et qui a médité Jean-Jacques Rousseau.

Ce penseur-là avait effectivement pas mal à dire à Hölderlin, élevé lui aussi dans le piétisme et lui aussi fervent de Rousseau.[64] Mais le rapport du poète au penseur ne se limite pas à subir une influence de ce que l'on appelle communément les oeuvres morales de Kant. Ce que l'auteur des *Remarques* sur Oedipe et sur Antigone découvre en méditant les *Critiques*, c'est l'exclusion de toute théophanie et le retrait du divin dans la manifestation impérative de la loi. Par ailleurs, dans les poèmes écrits après 1800, que de vers évoquent le célèbre texte: «le ciel étoilé au-dessus de moi et la loi morale en moi»;[65] non pas pour y trouver les fondements d'une preuve de l'existence de Dieu; mais en maintenant cette parole dans l'aire sereine d'absence du divin et d'humaine recherche qu'ouvrait Kant en disant: «Aussi est-il permis de croire ... que la sagesse impénétrable qui nous fait exister n'e t pas moins digne de vénération en ce qu'elle nous a refusé qu'en ce qu'elle nous a accordé».[66]

En nous éclairant sur la conception heideggerienne de l'interprétation et en dirigeant notre regard vers Hölderlin, le détour que nous venons de faire par l'*Introduction à la métaphysique* et la *Lettre sur l'humanisme* nous rend à nouveau sensible une difficulté que nous avions déjà éprouvée auparavant. Il s'agit du malaise qu'engendre le choix des textes à partir desquels Heidegger veut nous faire apercevoir le phénomène Kant.

[63] BEAUFRET, *op. cit.*, pp. 25–26, met justement en parallèle «le changement du coeur», «la révolution *in der Gesinnung*», «le passage à la maxime de la sainteté du devoir», dont parle Kant, (*Religion*, Cass. VI, 187; *trad.*, pp. 70–71) et «le retournement natal qui est retournement de tous les modes de représentations et de toutes les formes», dont Hölderlin fait le coeur de la tragédie d'Antigone (*Remarques sur Antigone*, 82–83).
[64] Cfr Lettre à son frère du 28 novembre 1791, *trad.*, p. 51; Lettre à J. G. Ebel du 2 septembre 1795, *trad.*, p. 131 et, après 1800, le poème *Rousseau*, SW, Stapf, pp. 226–227.
[65] Ainsi dans le poème *In lieblicher Bläue* (SW, Stapf, 415–417), les oppositions entre Himmel, -Natur, et Geist, -Tugend; dans la seconde version de l'hymne *Der Einzige* (SW, 326–327), l'évocation du Christ, seul debout sous le ciel visible et les étoiles qui visiblement le dominent. – Chez Hölderlin le thème du ciel étoilé s'enrichit de l'évocation du temps dans le rythme implacable et doux des saisons, de l'évocation aussi des constellations qui influencent nos destinées; cfr. par exemple *Was ist der Menschen Leben?*, *Was ist Gott?*, *Der Winter*, et *Höheres Leben* (SW, 356, 357, 404–405, 399). Ceci bien sûr n'explique pas la thématique et la symbolique de la lumière et de l'air qui constituent la vue du «céleste» propre à Hölderlin.
[66] KPV, Cass. V, 160; *trad.*, p. 57.

Si la pensée fondative doit être respect de la lettre, ne faudrait-il pas que la remémoration de la méthode transcendantale intrinsèque à cette pensée tînt compte, comme Hölderlin le fit du reste en poète, de l'unité de la première *Critique*, non seulement avec les deux suivantes mais encore avec l'ouvrage sur la religion et d'autres encore?

Bien sûr, on ne saurait oublier que dès 1914 Heidegger insistait sur la nécessité de considérer l'ensemble de l'oeuvre kantien.[67] Pas plus qu'on n'est en droit de négliger, même si le texte n'en a pas été publié, les nombreux cours de Fribourg et de Marbourg sur les *Prolégomènes*, sur *La religion dans les limites de la simple raison*, sur la *Grundlegung*, sur la deuxième et sur la troisième *Critique* et sur les *Fortschritte*.[68]

Il n'en reste pas moins très significatif de voir Heidegger entourer de propos restrictifs les interprétations pourtant fondatives qu'il nous donne de la méthode transcendantale dans son rapport à la philosophie de Leibniz, de la *thèse* kantienne sur l'être, voire de l'imagination transcendantale.

---

[67] Cfr ci-dessus pp. 47 et 45.
[68] Cfr la liste des cours établie par RICHARDSON, *Heidegger*, 665-668, 670.

CHAPITRE II

PRÉSENCE DE L'ÊTRE DANS L'OUBLI MODERNE DE L'ÊTRE

I. PRÉLIMINAIRES

Ce que nous avons dit de l'unité évolutive de l'interprétation heideggerienne pourrait se récapituler en un nouvel effort pour traduire *Gewalt-tätigkeit*, ce mot qui, dans l'*Introduction à la métaphysique*, veut dire l'essentiel de l'homme.

Il ne suffit pas de la rendre, comme nous l'avions fait, par «violence fécondante».[1] L'action dont il parle naît, se déploie et repose tout entière dans une *Ge-walt*, dans une vaillance rassemblée qui n'est pas définie par le potentiel d'un individu même sous sa plus haute tension. Si la violence qu'exerce l'agir, le penser ou l'interprétation peut féconder les choses, l'objet ou le déjà dit du langage, c'est que sa vaillance propre est d'avance rassemblée à celle qu'elle va retrouver dans l'opposé. La violence extatique de l'homme est vaillance de l'être actuellement en dispensation et en retrait dans le temps.

Nulle interprétation ne saurait dès lors se faire plus «poétique», plus respectueuse de la lettre par simple renonciation à la violence. Pour préserver vraiment le texte, elle doit au contraire laisser sa violence à elle jaillir d'un domaine de vaillance qui la rend possible; et c'est en sautant ainsi vers sa propre source qu'elle sera également saut vers le domaine originaire d' où provient et qui garantit la lettre, pensée et poésie.

Du moins est-ce là le propos de Heidegger. Qu'il réussisse à s'y tenir mieux, autant ou plus mal qu'il n'est parvenu à nous le faire entendre, c'est ce dont la suite permettra de juger, nous l'espérons, et seulement pour ce qui concerne Kant.

Mais afin de procéder fidèlement, il importe d'abord de situer la Critique dans l'ensemble de l'esprit moderne, celui-ci devant

[1] Ci-dessus p. 191.

se comprendre comme une manifestation de l'être dans son histoire. C'est à ce prix seulement que nous seront autorisés à interroger Heidegger sur les diverses mises entre parenthèses – et non
entre guillemets – qu'il pratique dans la lettre de Kant tout en
affirmant que son interprétation inclut en elle-même la méthode
transcendantale.

2. CRITIQUE, ESPRIT MODERNE ET CHRISTIANISME

a. La Raison moderne

Le principe de raison entend montrer comment le réveil et le
rassemblement de la tradition de pensée occidentale opéré par
Leibniz «ouvre la voie à la pré-tention (*Anspruch*) du principe de
raison en tant que principe suprême, pour que devienne élément
portant (*das Tragende*) la puissance (*das Machtende*) qui se cache
dans cette pré-tention».[2]

Kant, qui «a toujours témoigné la plus haute estime pour les
écrits alors connus de Monsieur de Leibniz»,[3] pense plus profondément encore que ce dernier sous la domination du *principium
reddendae rationis*.

«C'est là précisément la raison pour laquelle Kant ne parle pas sinon
rarement du principe de raison».[4]

En nos temps tout pénétrés d'une technique issue d'une conception censément kantienne de la science, il est capital de comprendre comment la recherche des conditions *a priori* de la nature
et de la liberté, c-à-d la critique de la Raison pure au sens le plus
complet du terme, est une réponse à l'exigence absolue de rendre
raison. Car l'époque de Leibniz et de Kant «détermine l'essence
des temps modernes.»[5] Et c'est maintenant que peut devenir manifeste la puissance en action dans la pré-tention d'atteindre la
raison des choses. Il y a pour nous une possibilité de comprendre
que

«le principe de raison est un principe de l'être, en vertu duquel être et
raison *sont* le même».[6]

---

[2] SG, 123; *trad.*, p. 165.
[3] SG, 128; *trad.*, p. 171.
[4] SG, 125; *trad.*, p. 167.
[5] SG, 123; *trad.*, p. 165.
[6] *Loc. cit.*

Dans la puissance intrinsèque à la pré-tention d'atteindre la raison des choses règne l'être en tant que dispensation, et s'il règne en tant que dispensation, c'est *donc* sur le mode du retrait.[7]

En termes plus simples peut-être : pour ne pas sombrer dans les périls d'un technicisme dictatorial, notre époque doit en comprendre les origines authentiques, c-à-d l'appel au principe de raison tel que l'ont entendu et fait entendre à leur tour Leibniz et Kant. Mais comprendre ainsi les grandeurs et les misères du calcul et de la technique requiert que nous dépassions une histoire qui se limite à enquêter sur les causes de la situation actuelle ; il nous faut accéder à l'histoire *de* l'être, c-à-d de cela qui se manifeste en se cachant toujours par le fait même.

Lire Kant dans cette perspective suppose d'abord une intelligence exacte du titre *Critique de la Raison pure*.

«Critique» ne doit pas se prendre ici dans le sens négatif d'une «dénonciation des manques» ; ou du moins ce sens n'est pas fondamental.[8] En écho au verbe grec *krinein*, critiquer veut dire distinguer selon le mode d'un relevé, par quoi l'on fait ressortir ce qui importe.[9] Ainsi la critique kantienne marque les limites, et non les bornes, de la Raison ; elle fait ressortir, non ce qui sépare, mais ce qui rassemble la Raison, ce à partir de quoi elle commence et éclôt comme Raison. Un peu comme un temple, une statue, un vase grecs éclosent et sont présents par leurs limites mêmes.[10]

Dans le langage de Kant, la limite essentielle qui rend présente la Raison comme telle et la dégage pure de toute sensibilité s'appelle «les conditions de possibilité *a priori*».

Rechercher ces conditions, c'est encore faire droit, bien que de façon lointaine, à l'exigence d'Aristote qui prescrivait à la métaphysique de découvrir «ce qui est par *phusis*, c-à-d par être, antérieur à ce qui est pour nous le plus manifeste, c-à-d à l'étant».[11] Kant médite sous le titre conditions de possibilité a priori ce qui rend possible ce à partir de quoi l'étant comme tel en totalité se détermine pour nous. Or, à première vue (*offensichtlich*) l'étant se détermine pour nous autres hommes à partir de deux circon-

---

[7] *Loc. cit.*
[8] SG, 124 ; *trad.*, p. 168. Cfr FD, 92–94.
[9] *Loc. cit.*
[10] *Loc. cit.*
[11] SG, 125–126 ; *trad.*, p. 168.

scriptions, celle de la nature et celle de la liberté. L'homme en tant qu'il est *animal* appartient au règne de la nature, tandis qu'il appartient, en tant que *rationale*, au règne de la Raison, c-à-d de la volonté et de la liberté.[12] La critique de la Raison pure comme recherche des conditions de possibilité *a priori* devra donc préciser ce qu'est la Raison dans son rapport à la nature et dans son rapport à la volonté ou à la causalité de cette volonté c-à-d à la liberté.[13]

Mais il est clair également que «derrière la formule 'conditions de possibilité a priori' se cache la notification (*Zustellung*) de la raison suffisante qui est, en tant que *ratio*, la Raison pure. D'après Kant, c'est seulement dans le rapport régressif (*Rückbezug*) à la Raison comme ratio que quelque chose se laisse déterminer en ce qu'il est et selon qu'il est un étant pour le vivant raisonnable 'homme'».[14]

Il découle de là que pour la pensée moderne telle qu'elle éclôt en Kant l'étant n'*est* jamais, sinon comme objet; et l'objet n'est jamais tel, sinon pour un sujet.[15] Mais il y a plus: «ce sujet, c-à-d la Raison comme rassemblement des conditions de possibilité *a priori* pour la nature et la liberté, est ce rassemblement uniquement en tant que la Raison est notification de la raison suffisante».[16]

Autrement dit: «le *to gar auto noein te kai einai* doit se traduire maintenant par «c'est bien le même qui est ap-percevoir aussi bien qu'être».[17]

Pour les temps modernes, «ap-percevoir, Raison (ratio) et être se tiennent et de telle manière que la Raison pure n'est plus rien d'autre désormais que l'acte de poser, c-à-d de notifier avec certitude la raison suffisante pour toute chose eu égard au mode selon lequel celle-ci peut apparaître comme étant, c-à-d être représentée et arrangée, traitée et mise en un commerce».[18]

---

[12] SG, 126; *trad.*, pp. 168–169.
[13] SG, 126; *trad.*, p. 169.
[14] *Loc. cit.*
[15] SG, 127; *trad.*, p. 169.
[16] *Loc. cit.*
[17] SG, 127; cfr *trad.*, pp. 169–170.
[18] SG, 127; cfr *trad.*, p. 170. – Par «ap-percevoir» nous traduisons *Ver-nehmen* que Heidegger propose d'entendre encore résonner dans *Ver-nunft*. Il y aurait donc une parenté entre le principe de raison, le principe de l'ap-perception transcendantale ou de la Raison pure et le principe de Berkeley *esse est percipi*. – CASSIRER, dans son

Cette façon de comprendre dépasse évidemment les explications qui se contenteraient de considérer le titre 'Critique de la Raison pure' comme celui d'un livre écrit en telle année à Königsberg. L'interprétation heideggerienne entend au contraire montrer que le penser est chez Kant soumis entièrement à la pré-tention que désigne le titre. Pour Kant, le penser est devenu critique de la Raison pure; penser, c'est correspondre à la pré-tention de poser le fondement, d'établir la raison suffisante. Car la Raison qui est faculté des principes ou des pro-positions fondamentales (*Grundsätze*) est une Raison pure dans la mesure justement où elle est critique, dans la mesure où elle est rendue présente par ses limites mêmes, c-à-d en tant qu'elle est position de la raison suffisante.

Dès lors, pour accomplir à notre tour (*nachvollziehen*) le dessein kantien, il nous faut parcourir dans l'unité d'une même vue l'ensemble des trois *Critiques*. Et cela, non pas en suivant les lignes de l'architectonique extérieure que Kant lui-même s'est efforcé de rendre toujours plus nettes, mais en ressaisissant de l'intérieur l'unité de l'acte critique.[19] En tant qu'il pose la Raison comme fondement, cet acte est jugement selon des principes *a priori*. Par conséquent la Raison pure, qu'elle soit théorique ou pratique, est toujours une faculté de juger.

«C'est pour cela qu'appartient à une critique complète de la Raison pure théorique et pratique une critique du jugement».[20]

Ce que veut dire et faire Heidegger en pensant fondativement l'unité du kantisme dans une histoire de l'être peut se résumer en une formule: «Die Kritik der reinen Vernunft bringt den Grund aller Begründung in seine umrissene Gestalt».[21] Ce qui signifie sans doute que la Critique conçue comme un tout, en révélant la totalité des fonctions fondatives de la Raison, donne à celle-ci sa stature complète. Mais la phrase indique aussi que la Critique n'est pas seulement l'oeuvre de cet entendement que l'on a pu appeler un moule à gaufres; si elle introduit le fondement de toute fondation, c-à-d l'être, dans une forme aux con-

article sur KM, *Bemerkungen*, 12, soulignait déjà l'arbitraire du rapprochement entre *Vernunft* et *Vernehmen*. Sur le sens de cette étymologie cfr KM, 29; *trad.*, p. 84 et, à propos de EM, RICHARDSON, *Heidegger*, 269, note 27.

[19] Cfr SG, 128; *trad.*, p. 171.
[20] SG, 124; *trad.*, p. 167.
[21] *Loc. cit.*

tours nettement dessinés, c-à-d dans la Raison judicative *a priori*, il n'en reste pas moins que cette forme appartient à l'être, qu'elle est sienne (*seine Gestalt*) antérieurement à la Critique dont il a besoin pour advenir.

b. *Explication avec le Christianisme*

Il serait faux cependant d'imaginer que Heidegger prétend nous dire, en pensant l'impensé que recouvre le titre des *Critiques*, tout ce qu'est le kantisme. Ses remarques sur Kant ne peuvent apporter qu'un rayon de lumière faible et isolé; leur seule ambition est de nous aider à pressentir l'influence souveraine exercée par la dispensation de l'être.[22] Et voici pourquoi:

«A en juger d'après le recul du temps telle que l'histoire le calcule, la pensée de Leibniz et de Kant nous est beaucoup plus proche que celle des Grecs; et pourtant la pensée moderne dans ses traits fondamentaux nous est beaucoup plus difficilement accessible; car les oeuvres et autres écrits des penseurs modernes sont construits autrement, plus complexes, pénétrés de tradition et partout engagés dans la discussion avec le Christianisme».[23]

Il convient sans doute de prendre au sérieux la forme absolue de cette dernière expression: *die Auseinandersetzung mit dem Christentum. La* prise de distance à l'égard du christianisme serait alors un élément constitutif de la *pensée* moderne. Et cependant l'histoire de l'être pourrait ressaisir valablement cette pensée sans tenir compte du démêlé entre philosophie et religion, et sans s'y engager elle-même.

Devons-nous en conclure que cette discussion partout présente dans les oeuvres de Kant fait partie du procès de pensée par lequel la Critique, pour la première fois depuis les Grecs, «esquisse comme une question à creuser la question de l'être de l'étant»?[24] Le christianisme doit-il être considéré comme une déchéance ou une retombée spécialement grave de l'interrogation sur l'être, qui empêche Kant, malgré tous ses efforts, de remonter plus haut encore que la région de la métaphysique aristotélicienne et de retrouver l'origine de l'histoire occidentale, c-à-d la pensée pré-socratique?

[22] SG, 124; *trad.*, p. 166.
[23] SG, 124; *trad.*, pp. 165–166.
[24] SG, 131; *trad.*, p. 175.

Ce que nous savons par ailleurs de la philosophie heideggerienne invite, c'est vrai, à donner une réponse affirmative à ces deux
questions. Mais *Le principe de raison* se contente de mettre entre
parenthèses le rapport de la Critique au christianisme.

Pourtant dans *Die Frage nach dem Ding* Heidegger avait lui-
même établi un lien entre le christianisme et la «métaphysique»
d'un Leibniz ou d'un Kant.[25]

«La métaphysique moderne, écrit-il, depuis Descartes jusqu'à Kant et,
au delà de Kant encore, la métaphysique de l'idéalisme allemand, ne sont
pas à comprendre sans les représentations chrétiennes fondamentales, si
lâche que puisse être devenue la relation à la foi dogmatique d'une
Eglise et même si cette relation se trouve rompue».[26]

Quelques pages plus haut, Heidegger avait fait remarquer
comment l'idée de la perfection divine comprise selon la théologie
chrétienne avait conduit Leibniz à chercher le fondement du
caractère particulier de la chose – le fondement de ce qui fait
qu'une chose est toujours cette chose-ci – dans l'*être* des choses
elles-mêmes, et non dans une référence à leur situation spatio-
temporelle.[27] Il se peut, ajoutait notre auteur, qu'*être* ne veuille
plus dire pour nous *être créé par Dieu*. Mais alors

«être ne veut-il plus rien dire du tout, à telle enseigne que nous pataugeons
de-ci de-là dans la confusion? Qui doit décider de ce qui en est concernant
l'être et ses déterminations possible»?[28]

Des deux citations précédentes prises ensemble, il paraît bien
découler qu'une pensée fondative remémorant la métaphysique
des temps modernes puisse, sans se renier, reconnaître dans le
christianisme un moment de la dispensation et du retrait de
l'être. Bien sûr, en divisant l'être selon trois étants privilégiés –
le monde, l'homme, Dieu – la vue chrétienne des choses renforce
encore la perspective métaphysique du platonisme et de l'aristotélisme qui se définissait par une interrogation sur l'être de
l'étant et sur l'étant en totalité.[29] Mais cette vue chrétienne évite
pourtant à un grand initiateur de la pensée moderne au moins, à

---

[25] L'ouvrage, rappelons-le, fait connaître le texte d'un cours donné en 1935–1936.
L'auteur le publie en 1962, cinq ans après les leçons sur *Le principe de raison*.
[26] FD, 84.
[27] FD, 18.
[28] *Loc. cit.*
[29] FD, 84–85, 92; KM, 18; *trad.*, pp. 68–69.

Leibniz, de glisser déjà dans ce scientisme qui prétendra trouver
sa liberté dans le culte de ce qu'il appelle les faits.

De ce scientisme des XIXe et XXe siècles, Heidegger écrit:

> «Le comique ou, pour mieux dire, le tragique du présent état de la
> science, c'est au premier chef que l'on croit pouvoir dépasser le positivis-
> me par le positivisme».[30]

A la vérité, les vrais savants de notre époque, un Bohr ou un
Heisenberg par exemple, pensent bien en philosophes: ils s'occupent de concepts autant au moins que de faits. Mais dans la
masse des tâcherons de laboratoire s'est développée une mentalité
soi-disant scientifique qui envahit tout. C'est contre ce positi-
visme-là qu'il est urgent de réagir en ramenant l'attention sur
l'*être* même de ces choses que la science prétend connaître toujours mieux.[31]

Si c'est effectivement à réagir de la sorte que s'emploie la
philosophie *de* l'être, on en vient à se poser cette question paradoxale: en demandant à la science de ne pas s'enfoncer dans l'oubli de l'être, Heidegger voudrait-il somme toute lui faire retrouver et approfondir encore ce regard sur les choses qu'un Leibniz
devait à son appartenance chrétienne? Nous tenons au moins
pour assuré qu'en 1935, alors qu'il s'adressait à des étudiants
séduits par le nazisme, le professeur de Fribourg voulait faire
remarquer ceci: ce n'est point parce que nous avons dépassé le
christianisme que nous avons le droit d'ignorer certaines richesses
de sa culture, et la philosophie *de* l'être nous permet justement
d'intégrer ces richesses sans retomber sous la dictature de la
théologie.

Au demeurant, l'incidence du christianisme sur la métaphysique d'un Descartes, d'un Leibniz et d'un Kant ne se comprend
pas si l'on ne saisit en même temps le sens de la pensée mathématique. En particulier, il est impossible de voir dans la *Critique
de la raison pure* une interrogation concernant la chose aussi
longtemps que l'on ne perçoit pas la situation du mathématisme
dans l'histoire de l'être.

---

[30] FD, 51.
[31] *Loc. cit.*

3. CRITIQUE ET MATHÉMATISME

a. *Le mathématique*

Si l'on considère la science moderne telle que la font en ses origines authentiques un Galilée et un Newton, il devient clair que leur originalité par rapport aux anciens et aux médiévaux ne consiste ni dans l'observation du fait, ni dans la rigueur ou l'audace expérimentale, ni dans le calcul et la mesure. Ces traits n'acquièrent leur relief depuis la Renaissance qu'en vertu d'un mode nouveau d'aborder et de prévenir les choses,[32] qui est une attitude philosophique.

Il faut y insister: ce projet n'est pas défini par le développement ou le renouvellement d'une branche ou d'une technique de ce que l'on appelle «les Mathématiques», comme serait la géométrie analytique ou le calcul infinitésimal. Le projet de l'homme moderne vers et sur les choses jette au contraire l'homme lui-même dans ce qui fait que «les Mathématiques» en général sont mathématiques, c-à-d dans *le mathématique*.[33]

Le mathématique – selon le sens du grec *mathêmata* – désigne exactement les choses en tant qu'elles peuvent s'apprendre, ou encore les choses en tant que nous pouvons apprendre à connaître (*kennenlernen*), non pas seulement leur usage par un exercice, mais proprement ce qu'elles sont. Prendre ainsi connaissance, c'est prendre les choses en tant qu'elles sont cela que déjà nous connaissons d'avance. Lorsque je perçois *ce* corps, je le prends comme quelque chose *de* corporel. Dans l'acte d'apprendre à le connaître, je sais déjà qu'il y a du corporel à *ce* corps.[34]

«Les *mathêmata*, le mathématique, c'est cet *à*, cet *aux choses* qu'à proprement parler nous connaissons déjà, que nous ne devons donc pas extraire des choses mais que, d'une certaine façon, nous y apportons déjà nous-mêmes».[35]

Ce mathématique, cet apprendre-à-connaître antérieur à la rencontre des choses est requis pour fabriquer un instrument: l'armurier sait d'avance, lorsqu'il fabrique un fusil, que c'est

---

[32] FD, 52: «... die Art des Vorgriffs auf die Dinge».
[33] *Loc. cit.,*
[34] Cfr FD, 53–56.
[35] FD, 57.

une arme.[36] Plus profondément encore, cet apprendre-à-connaître est ce qui rend possible non seulement d'apprendre mais
d'enseigner. Le maître enseigne à l'élève non pas à recevoir ce
qui lui est donné de l'extérieur mais bien plutôt la façon de prendre lui-même ce qu'il possède déjà. Dans l'authentique apprendre, le prendre est un se donner-à-soi-même que l'expérience
reconnaît pour tel.

> «Aussi enseigner ne veut-il rien dire qui soit Autre, sinon laisser et faire
> apprendre les autres, c-à-d se porter mutuellement à apprendre».[37]

La science des temps modernes aborde et prévient les choses
par le mathématique et elle y jette l'homme.

Ainsi se dévoile l'essentiel de la célèbre devise inscrite au por-
tique de l'Académie: «Que personne n'entre ici s'il n'est géomè-
tre», c-à-d s'il n'a compris *le mathématique*.[38] Ainsi encore s'accomplit un renouvellement du penser comme tel: il consiste
dorénavant à sauter par delà les choses en projetant d'avance
leur choséité. C'est uniquement dans le champ ouvert par le
projet que les choses, les réalités de fait, peuvent se montrer. Ce
qu'elles sont *jugées dignes* d'être est déterminé d'entrée de jeu
dans le projet. Et la pensée devient alors *axiomatique*: elle énonce
les déterminations préalables selon lesquelles les choses sont
estimées.[39]

En ce sens, penser c'est poser des propositions fondamentales,
des principes. Mais c'est aussi tracer d'avance le plan, le contour
strict selon lequel chaque chose est construite et se trouve en relation avec chaque autre.

A l'encontre de ce que voulait Aristote, la nature n'est donc
plus ce fonds intrinsèque de chaque corps qui lui détermine un
lieu et une forme particulière de mouvement.

> «La nature est maintenant un domaine délimité dans le projet axio-
> matique et comprenant l'ensemble spatio-temporel des mouvements uni-
> formes, ensemble dans lequel les corps doivent être insérés et mis en
> tension pour être corps».[40]

Dans ces conditions, l'expérience ne saurait plus consister à

[36] FD, 55–56.
[37] FD, 56: «Lehren heisst daher nichts Anderes, als die Anderen lernen lassen, d.h.
sich gegenseitig zum Lernen bringen».
[38] FD, 58.
[39] FD, 71. – Cette remarque et les suivantes sont extraites d'un paragraphe qui
dégage l'essence du mathématique à partir d'une analyse de l'expérience de Galilée.
[40] FD, 71.

attendre que les choses nous donnent la réponse qu'il leur plaira; elle devient une expérimentation qui les contraint à nous dire ce qu'elles doivent nous dire.[41]

Et puisque le savant sait d'avance que tout mouvement est uniforme, que les choses se définissent par leurs relations spatio-temporelles dans le champ de la nature, il peut développer en conséquence la technique mathématique – géométrie analytique, calcul des fluxions ou calcul différentiel – qui convient à l'interrogatoire auquel il soumet la matière.[42]

En résumé, *le mathématique* signifie toujours à la fois: 1° ce que l'on peut apprendre, selon le mode que nous avons spécifié et selon ce mode seulement, 2° ce mode lui-même d'apprendre et de procéder.

«Le mathématique est ce qu'il y a aux choses de manifeste, dans lequel toujours nous nous mouvons déjà, et selon la mesure duquel nous avons l'expérience des choses comme choses et comme telles choses. Le mathématique est cette attitude fondamentale à l'égard des choses dans laquelle nous ap-préhendons d'avance les choses en projetant ce en tant que quoi elles nous sont déjà données, ce en tant que quoi il faut et il faudra qu'elles nous soient données».[43]

Cette nouvelle façon de penser constitue une prise de position fondamentale à l'égard de l'être, à l'égard aussi de la vérité, qui est le mode selon lequel l'étant devient manifeste comme étant.

b. *Mathématique et métaphysique*

Le *mente concipio* de Galilée concerne donc la métaphysique: depuis le XVIIe siècle celle-ci devient mathématique, dans le sens que nous avons expliqué. Son caractère propre exige même qu'elle soit marquée par la révolution de la pensée plus profondément que ne le furent les sciences de la nature et les Mathématiques. En effet la métaphysique est par excellence projet, et projet à la fois plus large et plus profond que la physique ou les Mathématiques: elle englobe dans son anticipation l'étant en totalité et elle veut saisir l'être de l'étant comme tel. C'est donc

---

[41] Cfr FD, 71–72.
[42] Cfr FD, 72.
[43] FD, 58: «Das Mathematische ist jenes Offenbare an den Dingen, darin wir uns immer schon bewegen, demgemäss wir sie überhaupt als Dinge und als solche Dinge erfahren. Das Mathematische ist jene Grundstellung zu den Dingen, in der wir die Dinge uns vor-nehmen auf das hin, als was sie uns schon gegeben sind, gegeben sein müssen und sollen».

bien en métaphysique que *le* mathématique, l'apprendre-à-connaître doit devenir ultime fondement.[44]

Le *mente concipio* libère aussi la métaphysique de toute dépendance à l'égard d'une révélation, d'un dogme ou d'une tradition: ce n'est plus de l'extérieur qu'est mesuré et que reçoit son fondement la connaissance de la nature. Mais la pensée mathématique n'est pas seulement une libération qui rompt des liens extérieurs; elle est aussi expérience nouvelle et nouvelle structuration de la liberté; celle-ci apparaît dans cette libération comme obligation qui se ressaisit elle-même.[45]

De tout ce qui précède, on pourrait conclure à première vue que le mathématique concerne uniquement la forme de la métaphysique moderne, tandis que le contenu en est toujours fourni, comme au Moyen-Age, par le christianisme. En fait, Heidegger le souligne, le contenu de la métaphysique moderne est déterminé lui aussi par le mathématique, tandis que la vue chrétienne des choses lui confère également une forme.[46] D'une part en effet, le nouveau mode de penser comprend la nature comme le champ spatio-temporel des mouvements uniformes, ce qui constitue une détermination du contenu. D'autre part, Heidegger estime que le souci de certitude dans les énoncés et les principes, souci qui appartient à la forme de la métaphysique moderne, ne provient pas seulement ni même peut-être au premier chef du mathématique comme tel, mais aussi et peut-être surtout de l'idée chrétienne d'un salut assuré pour chaque individu.[47]

La vue chrétienne et la vue mathématique du monde se renforcent donc l'une l'autre pour placer au centre et au fondement de la métaphysique l'homme en tant qu'il pense, c-à-d l'individu doué de raison et de liberté.

Ceci est particulièrement manifeste dans le primat absolu que Descartes attribue à la méthode en philosophie. Et c'est encore ce même primat qui se cache derrière le propos kantien de ramener à la seule question: *Qu'est-ce que l'homme?* toutes les interrogations de la métaphysique, c-à-d de la théologie, de la cosmologie et de la psychologie.[48]

[44] Cfr FD, 75.
[45] Cfr *loc. cit.*
[46] FD, 75.
[47] FD, 77.
[48] FD, 85.

c. La méthode cartésienne

La méthode cartésienne est le procès (*Vorgehen*) «c-à-d le mode selon lequel nous sommes tout simplement à la poursuite des choses».[49] C'est à partir de ce procès que se détermine ce qui peut être objet et comment il peut l'être. Ce procès est une *mathesis universalis*, c-à-d que le penser s'y pense lui-même et qu'il est tout entier «prendre connaissance de ce que nous avons déjà».[50]

Or s'en tenir à cette méthode implique, selon les *Regulae*,[51] la certitude des pro-positions de la pensée.

De là *découle* le doute méthodique, puisque rien ne doit être reconnu pour certain en dehors de ce que pose la raison.

De là découle aussi le sens nouveau de la pro-position. Avant Descartes, elle désignait ce qui tout bonnement se présente de façon immédiate comme allant de soi; elle contenait et retenait les choses présentes sous les yeux, dont elle parlait. Tout comme la chose, elle était «le récipient subsistant de l'être».[52] Pour la méthode mathématique, qui est position fondamentale ou instauration du fondement, ni la proposition, ni la chose ne peuvent plus être donnés tels quels. La proposition ne saurait être que position d'un fondement ou principe (Grund-satz).

Quant à la chose, qui était traditionnellement le *sub-iectum* de la proposition, elle doit devenir, pour le mathématisme cartésien, l'*ob-iectum*. En effet le seul *sujet* dont les principes nous disent quelque chose, l'unique *hypokeimenon* toujours présent d'avance sous les yeux, c'est le penser en tant qu'il est *Je pense*: «Dans l'essence de l'acte de penser se trouve la proposition 'Je pose' ... qui ne se rapporte pas à un pré-donné», mais qui «a cette propriété qu'elle pose pour la première fois le *sub-iectum* de l'énoncé».[53]

Dans le *Cogito ergo sum*, c'est donc le «Je suis» qui est le fondement du «Je pense». Et le Je devient ainsi pour les modernes ce

---

[49] FD, 79. – Nous donnons ici le résumé du paragraphe intitulé «Descartes: cogito sum; Ich als ausgezeichnetes subiectum»; il faut le mettre en relief en dépit de son allure d'excursus.
[50] FD, 80.
[51] *Regulae ad directionem ingenii*, Reg. III. – Heidegger explique de façon plus détaillée le titre de l'oeuvre et les règles 3, 4 et 5; cfr. FD, 78–79.
[52] FD, 80: «Der Satz ist wie die Dinge auch vorhanden, der vorhandene Behälter des Seins».
[53] FD, 81.

que nous appelons aujourd'hui l'objectif par excellence, c-à-d
ce qui est d'avance déjà présent sous les yeux. Et ceci, non pas
en vertu d'un préjugé subjectiviste, mais simplement par le
radicalisme de la pensée «mathématique». Le subjectivisme
proprement dit surgit «lorsque l'essence du Je n'est plus comprise,
lorsqu'il n'est plus expliqué et déployé à partir de sa venue selon
l'être».[54]

Dès lors, en même temps que le *sub-iectum* devient le Je du
«Je pense», l'*ob-iectum* doit recevoir lui aussi une signification
nouvelle. Ce que les médiévaux désignaient par ce mot serait
considéré de nos jours comme quelque chose d'entièrement subjectif; ainsi, par exemple, une montagne d'or. Pour la pensée
mathématique, la re-présentation (*sich vor-stellen*) ne consiste
plus à nous projeter pour ainsi dire sur l'écran de l'imagination
une figure arbitrairement inventée. «Se représenter quelque
chose», c'est, pour la pensée mathématique, déterminer l'essence
de toute chose, cette chošéité qu'elle tient uniquement du rapport
fondatif au principe suprême et au «sujet» de cette proposition,
le Je. L'*ob-iectum* sera par conséquent cet autre en relation avec
le sujet et qui lui est opposé. Toute chose alors est un objet.[55]

Le renversement (*Umkehrung*) sémantique des mots «sujet» et
«objet» n'est pas un simple effet de l'usage. «Il est une démarche
dans laquelle le *Dasein*, c-à-d la lumière (*Lichtung*) de l'être de
l'étant se modifie de fond en comble en raison de la souveraineté
du *mathématique*. C'est là, *nécessairement caché au regard ordinaire, un tronçon de la voie* de l'histoire authentique, qui est toujours histoire de la révélabilité de l'être ou qui n'est rien du
tout».[56]

d. Descartes, Leibniz et Kant

Comment cette dispensation de l'être en retrait qu'est le mathématisme cartésien et à laquelle vient se mêler l'idée chrétienne
du salut comme justification individuelle va-t-elle prendre la

[54] FD, 81: «Dieses im 'ich denke' ausgezeichnete 'Subjekt', das Ich, gilt erst dann
als subjektivistisch, wenn sein Wesen nicht mehr begriffen, d.h. aus seiner seinsmäs-
sigen Herkunft entfaltet wird».

[55] Cfr FD, 81–82.

[56] FD, 82.

stature d'une *Critique de la raison pure* culminant dans la question «Qu'est-ce que l'homme»?

L'essence même des principes tels que les comprend Descartes nous éclaire sur ce point.

Le *Cogito ergo sum* est un énoncé qui fournit le fondement de toute vérité, c-à-d ici de toute certitude, et le fil conducteur de toute détermination des choses en général. Le Je devient ainsi le caractère essentiel de l'homme. Mais puisqu'il s'agit du «Je pense», c'est la raison, faculté de l'acte fondamental du Je, qui devient *expressément* et pour la première fois fondement de la vérité et fil conducteur de toutes les déterminations des choses en général.[57]

Pour Aristote, ces déterminations de l'être de l'étant étaient fournies par les catégories; et celles-ci se découvraient à partir du *logos*, c-à-d à partir de l'énoncé. Cependant le principe de non-contradiction, loi interne du *logos*, ne relevait pas à proprement parler de la juridiction de la raison.

Pour Descartes, au contraire, la raison est devenue tribunal suprême, en tant précisément qu'elle est le *sub-iectum* de la proposition fondamentale *Cogito ergo sum*. Dès lors, si le principe de non-contradiction demeure bien la loi interne de l'énoncé, il n'en est pas moins soumis au sujet de cet énoncé, il est posé en même temps que le Je. Eviter la contradiction signifie maintenant: poser ce qui se trouve dans la Raison.

Le premier principe du logique – au sens aristotélicien de ce mot - s'intègre alors au mathématique comme tel: il est *axiomatisé*. Et la Raison est du même coup posée comme *pure*: ce sont les principes de ce *logos* suprême qui deviennent en lui fondement de la vérité et de l'être de l'étant. Le fil conducteur de la métaphysique et la question concernant la chose ont maintenant leur attache dans la Raison pure.[58]

Entre Descartes et Kant, Leibniz n'apporte-t-il donc aucun élément digne d'être retenu par une Critique de la Raison pure d'abord, et surtout par une histoire de l'être, telle du moins que cette histoire se fait en 1935?

Aux deux principes du Je et de la non-contradiction, Leibniz ajoutera celui de la raison suffisante. Celui-ci est également posé

[57] Cfr FD, 82.
[58] Cfr FD, 83.

dans l'essence même d'une proposition en tant qu'elle est position,
Heidegger le note brièvement.[59]

Mais notre auteur tient à faire une autre remarque: si Leibniz a bien reçu de son contact avec le mathématisme des Français, des Anglais et des Hollandais les impulsions les plus
décisives, s'il parcourut d'un bout à l'autre ce nouveau monde
de la pensée, si d'une vue très haute il en apprécia vraiment la
grandeur authentique, c'est justement parce qu'il prit ainsi le
mathématisme au sérieux qu'il se mit en mesure d'établir le
fondement premier à partir duquel il devenait possible de le
dépasser.[60]

On ne peut s'empêcher de rapprocher cette dernière affirmation du fait d'abord que Leibniz introduit le principe de raison suffisante, du fait ensuite que l'idée de *perfectio divina*,
raison suffisante du meilleur des mondes, provient d'un fonds
théologique, comme Heidegger nous l'a rappelé. Et ce rapprochement suggère une conclusion importante, à savoir que Leibniz
dépasse le mathématisme, qu'il le comprend mieux encore que
ne faisait Descartes comme une dispensation de l'être en retrait,
uniquement parce qu'il le pense avec plus de décision en référence
au Dieu du christianisme.

Ces réflexions sur la pensée de Leibniz ne sauraient être négligées lorsqu'il s'agit de dévoiler le sens de la philosophie kantienne. D'une part en effet une critique de la Raison pure implique, on va nous le montrer, une détermination des limites du
mathématique. Et d'autre part, la façon kantienne d'opérer cette
détermination constitue une «reprise» du dépassement déjà réalisé par Leibniz, même si, de l'un à l'autre, la nouveauté est incontestable.[61] La question se posera donc une fois encore de sa-

---

[59] FD, 84.

[60] FD, 76: «Nur weil er durch diese Welt hindurch ging, ihre eigene Grösse wahr-
haft in grosser Ueberlegenheit schätzte, war er imstande, den ersten Grund zu ihrer
Ueberwindung zu legen». – Heidegger a noté que l'apparition du mathématisme dans
les pays non allemands «ist kein Zufall». On peut comprendre que le dépassement du
mathématisme soit lié au caractère germanique de Leibniz. La question d'une relation
entre christianisme, métaphysique et histoire de l'être se compliquerait donc encore
d'un nouvel élément: celui de la singularité nationale. Ce qui n'est pas sans importance
dès là qu'il s'agit de comprendre la pensée *occidentale*.

[61] Cfr FD, 61–62, où Heidegger cite le début de l'écrit, Cass. VI, 1 ss., *Ueber eine
Entdeckung, nach der alte Kritik der reinen Vernunft durch eine ältere entbehrlich ge-
macht werden soll*, écrit dirigé contre Eberhard et qui défend l'originalité du kantisme
par rapport à la philosophie de Leibniz. Le mot «Wiederholung», «reprise», ne figure
pas dans ce contexte: mais l'idée est bien celle-là.

voir si l'histoire de l'être peut penser la Critique sans tenir compte de sa relation au christianisme autrement que *per transennam*.

Kant s'efforce de soumettre à une critique la Raison cartésienne, qui fonde la détermination de l'être des choses en tant précisément qu'elle est *logos*, c-à-d en tant qu'elle prend connaissance, en se posant elle-même, de ce qu'elle a déjà: le Je, le principe de non-contradiction et le principe de raison suffisante. Or, nous le savons par ailleurs,

«le sens du mot *Critique* est si peu négatif qu'il vise au contraire le plus positif du positif, la position de ce qui en toute position doit être mis d'avance comme le déterminant et le décisif».[62]

Kant, il est vrai, confère au terme *critiquer* un sens encore plus précis, celui de «tracer une frontière»; mais non pas d'abord une frontière qui sépare pour défendre contre ...; une frontière qui enclôt et délimite pour faire voir l'articulation interne de la Raison pure. La Critique est essentiellement *Vorriss*, esquisse préalable et architectonique de cette Raison pure dont elle parcourt tout le domaine en même temps qu'elle le délimite. Et cela sans jamais s'appuyer sur des données facticielles, mais par principes.[63]

En s'accomplissant elle-même comme architectonique, la Critique amène le mathématique à son plein développement, c-à-d à cette limite où un dépassement s'impose qui ne soit pas une suppression. Or, nous l'avons dit, il appartient à l'essence de la métaphysique d'être transformée par la pensée mathématique. Par conséquent, la Critique étant une architectonique qui «mesure» (*Ausmessung*) la Raison, elle doit également «prendre la mesure» (*ab-messen*) de la métaphysique moderne[64]: il lui faut poser la question de savoir comment est possible cet aboutissement du cartésianisme qu'est *la science des premiers principes de*

---

[62] FD, 93. – Heidegger rappelle à nouveau en cet endroit le sens du verbe grec *krinein*. Ce sens, dit-il, refait surface au XVIIIe siècle sous la poussée des discussions concernant l'art, la figure des oeuvres et la façon de les aborder. Critiquer veut dire alors «mettre en relief l'universel face au particulier». Cfr SG, 124; *trad.*, p. 168, où la relation à l'esthétique n'est pas soulignée.

[63] FD, 94. – Le terme *Vorriss* est repris de la préface à la seconde édition de KRV, B XXIII.

[64] FD, 97.

la connaissance humaine, objet des livres de Wolff et des cours de Knutzen ou de Baumgarten.[65]

Sans avoir déjà remplacé la recherche concernant l'être de l'étant par une simple épistémologie, les wolffiens mettent cependant au coeur de la métaphysique la compréhension de la vérité en tant qu'elle est, dans le jugement, adéquation de la pensée et de la chose.

Pour savoir ce qu'est vraiment la Critique «dans le sens de Kant»,[66] il convient donc de la saisir au point où, pénétrant et le mathématique et la métaphysique moderne jusqu'en leur essence, c-à-d comme problèmes, elle donne sa propre mesure et «accomplit la rationnalité la plus intime de la Raison».[67] Ce point, ce sont les paragraphes de la première *Critique* groupés sous le titre: «Système de tous les principes de l'entendement pur».[68] En ces pages, la pensée critique est vraiment «la connaissance de soi de la Raison posée devant elle-même et reposant sur elle-même».[69] En effet le caractère axiomatique de la pensée moderne atteint ici son degré suprême, en même temps qu'est ramenée à une interrogation sur l'être de l'étant la métaphysique moderne telle que la pratiquaient les wolffiens.

En résumé, Kant prend la mesure du mathématisme métaphysique et le dépasse, parce qu'il le comprend en son essence, c-à-d comme une interrogation concernant la choséité de la chose ou l'être de l'étant en totalité. Il ne tombe pas dans le piège ouvert par Descartes et rendu béant par Wolff: la philosophie critique n'interprète jamais la «science comprenant les premiers principes de la connaissance humaine» comme une théorie de la connaissance, ainsi que le feront jusqu'au XXe siècle les positivistes, les néo-kantiens et même les métaphysiques de la connaissance.[70]

---

[65] Martin KNUTZEN (1713–1751), théologien piétiste, philosophe wolffien, astronome et mathématicien fut le professeur de Kant à Königsberg. Alexander-Gottlieb BAUMGARTEN (1714–1762) – qui peut être considéré comme le fondateur de l'esthétique moderne – est surtout célèbre par ses manuels, en particulier une *Metaphysica* divisée exactement en 1.000 paragraphes, dont Kant fit constamment la base de son enseignement. – La définition de la métaphysique: «scientia prima cognitionis humanae principia continens» provient de la *Metaphysica*, par. 1; cfr. FD, 87–90.

[66] FD, 97.

[67] FD, 96.

[68] C'est le deuxième chapitre du second livre de l'Analytique transcendantale, A 148–235, B 187–294.

[69] FD, 96.

[70] Cfr FD, 77 et VA, 75; *trad.*, p. 86. – Sur la «logistique» comme pointe du posi-

Ceci ne signifie pas que Kant soit parvenu à poser la question de l'être et de l'oubli de l'être. Du moins n'enferme-t-il pas la pensée en général dans une épistémologie. S'il ramène la question concernant la chose à une Critique de la Raison pure, il n'absorbe cependant pas tout dans l'homme ; il dévoile une dimension authentique de l'interrogation sur l'être de l'étant et il accentue ainsi, sans l'apercevoir expressément, l'ambiguïté de la métaphysique.

4. MODERNITÉ DE HEIDEGGER

Cette explication historique du sens de la pensée kantienne n'est pas aussi convaincante qu'il pourrait sembler.

En effet le choix des textes qui doivent nous rendre manifeste l'essence de la Critique et donc aussi son caractère architectonique implique une réduction de la Raison pure à l'entendement compris comme faculté du jugement. Sans doute, Heidegger fait bien remarquer que

«juger est un mode particulier selon lequel la Raison s'accomplit et agit».[71]

Mais tout énoncé, tout principe est acte de juger ; et puisque la Raison est la faculté des principes tels que les pose le mathématisme, la Raison doit donc être fondamentalement un entendement.

Comme nous l'avons vu plus haut, *Le principe de raison* développe un argument analogue pour montrer que le jugement dont parle la troisième *Critique* est encore cet acte de l'entendement qui constitue l'essence de la Raison théorique et pratique.[72]

De ces deux explications, à la fois semblables et différentes, du critique comme tel par le jugement, il résulte que la façon heideggerienne de penser l'unité des trois «oeuvres fondamentales» de Kant trouve elle-même son unité dans un présupposé contestable.

Reconnaissons d'abord qu'il n'est nullement arbitraire d'interpréter la Critique tout entière et spécialement le «Système de tous les principes de l'entendement pur» comme une interro-

---

tivisme mathématique, cfr FD, 121–122 et VA, 76 ; *trad.*, p. 86.
[71] FD, 95.
[72] Cfr SG, 124 ; *trad.*, p. 167.

gation concernant la chose.[73] Et il était effectivement nécessaire de compléter ainsi [74] le premier *Kantbuch*. Tout comme *Die Frage nach dem Ding*, cet ouvrage voulait rendre manifeste le caractère problématique de la métaphysique; il avait accompli cette tâche en dégageant le lien qui unit l'institution du fondement de la métaphysique et la détermination de la subjectivité du sujet. Il fallait encore montrer que ce lien, essentiel sans doute et à la pensée critique et à une reprise de cette pensée, loin d'exclure une interrogation portant sur la choséité de la chose, l'incluait bien au contraire.[75]

Cependant les deux ouvrages de Heidegger se fondent sur un présupposé que l'on peut saisir, comme de biais, dans la proposition suivante:

«là où Kant parle de 'la' science, il veut dire la physique de Newton».[75]

C'est précisément cette affirmation – considérée du reste comme évidente par les «historiens» – qu'invite à nuancer la *Critique de la faculté de juger* quand elle étudie les rapports du mécanisme et de la finalité dans la connaissance des êtres vivants et quand elle s'interroge sur l'essence du génie. D'une part, le savoir génial,

---

[73] Sur les sens du mot «chose», cfr FD, 4–5. Notre auteur distingue – 1. Chose dans le sens de *das Vorhandene*, le subsistant, ce qui est comme sous la main dans le monde de l'homme, outil, pierre, plante, animal; – 2. Ces mêmes choses mais en y ajoutant les plans, les décisions, les réflexions, les actions de l'homme; – 3. Tout cela, plus tout ce qui peut être «quelque chose et pas rien du tout». Dans *Die Frage nach dem Ding*, il s'agit «des choses» selon le premier sens ici défini, qui est celui du langage d'aujourd'hui.

[74] FD, 97: «Die folgende Auslegung holt nach, was in der Schrift 'Kant und das Problem der Metaphysik' (1929) fehlt; . . .».

[75] En 1931, CASSIRER, dans ses *Bemerkungen*, 3, avait déjà noté que selon Heidegger «toute question concernant l'être ramène finalement à la seule question concernant *l'homme*». Il ajoutait, *Bemerkungen*, 18, que l'interprétation heideggerienne du kantisme offre un profond paradoxe: contre les néo-kantiens, elle veut présenter la Critique comme une ontologie, comme «une découverte et un dévoilement de l'être essentiel de l'homme», et non plus comme une théorie de la connaissance; or il se fait que le schématisme et l'imagination transcendantale sont *pour Kant* lui-même des éléments d'une théorie de la connaissance, en ce sens qu'il les considère dans une interrogation portant sur la constitution, la structure propre (*Beschaffenheit*) et les conditions de l'objet empirique. Un peu plus loin, *op. cit.*, p. 19 Cassirer formulait la critique décisive, qui peut avoir provoqué Heidegger à écrire son second ouvrage sur Kant: «Le schématisme appartient à une phénomenologie de l'objet et médiatement seulement à celle du sujet; . . . il ne trouve son accomplissement et il n'est fondé que dans la section qui traite des principes synthétiques, section que Heidegger ne considère pas».

[76] FD, 59; cfr FD, 109; KM, 20; *trad.*, pp. 20–21. – Heidegger consacre d'intéressantes pages FD, 59–73, à comparer les lois et la théorie du mouvement chez Aristote et chez Newton.

qu'il faut analyser lui aussi pour répondre à la question *Qu'est-ce que l'homme?*, ne procède pas du jugement de type «mathématique», et d'autre part, à côté de Newton, bien qu'en un genre différent, «le chevalier de Linné»[77] représentait aussi pour Kant l'homme de science.

Quand il s'agit de saisir comment l'architectonique de la Raison pure implique un dépassement du mathématisme, ces considérations et ces constatations ne sauraient être négligées. D'autant qu'elles concernent immédiatement le contexte dans lequel Kant lui-même insère sa démonstration de l'existence de Dieu ou, pour mieux dire, sa théologie. Or cette dernière constitue bien le sommet de la pensée critique quand on la considère comme un dépassement du leibnizianisme.

Dès lors, l'interprétation même que propose Heidegger nous force à nous demander deux choses: – 1°. Subsiste-t-il dans ce qui fait l'unité de l'acte critique et le relie intrinsèquement à la question des Grecs concernant l'être de l'étant en totalité quelque chose de l'apport théologique grâce auquel le mathématicien Leibniz commençait de surmonter le mathématisme en métaphysique? – 2°. En ramenant les principes de la Raison à des jugements de l'entendement déterminant, ne se coupe-t-on pas toute possibilité de comprendre tant le rapport entre Kant et Leibniz que l'unité de l'acte critique?

Nous pensons pour notre part que l'originalité du kantisme consiste précisément à poser la question de l'être de l'étant, non plus dans la lumière qu'est l'idée de perfection divine, mais dans et à partir de cette perfection telle qu'elle se dispense et se retire dans le *sollen* intrinsèque à la Raison.

Le mathématisme est ainsi surmonté parce que la fonction déterminante du jugement se limite maintenant aux formes pures de l'entendement, tandis que l'interrogation sur l'être proprement dit de l'homme et de la chose est assumée par un jugement réfléchissant, dont la forme est un *sollen* ou une finalité. Le caractère positionnel de la Raison, s'il n'est pas supprimé, perd ainsi l'exclusivité propre à la pensée mathématique.

L'accent théologique, quant à lui, est ainsi déplacé: de l'étant

---

[77] KU, § 82, Cass. V, 506; *trad.*, p. 225. – Carl von LINNE (1707–1778) est le fondateur de la systématique des plantes. Il a donné aussi une classification du règne animal.

suprême et parfait, il passe au «Dieu en nous». De la sorte la
question concernant un *ens summum* est, elle aussi, posée à partir
du *sollen* et elle garde le sens d'une interrogation sur le mystère de
l'être et de son oubli, l'être n'étant plus seulement, il est vrai, le
fondement sans fond de la finitude dont parle Heidegger.

Enfin la perspective ainsi esquissée permet de voir *La religion
dans les limites de la simple raison* comme un essai de situer le
christianisme et sa doctrine du péché par rapport à la pensée de
l'être.[78]

Ces brèves indications suffisent à justifier le doute qui peut
s'élever lorsque Heidegger prétend saisir en son essence l'unité
des trois *Critiques* tout en mettant consciemment entre parenthèses la relation de la pensée kantienne avec le christianisme.
Cependant, le lecteur s'en est aperçu, c'est bien l'interprétation
heideggerienne qui nous met sur la voie où nous nous engageons
nous-même.

Mais sans doute n'en est-il que plus urgent de déterminer l'essence du phénomène qu'elle nous met devant les yeux, de comprendre l'événement, l'*Er-äugnis*, qu'elle constitue.

Heidegger fait bien voir le sens d'être du mathématisme; sur
ce point on peut admettre qu'il transcende la pensée moderne
en l'intégrant. Le début de ce dépassement était du reste clairement marqué dans l'Introduction à *Sein und Zeit*, puisque la
science s'y avérait déjà l'un des modes de la compréhension d'être.

Mais peut-on encore prétendre que le saut vers l'origine s'accomplit authentiquement dans la Raison qu'il dépasse lorsqu'il
ne prend pas la peine de franchir aussi le champ où cette Raison
s'explique avec le Christianisme? En dépit de toutes les précautions de style qui l'accompagne, ne faut-il pas reconnaître dans
cette limitation la persistance d'un positivisme dont Heidegger
a par ailleurs souligné l'aspect tragice-comique? Car tout se passe
finalement comme si l'explication entre philolophie et christianisme avait été à l'époque des lumières, non une situation ou un
processus de compréhension, mais le simple fait d'une contro-
verse contre les théories d'une théologie sclérosée, fait dépassé
maintenant par un autre, le désintérêt du XXe siècle à l'égard de
la religion. Autrement dit: l'*Auseinandersetzung mit dem Christen-*

---

[78] Dans le même sens, cfr M. DUFRENNE, «Heidegger et Kant», in *RMM*, 1949,
p. 28.

tum semble ne pouvoir faire l'objet d'une ressaisie philosophique, comme si l'être n'y laissait rien à penser.

Dira-t-on qu'il faut simplement voir ici une violence de plus, mais féconde, qui est nécessaire pour faire apparaître que l'interrogation critique porte sur l'être de l'étant? Cette réponse demeurerait bien insatisfaisante. Car il faudrait prouver que somme toute, en lui-même et pour Kant, le christianisme est simplement ce platonisme schématique à l'usage des masses dont parle Nietzsche. Or cette preuve, Heidegger s'en dispense; le fait brut lui suffit. Loin dès lors que la violence jaillisse ici du domaine de vaillance qui la rendrait possible, ne doit-elle pas s'interpréter, malgré ses intentions, comme un nouvel avènement de la métaphysique de l'étant, comme un cas latent sinon aigu de «modernité»?

Pour accomplir le saut vers l'origine en passant par cette interprétation de la philosophie transcendantale, il faudrait donc se poser la question suivante: si la Critique n'est pas seulement critique de l'entendement mais de la Raison, n'est-ce pas justement parce qu'elle s'efforce d'accepter la présence du religieux dans l'homme et qu'elle soupçonne au moins que le Dieu du christianisme est mystère d'être et non premier étant?

«Kant demande: qu'en serait-il si Dieu ne s'était pas caché».[79]

---

[79] K. Jaspers, *Le mal radical chez Kant*, trad., p. 247.

CHAPITRE III

L'ÊTRE ET LA «CRITIQUE DU JUGEMENT»

I. PRÉLIMINAIRES

Depuis ses premières publications, Heidegger a insisté à diverses reprises sur la nécessité de ne pas séparer comme des monolithes les trois oeuvres fondamentales de Kant.[1] Ses travaux récents, comme *Le principe de raison*, font comprendre que le propos du jeune philosophe pouvait contenir déjà l'idée d'une lecture des Critiques dans une histoire de l'être.

Par ailleurs, nous venons de le constater, la fidélité de l'interprète à son projet n'est pas sans faille. C'est telle quelle pourtant qu'elle accomplit le dialogue qui, marquant accords et désaccords, permet d'entendre à travers Kant la question et le langage de l'être. Il n'est donc pas inutile de suivre au plus près le cheminement et les détours de la pensée qui s'efforce de ne pas réduire le kantisme à une seule de ses parties.

Or une série de remarques rédigées entre 1936 et 1946 nous permettent de retracer cet itinéraire. Elles sont rassemblées tant bien que mal dans certaines sections du *Nietzsche* et des *Vorträge und Aufsätze* [2]; et le contenu de l'une d'elles oblige à y rattacher l'opuscule *Kants These über das Sein*.[3] Encore que ces textes demeurent épisodiques, ils présentent avec beaucoup de vigueur, mais non sans nuances, un tableau succinct de l'interprétation heideggerienne dans son ensemble. Mais cette herméneutique elle-même et ses manques nous conduiront surtout à conclure que c'est dans la *Critique du jugement* qu'il faut chercher, avec la racine des deux autres, le mode proprement kantien d'une ques-

---

[1] Cfr ci-dessus p. 45 s.
[2] Cfr ci-dessus p. 23 s.
[3] N II, 469 s.

tion *de* l'être. Et ceci nous amènera à considérer un état antérieur de la pensée de Heidegger à ce sujet.

Au risque de simplifier arbitrairement, nous commencerons par dresser une sorte de bilan du kantisme pour une histoire de l'être.

2. ASPECTS «NÉGATIFS» DU KANTISME

Le «négatif», c'est, en un mot, que Kant en posant les problèmes dans la perspective transcendantale met cependant en sûreté le côté métaphysique de la métaphysique.[4] Il accentue pour une part cet oubli de l'être qui prend possession de la pensée dans la question portant sur l'étantité et sur la vérité de l'étant.[5]

Vu sous cet angle, le kantisme est impliqué dans le développement qui aboutit, depuis Nietzsche jusqu'à nos jours, à l'achèvement et à la domination de la métaphysique: la question de l'essence de l'être – ou de l'être de l'être – n'est plus posée. L'*animal rationale* est devenu l'homme au travail, le technicien, qui, par calcul et plans, met des fonds en sûreté.[6] Kant a contribué à l'établissement de ce mode de penser «planétaire»[7]; ce mot venu de l'astronomie indiquant à suffisance le règne omnipotent et allant de soi de cette progéniture de la métaphysique qu'est la physique au sens le plus large, englobant biologie et psychologie.[8]

Plus précisément, le «négatif» dans le kantisme, c'est d'une part la façon de comprendre la réflexion et d'autre part l'idée de la réalité effective comme volonté. Ici et là Heidegger voit s'exprimer un concept déficient de l'être.

---

[4] VA, 75; *trad.*, p. 85.

[5] Pour comprendre ainsi *le* métaphysique de *la* métaphysique, il faut voir en même temps l'étantité comme un retrait de l'être en tant qu'il dispense, et par conséquent comme un avènement de l'être; le «négatif» dans ce procès consiste en ce que l'oubli n'est pas compris comme avènement et qu'il prend du coup possession de la pensée: il est alors le déclin de la *vérité* de l'essence de l'étant.

[6] VA, 82; *trad.*, p. 94. – *Fonds* traduit *Vermögen*. Il est intéressant de noter que KANT, VNET, Cass. VI, 494, entend le mot dans ce sens quand il défend «le travail zélé, «soigneux», mais surtout désintéressé, que la Critique impose au «sujet» contre les reproches malveillants des «philosophes de la vision», tel Schlosser. Ces derniers, estime Kant, tout en se couvrant de l'écusson glorieux de la philosophie, n'ont d'autre intention que de la ruiner complètement. Ils présentent ironiquement l'entendement avec ses formes comme une usine. Mais, réplique Kant, leur «vision» du divin et de la vérité est certainement la plus efficace entreprise de lavage de cerveau que l'on puisse imaginer.

[7] VA, 83; *trad.*, p. 95.

[8] VA, 86–87; *trad.*, p. 100.

Une note datant de 1941 résume en quelques formules prégnantes le sens de la réflexion pour l'histoire de l'être – ou, ce qui revient au même, pour une compréhension selon l'essence du *Dasein*.

La réflexion est

«reflet au sein de l'*alêtheia*, sans que celle-ci soit éprouvée, ni fondée et sans qu'elle parvienne jusqu'à l'essence».[9]

La réflexion est donc un apparaître du *Dasein* et de l'étant dans la lumière de l'être, mais de telle sorte que le dévoilement «réfléchit» seulement cet apparaître et ne parvient pas à être présent comme vérité de l'essence. Autrement dit encore, la réflexion est

«l'exil où ne reste plus que l'apparaître-en-reflet de ce qui se montre soi-même».[10]

La réflexion regarde dans l'*alêtheia* comme en se retournant vers l'arrière et elle détache ainsi de la lumière l'apparaître de ce qui se montre, comme nos yeux détachent un reflet d'un miroir. En un mot cet acte est «l'émigration de l'homme dans un des modes de son essence».[11]

Ce mode, c'est celui du Je. Et pour Kant, le Je n'est pas comme pour Descartes l'homme concret visé dans le champ de l'égoïté, il est cette égoïté même, tout ce qu'il y a de Je en l'homme, le «Je pense» en tant que pure forme et représentation.[12]

De la sorte l'étant est pensé comme objet; il est interrogé sur l'objectité et ce qui la rend possible: c'est en cela que consiste la transformation moderne et kantienne de la question portant sur l'*ens qua ens*. L'*ousia* devient objectivité impliquée dans la *perceptio* et la *cogitatio* de la conscience.[13]

Dans la réflexion transcendantale se prépare la conception d'une théorie de la connaissance comme explication de la connaissance et théorie des sciences. Cette dernière philosophie, celle des XIXe et XXe siècles, qui croit se libérer de toute métaphysique «n'est qu'une conséquence» inconsciente «du changement de sens de l'être devenu objectité et état de la chose représentée».[14]

[9] N, II, 464.
[10] *Loc. cit.*
[11] *Loc. cit.*
[12] VA, 86; *trad.*, pp. 98–99.
[13] VA, 75; *trad.*, pp. 85–86.
[14] *Loc. cit.*

Kant souffre de ce manque d'intérêt de toute métaphysique à l'égard de l'*existentia*.[15] Il se donne beaucoup de peine pour dire ce qu'est l'étant en soi; mais sans jamais préciser ce qu'il faut entendre par «étant» et par «en soi».[16] De la sorte, l'être n'est plus ce qui est digne d'être interrogé: on ne lui demande plus ce qu'il *est*, ni s'il convient de le lui demander.[17]

Que pour Kant l'être ne fasse plus question et qu'il aille de soi,[18] cela est spécialement manifeste dans le fait que sa Critique pense la réalité effective comme volonté, c-à-d comme un «agir selon des concepts».[19] C'est en effet cette volonté qui, chez Kant, est la chose en soi.

Ceci va de pair avec sa conception de l'être comme «objectivité» c-à-d comme objectité ou comme certitude en tant que celle-ci est l'essence représentable de l'expérience. L'expérience inclut, on le sait, la certitude de la synthèse et le caractère d'*impression* propre à la sensation, l'une et l'autre appartenant à la *realitas*, à ce qui fait qu'une chose est chose.

Il faut remarquer que l'impressionnalité, l'*Eindrücklichkeit* suppose au niveau du sensible une efficience qui est considérée comme une note propre à l'être même. Kant pense-t-il de façon unifiée 1°. la chose en soi comme volonté, 2°. le concept rationaliste de l'*ens certum*, de l'être objectif posé par la synthèse, et enfin 3°. le concept empiriste d'une ré-alité qui impressionne?

On peut reconnaître que ces trois déterminations de l'être se rejoignent dans celle de la «réalité effective de l'effectivement actif», à condition toutefois de penser l'efficience selon son originalité dans une histoire de l'être et non pas de façon purement générale et formelle. Mais on doit se demander d'abord si, dans la Critique, la réalité effective peut demeurer hors de toute mise en question, comme elle l'est en fait dans la théorie des principes de l'entendement et des postulats de l'expérience; on doit se demander ensuite comment il est possible que l'ontologie subsiste en tant que philosophie transcendantale malgré cet arrêt de l'interrogation.[20]

[15] VA, 76–77; *trad.*, p. 87.
[16] VA, 84; *trad.*, pp. 96–97.
[17] *Loc. cit.*
[18] *Loc. cit.* et N, II, 469.
[19] N, II, 468.
[20] Nous avons ainsi exposé le passage N, II, 468–469 jusqu'au moment où l'auteur esquisse le plan de KTS.

Pour une histoire de l'être, les aspects négatifs du kantisme se résumeraient donc à ceci, en simplifiant : il prépare la domination achevée et parfaitement inaperçue de la métaphysique, sa conception de la vérité et de la connaissance d'une part ouvrant la voie au néo-kantisme et au positivisme, sa conception de la volonté d'autre part faisant présager l'idée nietzschéenne de la volonté de puissance.

Que devient dans cette analyse, le concept d'être tel qu'il apparaît dans la troisième *Critique*, c-à-d le concept du particulier en tant précisément que celui-ci déborde les possibilités catégoriales de l'entendcment, les limites de l'impression, voire l'efficience de la volonté.

Ce que Heidegger nous dit de l'égoïté et de l'objectité fait-il droit à l'interrogation du jugement réfléchissant sur la nature, sur l'art et sur le génie ?

Nous pensons que non et ce manque est d'autant plus regrettable qu'il empêche même de chercher le lien entre le jugement réfléchissant et cette pensée transcendantale que Heidegger porte constamment au crédit du kantisme.

3. ASPECTS «POSITIFS» DU KANTISME

En tant qu'elle est recherche des conditions de possibilité de l'objet, la méthode transcendantale pose à sa façon la question «pourquoi l'étant et non pas plutôt rien du tout ?». Elle ne cherche plus à expliquer par des causes physiques ou psychologiques au niveau de l'étant ; elle cherche à comprendre l'*ens qua ens*. Le *pourquoi* ne signifie plus «en vertu ou par la force de quel donné, de quel quelque chose ?» ; il franchit la distance *entre* l'étant et l'être ; portant sur la possibilité, il vise la vérité de l'essence et l'être redevient ainsi ce qui est digne d'être intcrrogé.[21]

Comprise de la sorte, la méthode transcendantale peut s'appeler une «métaphysique de la métaphysique» ; elle permet, en accordant bien sûr à la pensée de Kant plus qu'il ne pouvait penser dans les limites de sa philosophie, de représenter le dépassement de la métaphysique à partir de la métaphysique elle-même.[22]

Heidegger relève encore dans son ouvrage sur Nietzsche

---

[21] Cfr SG, 134 ; *trad.*, p. 179, sur le *saut* et la méthode kantienne.
[22] VA, 79 ; *trad.*, pp. 90–91.

deux autres traits positifs de la philosophie kantienne. Le premier concerne le comportement à l'égard de l'oeuvre d'art, le second concerne la liberté. L'esthétique kantienne a été faussement interprétée, nous dit-il par Schopenhauer qui influencera Dilthey, et par Nietzsche. Ces auteurs n'ont pas aperçu le sens du «désintéressement total» de «la libre faveur à l'égard de la chose» qui constitue, selon la troisième *Critique*, la relation fondamentale et mutuelle de l'homme à la beauté, le *seinlassen des Schönen*. Pour être fidèle à Kant, il faut concevoir la plus haute tension du vouloir comme

«une libération de nous-mêmes pour et à l'égard de la libéralité de ce qui possède en soi une dignité propre, afin tout simplement qu'il la possède».[23]

Ces lignes mettant bien en lumière l'essentiel des paragraphes de la *Critique du jugement* auxquels elles nous renvoient.[24] Mais ce «laisser-être» qui s'étend et règne *entre* l'homme et le beau, n'est-il pas un trait essentiel de la méthode transcendantale? Les interprétations que nous connaissons déjà ne laissent guère de place, il faut le reconnaître, à cette nouvelle lecture.

Et cependant une référence discrète à Kant lorsqu'il s'agit de déterminer l'essentiel de la volonté, montre à quel point Heidegger estime proches des siennes certaines idées de la Critique: «La liberté, selon le sens à la fois simple et profond dans lequel Kant concevait son essence, est en elle-même *Poésie*: la fondation sans fond d'un fondement dans la façon même dont la liberté se donne spontanément la loi de son être essentiel».[25]

Le *Dichten*, que nous traduisons par *Poésie*, est l'un des concepts importants du second Heidegger. Il résume la méditation sans cesse reprise par le philosophe d'une parole d'Hölderlin: «Voll Verdienst, doch dichterisch, wohnet der Mensch auf dieser Erde».[26] Mais il résume aussi la condition de l'homme comme *Dasein*, c-à-d en tant qu'il est présent dans et par l'histoire de l'être. L'acte poétique parcourt le là du *Dasein* en tant que ce dernier est le là de l'être.

Faisant écho à une autre parole d'Hölderlin,[27] Heidegger rapproche Poésie et «apprendre le libre usage de son propre

[23] N, I, 129.
[24] KU, §§ 2 à 5, 57, 59.
[25] N, I, 611.
[26] HÖLDERLIN, SW, Stapf, 416.
[27] A Böhlendorf, le 4.11.1801, GSA, VI, 426.

fonds (Vermögen)» ce qui veut dire: s'ajuster toujours plus exclusivement et à l'ouverture (offensein) à ce qui est intimé, et à la vigilance à ce qui vient ... [28]

Le *Dichten* c'est, pourrait-on dire, ce *Dasein* antérieur à l'homme qui est *Seyn* c-à-d le *Dasein* en tant qu'il assume la différence ontologique qu'est l'être lui-même. Ou encore: le *Dichten*, c'est la différence ontologique de l'être en tant qu'elle a besoin de l'homme. Aussi appartient-il à l'essence de la Poésie qu'en elle l'être vienne au langage; et parce que la Poésie est différence ontologique dans laquelle l'être lui-même est ainsi en venue, elle est source de la *pensée* du penseur comme de la *poésie* du poète.[29]

S'il faut prendre au sérieux d'une part l'assimilation de la liberté telle que la conçoit Kant et de la Poésie, mais d'autre part aussi les aspects «négatifs» de la *Critique de la Raison pure* qu'à dévoilés Heidegger, il est certain que l'oeuvre de Kant nous donne à penser la manifestation et le retrait de l'être ou encore l'*alêtheia* dans l'histoire de l'être.

Mais de nouveau l'analyse du jugement réfléchissant comme jugement esthétique et comme jugement téléologique pourrait montrer que l'ontologie transcendantale *et* la Dialectique se fondent dans la liberté et ne sont à comprendre qu'en elle. Or Heidegger semble passer systématiquement à côté des textes qui pourraient amener à reconnaître cette unité interne du système kantien. A preuve, l'opuscule *Kants These über das Sein*.

4. «KANTS THESE ÜBER DAS SEIN»

a. Penser, être et temps

Les deux dernières pages de cet écrit doivent d'abord être lues en entier; elles résument en effet ce que veut dire Heidegger dans toute sa philosophie et elles permettent de situer son interprétation de la Critique:

«Depuis toujours la théorie du penser s'appelle 'Logique'. Mais si, comme nous l'avons vu, le penser dans son at-trait à l'égard de de l'être reçoit un double sens; – celui de don préalable d'un horizon et celui d'organon – ce que l'on appelle 'Logique' ne de-

[28] HEIDEGGER, HD, 112.
[29] Cfr RICHARDSON, *Heidegger*, 593.

meure-t-il pas, dans cette perspective, affecté aussi d'un double sens? La 'Logique' tant comme organon que comme horizon d'un déploiement de l'être n'est-elle pas alors complètement mise en question?

«Une quête du sens et une récollection qui poussent dans cette direction ne se tournent pas contre la 'Logique', mais s'emploient en faveur d'une détermination suffisante du *Logos* qui est ce dire dans lequel se porte jusqu'au langage l'être en tant qu'il est *ce qui* du penser est digne d'être pensé.

«Dans l'inapparent *est*, se cache tout ce qui, de l'être, est digne d'être pensé. Mais le plus digne d'être pensé demeure encore: – qu'en pensant nous nous demandons si 'être' et si le 'est' peut même être, ou bien si 'être' jamais n'*est* – *et que*, malgré cette question, il reste cependant vrai qu'il y a l'être.

«*Il y a l'être* se dit en allemand *es gibt das Sein*. Mais d'où vient et à qui va le *don* dans le *es gibt*, et selon quel mode du donner?

«Être ne peut pas *être*. S'il était, il ne demeurerait pas être; il serait au contraire un étant.

«Pourtant le penseur qui le premier a pensé l'être, Parménide, ne dit-il pas: '*Esti gar einai*' – 'En vérité, l'être est' – 'Ce qui est présent, c'est bien le présent? Si nous pensons vraiment que dans le *einai* l'essentiellement présent c'est l'*alêtheia*, le dévoilement qui parle, alors l'essentiellement présent, qui dans le *esti* est dit fortement du *einai*, veut dire: le *laisser-être présent*. Etre – à proprement parler: ce qui garantit la présence essentielle.

«L'être, qui est, est-il ici donné négligemment pour quelque chose d'étant, ou bien être est-il dit ici le même à l'égard de lui-même? Est-ce une tautologie qui parle ici? Bien sûr. Mais c'est la tautologie au sens le plus haut, celle qui ne dit pas rien, celle qui au contraire dit tout: ce qui initialement et déjà pour l'avenir donne mesure au penser. Aussi cette tautologie cache-t-elle en elle-même du non-dit, de l'impensé, du pas mis-en-question. Ce qui est présent, c'est bien l'être présent.

«Que veut dire alors Présence? Le présent maintenant, là en face? A partir de quoi le déterminer? Est-ce ici un caractère impensé d'une essence cachée du temps qui s'indique lui-même ou qui, plus exactement, se cache?

«S'il en est ainsi, il faut que la question concernant l'être en vienne à rejoindre le titre 'Être et temps'.

«Et la thèse de Kant sur l'être comme pure position?

«Si la positionnalité, l'objectivité s'avère être une modulation de la présence, la thèse de Kant sur l'être appartient à ce qui demeure impensé dans toute métaphysique.

«Le titre qui oriente la détermination métaphysique de l'être de l'étant, à savoir 'Être et penser', ne suffit même pas pour poser la question de l'être; il suffit encore moins par conséquent pour trouver à cette question une réponse.

«Malgré tout, la thèse de Kant sur l'être comme pure position demeure un sommet d'où le regard plonge, vers l'arrière, jusqu'à la détermination de l'être comme *hypokeisthai* et, vers l'avant, jusqu'au centre du déploiement spéculatif et dialectique de l'être comme concept absolu».[30]

Ce texte fournit ample matière à la méditation; mais, au point où nous en sommes, tout commentaire en serait superflu, sauf pour ce qui concerne la «Thèse de Kant sur l'être».

b. L'être comme pure position

Heidegger désigne ainsi un concept de l'être qui, dit-il, sous-tend implicitement toute l'entreprise critique et dont une des rares formulations se rencontre, comme en épisode, dans le passage que voici, extrait du paragraphe de la première *Critique* intitulé «Impossibilité d'une preuve ontologique de l'existence de Dieu»:

«*Être* n'est visiblement pas un prédicat réel, c-à-d un concept de quelque chose qui pourrait venir s'adjoindre au concept d'une chose. C'est simplement (*bloss*) la position d'une chose ou de certaines déterminations en et par elles-mêmes».[31]

Quelques mots doivent être expliqués. *Réel* (realis) veut dire: ce qui appartient à une *res*, à ce dont il s'agit, au contenu de la chose.[32] *Bloss*, simplement, doit s'entendre dans le sens de *rein*, purement: l'être comme position n'appartient pas à un domaine qui serait inférieur à celui de la «réalité», il appartient, avec toutes ses significations et modulations, à un domaine propre qui n'est pas celui de la choséité ni de l'objectité.[33] *En et par elles-*

---

[30] KTS, 35-36. Cfr ci-dessus p. 183, note 8 et p. 193, note 49.
[31] A 598, B 626.
[32] KTS, 10.
[33] KTS, 11-12.

mêmes (an sich selbst) est une explicitation du mot «simplement»; l'expression signifie que l'être et ses déterminations ne sont pas à représenter par rapport à ceci ou cela qui serait autre qu'eux; sans toutefois qu'il faille nier pour autant un at-trait entre l'être et la conscience.[34]

Comparant le passage cité plus haut avec une formulation pré-critique de la même idée,[35] Heidegger montre d'abord que par elle-même la position de l'être est à la fois logique et ontique. Logique, en ce qu'elle pose la relation entre sujet et prédicat de la proposition, par exemple: a est b; ontique, en ce qu'elle pose la relation entre le sujet ontique Je et un objet, comme dans la proposition: cette pierre existe.

Le point décisif est ici que

«croisant la relation sujet-objet, vient en même temps se connecter entre ses éléments la relation sujet-prédicat».[36]

Kant n'apercevra que peu à peu cette connexion et c'est dans la seconde édition de la *Critique de la raison pure* seulement qu'il la formulera de manière distincte.

Voulant préciser ce qu'est l'être comme position – concept qui lui était d'abord apparu parfaitement simple – il conclura d'abord que l'explicitation du possible, de l'existence et du nécessaire doit aboutir à une tautologie aussi longtemps que l'on prétend définir l'être et ses modalités à partir de l'entendement pur.[37] Plus tard il ajoute en note – selon la lecture commentée de Heidegger –:

«Possibilité, existence et nécessité 'ne se laissent *établir* par rien ...' – c-à-d légitimer dans leur sens et fonder –' ... lorsqu'est enlevée toute intuition sensible, la seule que nous possédons'».[38]

Être dit donc position, «positionnalité dans le poser en tant que celui-ci est une action de l'entendement...»; mais cette position ne s'op-pose un ob-jet que

---

[34] KTS, 11.
[36] KTS, 14.
[38] A 244, B 302; cfr KTS, 15.
[38] KTS, 16. – Le texte de Kant B 302 dans sa teneur est le suivant: «En un mot, tous ces concepts ne se laissent *remplir* par rien et n'exposent donc pas leur possibilité *réelle*, lorsqu'est enlevée toute intuition sensible, la seule que nous possédons; et il ne reste plus alors que la possibilité *logique*, c-à-d que le concept (la pensée) est possible; or ce n'est pas de cela que nous parlons ici, mais nous demandons si le concept se rapporte à un objet et donc s'il signifie quoi ce soit».

«si lui est *donné*, par l'affection des sens, quelque chose de posable. Seule la position en tant que position d'une affection nous fait comprendre ce que signifie pour Kant l'être de l'étant».[39]

Ce qui affecte les sens n'est d'abord que le flux chaotique de multiples représentations. Pour être posée comme objet, la multiplicité doit être mise en ordre et liée dans l'unité d'un jugement, ou encore dans la synthèse qui est l'acte propre de l'entendement. La copule logique *est* reçoit donc un sens nouveau dans la mesure où la position en tant que proposition se rapporte nécessairement à ce qui est donné dans l'affection.[40]

Le paragraphe 19 de la seconde édition de la *Critique de la raison pure* détermine la nature du rapport *est* dans le jugement. Le *est* n'a pas seulement, nous dit Kant, la valeur subjective d'une association conforme aux lois de l'imagination reproductrice; il exprime le mode selon lequel des connaissances données sont référées à l'unité *objective* de l'apperception.[41]

Le problème grec de l'étant et de l'un se trouve ainsi repris en fonction d'une conception positionnelle de l'être. La liaison du sujet et du prédicat dans l'objet implique une unité dans laquelle et à laquelle cette liaison relie le divers donné. Cette unité – l'unité de l'apperception – doit se chercher «plus haut» que l'acte de l'entendement qui pose et relie. Elle est, dit Heidegger, cet un qui laisse et fait surgir le *syn* de toute *thèse*, de toute position; elle est donc synthèse originaire – et transcendantale parce qu'elle fonde la possibilité de l'ob-jet.[42]

Avant la *Critique*, Kant pense donc l'être selon le concept rationaliste de la position. Dans la seconde édition de son ouvrage, il pense en même temps l'être selon une idée de position reprise de l'empirisme. Il maintient ensemble ces deux façons de concevoir et il trace leur limite en dévoilant l'unité qui les fonde, celle de l'apperception transcendantale. Mais en tout ceci le fil conducteur demeure le même que dans les écrits pré-critiques,

«à savoir que l'être et ses modes doivent se déterminer à partir de leur relation à l'entendement».[43]

En effet «l'unité de l'apperception est l'entendement lui-

---

[39] KTS, 16.
[40] *Loc. cit.*
[41] KTS, 17; cfr B 140.
[42] KTS, 18.
[43] KTS, 19.

même».[44] Heidegger comprend: l'unité de l'apperception est le Logos qui tient toute la logique attachée à lui.[45] Il ajoute: une fois la logique ainsi «ressituée» (er-örtet), remise en son lieu, elle peut remplir sa fonction de fil conducteur dans une philosophie transcendantale, c-à-d dans une ontologie ayant trait au donné de l'intuition sensible. C'est la logique ressituée qui servira à découvrir les catégories et les principes de l'être de l'étant.[46]

«Etre et penser» demeure donc le titre qui dirige l'explicitation de l'être de l'étant.[47] Aussi est-ce par *principes* – axiomes de l'intuition, anticipations de la perception, analogies de l'expérience, postulats de la pensée empirique en général – que devra se faire cette explicitation de l'objectité.

L'opuscule que nous examinons s'en tient à l'étude des postulats de la pensée empirique.[48]

Les postulats sont des exigences. Chez Kant, on ne peut oublier que cette dénomination se retrouve au point le plus élevé de la métaphysique, là où il s'agit des postulats de la raison pratique. Mais, cette remarque faite, Heidegger met aussitôt entre parenthèses le problème d'un enracinement moral du postulat ou de la postulation comme telle.[49]

Il se contente de considérer ces propositions dans le cadre qu'il a tracé lui-même à la première *Critique*: ce sont, dit-il,

«les principes par lesquels s'explique l'être possible, l'être effectivement réel, l'être nécessaire dans la mesure où se détermine par là l'existence de l'objet de l'expérience».[50]

Parlant de ces catégories de la modalité comme déterminations de l'existence d'un objet d'expérience en général, Kant nous dit lui-même:

«Elles ont ceci de particulier, qu'elles n'augmentent en rien le concept auquel elles sont adjointes en tant que prédicat si l'on considère ce concept comme détermination de l'objet: elles ne font qu'exprimer la relation à la faculté de connaître».[51]

---

[44] Cfr B 134.
[45] KTS, 20; et B 134.
[46] Cfr KTS, 6 (où l'auteur explique ainsi le mot *Erörterung*, discussion), et KTS, 19–20.
[47] KTS, 20.
[48] Il commente cette partie du «Système de tous les principes de l'entendement pur» que FD, 183–189, traite plus brièvement.
[49] KTS, 21.
[50] *Loc. cit.*
[51] A 219, B 266; KTS, 24.

Ce dernier mot est capital, estime l'interprète. Il n'est plus question d'expliquer l'être et ses modalités par le rapport à l'*entendement seul*, mais «par le rapport à l'entendement, à la faculté de juger prise maintenant de telle sorte qu'elle reçoive cette détermination de l'at-trait à l'égard de l'expérience ou de la sensation».[52] C'est dire que l'être possible, l'être effectivement réel, l'être nécessaire sont bien des déterminations de l'objet, mais qui visent l'objectivité dans son existence propre et nullement dans sa «ré-alité» ou dans son essence de chose (*Sache*). L'être et ses modalités sont donc bien des prédicats, mais nullement des prédicats ré-els; ce sont des prédicats transcendantaux ou ontologiques.[53]

Ainsi se trouve renforcée, selon Heidegger, l'emprise du titre «Être et penser» qui, dans la Critique et dans la métaphysique traditionnelle, oriente l'interprétation de l'être de l'étant. Voyons comment notre auteur s'en explique.

Pour la *Critique*,[54] est *possible* ce qui coïncide avec les conditions *formelles* de l'expérience selon l'intuition et les concepts; – est *effectivement réel* ce qui est corrélatif aux conditions *matérielles* de l'expérience, c-à-d ici de la sensation; – est *nécessaire*, c-à-d existe nécessairement ce dont la corrélation avec l'effectivement réel est déterminée par des conditions universelles de l'expérience.

Les modalités sont donc, dit Heidegger, des prédicats non de la *res* mais de la relation requise pour l'existence possible, effectivement réelle ou nécessaire d'un objet. Les principes qui explicitent ces prédicats sont justement des postulats parce qu'ils requièrent ce qui est ainsi requis. Et ce sont des postulats *de la pensée* «parce que d'abord ces requisits proviennent *de* l'entendement en tant que source du penser; parce qu'aussi ils valent en même temps *pour* le penser en tant que celui-ci doit, par ses catégories, déterminer comme objet existant le donné de l'expérience».[55]

Autrement dit,

---

[52] KTS, 24. – On aura remarqué l'assimilation pure et simple du *Verstand* et de l'*Urteilskraft*.

[53] *Loc. cit.*

[54] A 218, B 265; cfr KTS, 23 et 25.

[55] KTS, 25–26 – «Requisits» traduit «Forderungen». Nous préférons ce mot à «exigences» parce qu'il est masculin, tout comme «postulats»; sans plus.

«les postulats énoncent l'être qui appartient à l'existence de cet étant qui, en tant qu'objet, est phénomène pour un sujet connaissant».[56]

Sans donc que la thèse concernant l'être comme pure position et comme prédicat non réel soit affirmée expressément, elle se trouve ici soustendre l'explication des modalités: ces dernières sont des modes de la positionnalité, du rapport d'un ob-jet à la subjectivité originaire qu'est l'apperception transcendantale. Et le renforcement du titre «Être et penser» consiste en ceci que l'accès à la subjectivité, à partir de l'affection des sens par le donné, s'élargit et se prolonge en une détermination de la forme et de la matière de l'expérience pour la pensée.

Or, en un appendice capital intitulé «Amphibologie des concepts de la réflexion» auquel fait suite une «Remarque», Kant dit des concepts de matière et de forme qu'ils

«sont posés (*gelegt*) comme fondement de toute autre réflexion, tellement est intime leur liaison avec chaque usage de l'entendement. Le premier signifie le déterminable en général; le second, sa détermination».[57]

Et le retour à ces concepts fondamentaux s'opère par la *réflexion transcendantale*,

«action par laquelle j'instaure la comparaison des représentations en général avec la faculté de connaissance dans laquelle cette comparaison est instituée – et par laquelle je distingue si les représentations comparées l'une à l'autre le sont en tant qu'elles appartiennent à l'entendement ou à l'intuition sensible».[58]

«Être et penser» signifie donc pour Kant, conclut son interprète, 1°. que l'être de l'étant ou de l'objet se découvre comme position dans une réflexion saisissant le rapport de cet objet au sujet; 2°. que cette première réflexion est reprise et devient transcendantale dans la mesure où l'objectivité de l'objet est mise en relation avec la subjectivité du sujet. La première réflexion est re-situation, retour au lieu de l'être (*Er-örterung*); la seconde rend visible le réseau (*Ortsnetz*) de ce lieu, «c-à-d ce d'où l'être comme position, c-à-d cette position même, est de son côté déterminé expressément».[59] L'être comme position est donc éclairci et re-situé transcendantalement

---

[56] KTS, 26.
[57] A 266, B 322; cfr KTS, 31.
[58] A 261, B 317; cfr KTS, 30.
[59] KTS, 29.

«comme une réflexion sur la réflexion, comme un penser de ce penser qui est rapporté à la perception».[60]

Répétons-le, Kant n'a jamais fait que se prononcer épisodiquement sur la thèse concernant l'être en tant que position.[61] Mais surtout Kant ne demande jamais:

«Que veut donc dire être, pour qu'il se laisse déterminer à partir du représenté comme position et positionnalité? – Que veut donc dire être, pour que la position se laisse déterminer par la texture forme et matière? – Que veut donc dire être pour que, dans la détermination de la positionnalité de ce qui est posé, cette dernière se présente sous la double figure du sujet: et comme sujet de la proposition en relation avec un prédicat, et comme sujet *Je* dans le rapport à un objet? – Que veut donc dire être, pour qu'il soit déterminable à partir du *subjectum*, c-à-d, en grec, à partir de l'*hypokeimenon*»?[62]

Heidegger a ainsi rendu explicite un reproche déjà formulé dans son premier *Kantbuch*. Kant s'est bien aperçu que l'accès au transcendantal – parce qu'il implique en définitive le problème de l'être et du temps – ébranle jusqu'à la ruiner la domination de la logique en métaphysique. Mais il n'a pas admis et assumé que l'idée d'une logique transcendantale était par conséquent un concept inconcevable, *ein Unbegriff*.[63] Kant prépare, quoi qu'il ait voulu et tenté, le panlogisme hégélien.

Il le fait en ramenant la philosophie à une anthropologie. «Etre *et* penser» signifie pour lui «position *et* réflexion de la réflexion», le *et* désignant ici ce rapport à un usage empirique de l'entendement qui prend appui dans le penser en tant qu'activité du sujet humain.[64] Le *Dasein* dans l'homme est rétréci à un des modes essentiels de l'être humain, à l'entendement. Ce dernier terme signifie la pensée non seulement en tant qu'elle est l'horizon dans lequel peut être vue l'objectité, mais encore en tant qu'elle est l'instrument, l'organon grâce auquel cette objectité peut être éclaircie.[65]

5. «TANT DE PENSÉES EN SI PEU DE PAGES»

Il ne saurait être question de contester la profondeur de cette

---

[60] KTS, 31.
[61] KTS, 26, 28; cfr KU, § 76, Cass. V, 479; *trad.*, 203.
[62] KTS, 32–33.
[63] KM, 219–220; *trad.*, 299.
[64] KTS, 34.
[65] *Loc. cit.*

méditation sur l'être et la pensée. Mais on doit se demander ce qu'elle vaut comme interprétation du kantisme. L'unité des trois *Critiques* y est quelque peu oubliée. L'originalité du jugement réfléchissant n'y est nullement prise en considération. Et cependant les textes auraient dû orienter autrement le cheminement de la pensée.

Ainsi lorsque Kant définit la réflexion comme un «état du *Gemüt*», Heidegger explique *Gemüt* par *das menschliche Subjekt*, et de telle sorte que seule la pensée réflexive constitue la subjectivité.[66] C'est faire bon marché de l'emploi volontairement nuancé d'un terme qui n'équivaut jamais, chez Kant, à *Ich denke*, ni à *Geist*, ni à *Seele*, mais qu'il faudrait traduire sans doute par «corps agent» ou «corps-sujet».[67]

Ainsi encore, l'entendement est identifié, par simple apposition, à l'*Urteilskraft*.[68] Que deviennent alors les distinctions établies par l'Introduction à la *Critique du jugement* concernant la législation du *Verstand* par rapport à la nature et celle de l'*Urteilskraft* par rapport au sentiment?

De plus, si Heidegger tient à faire remarquer que la thèse de Kant concernant l'être doit se situer dans le contexte d'une démonstration de l'existence de Dieu, il néglige complètement le lien essentiel qui existe pour la pensée critique entre cette démonstration et la finalité du jugement réfléchissant. Ce qui ne peut manquer d'étonner lorsqu'on voit l'interprète citer, à l'appui de sa propre lecture des postulats de la pensée empirique, un texte – et quel texte! – de la *Critique du jugement*.

Il s'agit de la fameuse *Remarque* sur le possible et l'effectivement réel qui constitue le paragraphe 76 et dont Schelling à vingt ans écrivait:

«Jamais peut-être tant de pensées profondes n'ont été concentrées en si peu de pages».[69]

[66] KTS, 30; cfr. A 261, B 317.

[67] Le sens du mot *Gemüt* chez Kant mérite une étude approfondie. Nous proposant de l'entreprendre par ailleurs, nous nous contenterons d'indiquer ici quelques-uns des passages significatifs en dehors de la première *Critique*: KPV, Cass. V, 171, 174; *trad.*, 169, 173; KU, Cass. V, 267, 341–342, 350, 388; *trad.*, 35, 95, 103, 133; SF, Cass. VII, 311 ss. (les différents usages de *Seele, Mensch, Gemüt*); *Ueber das Organ der Seele*, Cass. VI, 518 (*Gemüt* = animus); *Anthropologie*, Cass. VIII, 20, 39, 47, 119 et 530 (passage du manuscrit de Rostock, vers 1796/1797).

[68] KTS, 24.

[69] KTS, 26–27. – SCHELLING, «Vom Ich als Prinzip der Philosophie oder über das Unbedingte im menschlichen Wesen» (1795) in *Philosophische Schriften*, Erster Band, 1809, p. 114.

Ce qui, bien sûr, provoque cette mise en garde de Heidegger:

«Comme ce que dit ici Schelling est parfaitement juste, nous ne saurions prétendre pénétrer de façon satisfaisante la pensée de ce paragraphe 76».[70]

Mais tout aussitôt le texte va être exploité «selon le dessein de notre exposé», pour montrer comment Kant maintient sa thèse concernant l'être comme position.

Et de fait, le texte en question énonce les deux propositions qui sont capitales pour le dessein de Heidegger, à savoir 1°. que la distinction du possible et de l'effectivement réel se fonde dans le sujet et dans la nature de ses facultés de connaissance; 2°. que le possible est position de la représentation d'une chose par rapport à notre concept et à notre faculté de penser en général, tandis que l'effectivement réel signifie la position de la chose pour elle-même en dehors de ce concept.

Mais ce qui préoccupe Kant à cet endroit – et cela Heidegger le passe sous silence – c'est d'éclaircir la nécessité en vertu de laquelle la distinction du possible et de l'effectivement réel repose pour nous sur l'hétérogénéité de l'entendement et de l'intuition sensible. En effet: que nous puissions concevoir des choses comme possibles sans être pour autant à même de les déclarer effectivement réelles ne veut pas dire que cette position de deux modalités d'être par l'entendement se fonde dans les choses elles-mêmes. Et ceci

«s'éclaire par l'imprescriptible exigence de la raison d'accepter comme existant de manière inconditionnellement nécessaire un quelque chose (le fondement originaire) dans lequel possibilité et réalité effective n'ont plus à être distinguées en aucune façon, idée pour laquelle notre entendement n'a absolument plus de concept, c-à-d qu'il ne peut découvrir aucun mode selon lequel il devrait se représenter cette chose et son mode d'exister».[71]

En d'autres termes, si c'est bien dans la nature du sujet et de ses facultés de connaissance que se fonde la thèse concernant l'être comme position, ce fondement subjectif repose lui-même sur la nécessité d'admettre le concept d'un être (*Wesens*) absolument nécessaire, qui est assurément pour la raison une idée indispensable, mais «qui demeure pour l'entendement un concept problématique impossible à atteindre».[72]

La position de l'être de l'étant par l'entendement repose donc

---

[70] KTS, 26.
[71] KU, § 76, Cass. V, 481; cfr *trad.*, p. 204.

sur l'impossibilité pour cet entendement de poser l'être tout simplement: de cet être, il lui faut nier toutes les déterminations que la raison lui présente cependant comme appartenant à l'objet. Les jugements qu'il portera, dans son impuissance même, sur le transcendant ne remplacent pas le fil conducteur de la logique pour la détermination de l'être de l'étant; mais

«ils demeurent cependant des principes régulatifs, certains, immanents dans leur usage et à la mesure d'un dessein humain».[73]

Est-il excessif, dans ces conditions, d'interpréter la Dialectique transcendantale comme une interrogation concernant l'être lui-même et non plus seulement l'être de l'étant? Il semble au contraire que ce soit bien la le sens de la théorie kantienne des idées, puisque le dessein en est de montrer l'impuissance et de l'entendement et de la raison – en tant justement qu'ils sont positionnels d'un objet – à fonder ce qui, les rendant tels, les oppose et les unit à la fois. Dans la critique kantienne de la raison théorique, c'est l'opposition mutuelle de la raison et de l'entendement lié à une sensibilité – opposition que manifeste l'illusion transcendantale – qui est le mode de présence dans et par l'homme de l'être en dispensation et en retrait. Que l'être soit ici appelé *ens necessarium* ou Dieu ne le réduit pas à un étant parmi les autres; ces noms signifient seulement que la nécessité de penser l'être comme quelque chose d'existant mais d'inconcevable est pour nous la façon dont l'être lui-même se pose et se présente comme problème.

La suite du paragraphe 76 de la troisième *Critique* montre plus nettement encore que parler de Dieu n'est pas pour Kant une façon d'affirmer *que* l'être *est* ontiquement:

«Dans la méditation théorique de la nature, la raison doit accepter l'idée de la nécessité d'un fondement originaire; de même dans sa méditation pratique elle suppose sa propre causalité inconditionnée, c-à-d sa liberté à l'égard de la nature, en ceci qu'elle est consciente de son commandement moral».[74]

L'idée du fondement originaire tient donc par rapport à la connaissance des objets de l'expérience la même place que l'idée de liberté inconditionnée par rapport à l'expérience du devoir.

[72] KU, § 76, Cass. V, 481; cfr *trad.*, p. 205.
[73] KU, § 76, Cass. V, 482; cfr *trad.*, p. 205.
[74] KU, § 76, Cass. V, 482; cfr *trad.*, p. 205.

Le devoir cependant ouvre une nouvelle perspective sur le nécessaire, le possible et l'effectivement réel. L'action qui du point de vue pratique est absolument nécessaire, demeure simplement contingente du point de vue physique: «ce qui *devrait* nécessairement arriver, bien souvent n'arrive pas»,[75] par faiblesse ou par faute. Aussi la raison exprime-t-elle subjectivement cette nécessité pratique qui est la sienne par le devoir être et non par l'être: la nécessité de la liberté humaine est en effet celle de ce qui est possible par l'homme, c-à-d par un être dont la raison est subjectivement liée à une sensibilité. L'être de cet étant particulier qu'est l'homme dans la nature est donc subjectivement un devoir être parce qu'il suppose un monde intelligible dans lequel la liberté gouvernerait la nature,

«un monde dans lequel la loi théorique, la loi de ce qui est pour nous effectivement réel et la loi pratique, la loi de ce qui est par nous possible ne différeraient en aucune façon».[76]

Ainsi, encore une fois, on pourrait considérer l'idée d'un monde intelligible gouverné par la liberté inconditionnée comme la dispensation et le retrait de l'être lui-même dans l'être de l'homme, et le devoir être comme ce *là* de l'*être là* qui dans l'homme appartient à l'être.

L'idée d'un monde intelligible présentée comme objective par la raison ne peut trouver dans notre entendement aucun concept correspondant, même si l'idée subjective de liberté fonde un commandement moral et une règle d'action universellement valables pour des êtres finis doués de raison. De manière analogue, bien que l'idée d'une finalité et d'un art de la nature dans ses productions ne puisse déterminer l'objet en lui-même, elle vaut cependant, à titre de principe régulateur, et de façon nécessaire,

---

[75] *Loc. cit.* – Kant suggère ici un rapport essentiel entre l'être, le devoir-être et le temps. Il assimile l'être à ce qui est déjà arrivé (*geschehen*) et l'oppose ainsi au *Seinsollen*. Il s'agit ici, ne l'oublions pas, de déterminations subjectives. Pour nous, l'être est déjà arrivé: c'est le cas dans les choses de la nature. Est-ce à dire que l'être lui-même est simplement un passé ou du moins un déjà-là qui subsiste? Il ne semble pas, puisque la liberté est elle-même «posée d'avance» (*voraus gesetzt*) par le devoir, alors qu'elle fonde un devoir-être, c-à-d ce qui est encore *possible* du point de vue de la nature déjà subsistante. Il faut en conclure, nous semble-t-il, que le devoir-être est le mode selon lequel la présence autre que temporelle de l'être se préserve et se cache par l'homme, c-à-d dans la nécessité du temps.

[76] KU, § 76, Cass. V, 482; cfr *trad.*, p. 206.

pour la faculté humaine de juger «comme si elle était un principe objectif».[77]

C'est dans le «*comme si* la finalité était objective» que le jugement réfléchissant peut rendre le particulier comme tel abordable à l'entendement qui, par nature, procède en sens inverse, c-à-d de l'universel au particulier. Et c'est dans un «*comme s'il arrivait* effectivement que nous déterminions la nature de la liberté»[78] – c-à-d dans l'idée de liberté – que nous pouvons rendre abordable à l'entendement la liaison de la causalité morale et de l'ordre naturel. C'est donc bien dans le *comme si*, dans la limite positive de l'illusion transcendantale, que la position de l'être par la réflexion de l'entendement reconnaît sa pure subjectivité et sa corrélative non-vérité; c'est donc bien dans la nécessité du *comme si* que la Critique demeure consciemment à l'écoute d'une interrogation *de* l'être. Le *comme si* veut dire l'attrait de l'homme pour l'être en dispensation et en retrait, et l'attrait de l'être pour l'homme.

Ces dernières réflexions suggérées par le texte fameux auquel Heidegger lui-même nous a renvoyés, mettent en évidence la faiblesse des lectures néo-kantiennes, pour lesquelles le *comme si* signifie tout simplement la nature nécessairement hypothétique et artificielle des procédés qu'utilise l'homme afin de maîtriser les choses à son profit. Et nous pouvons reprendre ici une phrase de l'opuscule que nous analysions:

«C'est donc une erreur de penser, comme on le fait encore aujourd'hui sous l'influence du néo-kantisme, que la philosophie de Kant a, selon l'expression courante, réglé son compte au concept d'être».[79]

Mais, venant après nos analyses, cette remarque nous éclaire en retour sur le dessein de son auteur: c'est contre le néo-kantisme qu'il a voulu montrer que la détermination critique de l'objectité révélait l'être – au sens de constante présence – beaucoup plus nettement que ne le faisait l'explicitation traditionnelle de l'être comme substantialité de la substance.[80] On peut toutefois se demander si en oubliant le jugement réfléchissant, qui seul permet de saisir l'essence de l'illusion transcendantale,. Hei-

---

[77] KU, § 76, Cass. V, 483; cfr *trad.*, p. 206.
[78] Cfr *loc. cit.*
[79] KTS, 21.
[80] *Loc. cit.*

degger n'a pas détruit le néo-kantisme beaucoup plus qu'il n'a,
malgré tout, lu et interprété Kant lui-même. Il fait voir qu'on
ne saurait s'en tenir à une compréhension de la *Critique de la raison
pure* dominée par le problème de la connaissance, bien que l'ouvrage
et l'oeuvre entier de son auteur aient pu donner naissance à une
telle compréhension. Mais il ne fait pas apparaître dans la *lettre*
du kantisme ce qui permet de situer le problème de la connaissance
dans une interrogation fondamentale de l'être.

6. CONTROVERSE À PROPOS DE LA «CRITIQUE DU JUGEMENT»

a. *Le néo-kantisme de Cassirer vu par Heidegger*

Pourtant dès 1928 Heidegger semble avoir aperçu que l'at-
taque qui détruirait les thèses néo-kantiennes pouvait être menée
à partir de la *Critique du jugement*, et en particulier que cette
Critique devrait éclairer le phénomène de la transcendance et le
sens de l'imageantes transcendantale. C'est du moins une conclusion que suggère la fin de la recension consacrée à la seconde
partie d'un ouvrage d'Ernst Cassirer, *Philosophie der symbolischen Formen*.[81]

Cassirer propose de comprendre le mythe comme l'une des
forces imageantes et formatrices (*bildende Kraft*) de l'esprit.
Pour fonder cette forme symbolique, il faudrait en appeler à la
fameuse révolution copernicienne selon laquelle toute réalité devrait valoir en tant qu'elle est un produit (*Gebild*) de la conscience formatrice.[82]

Mais est-il légitime d'expliquer la révolution copernicienne en
l'enfermant dans le cadre d'une théorie de la connaissance, comme le fait le néo-kantisme? On a de bonnes raisons, dit Heidegger, de mettre en doute cette façon de voir; elle n'atteint pas le
noyau de la problématique transcendantale dans ses possibilités
essentielles, car cette problématique est ontologique.[83]

Cela mis à part, la *Critique de la raison pure* se laisse-t-elle

---

[81] E. CASSIRER, *Philosophie der symbolischen Formen*, II *Das mythische Denken*,
Tübingen, 1925. – La recension de HEIDEGGER a paru dans la *Deutsche Literaturzeitung*, Berlin, (V), col. 1000 à 1012.

[82] *Art. cit.*, 1007.

[83] *Art. cit.*, 1007–1008.

simplement «élargir» jusqu'à devenir une critique de la culture? Est-il sûr, n'est-il pas au contraire très douteux, que l'on ait déjà libéré (*freigelegt*) et instauré les fondements sur lesquels pourrait reposer l'interprétation transcendantale de la «Nature» telles que Kant lui-même la propose? Qu'en est-il de l'imprescriptible besogne qu'est l'élaboration ontologique de la constitution et du mode d'être de ce qu'avec beaucoup d'imprécision Cassirer appelle tantôt «conscience», tantôt «vie», tantôt «raison»?[84]

Avant donc de se demander s'il est possible de s'appuyer sur Kant tout en élargissant ses problèmes, il faudrait découvrir la signification de la *Critique* et examiner aussi quelle est l'essence du mythique en lui-même?

Cassirer reprend le terme *Mana* pour désigner l'élément constitutif du mode d'être mythique. Le Mana est cette puissance écrasante (*Uebermächtigkeit*) qui, au plan ethnographique, peut être décrite comme le milieu mythique. Le Mana occupe tout le monde du mythe. Néo-kantien conséquent, Cassirer propose de situer la source de ce phénomène dans une faculté fondamentale du sujet, dans l'imagination mythique.

Pour Heidegger au contraire, le Mana doit être interprété comme la compréhension d'être propre au mythe. Et ce dernier est un des modes d'être spécifiques du *Dasein*. En tant que compréhension d'être, le Mana éclaire à l'avance tout penser et toute intuition. Son caractère de puissance écrasante se rattache par ailleurs à une structure fondamentale du *Dasein*, la déréliction: tout étant dévoilé dans la déréliction apparaît comme une puissance écrasante.[85]

Le mythe ne serait donc qu'une des formes de l'existence quotidienne. Aussi le *Dasein* qui s'y trouve plongé ne peut-il pas comprendre le Mana comme mode d'être. Celui qui vit le mythe se représente lui-même comme doué de Mana, c-à-d en fin de compte comme un étant.

Par conséquent les théories qui, à l'opposé de Cassirer, interprètent cette puissance écrasante selon une signification ontique, au lieu d'en chercher l'origine dans une faculté du sujet, ne sont pas complètement dans l'erreur.[86] Il appartient en effet à l'es-

---

[84] *Art. cit.*, 1008.
[85] *Art. cit.*, 1008.
[86] *Art. cit.*, 1010.

sence de la déréliction de comprendre un mode d'être comme une propriété de l'étant.[87]

Ayant ainsi repris le problème du mythe dans l'optique de *Sein und Zeit*, Heidegger est amené à souligner quelques détails inacceptables dans la manière néo-kantienne de lire Kant.

Cassirer fait un usage fréquent de la notion d'*impression*. Mais il demeure à cet égard dans une grande confusion. Par ce terme,

«il désigne parfois l'affection purement sensible, parfois aussi le fait d'être saisi (*Benommensein*) par le réel compris comme doué de Mana».[88]

Cette imprécision trouve sa source dans une mésintelligence de cette structure du *Dasein* qu'est la transcendance. Par transcendance Heidegger veut dire, on le sait, l'être là en tant qu'il s'est toujours déjà dépassé lui-même, ce dépassement ne s'effectuant pas dans un comportement à l'égard de l'étant que le *Dasein* n'est pas, mais bien dans l'être du *Dasein* et vers le «savoir et pouvoir être» qu'il est lui-même comme être-au-monde et comme finitude.[89] Si l'on entend traiter philosophiquement le problème de l'*impression*, il ne suffit pas, dit la recension,

«de prendre comme point de départ un chaos de 'sensations' qui doivent être 'informées'. Bien plus, ce procédé masque le phénomène originaire de la transcendance qui est la condition de possibilité pour toute 'passivité'».[90]

Il y aurait pourtant moyen d'élargir la vue:

«Cassirer parle souvent, lorsqu'il caractérise la force formatrice du mythe, de l'*imagination mythique*. Mais il ne donne aucune explication concernant cette faculté fondamentale. Est-elle une forme du penser ou de l'intuition, les deux à la fois, ou bien ni l'une ni l'autre? L'interprétation de la compréhension d'être mythique est beaucoup plus conplexe et elle nous mène bien davantage au fondement sans fond que ne le laisse entrevoir l'exposé de Cassirer. Déjà du reste aurait pu le montrer le phénomène de l'imagination transcendantale tel qu'il apparaît dans la *Critique de la raison pure* et dans la *Critique du jugement*. Mais cette orientation vers le phénomène est étrangère à l'esprit du néo-kantisme».[91]

Cette dernière remarque est d'autant plus significative que dans *Kant et le problème de la métaphysique* Heidegger n'utilise guère la troisième *Critique*, sinon pour confirmer une interprétation du schématisme fondée tout entière sur l'Esthétique et l'Analytique.

---

[87] *Art. cit.*, 1008.
[88] *Art. cit.*, 1010.
[89] Cfr SZ, 191–192.
[90] *Art. cit.*, 1010.
[91] *Art. cit.*, 1011.

b. Réplique de Cassirer

Aussi n'est-il pas surprenant de voir, trois années plus tard, Cassirer lui-même retourner à Heidegger, et en l'articulant davantage, le reproche de comprendre le kantisme, spécialement la doctrine de l'imagination transcendantale, sans tenir compte de la *Critique du jugement.*

Il importe d'abord, dit Cassirer, de restituer le chapitre de l'imagination transcendantale *in integro*, c-à-d de le situer dans le tout du kantisme.[92] Or le schématisme constitue bien le centre de l'Analytique, mais nullement le centre du système. Celui-ci se situe au contraire dans la Dialectique en tant qu'elle se continue dans les deux autres *Critiques*:

> «C'est ici que se trouve la vraie ontologie fondamentale de Kant [93] ... Le thème 'Kant et la métaphysique' ne se laisse donc pas traiter sous les espèces (*sub specie*) du schématisme, mais uniquement sous les espèces de la doctrine kantienne des idées, de la doctrine de la liberté et du beau en particulier».[94]

Car la *Critique de la raison pratique* et la *Critique du jugement* sont nécessaires pour comprendre selon Kant le métaphysique dans l'homme, pour comprendre l'homme «en le plaçant d'emblée sous l'idée de l'*humanité*».[95]

Le schématisme se situe bien au commencement de la métaphysique kantienne; mais il en constitue seulement l'entrée: il détermine le *Land der Wahrheit* comme vérité empirique. Du même coup cependant il laisse place par-delà à un être d'une signification tout autre, l'être nouménal, qui n'est plus l'être de choses mais l'être d'intelligences, «le royaume des personnalités agissant librement dans l'absolu de leur indépendance».[96]

Le débat – et l'incompréhension relative des deux interlocuteurs [97] – peut se résumer en ces deux propositions:

---

[92] E. CASSIRER, *Bemerkungen*, 17. – Cfr ci-dessus, p. 220, n. 73.
[93] *Bemerkungen*, 18.
[94] *Loc. cit.*
[95] *Loc. cit.*
[96] *Loc. cit.*
[97] L'opposition des deux points de vues se marque clairement dans les notes que CASSIRER consacre à Heidegger dans sa *Philosophie der symbolischen Formen*, Bd. III, pp. 173 s., 190, 194, 195, 219 et 220. – Cassirer admet les analyses de l'espace et du temps telles que les présente *Sein und Zeit* au niveau d'une ontologie de la finitude et de la temporalité. Mais sa propre réflexion, dit-il, ne s'attarde pas à l'étant disponible (*das Zuhandene*) et à son mode de spatialité. Elle veut poursuivre le chemin qui

Ce n'est pas le *Dasein* de l'homme mais le substrat intelligible de l'humanité qui est le but essentiel de la métaphysique kantienne.[98]

Kant a toujours refusé un monisme de l'imagination transcendantale, il a toujours défendu le dualisme radical du monde sensible et du monde intelligible, parce que son problème n'est pas celui de l'être et du temps mais celui de l'être et du devoir-être, de l'expérience et de l'idée.[99]

Sans partager l'idéalisme de Cassirer, on peut reconnaître la justesse de ses critiques et les formuler en acceptant plus encore qu'il ne le fait lui-même [100] la conception heideggerienne de l'interprétation et de la «reprise». On devra dire alors: si le plus important, dans l'homme mis en question par la philosophie, c'est le *Dasein*, c-à-d «le surgissement d'un *Da* antérieur à l'homme»,[101] si la question «qu'est-ce que l'homme»? doit rejoindre l'homme et non pas partir de sa conscience comme d'un point de départ indépendant,[102] il faut, avant toute destruction, respecter la lettre du kantisme et reconnaître qu'il nous donne effectivement à penser un *Da* préhumain, un élément de la conscience radicalement antérieur à celle-ci, non seulement dans sa doctrine de la temporalité transcendantale, mais surtout en dévoilant le fait

conduit de la spatialité comme moment du *Zuhandene* jusqu'à l'espace comme forme des étants substantiels (*Vorhandene*), et montrer que ce chemin conduit dans le domaine des formes *symboliques*, au double sens de formes d'exposition et de signification. – La *Philosophie der symbolischen Formen* commencerait là où s'arrête le premier volume de *Sein und Zeit*. Son problème ne concerne pas la temporalité que Heidegger met en évidence comme sens d'être originaire du *Dasein*. Cette temporalité n'est pas contestée, ni son articulation, ni sa découverte comme ultime fondement de l'existentialité du *Dasein*. Mais la question de Cassirer commence au point où s'effectue le passage de cette temporalité existentielle à la *forme*-temps. «Les conditions de possibilité de cette forme, la *Philosophie der symbolischen Formen* veut montrer qu'elles sont la condition de la possibilité de poser un *être* qui dépasse l'existentialité de l'être-là. Comme pour l'espace, pour le temps également c'est ce passage, cette *metabasis* du sens d'être de l'être-là au sens 'objectif' du 'Logos' qui constitue son thème et son problème proprement dit» (*Op. cit.*, p. 190, note). – Cassirer (*Op. cit.*, p. 194, note) rapproche l'analyse du temps chez S. Augustin et chez Heidegger. Il marque aussi son accord (*Op. cit.*, pp. 219–220, note) avec la conception qui considèrel'hypostase du futur comme la structure première du temps. – En tout ceci cependant il est clair que Cassirer comprend le *Dasein* en un sens subjectif: il n'aperçoit pas que la subjectivité du sujet est déjà objective, c-à-d qu'elle est une manifestation de l'être lui-même.

[98] *Bemerkungen*, 15.
[99] *Bemerkungen*, 16.
[100] *Bemerkungen*, 4 et 17.
[101] M. Dufrenne, *Heidegger et Kant*, p. 27.
[102] Cfr Dufrenne, *art. cit.*, p. 27.

des idées de la raison; et le sens de ce fait n'apparaît pas uniquement dans l'illusion de l'entendement dogmatique; pour se lire
comme dispensation et retrait de l'être, le fait des idées doit s'interpréter dans l'horizon de la liberté et du jugement réfléchissant; car ce dernier est l'entendement libre s'interrogeant au sein
de la possibilité d'être des choses et du beau, comme nous l'a dit
Heidegger, mais au sein également de la possibilité d'être de
l'homme dans le monde en tant que l'idée et le devoir-être appartiennent à son essence. Le jugement réfléchissant n'est rien
d'autre que l'homme posant la question de son être et ainsi la
question *de* l'être.

7. CONCLUSION

Retenons des objections de Cassirer 1°. que le problème kantien proprement dit s'intitule *Sein und Sollen*, c-à-d tout à la fois
«être et devoir-être, «être et devoir-penser»; 2°. que seule la troisième *Critique* permet de saisir le sens du devoir-penser comme
un devoir-être, et ainsi comme le là de l'être dans l'être-au-
monde de l'homme.

Que l'interprétation heideggerienne ne fasse pas droit au jugement réfléchissant compris comme nous venons de le dire, un
texte de l'*Einleitung in die Metaphysik* le prouve:

> Le *Sollen* se présente comme l'opposé du *Sein* aussitôt que celui-ci se dé-
> termine comme idée. Par cette détermination, le penser en tant que Logos
> énonçant (*dialegesthai*) parvient à une fonction normative. Dès qu'à
> l'époque moderne ce penser parvient à la souveraineté en tant qu'il est
> Raison reposant sur elle-même, tout est prêt pour que la séparation du
> *Sein* et du *Sollen* prenne sa vraie figure. Le processus est achevé chez
> *Kant.*. Pour *Kant*, l'étant est nature, c-à-d ce qui peut être déterminé et est
> déterminé dans la pensée physico-mathématique. En face de la nature,
> se présente l'impératif catégorique déterminé lui aussi par la raison et en
> tant que Raison. Souvent *Kant* l'appelle en termes exprès le *Sollen* dans
> la mesure où l'impératif est considéré par rapport au simple étant, c-à-d
> à la nature pulsionnelle. *Fichte* fera expressément de l'opposition entre
> *Sein* et *Sollen* la structure fondamentale de son système. Au XIXe siècle,
> la primauté est conquise par l'étant tel que l'entendait *Kant*, c-à-d par ce
> qui est expérimentable pour les sciences – au nombre desquelles s'ajoutent
> alors l'économie et l'histoire. Le *Sollen* est ainsi menacé dans sa fonction
> normative. Il lui faut donc se fonder sur lui-même ...»; et il devient
> *valeur*.[103]

Cette façon de comprendre Kant ne saurait satisfaire le lecteur

---

[103] EM, 151–152.

quelque peu attentif de la *Critique du jugement*. Car l'interrogation propre au jugement réfléchissant oblige à considérer l'être de la nature dans l'horizon d'un devoir-être et à mesurer l'insuffisance de l'être posé par l'entendement, l'être de la nature, quand il s'agit d'approcher et de laisser s'approcher l'être lui-même. Dans la théologie kantienne, le devoir-être n'est nullement opposé à l'être devenu idée; le devoir-être est l'idée même en tant que dans l'homme se cache et se retire cet être qui est tout autre que l'être de l'étant et de l'homme.

Nous avons ainsi pris la mesure du dessein proclamé depuis 1914 par Heidegger de penser toujours le kantisme selon l'unité des trois *Critiques*. Pour lui faire entièrement justice, il convient pourtant d'être attentif à un autre aspect de son interprétation, nous voulons parler de sa lecture de la Dialectique.

En quelques occasions, en effet Heidegger a donné à entendre que la théorie des idées pourrait être considérée comme le centre du système critique. Mais il n'éclaircit pas le lien de la Dialectique avec la raison pratique et le jugement réfléchissant.

C'est ce que vont nous permettre de comprendre davantage trois applications de la notion heideggerienne d'entre-deux (*das Zwischen*) à des concepts kantiens.

CHAPITRE IV

L'ÊTRE ET LA CHOSE

I. PRÉLIMINAIRES

De l'aveu même de son auteur le livre auquel est consacré ce chapitre complète *Kant et le problème de la métaphysique*. On verra que s'il ne renonce pas à l'essentiel du précédent ouvrage il en atténue certains partis-pris, celui en particulier de privilégier à outrance la première édition de la première *Critique*. Mais surtout l'interprétation s'attache ici à des textes presque entièrement négligés en 1929, les pages difficiles traitant de l'Analytique des principes.

Heidegger reste ainsi fidèle, notons-le, à l'optique peut-être trop scolaire qu'il avait faite sienne jadis en voulant trouver l'essentiel de Kant dans une «Analytique au sens large». Certains, tel Cassirer, avaient souligné que cette appellation était incorrecte. *Die Frage nach dem Ding* pourrait viser à leur donner satisfaction.

En tout cas, si des remarques extérieures ont jamais pu influencé le philosophe, c'est uniquement parce qu'elles rejoignaient son propre cheminement. En expliquant à ses étudiants de 1935 comment la logique de l'apperception transcendantale est une interrogation sur la chose qui renvoie l'homme à un domaine débordant et l'homme et la chose, l'auteur de *Sein und Zeit* est en train de mesurer jusqu'où doit mener le renoncement au sujet : penser le *Dasein* et être saisi par lui, c'est s'engager dans et pour l'histoire de l'être. Sous le nom d'entre-deux apparaît ici l'unité relationnelle de l'être, de l'être de l'étant et de l'être de l'homme. Se tenant dans cette différence, la pensée voit venir à sa rencontre l'être en train de lui faire signe depuis la *Critique de la raison pure*.

2. L'ENTRE-DEUX EN GÉNÉRAL

Explicitant le rapport de l'ek-sistence humaine au monde, Heidegger écrit dans la *Lettre sur l'humanisme*:

«Pensé à partir de l'ek-sistence, le 'monde' est précisément, selon une certaine tonalité, l'au-delà à l'intérieur de l'ek-sistance et pour elle. Jamais l'homme n'est d'abord homme en deçà du monde comme 'sujet', qu'on entende ce sujet comme 'Je' ou comme 'nous'. Jamais non plus il n'est d'abord et seulement un 'sujet' qui, en même temps, se rapporterait de façon constante à des objets, de sorte que son être essentiel résiderait dans la relation sujet-objet. Bien plutôt, l'homme est d'abord, en son être essentiel, ek-sistant jusque dans l'ouverture de l'être, et cet ouvert seul éclaire l'*entre-deux* au sein duquel une relation du sujet à l'objet peut 'être'».[1]

D'après ce texte, l'entre-deux est, sans équivoque possible, l'être lui-même en tant qu'il est ouvert et éclaire, selon le processus historique de la dispensation et du retrait. A cet entre-deux appartient le monde qui est, dans l'être-là lui-même, l'au-delà par lequel est possible une transcendance humaine ou une ek-sistence. L'être-là apparaît ainsi tout différent du sujet ou de l'homme concret, dont il est la possibilité d'*être*.

Que l'entre-deux soit l'être – entre l'être de l'étant et l'être de l'homme – n'empêche nullement, bien au contraire, qu'il doive se désigner aussi par quantité de noms. En effet cet intermédiaire qui déborde et enveloppe les deux termes entre lesquels il se situe est finalement le fondement de toute relation possible, la relation ou l'at-trait devant être pensée originairement par-delà toute référence à des substances, à un ceci et un cela: l'entre-deux est ce qui rend possible que ceci et cela soient *le même*, sans être aucunement la même chose.

Le P. Richardson est donc en droit d'attribuer au *zwischen* les sens suivants:

a. L'entre-deux est «le processus d'éclairement par lequel les étants sont mis en lumière comme étants»;[2] il est alors l'*alêtheia* de ce Logos qu'est l'être.

b. L'entre-deux est cette différence entre l'être et les étants qu'oublie l'oubli de l'être en faisant naître la métaphysique; mais cette différence n'a lieu que par l'être lui-même; en tant que

---

[1] HB, 132–133.
[2] RICHARDSON, *Heidegger*, 6,

différence *de* l'être, elle est l'ambivalence et l'ambiguïté que disent les adages *ens qua ens, un et tout*; elle se cache dans la doctrine platonicienne de la participation.[3]

c. L'entre-deux est l'être-là, parce que c'est ce *soi* antérieur à tout Je ontique qui est source de la relation sujet-objet.[4]

d. Pour la même raison, l'entre-deux est l'horizon de transcendance institué par l'imagination transcendantale en tant que cet horizon constitue à la fois l'objectivité de l'objet et la subjectivité du sujet.[5]

e. L'entre-deux peut être l'homme lui-même en tant qu'il vit authentiquement au niveau de l'être-là et donne réponse à l'appel de l'être;[6] c'est *ainsi* – et non pour cette *raison* – que le poète pourra être appelé un intermédiaire entre les hommes et le sacré; le sacré doit être conçu ici comme ce qui rend possible la rencontre des hommes et de «Dieu», comme cette étrangeté joyeuse de l'être qui préserve l'être lui-même en son essence et qui, disant à l'homme son «salut» (*das Heilige, das Heile, Heil*) fait habiter le poète dans le domaine oublié des hommes où l'être est le plus inapprochable en vertu même de sa proximité.[7]

f. «L'entre-deux de l'ouvert dans lequel il doit d'abord habiter, le poète le montre par cela, que son dire, en montrant, obéit à l'origine et est ainsi l'en-durance qui s'est établie dans ce sacré qui a à venir jusqu'en et par sa parole».[8]

g. Si «habiter désigne la structure fondamentale de l'être-là en tant que celui-ci séjourne dans la proximité de l'être»,[9] l'homme n'est vraiment homme qu'en mesurant l'entre-deux lumineux qui sépare, pour reprendre un mot d'Hölderlin, «le ciel et la terre» – c-à-d l'être comme dimension de la mortalité et du divin, l'être qui se manifeste et se cache, en les englobant, dans le mortel et l'immortel; habiter ainsi, c'est habiter «plein de mérite, mais en poète, sur cette terre»; c'est aussi travailler, mais c'est en même

---

[3] *Op. cit.*, 10–13.
[4] *Op. cit.*, 101.
[5] *Op. cit.*, 154–155.
[6] Cfr HB, 78–79: Ainsi l'homme sera-t-il appelé «le pasteur de l'être». En effet «il est jeté par l'être même dans la vérité de l'être, afin qu'ek-sistant de la sorte il garde la vérité de l'être pour que, dans la lumière de l'être, l'étant apparaisse comme cet étant qu'il est».
[7] RICHARDSON, *Heidegger*, 426–427, 444, 447.
[8] HD, 140 – cfr RICHARDSON, *Heidegger*, 460.
[9] *Op. cit.*, 589.

temps penser à la source du penser, au sein du *Dichten* dans la mesure où celui-ci est *le même* que l'annoncement (*die Sage*) par lequel et dans lequel le dévoilement de l'être vient au langage et duquel tout idiome humain reçoit son sens.[10]

En nous efforçant de suivre le dialogue de pensée entre Kant et Heidegger, nous avions déjà parcouru nous-même l'entre-deux: il s'était présenté implicitement sous les noms techniques d'imagination transcendantale et de liberté, sous les espèces de la méthode transcendantale et de la disponibilité à l'égard du beau.

Die Frage nach dem Ding fait appel à ce concept d'entre-deux pour montrer en même temps, c-à-d historiquement, ce qui est le fondement sans fond de la question concernant la chose et ce qui, dans le kantisme, est le véritable «principe suprême de tous les jugements synthétiques».

3. L'ENTRE-DEUX COMME ESPACE-TEMPS

Au début de son cours, Heidegger en explique le titre et la portée. La chose est celle que nous rencontrons dans la vérité de l'expérience quotidienne,[11] non celle dont parle le savant.[12] Demander ce qu'est une chose, est une question *métaphysique* tout simplement parce qu'elle ne sert à rien[13]: tout en s'installant dans l'expérience quotidienne elle suppose que la vérité de cette expérience exige cependant d'être fondée.[14]

La question concerne les choses telles qu'elles viennent à notre rencontre, c-à-d dans leur singularité. Mais en même temps elle saute par-delà chaque chose singulière, par-delà vivants et inanimés, par-delà genres et espèces pour s'intéresser à «la» chose. Plus précisément encore, le philosophe se demande *was das Ding bedingt*: qu'est-ce donc qui met la chose en condition de chose? Sa choséité? Mais celle-ci ne peut pas être elle-même une chose, ni mise en condition de chose. S'interroger sur la choséité, c'est donc s'interroger sur l'*Un-bedingte*, sur ce qui n'est nullement en condition de chose.[15]

---

[10] *Op. cit.*, 589 et 544, 410, 471–472.
[11] FD, 5.
[12] FD, 10.
[13] FD, 2.
[14] FD, 11.
[15] FD, 6–7.

m   . Sublime /   beyond comparison   p 94   p 98   p 105

dm   but of imagination   104

    beyond { b but of communicat...

              beyond mere perception / reality

Sublime   { instrument of reason (p 120).

① magination   / reason } → idea p 105

                    (104:)

    unequal to its idea (p 105.

    represent our imagination in all its boundedness.

    fully of our majesty → respect

    incapacity to grasping (108)

    disharmony / conflict but imagination /

                            reason.

    p 47.

p 119. the belong of to   unattainability of the
        idea by means of imagination, to truly

    a ~~separate~~ presentation of the subject
    finality of our mind in the employment of
    imagination.

✠   ✍ p 127. reference to our way of thinking
        idea of reason supremely over
                            sensibility

Des profondeurs s'ouvrent ainsi toutes proches, et plus profondes cependant que le puits où tomba Thalès en regardant les lointaines étoiles.[16] Mais il n'empêche que «la» chose – et la chosé-ité plus encore – ne se rencontre nulle part. Nous nous heurtons sans cesse et partout à telle chose singulière.[17] Ce fait inéluctable tient-il à nous, à notre incapacité d'atteindre l'universel sans passer par le singulier – ou bien tient-il aux choses elles-mêmes, parce que leur être de choses est d'être singulières?[18]

Par une série d'analyses phénoménologiques d'apparence fort simple mais qui révèlent sa maîtrise, Heidegger suit les chemins qu'ouvrent ces deux questions, jusqu'à nous faire reconnaître «que nous ne savons plus ni par où, ni vers où nous allons en parlant de la chose et qu'il nous reste seulement dans la tête comme un grand tourbillon».[19] En effet, que nous essayions de comprendre ce que nous faisons en écrasant *ce* morceau de craie,[20] ou de comprendre ce que nous voulons dire en employant les «pronoms démonstratifs» ce-ci et ce-la,[21] nous arrivons à des conclusions antinomiques.

Tout d'abord, de façon générale, dès que nous désignons les choses, il se trouve que ce sont elles qui viennent à notre rencontre.

Ensuite, il apparaît que, prises absolument à partir d'elles-mêmes, deux ou plusieurs choses pourraient encore être identiques: ainsi des aiguilles de sapin. Si elles sont chacune un ce-ci nullement interchangeable, c'est uniquement parce qu'elles ne peuvent pas occuper *en même temps le même espace*.

Ce qui est étrange, car espace et temps – même pris ensemble comme espace-temps – semblent d'abord extérieurs aux choses. Cependant lorsque nous réduisons en poussière un morceau de craie, l'espace ne cesse de se rencontrer à l'intérieur du morceau; sans pour autant qu'il constitue la singularité de ce morceau, par rapport à laquelle il demeure comme un contenant extérieur. Le temps de son côté semble encore plus extérieur à la chose que l'espace: il peut se comparer au courant d'un torrent roulant sur les

---

[16] FD, 2–3.
[17] FD, 8–9.
[18] FD, 9.
[19] FD, 24.
[20] FD, 14–16.
[21] FD, 18–20.

pierres; mais il change pourtant les choses moins que l'eau du torrent les pierres. Malgré cela, on ne pourrait nier sans de graves inconvénients que certaines choses, telles les horloges, nous indiquent réellement le temps.

Ainsi chaque tentative de préciser ce qu'il en est renouvelle l'impression que l'espace et le temps sont seulement

«des champs susceptibles de recevoir les choses, indifférents à leur égard mais utilisables pour leur assigner une place spatio-temporelle. Et cependant chaque chose pour être nécessairement un inéchangeable ceci doit être référée à l'espace et au temps».[22]

Mais de plus l'emploi du ceci ou du cela pour caractériser la chose elle-même m'introduit moi aussi dans le champ de la désignation, où la chose n'est celle-ci et celle-là que pour des «sujets» humains selon leur situation dans l'espace et le temps. Toutefois si je veux considérer la singularité uniquement de ce point de vue subjectif elle m'apparaîtra bientôt comme une détermination objective: c'est parce que la chose est «jetée à ma rencontre» qu'elle est celle-ci ou celle-là.[23]

En demandant ce qu'est une simple chose de tous les jours, nous avions donc raison de faire des réserves concernant la vérité d'abord si évidente de l'expérience quotidienne. Cette vérité – pas plus que l'espace et le temps ou la singularité – ne tient ni à la chose, ni à nous qui la connaissons; elle n'est pas non plus inscrite quelque part dans le ciel.[24]

En résumé, lorsque nous tentons de comprendre «la» chose, nous nous en approchons bien peu. Mais nous pouvons au moins préciser pourquoi. C'est tout simplement qu'en constatant la singularité des choses, en les caractérisant par le *ceci* ou le *cela* nous avons pénétré d'emblée dans le domaine de la désignation des choses qui est aussi inversement le domaine du mode selon lequel les choses viennent à notre rencontre:

«Désignation et rencontre – cette expression veut dire en général le domaine dans lequel nous aussi, qui sommes censément 'sujets', nous séjournons. Lorsque nous voulons saisir ce domaine, nous retrouvons toujours espace et temps; ce que nous avions nommé l'espace-temps, qui rend possible désignation et rencontre, ce domaine situé tout autour des choses,

[22] FD, 17.
[23] FD, 20.
[24] Cfr. FD, 23.

c'est ce qui s'annonce par la nécessité où nous sommes chaque fois d'en référer à l'espace et au temps».[25]

Ce «domaine» est précisément, on l'aura déjà pressenti, l'entre-deux dont parlera le principe suprême de tous les jugements synthétiques.

4. «QU'EST-CE QUE LA CHOSE?», QUESTION HISTORIQUE

On pourrait objecter cependant que nous faisons bien du mystère à propos de la question *Qu'est-ce que la chose?*, alors que depuis longtemps les philosophes y ont répondu de façon claire. Depuis les Grecs, la chose est l'*hypokeimenon* ou la substance qui fait l'unité d'une pluralité de *symbebêkota* ou d'accidents: la chose est le suppôt dans lequel se réunissent les qualités. Et sa vérité nous est donnée dans le jugement, dont le sujet tient la fonction du suppôt: il unifie les prédicats, qui expriment les qualités.[26] La structure de la vérité nous est fournie dans celle de l'énoncé. Or la vérité de l'énoncé – qui est à la fois proposition, renseignement sur ..., communication à ..., et expression d'un locuteur – consiste dans un accord avec les choses. La structure de l'énoncé vrai – sujet, copule, prédicat – nous fournit la structure de la chose.[27]

Tout ceci n'est-il pas «très naturel»? Mais rien n'est jamais «naturel», c-à-d évident pour n'importe qui, sinon dans l'optique d'une époque déterminée: «Le naturel est toujours historique».[28] Ainsi, que la vérité comme accord avec les choses ait son siège dans l'énoncé, est devenu naturel à l'époque de Platon et d'Aristote, où l'on «découvrit» et la chose et l'énoncé.[29] Accepter sans plus cette relation entre la vérité, l'énoncé et la chose serait donc tout simplement répéter dans sa matérialité une doctrine traditionnelle, mais serait-ce aussi en comprendre le sens et le fondement?

On peut en douter. En effet un contemporain de Platon, le sophiste Protagoras, dans un ouvrage intitulé *La vérité*, a écrit cette

[25] FD, 24.
[26] Cfr FD, 24–26.
[27] Cfr FD, 27–28.
[28] FD, 30.
[29] FD, 30.

phrase célèbre:

«La mesure de toutes choses, c'est l'homme, de celles qui sont pour ce qu'elles sont, de celles qui ne sont pas pour ce qu'elles ne sont pas»;

puisque juger est un acte de l'homme, la parole de Protagoras veut dire somme toute que la structure de la chose est conforme à la structure de l'énoncé; mais nous autres modernes nous l'entendons «tout naturellement» en un sens subjectiviste, comme si le Je était mesure de toutes choses; or pour les Grecs, l'homme était inconcevable en dehors de la Cité.[30] Par conséquent il se pourrait qu'en estimant toute naturelle la conception traditionnelle de la vérité de la chose nous passions à côté de son sens véritable et qu'ainsi nous éludions la question concernant la chose: nous lisons la tradition dans notre optique qui est celle du scientisme courant.

Cet exemple peut suffire à faire comprendre en quel sens la question concernant la chose est *historique*. Ce n'est pas que pour la résoudre il faille parcourir la suite des réponses fournies au cours des siècles par les philosophes, comme si, venant après tant de grands penseurs, on avait chance, en faisant la somme et le départ de leurs doctrines, de dire définitivement mieux [31]:

«Interroger de manière historique veut dire: libérer et mettre en mouvement l'événement (*Geschehen*) qui, dans la question, est en repos et pris dans des liens... L'événement initial intérieur à cette question ne se situe pas loin de nous quelque part dans la grisaille lointaine du temps; il est présent dans chaque proposition, dans chaque opinion quotidienne, chaque fois que nous avons accès à une chose».[32]

Les liens qui emprisonnent l'événement sont ceux d'une tradition purement reproductrice. Se contenter de répéter les doctrines antérieures, c'est «traîner avec nous une contrefaçon sans intérêt de l'événement initial au lieu de l'assumer en tant que tel». Aussi

«dans toute la mesure où une interrogation historique consiste à exercer une critique, celle-ci n'est pas dirigée contre les commencements; elle nous vise uniquement nous-mêmes pour autant que nous traînons avec nous ces commencements comme 'quelque chose de naturel'».[33]

[30] FD, 35.
[31] FD, 37.
[32] FD, 36–37. – Cfr. le sens du mot *Wiederholung* dans SZ, KM et SG; ci-dessus pp. 183 ss., 112 ss.
[33] FD, 37.

On peut encore faire voir autrement que le mode propre de l'interrogation concernant la chose est historique.

Le résultat de nos précédentes analyses revenait, nous semble-t-il, à nous demander : «L'essence de la proposition et de la vérité se détermine-t-elle à partir de l'essence de la chose – ou bien l'essence de la chose se détermine-t-elle à partir de l'essence de la proposition ?». Mais le décisif et ce qui engage est précisément que la question ne se laisse par ramener à cette disjonction rigoureuse. Il s'agit bien plutôt de savoir si

«l'essence de la chose et l'essence de la proposition ne sont pas structurées de manière homothétique uniquement parce que l'une et l'autre se déterminent en commun à partir d'une même racine située, elle, à un niveau plus profond».

Ce fondement commun, c'est sans doute l'*Un-bedingte* dont nous avons parlé, ce qui n'est nullement en condition de chose. Faudra-t-il dire, avec ceux qui identifient chose et être créé, que l'inconditionné est Dieu ? Faudra-t-il dire, avec les idéalistes pour qui la chose est le non-moi, que l'inconditionné est le Je ? Il faut en tout cas préciser comment on comprend la condition et l'être-conditionné :

«de là dépend qu'il faille chercher l'*Un-bedingte* ou bien plus haut que les choses, ou bien derrière elles ou bien encore en elles».[34]

Nous sommes ainsi invités à penser que la question concernant la chose est historique, parce qu'en la posant nous nous engageons dans et pour un entre-deux débordant, qui n'est nullement en condition de chose. Il se pourrait ainsi que l'historique soit *le même* que l'espace-temps.

Mais à quoi nous engage concrètement l'historique en tant qu'il est le mode d'interrogation propre à notre question ?

Quand un médecin applique à une série de patients un traitement contre-indiqué, «il se passe quelque chose»: la vie des malades est en péril, la bévue engage leurs existences. Si nous ne prêtons aucune attention au problème de la chose, si nous lui donnons une réponse inadaptée ou trop rapide, «il ne se passe rien» … et apparemment notre inattention ou notre erreur n'engage rien du tout. Eh bien si, dit Heidegger, il se passe quelque chose, ou du moins il se passera quelque chose fût-ce dans cin-

[34] FD, 36.

quante, voire dans cent ans.[35] Tout comme il se passe quelque
chose maintenant, à la suite de la décision prise par des généra-
tions antérieures en faveur du scientisme. On s'est décidé jadis,
avec quel exclusivisme, à concevoir la chose comme une masse
ponctuelle de matière, en mouvement dans un pur système spatio-temporel, ou comme un assemblage de tels points. Il en résulte
que notre époque n'a plus guère, à aucun niveau de l'enseignement, de maîtres capables d'expliquer proprement à leurs élèves
ce que c'est qu'un poème. Peu importe que le programme préfère
maintenant «les Niebelungen à Homère» – ou Baudelaire à Pinda-
re. Le pénible, c'est qu'une décision du XIXe siècle nous engage
nous autres à expliquer un poème comme le scientisme explique
l'essence de la chose.[36]

Répondre à la question *Qu'est-ce qu'une chose?*, c'est donc s'engager et se décider. Ce n'est pas émettre une proposition, c'est
changer une position fondamentale, c'est changer d'allure, c'est
pourrait-on dire, consacrer à l'être la présence humaine.[37]

«Mieux et plus modestement, dit Heidegger, c'est commencer de modifier la position jusqu'alors courante à l'égard des choses, modifier comme
en cheminant la manière d'interroger, d'estimer, de voir et de se décider,
bref: modifier comme en cheminant l'être-là au milieu de l'étant».[38]

5. L'ENTRE-DEUX ET L'INTERPRÉTATION

a. Le lieu de la Critique et l'historicité

Le cheminement changeant qu'est notre interrogation concer-

---

[35] FD, 41.
[36] FD, 39.
[37] Nous rapprochons ici le sens du mot allemand *Wandlung*, consécration eucha-
ristique, et le sens du mot *Wandel*, changement, cheminement, qu'emploie Heidegger.
[38] FD, 38. – Il vaut la peine de remarquer que la conversion ainsi proposée du
scientisme à la pensée de l'être est très éloignée d'un retour à la richesse de «la vie».
Heidegger estime au contraire que «les sciences» sont elles-mêmes bien trop proches
de cette prétendue richesse: «Ce dont nous avons besoin, c'est plutôt d'un éloignement
convenable par rapport à la vie, afin d'atteindre une distance au sein de laquelle
nous puissions mesurer ce qui est en train de nous arriver à nous autres hommes,
was mit uns Menschen vor sich geht. Cela, plus personne ne le sait de nos jours. Aussi
devons-nous interroger, interroger sans cesse afin de le savoir, ou même simplement
afin de savoir pourquoi et jusqu'à quel point nous ne le savons pas» (FD, 11). Par
cette impitoyable mise en question, qui est la liberté même du savoir, chaque peuple
fixe lui-même le niveau de sa présence (FD, 31–32). «Les Grecs voyaient dans le
pouvoir d'interroger toute la noblesse de leur être-là: c'est à cette aune qu'ils mesu-
raient pour s'en séparer ceux qui demeurent incapables d'interroger ou qui ne le
veulent pas, ceux qu'ils appelaient des barbares» (FD, 32).

nant la chose conduit, comme nous l'avons vu plus haut, à méditer l'éveil de la pensée mathématique et, par cette pensée, le chapitre de la *Critique de la raison pure* intitulé «Système de tous les principes de l'entendement pur». Dans ces pages de Kant commence à se modifier la présence humaine parmi les étants et continue de se tracer le chemin de pensée allant des Grecs à notre époque.

Kant n'a-t-il pas lui-même aperçu, s'il ne l'a pas compris totalement, le mode historique de son interrogation? Il semble que si, puisqu'il avait conscience d'être venu un siècle trop tôt et d'avoir écrit pour l'avenir. Constatant l'aridité du travail philosophique, il avait encore confié à Garve:

«Pourtant *les peines et les labeurs* de l'homme se meuvent constamment en cercle et reviennent à un point où ils se sont déjà trouvés; c'est ainsi que des matériaux qui gisent maintenant dans la poussière seront peut-être retravaillés pour reconstruire un édifice splendide».[39]

Ce calme du travailleur qui comprend que l'actuel et ses critères forment simplement une poussière envahissante, ce sens de l'inactuel, c'est cela l'historicité d'une oeuvre vraiment grande qui «redevient chaque jour inépuisable»,[40] parce qu'elle jaillit

«d'une connaissance profonde du mode selon lequel la philosophie se réalise effectivement et exerce son influence; car la philosophie appartient *aux peines et aux labeurs* les plus originels de l'homme».[41]

Le Kant laborieux, le Kant toujours prêt à re-chercher le fondement de son interrogation, le Kant qui semble ainsi n'avoir jamais écrit que préliminaires et prolégomènes, voilà donc le Kant vraiment engagé dans l'histoire. Et dans la mesure où la *Critique de la raison pure* est ainsi historique, ce livre a d'avance dépassé la métaphysique absolue de l'idéalisme allemand qui sautait par-dessus en prétendant respectueusement en tirer toutes les conséquences; ce livre a d'avance dépassé aussi le fameux «retour à Kant» qui voulait y découvrir la démolition de toute métaphysique.[42]

Faudra-t-il dire alors que les idéalistes et les néo-kantiens ont mal compris la *Critique*? Pas nécessairement. Peut-être vaut-il

---

[39] A Garve, le 7 août 1783, Cass. IX, 227–228; c'est nous qui soulignons les mots par lesquels nous traduisons *Bemühungen*; cfr. FD, 43.
[40] FD, 44.
[41] FD, 43; c'est nous qui soulignons.
[42] Cfr FD, 45.

mieux dire qu'ils l'ont comprise selon un autre mode, selon ce
mode de la dispensation de l'être qui leur était donné. Toutefois
comme l'oeuvre est authentiquement historique, elle exigera
toujours d'être comprise autrement. Mais «comprendre autrement ne veut dire mal comprendre que là où l'interprétation se
targue d'être l'unique vérité possible, et tombe de ce fait au-
dessous de ce qui est à comprendre».[43] Dans la mesure donc où,
pour nous autres, idéalisme et néo-kantisme seraient devenus
«tout naturels» – à titre de composantes inaperçues de notre
mentalité censément scientifique – il y aurait à détruire leur
interprétation de la *Critique*. La destruction devrait même s'éten-
dre, comme dans le premier *Kantbuch*, au texte à interpréter,
pour autant que son langage nous enfonce déjà dans notre manière «toute naturelle» de le comprendre.[44]

b. *Dimension de l'interprétation*

Ayant fortement mis en relief l'historicité de l'interrogation
concernant la chose et par le fait même l'historicité de la pensée
critique, *Die Frage nach dem Ding* peut se dispenser du travail de
destruction des textes.

«Nous venons nous mettre, dit Heidegger, dans la philosophie même de
Kant. Dorénavant seul Kant aura à parler. Ce que nous ajouterons ne
sera qu'indication occasionnelle pour ne pas nous écarter de la voie. Le
cours est donc une sorte de poteau indicateur ... sans importance en
comparaison de ce qui est en train d'arriver sur le chemin».[45]

En choisissant d'expliquer le chapitre de la première *Critique*
qui traite des principes, l'interprète veut sans doute nous installer
au point d'où nous pouvons saisir de l'intérieur l'articulation vivante de l'ensemble;[46] mais il veut surtout nous introduire dans
l'entre-deux, dans le champ des modifications cheminantes du
Dasein où Kant lui-même se tient. La brève conclusion de tout le
cours le rappellera:

[43] SG, 136; *trad.*, p. 181.
[44] Ces considérations et celles qui suivent immédiatement engagent à reprendre et
à modifier la traduction française de KM, 7; *trad.*, p. 55; – Cfr. H. Declève, «Le
second avant-propos de KM», in *Dialogue*, VI (1968), n° 4, pp. 555 ss.
[45] FD, 43.
[46] Cfr FD, 96.

«Nous avons tenté de pénétrer la doctrine des principes parce que, située au centre de la *Critique de la raison pure*, elle renouvelle la question concernant la chose et la réponse à lui donner. Nous avons dit plus haut que cette question était historique; nous voyons maintenant plus clairement à quel point il en est ainsi. L'interrogation kantienne à propos de la chose concerne l'intuition et le penser, l'expérience et ses principes, c-à-d qu'elle interroge sur l'homme. La question *Qu'est-ce qu'une chose?* est la question *Qu'est-ce que l'homme?*. Cela ne signifie pas que les choses deviennent des productions humaines; cela veut dire au contraire: l'homme doit être compris comme celui qui toujours saute déjà par-delà les choses, mais de telle façon que ce saut est possible seulement parce que les choses viennent à sa rencontre et qu'en cela précisément elles restent elles mêmes, elles nous renvoient nous-mêmes en arrière de nous-mêmes et de notre superficialité. Dans la question de Kant à propos de la chose s'ouvre une dimension qui se situe entre l'homme et la chose, qui s'étend vers l'avant au-delà de la chose et vers l'arrière en arrière de l'homme».[47]

Ces lignes permettent non seulement de mesurer l'importance de la notion d'entre-deux mais surtout de comprendre plus profondément l'essence de l'interprétation qui consiste à mesurer l'entre-deux lui-même.

Cette sorte d'espace ontologique [48] qu'habite la pensée de l'interprète et où celui-ci rejoint les grands penseurs de l'histoire, est-il *le même* que l'entre-deux de l'ouvert que le poète doit d'abord habiter et qu'il montre par la monstration d'un dire obéissant à l'origine?[49] Il est évident que *le même* signifie ici moins encore qu'ailleurs *la même chose*. Mais il reste difficile de préciser en quoi consiste la différence qui sépare et unit l'entre-deux habité par le poète, celui qu'habite le philosophe et celui enfin que mesure sans cesse Heidegger lorsqu'il interprète poètes et philosophes.

Bien sûr, il faut ici rappeler que le poète est lui-même l'intermédiaire entre les hommes et le divin et que l'entre-deux poétique reçoit sa lumière du sacré, de l'être en tant que sa proximité le rend inapprochable. Mais dans la mesure où le mode critique de poser le question concernant la chose n'est autre que la pensée de Kant lui-même, le philosophe ne doit-il pas lui aussi s'appeler un intermédiaire? Un intermédiaire entre l'homme et quoi? Nous proposerions de répondre: entre l'homme et ce qui, dans l'homme, le dépasse et lui donne de se dépasser vers les étants et

---

[47] FD, 189.
[48] Le mot est emprunté à RICHARDSON, *Heidegger*, 589.
[49] Cfr *op. cit.*, 460 et HD, 140.

au-delà d'eux, en même temps que vers lui-même en arrière de lui-même. Le philosophe serait donc l'intermédiaire entre l'homme et le *Dasein* en tant que ce dernier est *de* l'être.

Ceci, avouons-le, mis à part le nom de sacré, ne distingue guère philosophie et poésie. Nous savons en tout cas que la philosophie n'est qu'un des labeurs et qu'une des peines les plus originelles de l'homme;[50] il en existe donc d'autres, et la poésie est sans doute de ceux-là. Peut-être pourrait-on dire que le philosophe a en propre de montrer en quoi ces labeurs originels diffèrent, tandis que le poète, s'il vit cette même distinction, ne l'articule pas.

Pour que cette dernière façon de comprendre puisse se réclamer de Heidegger, il faudrait que celui-ci nous eût expliqué clairement en quoi différait son interprétation quand elle dialogue avec Kant ou avec Hölderlin. Sans doute estimera-t-il suffisant de nous avoir fait pressentir le problème de la différence entre le mode poétique et le mode philosophique d'habiter l'entre-deux; et l'on pourrait s'enhardir à résumer sa pensée par la formule que voici: l'interprétation comme telle habite laborieusement la différence entre philosophie et poésie en tant que cette différence humaine est celle de l'être. Il resterait à savoir si cette manière de se transférer toujours à nouveau dans le *Dasein* n'est pas finalement une tentative de dépasser la finitude au nom de l'être lui-même sous prétexte de se maintenir dans une vue et dans une conviction de la finitude.

Que l'on cherche dans *Die Frage nach dem Ding* des lumières sur l'essence de l'interprétation en général ou bien sur la manière de comprendre le kantisme, le point capital est que cet ouvrage présente le fait de ramener une question métaphysique à la question centrale *Qu'est-ce que l'homme?* comme un accès à la pensée *de* l'être. Autrement dit, il ne serait pas radicalement impossible de faire une philosophie de l'être sous les espèces d'une certaine anthropologie. Il ne faudrait pas se hâter d'en conclure pour autant que l'interprète trouve dans la *Critique* une interrogation portant sur l'être même et sur son oubli. Jamais la lecture heideggerienne de Kant ne s'avancera si loin; pour l'excellente raison sans doute que, selon la pensée critique, l'être peut encore désigner cet Infini et ce créateur dont parle le christianisme, tandis que l'être rencontré sur le chemin de pensée qui passe par

---

[50] Cfr FD, 43.

Sein und Zeit, s'il n'est pas identiquement notre finitude, en constitue cependant la possibilité essentielle et ne saurait jamais s'appeler l'Infini.

Mais Kant nous introduit pourtant dans la dimension que doit mesurer la pensée de l'être. Et à parcourir puis à méditer l'étonnant cours sur la *Critique* que présente *Die Frage nach dem Ding,* on est de plus en plus porté à dire: c'est en chaque point de l'Analytique que cette dimension nous est ouverte.

6. CRITIQUE ET CONNAISSANCE: OBJET ET INTUITION

Ce que l'on pourrait appeler la tonalité kantienne se définit dès 1755 par le titre de la thèse d'habilitation du philosophe: *Principiorum primorum cognitionis metaphysicae nova dilucidatio.*[51] A la vérité, la tonalité critique ne s'affirme franchement qu'au moment où la connaissance métaphysique est considérée exclusivement dans le cadre de *notre* connaissance. Et ce serait déjà une première façon de nommer *le même,* c-à-d de pénétrer avec Kant dans la dimension de l'entre-deux, que de penser en toute vérité la connaissance métaphysique comme une connaissance humaine.

Selon un texte de Kant,[52] cette réduction implique trois éléments capitaux: 1°. le principe de non-contradiction n'a pas de sens s'il est considéré comme la condition d'une connaissance absolue; 2°. la non-contradiction n'est pas condition ultime de *toute* notre connaissance mais seulement de nos *jugements*; 3°. une connaissance humaine a un contenu et elle a trait à un objet que Kant désigne souvent par le mot *Gegenstand,* ce qui se tient face à nous.[53]

L'élément de notre connaissance qui diffère du jugement, c'est l'intuition. Dès le début de la *Critique* Kant met en évidence son rôle primordial:

«De quelque manière et par quelque moyen que la connaissance puisse jamais se rapporter à des objets, ce par quoi elle a trait à eux immédiate-

[51] Cass. I, 389–426. Cfr FD, 104.
[52] A 150, B 189: «Quel que soit le contenu de notre connaissance et quelle que soit la façon dont elle a trait à l'objet, la condition universelle, bien que seulement négative, de tous nos jugements en général est qu'ils ne se contredisent pas eux-mêmes; dans le cas contraire, ces jugements par eux-mêmes, qu'ils aient ou non trait à l'objet, ne sont rien».
[53] FD, 105.

ment et ce que vise tout penser comme un moyen vise sa fin, c'est *l'in-tuition*. Celle-ci toutefois a lieu dans la mesure seulement où l'objet nous est donné; et ceci de nouveau est possible, pour nous autres hommes tout au moins, par cela seulement que l'objet affecte le *Gemüt* selon un certain mode».[54]

Comme le penser, l'intuition est un acte de représentation, un *Vor-stellen*, une façon de pré-poser ce qui se tient face à nous.[55] L'unité de la représentation immédiate (intuition) et de la re-présentation médiate (pensée) en tant que cette unité a trait à l'objet est encore une désignation de l'entre-deux. Kant lui ré-serve le nom d'expérience.

«Pour Kant, expérience veut dire cette connaissance théorique de l'étant qui est dans les possibilités de l'homme».[56]

Mais il serait insuffisant de la considérer seulement comme un événement relevant du sujet. Elle est à la fois acte d'un Je et ce qui dans cet acte est «expérimenté» en tant que tel, l'ensemble de l'expérimentable demeurant pour Kant la nature, au sens que la physique newtonienne donne à ce terme.[57]

Cependant l'unité de l'expérience telle que nous venons de la décrire implique une double détermination de l'objet: à la struc-ture universalisante et intuitive de la connaissance comme acte du sujet correspond une structure analogue de ce qui se tient face à lui. Ce qui est face à nous – le *Gegen* du *Gegenstand* – nous le saisissons dans la simple sensation ou dans la perception: le soleil et la pierre qu'il chauffe ou le soleil qui, chaque fois qu'il luit, chauffe la pierre. La sensation et le jugement perceptif re-lèvent de l'intuition seule. Mais d'où vient la tenue – le *Stand* – de ce qui *se tient* face à nous? Lorsque, dans un jugement d'expér-ience, nous disons: «le soleil chauffe la pierre», nous n'avons plus affaire à la relation «chaque fois que ... alors»; il s'agit mainte-nant du rapport «si ... à cause de cela», du rapport entre une cause et son effet. Le donné – *ce* soleil, *cette* pierre – se trouve

---

[54] A 19, B 33. Cfr. FD, 105.

[55] FD, 106–107. Pour le sens de «pré-poser», cfr Hatzfeld et Darmsteter, *Dictionnaire général de la langue franꞔaise*, II, s.v.

[56] FD, 144. – On peut accepter cette définition heideggerienne de l'*Erfahrung* à trois conditions: il faut prendre soin de maintenir toutes les réserves faites plus haut concernant l'interprétation des trois *Critiques* selon leur unité; il faut se souvenir en même temps que Kant admet aussi une intuition de l'acte libre concret commandé par le devoir et une expérience morale; il faut considérer encore avec M. Nabert que dans le kantisme l'expérience interne perd sa véritable signification si on ne l'appuie pas à un dynamisme intellectuel qui la soutient.

[57] FD, 98–99.

maintenant déterminé par la nécessité et l'universalité d'un concept.[58]

«Un objet n'a sa tenue que si l'intuitif est pensé conceptuellement, et l'objet ne se tient tient en face que si le concept détermine un donné intuitif comme tel».[59]

Heidegger peut résumer tout ce qui précède en définissant quatre couples de termes corrélatifs par lesquels la *Critique* détermine la connaissance humaine selon les contextes:

«Intuition-Concept (Penser): ce qui est représenté comme tel dans l'objet.
Réceptivité-Spontanéité: mode de comportement de l'acte de représenter.
Affection-Fonction: le caractère d'événement ou de résultat de ce qui est représenté.
Sensibilité-Entendement: l'acte de représenter comme facultés du *Gemüt* humain en tant qu'elles sont les sources de la connaissance».[60]

Le lien de l'acte du sujet avec son objet étant ainsi mis en lumière, – ce lien qui est encore un nom de la dimension intermédiaire – il apparaît que l'interprétation néo-kantienne s'engage sur une voie sans issue quand elle prétend voir l'originalité du kantisme dans l'instauration d'un primat de la pensée et de son acte comme tel, le jugement pris selon sa forme, sur la conception antérieure qui situait la vérité du jugement dans l'énoncé. L'importance indéniable de la logique dans la première *Critique* a une tout autre source que l'attention exclusive au problème de la connaissance. Si le philosophe est obligé d'articuler sa méditation selon les structures traditionnelles de la science des principes de la pensée, c'est précisément par ce qu'il comprend la pensée tout autrement qu'on ne le faisait avant lui. Pour Kant l'analyse de la connaissance humaine doit être en majeure partie une re-situation (*Er-örterung*) du penser parce qu'il a mis en évidence la double structure de la connaissance et la nature médiate de la pensée par rapport à l'intuition. La métaphysique rationnelle situait dans la seule pensée conceptuelle l'essence de la connaissance.[61]

Heidegger conclut:

«On peut même dire, en poussant un peu il est vrai: la question et la recherche des principes de l'entendement pur est la question et la recherche du rôle nécessaire de ce qui est nécessairement au fondement de

---

[58] Cfr FD, 107–109.
[59] FD, 110.
[60] FD, 112.
[61] FD, 114.

l'entendement pur, c-à-d l'intuition, laquelle doit évidemment être elle-même une intuition pure».[62]

Le lecteur pourrait penser que l'entendement pur et l'intuition pure sont chacun des noms nouveaux désignant *le même*, puisque l'adjectif «pur» signifie la relation de l'un des éléments de la connaissance au second. L'interprète va plus loin. Entendement pur ne peut vouloir dire que: entendement ayant trait à l'intuition et à l'intuition pure. Quant à cette dernière, si elle doit être comprise négativement comme un intuition vide de toute sensation tout en étant sensible, elle désigne aussi de façon positive une intuition fondée uniquement sur elle-même et consistant précisément en cela. Et

«cette intuition pure, ce singulier pur libre de toute sensation, représenté en une représentation immédiate, c-à-d ce singulier unique, c'est le temps».[63]

L'entre-deux reçoit ainsi son véritable nom qui est le prénom de l'être.

En ce qui concerne le fond du problème critique, il y a donc complète unité de vue entre le premier *Kantbuch* et le cours de 1935. Ici et là Heidegger reconnaît à Kant le grand mérite d'avoir appelé l'être par son prénom, mais il lui reproche de ne pas s'en être rendu compte. Le progrès d'un ouvrage à l'autre, et plus encore par rapport à *Sein und Zeit*, consiste à ne plus présenter principalement la temporalité pure comme subjectivité du sujet, mais à faire voir que cette temporalité, parce qu'elle est le *soi* d'où jaillit la conscience du Je, est également l'objectité de l'objet ou l'être essentiel de la chose.[64] De la sorte, sans que la temporalité perde sa signification fondamentale, se suggère «en même temps» l'originalité de l'espace. A vrai dire celle-ci est mise plus nettement en lumière dans l'introduction phénoménologique à l'ouvrage [65] que dans l'étude même des textes de Kant. N'empêche que maintenant des termes comme *zwischen*, *Ort*, *Dimension*, *stehen*, *Stand*, ont une tonalité beaucoup plus franchement spatiale que celle du mot *Horizont* dans *Sein und Zeit* et le premier *Kantbuch* où il servait à caractériser le sens d'être du temps:

---

[62] FD, 115.
[63] *Loc. cit.*
[64] Cfr SZ, 320–321, ci-dessus p. 71 ss.; KM 171–173, ci-dessus pp. 169–173; RICHARDSON, *Heidegger*, 154 ss.
[65] Cfr. ci-dessus pp. 253 ss.

un second prénom de l'être, un «espace ontologique»[66] se laisse
donc ici entrevoir.

7. SIGNIFICATION DE LA LOGIQUE TRANSCENDANTALE

a. *Apperception pure et non-contradiction*

La méditation sur les principes de l'entendement pur en tant
qu'ils répondent à la question concernant la chose s'attache, tout
comme le premier *Kantbuch* à mettre en lumière l'originalité de
l'at-trait mutuel entre la connaissance humaine et l'objet, at-
trait que la *Critique* saisit dans l'unité nouvellement reconnue de
la pensée et de l'intuition. Et l'interprète en vient ainsi à expliciter plus à fond la révolution qu'introduit Kant en métaphysique lorsqu'il détrône la logique des concepts au profit d'une
logique transcendantale. Ce qui ne va pas sans modifier ou du
moins sans jeter une lumière nouvelle sur le sens de l'ap-perception transcendantale.[67]

Heidegger ne s'arrête plus à détruire la conception courante
d'une conscience dont notre mentalité naïvement imprégnée de
scientisme affuble d'ordinaire l'unité pure du *Je pense* kantien.
Il envisage maintenant l'apperception selon la définition critique
du jugement.

«La forme logique de tous les jugements, dit Kant, consiste en l'unité
objective de l'apperception des concepts qui y sont contenus».[68]

Dans le contexte de la double détermination de l'objet en tant
que *Gegen* et en tant que *Stand*, cette définition s'explicite comme
suit :

«Dans l'apperception, en plus et en vue de l'objet saisi, sont perçus avec

---

[66] Cfr ci-dessus p. 263.

[67] Heidegger attache une importance particulière au préfixe latin *ad* du mot
ap-perceptio; il lui donne le sens de *mit* et *dazu* tout ensemble. En traduisant SG 127,
nous avions employé «appercevoir» pour rendre *Ver-nehmen*; cfr ci-dessus pp. 204 ss.

[68] C'est le titre du § 19 de la seconde édition de la *Critique de raison pure*, B 140;
cfr FD, 125. – Au contraire de ce qu'il avait fait dans KM en vertu des principes
d'une reprise authentique, Heidegger, dans FD, utilise aussi bien la seconde que la
première édition de la *Critique*. Il s'en justifie au passage, FD, 106, en empruntant,
pour prouver que «la pensée est au service de l'intuition» (*loc. cit.* et KM, 70, 71, 73,
74; trad., pp. 130, 133, 134; cfr ci-dessus pp. 135 ss.); un texte «qui se trouve seulement dans la seconde édition, là où se fait justement valoir une accentuation plus
marquée de la fonction du penser dans la connaissance». On voit que la fidélité plus
grande à la lettre de Kant ne modifie pas fondamentalement l'interprétation; cfr
KM, 29, 32, 153–154; *trad.*, pp. 83, 87, 225 et ci-dessus p. 116 et pp.174 ss.

(ad) ou saisis l'attrait à l'égard du Je et ce Je lui-même. Que l'objet comme tel se tienne précisément en face ne serait pas possible sans que ce qui nous rencontre fût présent, dans sa tenue face à, pour un pré-posant, pour un représentant qui, en ce procès, se saisit lui-même présent *avec*, non pas comme objet évidemment, mais en tant seulement que ce qui rencontre exige, en étant en face, un attrait dirigé de lui vers ce qui soit tel qu'il s'attende à lui».[69]

L'apperception est donc bien un autre nom de l'entre-deux: elle est ce en quoi consiste l'essence de la transcendance de l'homme parmi les étants en même temps que l'étantité de l'étant rencontré par l'homme. Un autre passage va développer le même thème d'une manière qui, sans référence explicite il est vrai, évoque cette ipséité trans-personnelle de l'apperception que Kant s'efforçait de faire entendre en utilisant l'expression *Es denkt*:

«Pour que ce qui vient à la rencontre, ce qui se montre, c-à-d ce qui apparaît en général puisse venir en tant que ce qui se tient de face devant nous, il faut que ce qui se montre ait en ce qui est d'avance la possibilité d'arriver à se tenir et à la stabilité. Or ce qui se tient en soi, ce qui ne s'é-parpille pas, c'est ce qui est rassemblé en soi c-à-d amené à une unité, ce qui est présent (*das Anwesende*) dans cette unité et est ainsi consistant. La stabilité (*Ständigkeit*) est le prés-ent (*das An-wesen*) par soi qui unifie en soi. Cette prés-ence (*Anwesenheit*) est rendue possible *d'emblée* (*mit*) par l'entendement pur. Son action à elle est le penser. Mais le penser est un '*Je* pense', je me représente quelque chose en général dans son unité et sa cohérence. La présence (*Präsenz*) de l'objet se montre dans le repré-senter en *me* devenant présent *à moi* par la pré-position pensante c-à-d liante. Que cette présence de l'objet me devienne présente, ou bien à moi en tant que *Je* accidentel avec ses humeurs, ses souhaits et ses façons de voir, ou bien à moi en tant que Je repoussant tout ce subjectif pour laisser être l'objet lui-même, cela dépend de ce Je du *Je pense*, c-à-d de l'ampleur et de l'envergure prospective de l'unité et des règles auxquelles la liaison active des représentations est ramenée, c-à-d fondamentalement de la portée et du genre de la liberté en vertu de laquelle je suis moi-même un soi».[70]

L'unité objective de l'apperception est donc la co-présence de la subjectivité du sujet à l'objectivité de l'objet ou encore l'essen-ce de toute présence d'un objet dans une représentation humaine. Et lorsque, par-delà subjectivisme ou objectivisme, la *Critique* situe dans un *Ça pense* transcendantal le fondement de toute re-lation possible entre sujet et objet, elle dévoile un autre nom de la temporalité ou de ce qui permet toute présence humaine à un

[69] FD, 124.
[70] FD, 147.

étant présent devant elle. Mais le caractère actif de ce temps originaire nous livre aussi une autre dénomination de cet entre-deux; l'interprétation de Heidegger permet en effet de dire finalement: temporalité, apperception, et liberté sont vraiment *le même*.

Nous verrons que dans l'entretien de Davos avec Cassirer ceci avait été exprimé déjà mais en fonction de la Dialectique. Pour l'instant, nous devons examiner comment la compréhension approfondie de l'apperception va de pair avec une manière d'envisager plus positivement que ne l'avait fait le premier *Kantbuch* le rapport de la logique des concepts et de la logique transcendantale.

Le *Je pense* pur nous est apparu comme liberté et comme source tant de l'objectité que de l'humanité, parce qu'il est essentiellement faculté des règles. Autrement dit, puisque la pureté de la pensée est son unité avec une intuition sensible et pure, c'est dans l'apperception telle que nous l'avons déterminée que doit se fonder la science des règles d'une pensée liée à une sensibilité, la logique.

De quelle logique il s'agit ici, le plan du chapitre de la *Critique* auquel est consacré le cours de M. Heidegger et qui s'intitule *Système de tous les principes de l'entendement pur*, le rend manifeste.

La première section traite du principe suprême de tout les jugements analytiques, c-à-d du principe de non-contradiction. La seconde concerne le principe suprême de tous les jugements synthétiques, et d'après Heidegger Kant penserait ici, mais en le modifiant, au principe du Je tel que l'entendait la métaphysique moderne. La troisième section a pour titre: «Représentation systématique de tous les principes synthétiques de l'entendement pur», ce qui, pour l'interprète, indique une référence au principe de raison suffisante.[71]

Cette structure de l'exposé montre la fidélité de Kant à la logique en tant que «fil conducteur». Mais la division tripartite manifeste également le sens restrictif de cette dernière expression. Dans la mesure où la logique se définit comme science des normes formelles du raisonnement et du jugement, elle ne gouverne plus souverainement la connaissance et l'expérience humaines. Sa loi

[71] FD, 102.

suprême, le principe de non-contradiction, n'est plus que la règle
gouvernant l'énoncé d'une appartenance analytique du prédicat
au sujet en tant que l'un et l'autre sont de simples concepts,
c-à-d, il faut le remarquer, des représentations *a priori* par rapport à tout élément sensible. Sans doute pourra-t-on dire que le
principe de non-contradiction n'est qu'une formulation négative
du principe d'identité, formulation toujours intrinsèque à la
positivité de ce principe. Mais ceci n'empêche pas que nous
puissions penser un jugement dépourvu de toute contradiction
et qui serait pourtant ou bien faux ou bien sans fondement
aucun.[72]

Kant pour sa part formule le principe en ces termes: «A nulle
chose ne convient un prédicat qui la contredit».[73] L'emploi du
mot *chose* révèle sans doute mieux que toute considération à quel
point est ici maintenue la conception aristotélicienne de la vérité
comme adéquation du concept et de l'énoncé à la chose. Mais,
puisque un jugement peut être non contradictoire sans être vrai
pour autant, cette formulation du principe indique aussi qu'il
n'est pas la règle ultime de tout jugement ni du jugement comme
tel, encore qu'il soit intrinsèque à tout énoncé vrai.

b. *Les jugements synthétiques a priori et le transcendantal*

Il est en effet d'autres jugements *a priori* que les jugements
analytiques. Et les logiciens antérieurs ont reconnu inconsciem-
ment leur existence lorsqu'ils ont formulé le principe d'identité
comme suit: «Il est impossible que quelque chose soit et qu'*en
même temps* elle ne soit pas».[74] *En même temps* implique, selon
Kant, une synthèse; c-à-d que le principe ainsi énoncé ne concerne pas deux concepts, le sujet et le prédicat, il concerne le lien
de ces concepts au donné de l'intuition.

Les mathématiques et la physique newtonienne, qui procèdent
a priori et dont les énoncés disent l'essence de la chose, prouvent
à elles seules que certains actes de l'entendement pur sont vrais
tout en ne relevant pas du seul principe de non-contradiction.

---

[72] Cfr A 150, B 190; FD, 134.
[73] A 151, B 190; cfr KM, 176; *trad.*, p. 249; ci-dessus p. 176; WD, 149; ci-dessus
p. 194, n. 51.
[74] A 152, B 191; FD, 134-135.

Kant appelle ces actes les jugements synthétiques *a priori*: ils impliquent l'objectivité dans l'expérience des concepts comme tels, c-à-d le lien de la pensée pure à une intuition pure.

En dévoilant l'existence de ces jugements, Kant saisit l'essence du mathématisme et il peut dès lors mettre la métaphysique moderne face à la question de sa propre possibilité. En effet les jugements qui constituent cette science des premiers principes de la connaissance humaine sont *a priori*, puisqu'ils concernent les concepts eux-mêmes, et ils devraient être synthétiques, puisqu'ils visent des objets existants et se veulent plus que logiques.[75]

Il faut remarquer que l'expression «jugements synthétiques *a priori*» est, en un certain sens, contradictoire dans les termes car normalement une synthèse est toujours *a posteriori*, tandis qu'un jugement *a priori* est toujours analytique. La découverte décisive de Kant consiste en ceci qu'il a montré la possibilité de ces jugements synthétiques analytiques ou de ces jugements *a posteriori a priori*.[76]

Mais du coup Kant a tracé les limites essentielles de ces actes fondamentaux de l'entendement; et en établissant leur nécessité à titre de conditions par lesquelles est rendue possible l'expérience humaine, il a fait voir l'impossibilité intrinsèque de la métaphysique rationnelle; celle-ci en effet utilise des jugements synthétiques *a priori* sans tenir compte de leur rapport essentiel à l'expérience.

En distinguant les deux espèces de jugements que confond l'énoncé habituel du premier axiome de la logique générale, le philosophe critique se prescrit à lui-même la tâche d'édifier une nouvelle logique et d'en formuler les principes. Il n'y sera plus question des seuls concepts mais «du penser en tant qu'il se dépasse et s'élève jusqu'à l'objet». Cette façon de considérer le penser s'appelle pour ce motif *transcendantal*:

«Elle ne vise directement ni les objets eux-même, ni non plus le penser comme simple représentation de la relation sujet-objet, mais le dépassement (*Ueberstieg*) et l'at-trait à l'égard de l'objet en tant que *cet at-trait*».[77]

Nous comprenons mieux maintenant l'importance de l'enten-

---

[75] Cfr FD, 131.
[76] FD, 131-132.
[77] FD, 138.

dement pur c-à-d de l'apperception transcendantale. L'at-trait à l'égard de l'objet n'est pas différent du *Ver-stand*, de ce qui, par ses règles intrinsèques, donne sa tenue à ce qui vient à notre rencontre, au *Gegenstand*. En s'efforçant de saisir «l'at-trait entre l'énoncé et l'objet»,[78] Kant porte son regard sur l'essence de l'homme, sur le *Dasein* comme projet jeté parmi les étants:

«Si nous autres hommes nous sommes seulement ouverts à la poussée de tout ce au milieu de quoi nous sommes en suspense, nous ne pouvons nous mesurer à cette poussée. Mais nous en devenons maîtres si nous nous mettons à son service à partir d'une supériorité, c-à-d si nous laissons la poussée se tenir face à nous, si nous l'amenons à tenir (*Stehen*), si nous formons et préservons ainsi un domaine de stabilité (*Ständigkeit*) possible. C'est dans cette nécessité (*Not*) où nous sommes de devoir tenir librement contre la poussée, que se fonde la nécessité (*Notwendigkeit*) métaphysique de l'entendement pur. Conformément à cette ascendance métaphysique, l'entendement pur est la source des principes. Ceux-ci à leur tour sont 'la source de toute vérité', c-à-d de la possibilité pour nos expériences en général d'être en accord avec les objets.

Mais être ainsi en accord avec ... n'est pas possible si ce avec quoi il y a accord ne vient pas déjà d'avance avant nous et ne tient pas avant nous. C'est ainsi seulement que de l'objectif nous interpelle dans les phénomènes et c'est ainsi seulement qu'ils deviennent connaissables en vue d'un objet qui leur 'correspond', qui parle en eux et qui est leur répondant. L'entendement pur donne la possibilité de l'accord avec l'objet grâce à l'objectivité des phénomènes, c-à-d grâce à la choséité des choses pour nous».[79]

---

[78] FD, 140.
[79] FD, 148; cfr. A 158–159, B 197–198, que cite FD, 143. – Comparée à KTS, 32–33 et 35–36, ci-dessus, pp. 230 et 238, la présente interprétation semble plus près de concéder que la *Critique* approche la question de l'être proprement dite. Mais l'ambiguïté des mots «ascendance métaphysique», *metaphysische Herkunft*, doit être ici sauvegardée. L'expression, croyons-nous, désigne d'une part la fidélité de la conception kantienne à la métaphysique moderne en tant que celle-ci est finalement une logique ou du moins une science des principes de la connaissance, et d'autre part la nature de l'entendement pur en tant que cette nature se dévoile en réponse à une de ces questions qui ne servent à rien et qui peuvent faire tomber le philosophe, tel Thalès, dans un puits (cfr. FD, 2–3). Autrement dit, dans la mesure où Kant perçoit que la *Notwendigkeit*, la nécessité logique de l'entendement repose sur la condition nécessiteuse de l'être et de l'homme en suspens parmi les étants, sa doctrine de l'entendement pur est déjà, sans qu'il ait pu le dire, une philosophie *de* l'être; dans la mesure ou la *Critique* se cache à elle-même et cette relation fondamentale et ce que cache celle-ci, la logique transcendantale ouvre la voie au panlogisme de la métaphysique absolue et au règne des épistémologies néo-kantiennes. Une façon de se cacher le lien de la nécessité logico-métaphysique et de la condition nécessiteuse qui est l'at-trait entre l'être et l'homme serait évidemment de comprendre cet attrait de manière simplement empirique comme un besoin de l'homme, fût-il un besoin moral. – Le même problème est traité selon un tout autre mode, par exemple dans EM; cfr ci-dessus pp. 189–193.

8. L'ENTRE-DEUX COMME CERCLE LOGIQUE

a. Le principe suprême de la connaissance a priori

En tant qu'il est source des règles – concepts purs ou catégories, et principes qui unifient celles-ci – l'entendement pur est principe premier des jugements synthétiques *a priori*. Ainsi se trouve repris sur le mode transcendantal le *Je pense* dont la métaphysique depuis Descartes avait fait, sinon le fondement dernier, du moins la source du principe de non-contradiction. Mais lorsque Kant doit fournir un énoncé de la norme suprême des synthèses judicatives *a priori*, il écrit:

«Les conditions de la *possibilité de l'expérience* en général sont en même temps les conditions de la *possibilité des objets de l'expérience* et ont par là une validité objective dans un jugement synthétique *a priori*».[80]

Ce qui prouve une fois de plus que la nécessité de l'entendement ou du penser comme tel se mesure selon l'essence de ce à quoi l'entendement appartient en tant que pur, c-à-d selon l'essence de la connaissance ou de l'expérience humaine.

Par conséquent, estime Heidegger, dans l'exposé des principes de la logique transcendantale, il faut considérer d'abord la troisième section, celle qui représente systématiquement tous les principes synthétiques de l'*entendement* pur; la seconde en effet, qui traite du principe des *jugements* synthétiques *a priori* et dont nous venons de lire la conclusion, vient avant dans le texte uniquement parce qu'elle est plus fondamentale; pour la compréhension, elle doit donc être reprise après la troisième.[81]

L'illogisme intrinsèque à la logique même de la représentation des principes contraint d'admettre qu'en refusant de fonder la connaissance sur l'évidence d'un axiome d'identité Kant nous entraîne dans un cercle de contradictions. Nous l'avions déjà compris du reste en méditant la signification de l'expression «jugements synthétiques *a priori*». Mais l'analyse des axiomes de l'intuition et des anticipations de la perception, des analogies de l'expérience et des postulats de la pensée empirique va dévoiler divers noms de ce «cercle vicieux», qui sont autant de noms de l'entre-deux.

---

[80] A 158, B 197; cfr FD, 143; KM, 111; *trad.*, p. 176; ci-dessus p. 172.
[81] FD, 143.

Fondamentalement le cercle consiste en ce que les conditions de possibilité *a priori* de l'expérience sont elle-mêmes conditionnées par l'expérience.[82] En effet Kant nous dit que les principes sont *a priori*, non parce qu'ils contiennent en eux les fondements d'autres jugements, mais parce qu'ils ne sont pas eux-mêmes fondés en des connaissances plus hautes; on peut cependant, ajoute-t-il, fournir une preuve de ces principes, non pas de manière objective puisqu'ils fondent toute connaissance d'objet, mais à partir des sources subjectives de la possibilité de connaître un objet en général.[83] Or, nous l'avons vu, si l'apperception est la source subjective des principes, c'est parce qu'elle est libre at-trait entre le sujet et les objets venant à sa rencontre.

b. *Les principes mathématiques*

A. *Les axiomes de l'intuition*

Le même cercle apparaît manifestement dans la preuve des principes «mathématiques» de l'entendement pur. Ils sont appelés de la sorte non parce qu'ils appartiennent aux mathématiques, mais parce qu'ils fondent les axiomes de la géométrie et les formes arithmétiques ou lois de formation des nombres, ainsi que leurs applications à des phénomènes physiques, «dans une relation de l'entendement pur avec le sens interne».[84]

Kant nous dit lui-même qu'il a choisi avec le plus grand soin les dénominations des quatre groupes de principes pour ne pas laisser échapper ce en quoi diffèrent et l'évidence de chacun et leur utilisation.[85] Lorsqu'il dénomme les propositions fondamentales des mathématiques «axiomes de l'intuition», il faut donc prendre les termes en toute rigueur: il s'agit de jugements synthétiques *a priori* dont l'évidence est intuitive, c-à-d donnée dans la sensibilité en tant que pure.

Ni la loi de formation des nombres, ni les axiomes géométriques ne sont cependant des principes de l'entendement pur. Leur principe dans cet entendement s'énonce comme suit:

«Selon leur intuition tous les phénomènes sont des grandeurs extensives»

[82] FD, 151, 159–160, 173–174.
[83] A 148–149, B 187–188.
[84] A 162, B 201; FD, 148–151.
[85] A 161, B 200; FD, 150.

ou, d'après la seconde édition:

«Toutes les intuitions sont des grandeurs extensives».[86]

L'intuition, ce sont ici les formes pures et *a priori* de la sensibilité, l'espace et le temps, dont Kant a montré dans l'Esthétique qu'ils étaient des quanta continus: leur totalité est antérieure à leurs parties.[87]

Une grandeur extensive est au contraire un quantum discontinu dont la totalité n'est connue qu'à la suite de ses parties; telle la ligne dont je parcours tous les points en la tirant. Or c'est sous le *concept* de ce discontinu mesurant et nombrant que notre pensée unifie le donné divers dans l'expérience; et c'est ainsi que nous *connaissons* les phénomènes.

D'une part donc les phénomènes viennent à notre rencontre dans et selon les formes pures de l'espace et du temps antérieurement à toute perception. D'autre part ce qui vient à notre rencontre sous ces formes continues ne se tient face à nous que par l'unité conceptuelle d'un discontinu. C'est sous cette unité qu'un phénomène a pour nous figure et grandeur.[88]

Espace et temps n'ont d'autre être que l'être-donné de l'objet. L'espace spatialise, en ce sens qu'il laisse à ce qui se montre l'espace nécessaire à la possibilité de se montrer dans toute son étendue. «L'espace donne lieu et place, et c'est en cela que consiste tout son être». Il est forme des phénomènes de l'expérience externe parce qu'il est intuition pure: nul phénomène extérieur ne viendrait à notre rencontre si nous ne saisissions d'emblée avant tout découpage l'ensemble des dimensions de l'espace selon lesquelles l'objet nous est donné: l'à côté de ..., l'au-dessus de ..., l'en-dessous de ..., etc.[89]

On pourrait parler de manière analogue du temps, dont l'être consiste en un maintenant intuitif qui rend possible toute série des *maintenant* selon l'avant ou l'après. Mais la forme pure du

---

[86] A 162, B 202.
[87] A 25 ss.; cfr FD 153–157. Kant reprend les mêmes idées quand il parle des anticipations de la perception, A 169–170, B 210–211.
[88] Cfr FD, 159.
[89] FD, 156. – Heidegger renvoie ici à SZ §§ 19–24 et § 70 pour une théorie de l'espace qui dépasserait celle de Kant dont le tort principal est «de rattacher l'intuition pure à un sujet humain dont l'être est insuffisamment déterminé». On voit comment la fidélité à la lettre de SZ maintient fondamentalement la critique adressée à «l'anthropologie» kantienne.

temps n'est pas seulement donnée dans et pour les phénomènes extérieurs; en tant qu'elle est le sens interne, elle est forme de tous les phénomènes et de l'expérience en général; qu'il suffise de noter ici que nous parcourons selon l'unité pure du temps la série des points d'une ligne dont la figure vient à notre rencontre selon l'intuition de l'espace.[90]

Mais pour que ce qui vient à notre rencontre selon le mode spatio-temporel se tienne devant nous, il faut qu'il y ait chaque fois une certaine *quantité* d'espace et de temps. Il faut donc que la même unité ou plutôt le même acte unifiant, le même mode de synthétiser le discontinu soit à la fois condition de la rencontre selon l'espace et le temps et condition de la teneur de ce qui ainsi nous rencontre. Plus simplement: la condition de la passivité doit être aussi, dans la forme de l'expérience, condition de l'activité. Et c'est pourquoi il faut que les intuitions elles-mêmes soient des grandeurs extensives.

Ceci revient à dire que le concept de quantité discontinue est condition de l'acte même d'avoir une expérience dans l'intuition, dans le continu, et en même temps condition de l'objet d'expérience. Dès lors le principe des axiomes de l'intuition n'est qu'une autre formulation du principe de tous les jugements *a priori* et l'on se demandera de nouveau en quoi peuvent bien s'accorder fondamentalement le quantum continu et la grandeur discontinue, l'espace-temps et le concept de quantité, pour que l'objet ne puisse *être* tel sinon par leur accord.[91]

En considérant les phénomènes selon leur forme déterminante, c-à-d selon l'intuition, Kant a nommé de deux manières différentes l'at-trait entre sujet et objet: intuition pure et concept de grandeur désignent l'une et l'autre l'entre-deux. D'autres appellations du *même* vont se dévoiler en recherchant ce qui est *a priori* principe des perceptions, «ces représentations dans lesquelles il y a en même temps sensation» ou encore impression (*Empfindung*)[92], les phénomènes seront donc considérés maintenant selon qu'ils contiennent une matière déterminable par rapport à la forme.

---

[90] Cfr FD, 155 et 177–179.
[91] FD, 159–160.
[92] B 207; cfr FD, 161.

B. *Les anticipations de la sensation*

Kant se demande ici selon quel principe pur les mathématiques sont applicables à tout ce qui nous est donné dans l'intuition empirique comme telle, c-à-d à ce qui dans le phénomène est qualité. Certains physiciens de son temps expliquaient encore la différence entre le poids d'un volume rempli d'une matière dense et le poids d'un volume égal d'une substance moins dense en supposant à l'intérieur de cette dernière des espaces absolument vides. C'est contre de semblables hypothèses qui imposeraient une limite infranchissable à la mesure et aux mathématiques que Kant établit son principe des anticipations de la perception.[93]

Le mot *anticipation* reprend le terme *prolêpsis* employé déjà par Epicure: on veut désigner par là

«toute connaissance par laquelle je puis connaître *a priori* et déterminer ce qui appartient à une connaissance empirique».[94]

Le mot conviendrait donc fort bien pour désigner des déterminations de l'espace et du temps mais il faut aussi l'appliquer dans le cas présent. Bien qu'il puisse sembler étrange de saisir d'avance l'expérience en cela justement qui concerne sa matière, cette matière que l'on ne peut tirer de nulle part sinon de l'expérience, c'est pourtant cette saisie qui fait le fondement de la perception.[95]

La matière proprement dite, ce qui ne peut venir que de l'expérience elle-même, c'est l'*Empfindung*, la sensation ou l'impression immédiate du jaune, du rouge, du lourd, du léger, etc. C'est elle qui

«constitue la différence propre de l'empirique par rapport à la connaissance *a priori*».[96]

Mais Heidegger souligne le double sens du terme ainsi compris. Tout comme la représentation, la sensation signifie d'une part ce qui est senti et, d'autre part, un état de celui qui ressent l'impression. Toutefois ce que recouvre le terme n'est pas épuisé par cette distinction. Le mot est profondément polyvalent parce que ce qu'il nomme occupe

«une position d'entre-deux entre les choses et l'homme, entre objet et sujet.. La conception et l'interprétation du rôle et de l'essence de la sensation varient donc selon chaque interprétation de l'objectif et selon chaque concept du subjectif».[97]

[93] A 173–174, B 214–215.
[94] A 166–167, B 207–208.
[95] A 167, B 208.
[96] *Loc. cit.*
[97] FD, 162.

Heidegger attire l'attention sur une conception de la sensation qui est solidement installée dans la pensée occidentale tradition-nelle et qui est à l'opposé de ce que nous vivons dans le quoti-dien. Ce qu'il y a d'abord pour nous dans la sensation, c'est le gris du ciel, le jaune du champ de blé, le vert de la feuille, bref le coloris et le lumineux des choses elles-mêmes inséparables de celles-ci. Au contraire, pour un scientisme dont les ancêtres s'appellent Démocrite et Platon, est donné dans l'impression ce qui remplit les distances entre les points déterminés d'une éten-due. Dès lors la chose n'est plus immédiatement donnée dans ses qualités sensibles. Elle devient un agrégat constitué à partir de multiples unités qualitatives; elle résulte de la réunion d'une diversité d'impressions qui sont le seul donné originaire. Le pro-cessus de fragmentation est achevé lorsque la qualité élémentaire est représentée comme l'effet d'une cause: la couleur est ainsi l'effet d'ondes lumineuses, et chaque couleur est déterminée «objectivement» par telle longueur d'ondes et par tel nombre de vibrations dans l'unité de temps. L'explication scientifique ira plus loin, si elle le peut: elle distinguera la couleur rouge et l'excitation provoquée dans le nerf optique par ce rouge physique; la réaction de l'oeil sera à son tour ramenée, pour la comprendre aussi objectivement que possible, à un processus de type élec-trique.[98]

Le concept de sensation ou d'impression est ainsi mis au ser-vice d'un objectivisme prétendu scientifique. Mais en réalité l'ex-plication à ce niveau n'est pas moins chargée de présupposés que celle d'un poème. Seul l'appareil de mesure qui unifie les données fragmentaires crée l'illusion qu'on a dépassé les intuitions et les idées censément «subjectives» auxquelles recourent les sciences de l'esprit.[99]

---

[98] FD, 162–163. – Il faut remarquer que la critique de Heidegger ne touche ici le kantisme que d'assez loin. Pour Kant en effet l'idée de causalité ne saurait intervenir dans une compréhension transcendantale de l'intensité d'une sensation, même si l'intensité est liée d'une certaine manière au changement. La cause du changement ne peut jamais être déterminée que par l'expérience *a posteriori*. La ré-alité peut être considérée, il est vrai, comme une cause de la sensation ou d'une autre réalité; mais l'idée de causalité comme telle relève des principes *dynamiques* de l'entendement pur; cfr A 168–169, 171–172, B 209–210, 212–213.

[99] FD, 163. – De ceci, il faut rapprocher un autre passage F, 140: «Il n'y a pas de science dépourvue de tout présupposé, précisément parce que l'essence de la science consiste à présupposer *a priori*, à pré-juger de l'objet. Tout cela, Kant ne l'a pas seulement affirmé, il l'a encore montré, et il ne s'est pas contenté de le montrer, il en a

Cet atomisme de l'impression résulte du mathématisme qui a réduit la chose à une étendue en mouvement dans l'espace et le temps. Kant demeure dans ce courant de pensée:

«il a, comme la tradition avant et après lui, sauté d'avance par-delà ce domaine des choses dans lequel nous nous sentons immédiatement chez nous (*heimisch*), les choses telles que Van Gogh aussi nous les montre: la simple chaise avec dessus la pipe qu'y a déposée ou peut-être oubliée le peintre».[100]

Mais Kant laisse pourtant entrevoir ce que recouvre la dénomination *Empfindung*.[101] La comprenant comme la représentation sensible «qui n'a en soi absolument rien d'objectif»,[102] voici comment il énonce le principe par lequel l'entendement anticipe toutes les perceptions empiriques dont l'*Empfindung* est la matière:

«Dans tous les phénomènes, la sensation et le *réel* (*das Reale*) qui lui correspond dans l'objet (realitas phaenomenon) a une grandeur intensive, c-à-d un degré»

établi le fondement. Cette instauration fondative, il l'a posée au coeur de notre histoire en lui donnant la figure d'une oeuvre, en construisant la *Critique de la raison pure*. Le scientisme objectiviste n'est donc pas la conception kantienne de la science.

[100] FD, 164. – Heidegger prend soin de noter: «Ces indications doivent seulement servir à nous faire nettement apercevoir que, lorsqu'on prononce le mot *Empfindung*, ce que l'on veut dire n'est pas d'une clarté immédiate». Au demeurant, l'exemple de Van Gogh est d'un grand intérêt, précisément parce que ce peintre fut un moment «impressionniste». Mais la question se pose alors de savoir si la conception atomiste de la sensation est nécessairement liée à ce scientisme contre lequel Heidegger ne cesse de mettre en garde.

[101] Cfr FD, 172: «Que Kant ait découvert les anticipations du réel dans la perception est particulièrement étonnant quand on mesure combien son estime pour la physique newtonienne d'une part et, d'autre part, sa fidélité fondamentale au concept cartésien de sujet étaient peu faites pour promouvoir la liberté de vue capable de saisir l'inhabituel d'une anticipation dans la réceptivité même de la perception». – Quoi qu'il en puisse être de la fidélité de Kant à l'égard de ces deux grands prédécesseurs, il est douteux que le passage de la *Critique* dont il est question maintenant suffise à révéler une conception «atomisante» de la sensation et de la chose. Sans vouloir nier l'ambiguïté pénible d'expressions comme «le divers pur», «le divers de la sensation» si fréquentes dans tout l'ouvrage, il est important toutefois de remarquer qu'en recherchant le principe des anticipations Kant a surtout l'attention attirée par le phénomène de l'*instantanéité* d'une saisie d'un degré qualitatif. Ce qu'il analyse et qui l'étonne, ce n'est pas un élément irréductible qui pourrait entrer dans une composition destinée à former les choses ou les sensations, c'est bien plutôt la synthèse instantanée qui saisit un *continu* intensif dont la particularité qualitative est immédiatement liée au *temps*. Si profond qu'il soit, le commentaire de Heidegger ne montre pas, croyons-nous, tout ce qu'une étude vraiment scientifique de la perception pourrait tirer du texte kantien. Et cela parce que l'interprète accepte malgré tout comme «toute naturelle» l'idée d'un rapport entre kantisme, physique newtonienne et cartésianisme, idée qui empêche peut-être de voir la relation entre Kant, Newton et Descartes.

[102] B 208.

– ou, selon la seconde édition:

«dans tous les phénomènes, le réel qui est un objet de la sensation a une grandeur ıntensive».[103]

Le principe concerne de nouveau l'at-trait entre sujet et objet, c-à-d ce qui rend possibles l'un et l'autre. Pour s'en rendre compte, il suffit de prendre le mot *das Reale* selon son acception proprement kantienne. Kant rangera plus loin parmi les modalités de l'être la *Wirklichkeit*, la réalité effective. Si le *Reale* concerne la qualité, c'est donc qu'il désigne autre chose que cette réalité effective. La ré-alité, c'est le *quid* pur, ce sans quoi la chose ne peut être ni effectivement réelle, ni possible, ni nécessaire. C'est, dit Heidegger,

«ce qui comme premier tenant quidditatif (*Wasgehalt*) doit occuper le vide de l'espace et du temps pour que quelque chose puisse apparaître en général et pour que soit possible l'apparaître, la poussée d'un en face de (*der Andrang eines Gegen*)».[104]

Dans une note tardive Kant écrira:

«aliquid sive objectum qualificatum ist die Besatzung des Raumes und der Zeit».[105]

En tant donc qu'elle occupe l'espace et le temps, la réalité est la première qualité de la chose, ce qui la fait telle ou telle.

Cette qualité pure, le réel antérieur à toute qualité empirique, est un concept transcendantal. Cela signifie qu'une sensation toute «subjective», celle que j'ai du rouge ou du bleu, ne peut apparaître comme donnée, si d'avance au niveau du *Ça pense*, tout ce qui vient à ma rencontre n'est pas déjà fixé, posé de façon pure. Je ne puis savoir d'avance ce qu'est le bleu ou le rouge; mais je ne pourrais connaître ces couleurs, même en les trouvant devant moi, s'il n'y avait avant moi et avant elles ce qui me fait cet homme qu'elles rencontrent, c-à-d l'unité pure d'un *Je pense*, d'un *dire Je* qui est immédiatement dire qu'une chose est plus ou moins telle dans l'espace et le temps.

Il y a donc une matière transcendantale, la qualité quidditative *a priori* du sensible comme tel, antérieure à toute impression empirique. Cet élément déterminable a pour formes les intuitions pures de l'espace et du temps dont nous savons qu'elles sont

---

[103] A 166, B 208; cfr FD 168–170.
[104] FD, 166.
[105] *Akademie*, XVIII, p. 663, n. 6338; cfr FD, 166.

des grandeurs extensives. Pourquoi dès lors le principe des anticipations de toute perception dit-il que le réel qualitatif a une
grandeur intensive?

Par ce dernier terme il faut entendre la quantité propre d'une
qualité. Empiriquement ce sera par exemple cette grandeur que
nous percevons dans une tache de lumière lorsque nous faisons
abstraction de son étendue, la luminosité qui fait qu'une tache
de lumière est telle lumière. La grandeur qualitative est appré-
hendée en une sensation instantanée, en un coup d'oeil; nous n'en
parcourons pas les parties pour en saisir la totalité, comme nous
faisons pour une grandeur extensive. Il peut sans doute y avoir
une absence de qualité perceptible et ainsi un zéro de notre sensation. Mais une luminosité donnée peut varier indéfiniment,
grandir ou diminuer entre le seuil supérieur et le seuil inférieur de
notre sensation visuelle. Cependant aucun degré de la sensation
et de la qualité ne peut être appelé le plus petit de façon absolue.
Entre le rouge le plus faible et l'absence de rouge il y a place
encore pour une infinité de moins rouges instantanés. La qualité
comme telle est en effet un quanta continu ou fluant tout comme
l'espace et surtout le temps.[106]

«L'étonnant est précisément que des grandeurs nous ne puissions connaître *a priori* qu'une seule qualité, c-à-d la continuité, tandis qu'à toute
qualité, au réel des phénomènes nous ne pouvons rien connaître *a priori*
sinon leur *quantité* intensive, c-à-d qu'elles ont un degré; et tout le reste
demeure affaire d'expérience»

ou d'*a posteriori*.[107]

Le premier et le second principes mathématiques forment donc
une unité: le concept de grandeur, unité du discontinu, qui nous
permet de saisir objectivement les formes de la sensibilité ne
peut être connu que par une qualité matérielle de ces formes,
c-à-d leur continuité; tandis que toute matière de la sensibilité,
toute qualité ne peut être connue sinon sous l'unité du concept
de grandeur selon son lien aux formes pures.

Ainsi s'explique que nos constructions géométriques découvrent d'avance les choses venant à notre rencontre et que nous

---

[106] Cfr A 167–168 et 169–170, B 208–209 et 210–211. – Sur l'idée d'un seuil de la
perception, Kant dit au moins ceci, A 172, B 213: «... et bien que chaque sens doive
avoir un degré déterminé de réceptivité des sensations ...».
[107] A 176, B 217; cfr FD, 171.

puissions d'avance nombrer les choses avec leur qualité. «Les
mathématiques», sciences de l'espace et du nombre en général, se
fondent donc dans les deux principes purs des axiomes de l'intuition et des anticipations de la perception.[108]

Mais la conception kantienne du réel et de la sensation, en les
reliant à l'unité du concept et de l'intention, nous permet surtout de mieux voir le domaine de l'entre-deux.

Selon la philosophie transcendantale,

«la sensation n'est plus une chose dont il faut découvrir les causes; elle
est un donné dont l'essence doit être rendue compréhensible à partir des
conditions de possibilité de l'expérience».[109]

Qui plus est, ce donné subjectif s'éclaire selon son essence dans
et par la condition même de l'objet: le réel. C'est le réel qui fonde
le donné de la sensation. Or le réel ne peut être ce fondement
qu'en vertu de l'intuition pure; laquelle n'a aucun être en dehors
de l'être-donné de l'objet, c-à-d en dehors de son lien au concept
pur de quantité; lequel à son tour est vide sans intuition. Mais
l'unité du concept et de l'intuition est précisément l'essence de
l'expérience.

Les principes, dont il fallait montrer qu'ils sont ces déterminations qui seules rendent possibles l'expérience des objets en
général, apparaissent donc dans la démonstration la plus rigoureuse comme n'étant pas eux-mêmes possible, sinon par l'unité
et l'appartenance mutuelle des concepts purs de l'entendement
et de ce qui vient à notre rencontre dans l'intuition.[110]

Intuition pure, concept pur, sensation, réel et expérience enfin,
sont donc, tout comme l'apperception, d'autres noms *du même*,
de ce domaine intermédiaire où le sujet et l'objet se rencontrent
toujours d'avance et dans lequel l'homme doit se transporter s'il
veut dire vraiment ce qu'est la chose et qui il est lui-même.

c. *Les principes dynamiques*

A. *Définition et problème*

Kant poursuit sa recherche des principes de l'entendement pur
en s'interrogeant, non plus sur les conditions nécessaires de l'in-

[108] Cfr FD, 178.
[109] FD, 169.
[110] Cfr FD, 174.

tuition en vue d'une expérience possible, mais sur les conditions
de la présence substantielle (*Dasein*, au sens kantien) des objets
d'une intuition empirique possible, conditions qui sont en elles-
mêmes accidentelles.[111] Les principes dont il va être question
maintenant ne seront donc plus immédiatement évidents et ne
détermineront plus la construction des objets; il s'agira seulement de lois régulatives; leur certitude sera simplement discur-
sive, encore qu'elle soit nécessaire *a priori* «compte tenu de la
condition du penser empirique».[112] Cette dernière restriction veut
dire que les principes en question, tout comme ceux des axiomes
et des anticipations, sont des principes «de l'entendement pur
dans sa relation au sens interne sans distinction des représentations données dans celui-ci».[113] S'il convient de les appeler *dynamiques*, et non plus *mathématiques*, ce n'est donc pas que les
mathématiciens puissent s'en passer, pas plus d'ailleurs que la
connaissance habituelle; c'est simplement que leur application se
manifeste davantage dans le travail du physicien, spécialement
en mécanique classique.

Dans le langage de Heidegger, on dira que les principes dynamiques sont les conditions qui rendent possible le *Stand* du
Gegenstand, tandis que les principes mathématiques fondent la
possibilité du *Gegen*.[114] Plus exactement encore: il s'agit maintenant d'élucider la détermination de la présence substantielle des
phénomènes au sein de l'ensemble de leurs corrélations; il n'est
plus question de déterminer le contenant quidditatif à partir
duquel nous pouvons construire d'avance la figure des phénomènes que viendra attester l'expérience; il faut dire si et comment
ce qui vient à notre rencontre nous rencontre.[115]

Le substantiel[116] d'un phénomène se manifeste dans et par les
changements survenant au sein de la nature comprise empiriquement, c-à-d au sein de «la cohésion des phénomènes quant à leur
présence substantielle selon des règles nécessaires ou selon des
lois».[117] Et puisque les changements sont des modes de la pré-

[111] A 160, B 199; A 179, B 221.
[112] *Loc. cit.*
[113] A 162, B 300.
[114] FD, 177.
[115] FD, 176.
[116] Nous traduisons ainsi les termes kantiens *Dasein* et *Wirklichkeit* que Heidegger,
FD, 174, rend par *Vorhandensein*; cfr. ci-dessus p. 78 s.
[117] A 216, B 263; cfr FD, 175.

sence (*Anwesenheit*) de forces, les principes originaires de la possibilité de la nature s'appelleront principes dynamiques.[118]

Kant nous a dit que toutes les lois pures de l'entendement étaient celles de la pensée dans sa relation au sens interne. Comme les principes dynamiques concernent moins directement l'être-donné des choses dans l'espace, leur démonstration transcendantale rendra plus apparent le lien de la pensée avec la forme du sens interne et de tous les phénomènes, c-à-d le temps.

Il importe toutefois de prêter une attention renouvelée aux dénominations choisies par Kant pour désigner les quatre sous-groupes de règles dont il cherche chaque fois le principe premier. Nous avons analysé successivement: – les axiomes de l'intuition qui correspondent au concept de quantité et qui concernent la forme de l'expérience; – les anticipations de la perception qui correspondent au concept pur de qualité et qui concernent la matière de l'expérience. L'unité de ces deux sous-groupes et leur sens pour les mathématiques nous étaient devenus suffisamment manifestes. Kant nous parle maintenant des analogies de l'expérience qui correspondent à la catégorie de relation, et des postulats de la pensée empirique en général qui correspondent au concept pur de modalité. Comment comprendre cette dernière distinction? Ne suffit-il pas d'accepter que les principes mathématiques concernent des nécessités de l'intuition, tandis que les dynamiques ont trait à des conditions en elles-mêmes accidentelles de la présence d'un objet possible dans l'intuition?

Avant de répondre, expliquons ce qu'il faut entendre par «analogie de l'expérience».

B. *Les analogies de l'expérience*

L'analogie est un acte fondamental de l'entendement pur par lequel est saisie discursivement la relation nécessaire entre un phénomène donné et un phénomène qui ne l'est pas, à partir de la relation connue entre deux autres phénomènes. L'analogie est donc relation entre des relations et comme telle une détermination du *Dass-sein*, du *quod existit*. Cette analogie, que les scolastiques appelaient «de proportionnalité», ne détermine pas *a priori* ce que doit être la chose, ni les conditions de sa production par l'homme; elle énonce la règle des correspondances nécessaires

[118] FD, 181–182.

entre les phénomènes eux-mêmes mais aussi entre les phénomènes
et nos perceptions dans le champ d'ensemble de la présence substantielle des choses.[119] Les analogies sont donc des lois de
correspondance de l'expérience elle-même.

Leur principe général est le suivant:

«L'expérience n'est possible que par la représentation d'une liaison nécessaire des perceptions en général»

ou d'après la *première* édition:

Tous les phénomènes sont soumis *a priori* aux règles de leurs relations
mutuelles dans le temps.[120]

Heidegger estime préférable la rédaction plus ancienne et il ne
s'interroge pas sur les motifs qu'a pu avoir Kant de la modifier
ultérieurement. La question a cependant son importance car la
seconde édition de la *Critique* introduit explicitement la notion
de temps en des passages où la première ne le faisait pas.[121]

Quoi qu'il en soit, les analogies définissent la substantialité,
la causalité et la «communauté» ou l'échange interactif comme
des déterminations du temps, à savoir: la persistance, la successivité et la simultanéité. Et dans les syllogismes qui démontrent
ces analogies, la mineure, la proposition décisive qui médiatise la
majeure en vue de la conclusion,[122] énonce toujours la propriété
transcendantale du temps pur:

«or en lui-même le temps ne peut être perçu».[123]

Ce qui veut dire, explique Heidegger, qu'il nous est impossible à
partir du concept comme tel de construire ni de représenter intuitivement la situation et les relations d'un objet existant dans
le temps. Par conséquent le caractère temporel – persévérance,
causalité, communauté – d'un objet effectivement réel mais qui
n'est pas donné immédiatement ne peut être saisi *a priori* que
dans un procédé discursif, à partir d'un objet présent et des re-

---

[119] FD, 175–177.
[120] A 177, B 218; cfr FD, 177.
[121] Ainsi: A 189 écrit «Grundsatz der Erzeugung», tandis que B 233 écrira «Grundsatz der Zeitfolge nach dem Gesetze der Kausalität»; A 221 porte «Grundsatz der Gemeinschaft», là où B 257 dira «Grundsatz des Zugleichseins nach dem Gesetze der
Wechselwirkung oder Gemeinschaft». Les mineures des démonstrations en B 226,
B 233, B 257 prouvent la même attention de la seconde édition au temps, en dépit des
déclarations de KM.
[122] FD, 181.
[123] A 183; B 226, B 233, B 257. Cfr FD, 181, 182.

lations temporelles qu'il soutient avec l'objet cherché. Quant à
la présence substantielle de ce dernier, elle doit nous ad-venir
accidentellement (*zu-fallen*).[124]

Bien que les analogies de l'expérience appartiennent aux principes dynamiques et que leur fonction transcendantale demeure
simplement directrice, elles ont cependant une propriété en
commun avec les principes constructifs qui fondent les mathématiques. Tout comme les axiomes de l'intuition et les anticipations de la perception le faisaient voir pour les catégories de
la qualité, les analogies montrent que la catégorie de la relation
est

«le réel de l'essence de l'objet, ... et que, étant ce réel de l'essence, elle
rend possible l'objet, elle appartient à l'objet comme tel ...».[125]

En bref: les principes des axiomes, des anticipations et des analogies démontrent que les catégories ont une réalité (*Realität*)
objective.

C. *Les postulats de la pensée empirique*

Nous pouvons maintenant comprendre le sens de la distinction
soigneusement établie par Kant entre analogie de l'expérience et
postulat de la pensée empirique en général. La division des postulats montre d'ailleurs que l'opposition des deux groupes de
principes mathématiques et dynamiques englobe une sous-dis-
tinction plus importante. Voici en effet quels sont ces postulats:

1⁰. «Ce qui coïncide avec les conditions formelles de l'expérience (selon
l'intuition et les concepts) est *possible*»;
2⁰. «Ce qui est en cohésion avec les conditions matérielles de l'expérience
(de la sensation) est *effectivement réel*»;
3⁰. «Ce dont la cohésion avec l'effectivement réel est déterminé selon des
conditions universelles de l'expérience est (*existe*) *nécessairement*».[126]

Or ceci revient à dire: – est possible, ce dont la représentation
se tient aux conditions originaires énoncées par le principe des
axiomes de l'intuition; – est effectivement réel, ce dont la représentation se tient aux conditions énoncées par le principe des
anticipations de la perception; – est nécessaire, ce dont la représentation se tient aux conditions énoncées par le principe général
des analogies de l'expérience et par ces analogies elles-mêmes.[127]

[124] FD, 182.
[125] FD, 184.
[126] A 218, B 265; FD, 185–186.
[127] FD, 185–186.

L'opuscule *Kants These über das Sein* nous a longuement expliqué que l'être et ses modalités ne sont pas pour Kant des prédicats *réels* de l'objet: ni l'être ni ses modalités n'ajoutent rien au contenu de la chose en sa choséité.[128] En cela, les postulats diffèrent profondément des autres principes de l'entendement pur.

Et cependant ils concernent l'objet:

«chacun d'eux le pose en le mettant en relation avec les conditions de sa tenue en face de . . ., de son *Gegen-stehen*. Or ces conditions sont en même temps celles des actes du sujet, de son expérience active, de son acte de laisser-se-tenir-en-face».

Les postulats sont donc eux aussi des principes synthétiques, mais ce sont des synthèses subjectives, c-à-d qu'ils n'opèrent pas la synthèse de la choséité de l'objet, mais qu'ils

«com-posent (*zusammen-setzen*, syn-thétiser) la totalité de l'essence de l'objet telle que la déterminent les trois autres sous-groupes de principes et la relation possible de cette essence à l'égard du sujet selon les modes de son acte de représenter dans l'unité de la pensée et de l'intuition».[129]

Kant peut donc dire que les modalités ajoutent au concept de l'objet le rapport de celui-ci à notre faculté de connaître.[130]

De là découle que les deux principes mathématiques et les premiers principes dynamiques supposent les postulats, tandis qu'inversement les modalités se déterminent uniquement par rapport à ce qui est posé dans les principes précédents.

9. L'ENTRE-DEUX ET L'EXPÉRIENCE

a. *Anthropologie et métaphysique*

En reprenant sur le mode critique la question concernant la chose, nous découvrons ainsi que pour Kant l'être est exclusivement l'être des objets de l'expérience; et nous savons déjà que cette restriction constitue, selon Heidegger, un des manques profonds du kantisme.

Mais là ne s'arrête pas, et de loin, le résultat de notre enquête. Nous pouvons en effet mesurer maintenant dans toute sa profondeur la révolution que provoque dans la métaphysique ration-

---

[128] Cfr ci-dessus p. 232 ss.
[129] FD, 187.
[130] A 234, B 286.

nelle l'instauration d'une logique transcendantale. Car les postulats bouleversent les propositions fondamentales du rationalisme:
la possibilité n'est plus mesurée par la non-contradiction, la
réalité effective n'est plus le *complementum possibilitatis*, et la
nécessité ne se définit plus selon la loi du pensable comme ce qui
ne peut pas ne pas être.[131]

Cependant l'examen des principes de l'entendement pur nous
manifeste encore autre chose, ou plus exactement cet examen
nous manifeste selon un autre mode l'essence du dépassement
transcendantal de la métaphysique rationnelle. L'apparaître
conceptuel dans lequel se donne le dépassement n'est autre que
le cercle vicieux sans cesse renouvelé dont la logique ne manquerait pas de taxer les démonstrations kantiennes des principes. Le
philosophe l'a remarqué lui-même à propos du principe de causalité:

«Bien qu'il doive être démontré, il s'appelle principe et non pas théorème: et cela en vertu de la propriété qu'il a de rendre d'abord possible le
fondement de sa propre démonstration, c-à-d l'expérience, et de devoir
toujours être pré-supposé par celle-ci».[132]

Ce qui veut dire, explique Heidegger,

«que le fondement posé par les principes. l'essence de l'expérience, n'est
pas une chose substantiellement présente à laquelle nous reviendrons
pour nous y tenir tout simplement. L'expérience est une totalité d'événements fermée en cercle sur elle-même, mais par laquelle est ouvert ce
qui se trouve à l'intérieur du cercle. Or cet ouvert n'est rien d'autre que
l'entre-deux – entre nous et la chose».[133]

Autrement dit, la question concernant la chose est une question qui concerne l'essence de l'homme en tant que celui-ci est
capable de connaître l'étant bien qu'il n'ait pas lui-même fabri-
qué cet étant. Ce qui sans trêve ni relâche paraît étrange à l'homme et le dépayse, c'est d'être

«un étant au milieu du vis-à-vis ouvert des étants»,

c'est d'avoir se tenant vis-à-vis de soi les objets en tant qu'ils
sont bien eux-mêmes, alors que c'est nous qui laissons et faisons
arriver leur rencontre. Kant nous dit: ceci est possible parce que
les conditions de possibilité de notre expérience active (*Er-*

[131] Cfr FD, 185–186.
[132] A 737, B 765. Cfr FD, 187.
[133] FD, 188.

jahrens) sont en même temps conditions de la tenue vis-à-vis
de nous des objets de l'expérience. Et il a énoncé et repris ce
principe de tous les jugements synthétiques *a priori* en articulant
les lois particulières dont l'ensemble cohérent constitue le contenu
de l'être essentiel tant de l'expérience que de l'objet.[134]

«Or notre difficulté principale quand nous lisons la *Critique de la raison
pure* et spécialement le chapitre consacré aux principes transcendantaux
provient des préjugés qui nous viennent de l'attitude quotidienne et de
l'attitude scientifique. Notre attention se porte ou bien sur ce qui est dit
de l'objet lui-même, ou bien sur ce qui re-situe le mode selon lequel nous
l'expérimentons. Or le décisif est de ne pas faire attention uniquement à
l'un, ni uniquement à l'autre, ni même aux deux ensemble; le décisif
est de reconnaître et de savoir: 1. que nous nous mouvons toujours dans
l'intermédiaire, entre homme et chose; 2. que cet intermédiaire est,
uniquement en tant que nous nous y mouvons; 3. que cet intermédiaire
ne se tend pas comme un cable entre la chose et les hommes, mais que cet
intermédiaire comme anticipation étend sa prise au-delà de la chose et
qu'il l'étend de même vers l'arrière en-deçà de nous. L'anti-cipation est
re-jet. – Ainsi donc si, depuis la première phrase de la *Critique de la raison
pure*, nous entreprenons notre lecture dans cette disposition, tout se met
dès le début dans une autre lumière».[135]

Cette lumière elle-même est-elle différente de l'intermédiaire
débordant l'homme et la chose? Non assurément. Elle est ce qui
permet de comprendre que l'interrogation portant sur la singularité de la chose existante est tout entière «en suspens dans la
question concernant l'être».[136]

Est-ce parce qu'il s'est davantage mis dans cette lumière que
Heidegger ne s'est plus soucié de préciser pourquoi son interprétation des principes s'appuyait tantôt sur la première, tantôt sur
la seconde édition de la *Critique* comme nous l'avons signalé au
passage dans des notes? On pourrait le concéder à la rigueur
puisque, une fois commencé le parcours de l'entre-deux, une fois
assumée la temporalité et l'histoire de l'être, la pensée est mieux
à même d'apercevoir le positif de tous les phénomènes et en
particulier d'un oubli de l'être.

On pourrait comprendre également qu'une question proprement anthropologique ne soit plus ici considérée d'emblée comme
un prolongement menaçant de la métaphysique oublieuse de

[134] *Loc. cit.*
[135] *Loc. cit.*
[136] FD, 18: «... ja es kommt jetzt erst am Licht, dass die Frage nach dem Seins-
charakter der Dinge, einzelne und je diese zu sein, ganz und gar in der Frage nach
dem Sein aufgehängt ist».

l'être puisque, en prenant la mesure de l'ouvert lumineux, la pensée de l'homme se situe justement en ce qui fonde toute question portant sur l'étantité comme telle; puisque ce faisant la pensée dépasse toute métaphysique et se convertit à l'être.[137]

b. Questions pendantes

Mais pourquoi, dans ces conditions, Heidegger passe-t-il sous silence les passages de la *Critique* qui interdisent de majorer le rôle de la temporalité et qui mettent au contraire en lumière l'importance de l'espace, forme de l'expérience externe, dans la structure transcendantale de l'at-trait entre sujet et objet?[138] Pourquoi Heidegger ne thématise-t-il pas le rôle positif de la logique conceptuelle dont il laisse apercevoir à tout moment comment elle guide la recherche transcendantale? Est-il donc sans intérêt que les formes et la systématique de la logique servent de fil conducteur au philosophe qui pénètre dans l'entre-deux et le parcourt, tout comme les formes de la ballade ou du sonnet, de la sonate ou du rondo servent de guide au poète et au musicien qui habitent le domaine intermédiaire entre les dieux et les hommes?[139]

---

[137] Dans le cours de Heidegger sur les principes de l'entendement pur, la pensée ne part pas de l'homme comme d'un étant donné auquel il appartiendrait évidemment de fonder la question de l'être (cfr. SZ, 436). En montrant que la question concernant la chose est en suspens dans la question sur l'être l'interprète fait voir au contraire qu'une interrogation à propos de l'homme doit et peut *rejoindre* l'homme, selon le mot de M. Dufrenne. Pour que demander ce qu'est une chose soit *le même* que demander ce qu'est l'homme, il faut partir de – ou s'en aller vers – ce qui dans l'homme est plus originel que lui, à savoir la finitude de l'être-là (KM, 207; *trad.*, p. 285). – Pas plus que le premier *Kantbuch*, le second ne présente cette dernière vue comme celle de Kant lui-même. On nous l'a rappelé (FD, 85), la conception critique de l'anthropologie serait fille de la théologie chrétienne et du mathématisme. Mais encore une fois il est incontestable que FD marque beaucoup plus positivement en quoi le «saut» heideggerien est *le même* que la méthode transcendantale, «ce plus originel qui n'est pas une association artificielle des façons de penser de la logique et de la psychologie, mais dont au contraire celles-ci sont seulement des dérivés unilatéraux» (FD 140; cfr. SG, 129; *trad.*, p. 172).

[138] Cfr B 274–275 (Réfutation de l'idéalisme) et B 276–279 (Théorème: La conscience simple mais empiriquement déterminée de ma propre existence prouve l'existence d'objets dans l'espace en dehors de moi). Pour l'interprétation de ces textes, cfr. SZ § 43, 203 ss., et ci-dessus, pp. 82 ss., 78 ss. – C'est dans une interprétation du *Gemüt* comme corps-sujet que voit se comprendre, selon nous, la théorie kantienne de l'espace.

[139] FD s'efforce de comprendre positivement la logique transcendantale et son rapport à la logique formelle en se tenant près du *Gesagte*; bien que la pensée demeure ici en accord profond avec KM et KTS, il semble que Heidegger considère maintenant

Enfin et surtout ne fallait-il pas, pour respecter la lettre et accomplir ainsi le renversement de la pensée, s'interroger sur le sens de la postulation transcendantale?[140] Pour comprendre dans la lumière de l'entre-deux comment la question concernant la chose peut être une question concernant l'être essentiel de l'homme, ne fallait-il pas analyser la parenté de cette postulation, liée à l'unité de la pensée et de l'intuition, avec les fameux postulats de la raison pratique?[141] Ne fallait-il pas se demander pourquoi les postulats de la pensée demeurent des principes simplement directifs et si, par conséquent, l'entre-deux qu'ils nous ouvrent n'est pas désigné tout d'abord dans la *Critique* par le titre «Idées de la raison»?

A cette dernière question au moins Heidegger avait déjà répondu dans *Vom Wesen des Grundes*.

l'*Ungesagte* comme sa tâche propre beaucoup plus que comme l'ensemble des impuissances sinon des dérobades de Kant lui-même. – Que la logique formelle appartienne à une beauté de la pensée et du langage, on pourrait le comprendre à partir de considérations analogues à celles de Heidegger sur le sens des mots *critique* et *krinein*.

[140] Kant nous dit: «En mathématique, un postulat est une proposition pratique qui ne contient rien sinon la synthèse par laquelle nous nous donnons d'abord un objet et nous engendrons son concept. Une pareille proposition ne peut jamais être démontrée parce que le procès qu'elle requiert est justement ce par quoi nous engendrons le concept de la figure. Aussi pouvons-nous avec autant de droits postuler les principes de la modalité, puisqu'ils n'augmentent pas leur concept des choses en général, mais qu'ils indiquent seulement le mode selon lequel ce concept est relié à la faculté de connaître» (A 234–235, B 286–287).

[141] Rappelons que Heidegger a éludé cette question (cfr KTS, 21; ci-dessus pp. 235 ss.). – La postulation en général doit se comprendre, croyons-nous, à partir du corps-sujet.

CHAPITRE V

L'ÊTRE, LE MONDE ET LA LIBERTÉ

I. PRÉLIMINAIRES

a. L'essence du fondement et la «Kehre»

A ce point de notre itinéraire, l'interprétation heideggerienne du kantisme apparaît comme un effort pour déceler, dans une philosophie qui se veut critique des facultés de connaissance, une pensée déjà appelée, mais sans les écouter entièrement, par le temps et par l'être. L'effort cependant, trop préoccupé par le logicisme qu'il veut dépasser, demeure incapable de montrer dans l'oeuvre qu'il reprend les articulations qui le justifieraient au mieux: l'oubli de la *Critique du jugement* et de la Dialectique de la raison pure condamne Heidegger à ne pas voir combien il est vrai que Kant lui-même tentait d'accéder à la pensée *de* l'être.

Le présent chapitre devrait faire comprendre qu'en ce qui concerne la Dialectique l'objection ainsi formulée s'appuie sur les textes mêmes de l'interprète. Bien mieux: en tant que problème notre objection permet de saisir la relation essentielle entre le projet critique et le projet proprement heideggerien selon lequel la pensée est, au sens multiple du mot être, *die Kehre*.

Dès le début, l'analyse externe et l'étude de la chronologie nous avaient convaincus de l'importance des écrits composés ou conçus à l'époque où est imprimé *Kant et le problème de la métaphysique*. Aussi est-ce dans la méditation sur l'essence de la vérité que nous avions cherché une première vue d'ensemble de la philosophie heideggerienne. A ce moment déjà il était devenu clair qu'une recherche portant sur l'essence devait dévoiler la vérité de celle-ci et se découvrir ainsi comme liberté pour l'être.

Cette liberté de la philosophie Heidegger la déterminait, rappelons-le, en l'opposant à une conception de Kant.[1]

Maintenant que nous avons parcouru à partir de *Sein und Zeit* d'abord les chemins menant jusqu'à l'époque où s'explicite la conscience de la *Kehre*, puis les sentiers qui reviennent vers ce point en partant de *Unterwegs zur Sprache*, il n'est plus besoin d'expliquer que penser l'essence du fondement c'est penser ce qui fait être présents de telle manière tant ces «principes» qu'Aristote appelle «archai» que la raison suffisante dont nous parle Leibniz dans le fameux «principe».

b. *L'essence du fondement et la Critique*

Qu'il faille dans ce contexte en revenir aussi à Kant, nous nous sommes préparés longuement à le comprendre. Heidegger, nous le savons, a montré que dans la *Critique de la raison pure* le principe leibnizien de raison suffisante, le *Satz vom Grunde* prenait l'allure nouvelle du principe de tous les jugements synthétiques *a priori*; lequel est une modulation, à tel moment de l'histoire de l'être, de la parole fondative que fit entendre à l'origine l'adage de Parménide: *to gar auto noein te kai einai*.[2] Parménide, Aristote, Leibniz et Kant: autant de voix qui, dans ses modes différents, laissent se dire et se cacher, c-à-d se rassembler *le Même*.

Le problème dont il s'agit pourrait encore se traduire autrement: a-t-on compris ce que voulaient Leibniz et Kant lorsqu'on se contente de considérer leurs célèbres propositions fondamentales comme des principes rationnels, au sens que tout le monde à notre époque donne à ces derniers mots?[3] Plus précisément, selon une note de *Vom Wesen des Grundes*: Peut-on admettre, avec Couturat, «que la métaphysique de Leibniz repose tout entière sur la logique»?

A quoi Heidegger répond que la philosophie de Leibniz et sa façon de comprendre la logique s'inscrivent précisément en faux contre l'idée de chercher dans la logique l'origine du principe de raison suffisante, contre l'idée surtout de lui demander, à lui

---

[1] WW, 24–25. Cfr. ci-dessus pp. 62 ss.
[2] Cfr SG, 14, 51, 125, 127, 129, 135–135; WD, 149; KTS, 35–36; FD, 102, 143; KM, 171–177.
[3] CASSIRER, *Bemerkungen*, 23 faisait remarquer ainsi que, pour Kant, *Grund* veut simplement dire «principe».

Leibniz si, dans sa pensée, c'est la logique ou la métaphysique qui est première. «La possibilité même de poser pareille question est rendue chancelante par *Leibniz* et c'est *Kant* qui pour la première fois l'ébranle sérieusement, bien que son coup de boutoir demeure après lui sans effet».[4]

Autrement dit encore: se demander quel est le sens de *Grund*, de *Satz* et du *Satz des Grundes*, c'est s'interroger sur le mode fini de poser la question de l'être, c'est s'engager dans une histoire de l'être et ainsi revenir au mode fini en tant qu'il est antérieur à l'homme. Méditer sur l'essence de la logique et de ses fondements, c'est accepter l'*excentricité* ou le caractère *extatique* de la pensée dans son insistance même à s'occuper de l'homme. La recherche de ce qui rend présent le fondement montre donc à quel point l'herméneutique du *Dasein* dans *Sein und Zeit* et la pensée de la transcendance humaine dans le premier *Kantbuch* sont éloignées d'une anthropologie philosophique.[5]

Dans la perspective d'une interprétation du kantisme, cela signifie que l'instauration de la logique transcendantale rend manifeste, non seulement la vanité de la métaphysique rationaliste, mais la nature essentiellement problématique de toute métaphysique qui veut maintenir vivante l'interrogation sur l'*ens* ou, en français, l'interrogation portant sur l'être et les êtres.

On pourrait dire que *Vom Wesen des Grundes* est une méditation sur le sens du *et* dans cette dernière expression, pour autant que le *et* indique une différence d'être, un entre-deux qui sépare et unit deux infinitifs.

c. *Le fondement et le temps*

Puisqu'il est question ici d'identité et de différence, on aurait pu attendre qu'Heidegger reprenne et amplifie le thème de la temporalité, dont il a fait voir si souvent qu'elle appartient à l'essence de la non-contradiction. Or *Vom Wesen des Grundes* «laisse en général et à dessein l'interprétation temporale de la transcendance entre paranthèses».[6] Sans doute l'auteur ne nous demande-t-il pas d'oublier ce qu'il avait montré dans son premier livre sur Kant. Tout se passe cependant comme s'il accentuait encore les

[4] WG, 10, note 10.
[5] WG, 42, note 59.
[6] WG, 46, note 60.

réserves qu'il y avait formulées lorsqu'il s'agissait d'établir que le *Denken* en tant que synthèse de la récognition dans le concept se temporalise premièrement par l'avenir.[7]

Dans le présent opuscule, il peut sembler que le possible et le projet soient simplement formés par le futur, tandis que l'effectivement réel et l'emprise le seraient par le passé, le nécessaire et l'abîme de la liberté l'étant pour leur part, par le présent. En fait ce schème demeurerait d'une ambiguïté malsaine: sous prétexte de fonder le logique dans la temporalité, il pourrait se borner à réduire sans s'en apercevoir la temporalité aux formes de la logique. A l'égard de cet important problème, *Vom Wesen des Grundes* demeure volontairement discret. La pensée y est maintenue comme «en» arrêt, l'arrêt lui-même étant déjà clairière de l'être. Déjà le lecteur peut soupçonner que si d'une part «le thème 'être et penser' ne suffit même pas pour poser la question de l'être» et que s'il faut par conséquent «que la question de l'être en vienne à rejoindre le titre 'être et temps'»,[8] il n'en reste pas moins que d'autre part «le manque fondamental de *Sein und Zeit* est peut-être que Heidegger (je) s'y est trop tôt risqué trop avant».[9] En d'autres termes, la recherche sur l'essence du fondement met en lumière par sa réserve même que l'interrogation concernant l'être et le temps n'a pas pour point de départ originel le temps à lui tout seul mais aussi et *de même* l'être.

Pour l'interprétation du kantisme qui, nous l'avons dit, doit faire partie de cette recherche cette attitude de l'auteur n'est pas sans conséquence. Elle implique que le premier livre sur Kant s'est peut-être, lui aussi, engagé trop avant de façon prématurée. Il serait donc possible d'apercevoir, autrement encore que dans et par la temporalité de l'imagination transcendantale, comment se pose et oublie de se poser dans la Critique la question de l'être.

d. *Fondement et différence*

Que tel soit bien le cas, un autre thème de *Vom Wesen des Grundes* le confirme, celui de la différence ontologique qui fait pendant au thème du rien dont parle *Was ist Metaphysik?*

[7] KM 167 et 169–170; *trad.*, pp. 238–239 et 242.
[8] KTS 35–36.
[9] US 93.

En 1949 Heidegger expliquait:

«Le rien est le 'ne pas' de l'étant et donc l'être éprouvé à partir de l'étant. La différence ontologique est le 'ne pas' entre l'étant et l'être. Mais tout comme l'être en tant que 'ne pas' à l'égard de l'étant est absolument étranger à un rien qui serait nihil negativum, ainsi la différence en tant que 'ne pas' entre l'étant et l'être est bien plus que le résultat artificiel d'une distinction de l'entendement (ens rationis). – Le 'ne pas' néantisant du rien et le 'ne pas' néantisant de la différence ne sont évidemment pas la même chose, mais ils sont *le même*, c-à-d ce qui appartient à la présence essentielle de l'être de l'étant. Ce *même* est ce qui vaut d'être pensé et ce qui donne à la pensée sa dignité».[10]

A la suite de nos précédentes recherches, ce texte autorise quelques conclusions.

Une remarque du *Nietzsche*[11] nous a fait découvrir que le désintéressement esthétique dont parle la troisième *Critique* était un laisser-être s'étendant et régnant entre l'homme et les choses; la liberté ainsi comprise pourrait donc être un autre nom de la différence ontologique: elle est un «ne pas» entre l'être même et l'homme en tant qu'il est dans la nécessité de laisser et cependant de faire être les étants. Quant au rien de l'être, Kant demeure en fin de compte incapable de le nommer parce qu'il ne pose jamais clairement la question «Pourquoi y a-t-il être et pas plutôt rien du tout?».[12] Au lieu de se livrer sans arrière-pensée au tourbillon de cette interrogation, il se raccroche à la solidité de l'effectivement réel tel qu'il nous est donné dans l'impression et dans l'agir volontaire.[13]

Die Frage nach dem Ding fait à nouveau apparaître la différence ontologique dans la nécessité où nous sommes, pour dire l'être de la chose, de penser selon l'espace-temps; et une série de noms s'étaient manifestés qui désignent et cachent l'at-trait entre nous et les choses en tant qu'il est at-trait entre l'être et l'étant. Encore une fois, le lecteur pouvait conclure que le rien de l'être lui-même n'appartient nullement au champ de la *Critique*: la possibilité de l'expérience telle que la rassemble le principe de tous les jugements synthétiques *a priori* demeure un indice de la finitude et nullement un don de l'être.

Kant et le problème de la métaphysique avait déjà donné à la

[10] WG, 5.
[11] N, I, 129.
[12] Cfr l'importante variation sur ce thème in KTS, 32–33.
[13] N, II, 468–469; VA, 84.

différence ontologique le premier nom qu'elle porte dans la philosophie de Heidegger, celui de transcendance, qui garde une
saveur bien kantienne. Mais l'interprète soulignait que l'auteur
des *Critiques* était demeuré en deçà du domaine où il aurait pu
apercevoir la transcendance comme différence entre l'être et
l'étant.[14]

Vom Wesen des Grundes[15] résume l'essentiel du premier *Kantbuch* à ce propos en disant que la formulation critique du principe
de raison suffisante, c-à-d le principe suprême de tous les jugements synthétiques *a priori*, fait apparaître l'appartenance mutuelle de l'être et du fondement. L'être étant pour Kant l'être de
cet étant qui nous est accessible dans l'expérience, le principe
suprême donne une définition de la vérité transcendantale selon
la ré-alité de la chose[16] en déterminant la possibilité interne de
cette vérité par l'unité du temps, de l'imagination et du *Je pense*.
Mais tout comme Kant disait du principe de raison suffisante
qu'il constituait une indication remarquable en vue de recherches
qui devraient encore être instituées en métaphysique, Heidegger
estime que le principe suprême des connaissances synthétiques
contient, mais en le cachant, le problème de l'appartenance essentielle de l'être, de la vérité et du fondement. Ce serait à partir
de ce problème seulement que pourraient se poser les questions
du rapport originaire d'une logique formelle à une logique transcendantale, et de la justification d'une pareille distinction.[17]

Ceci revient à dire d'une autre manière que Kant n'accomplit
jamais le revirement phénoménologique grâce auquel la transcendance peut être saisie antérieurement à sa fixation périlleuse
dans la clarté de l'activité logique. Pour que ses analyses retrouvent leur densité ontologique, il faudrait partout les relier à une

---

[14] KM, 211–212; trad., 290–291.

[15] WG, 17.

[16] Voici comment se définit la ré-alité selon WG, 29: «Le contenu ré-el représenté
dans les principes synthétiques *a priori*, leur 'ré-alité' dans le sens ancien de choséité
que maintient justement Kant, se laisse exposer à partir des objets dans une intuition
indépendante de l'expérience, c-à-d à partir de ce qui est nécessairement intuitionné
a priori avec ces objets, l'intuition pure 'temps'. La ré-alité des principes est objective; c'est à partir des objets qu'elle peut s'exposer». – On peut dire que cette phrase
contient le programme que remplira FD et qu'elle établit la continuité entre ce dernier ouvrage et KM. D'autre part, il faut remarquer que la distinction nette entre
Realität et *Wirklichkeit* explicitée par FD n'était guère aperçue, c'est le moins qu'on
puisse dire, dans les paragraphes de SZ où il était question de la *Realität* du monde
extérieur; cfr SZ §§ 43 et 64 avec les discussions ci-dessus pp. 85 ss., 78 ss., 75.

[17] WG, 17.

phénoménologie du quotidien, comme s'efforce de le faire la longue manuduction qui ouvre *Die Frage nach dem Ding*.

Il faut noter toutefois que le premier *Kantbuch*, contrairement aux autres écrits de Heidegger concernant la *Critique de la raison pure*, indiquait ce qui, dans l'Esthétique et l'Analytique, peut donner à penser le rien de l'être. Si le fondement de la possibilité de l'expérience, c-à-d la temporalité de l'imagination transcendantale, est seulement différence ontologique de l'étant par rapport à l'être, la chose en soi de son côté, l'*Entstand* opposé au *Gegenstand* qu'est le phénomène,[18] est proprement un rien pour nous, mais un rien de l'être. Ceci doit s'entendre, c'est évident, de la chose en soi en tant qu'elle est essentiellement relative à l'horizon temporel de l'imagination.[19] Pour Heidegger toutefois, la signification de l'imagination transcendantale et de la chose en soi ne peut se saisir qu'en renonçant à la volonté de sécurité du kantisme pour assumer le phénomène originaire de l'angoisse. D'une part en effet c'est dans l'angoisse que nous est donnée authentiquement la temporalité dévoilée et cachée par l'imagination transcendantale, c-à-d la différence ontologique; et d'autre part se tenir dans l'angoisse, c'est se tenir dans le rien de l'être.[20] L'angoisse rend ainsi manifeste que la différence ontologique et le rien sont *le même*. Et l'on pourrait estimer que *Kant et le problème de la métaphysique* s'était efforcé de penser ce *même* que *Vom Wesen des Grundes* et *Was ist Metaphysik?* tentaient de rendre plus proche sans y parvenir, ce *même* qui attend depuis que les gens de sens (*die Besinnlichen*) y pénètrent et le pensent.[21]

---

[18] WG, 29, ainsi que le faisait déjà KM, 36–38, explicite le sens du mot *phénomène* en distinguant le *Gegenstand*, c-à-d l'étant accessible à une intuition finie, et l'*Entstand*, c-à-d le *même* étant, mais selon qu'il est «objet possible» pour une intuition absolue ou créatrice. D'après SZ, 30–31, on se le rappellera, *blosse Erscheinung* voulait dire en fin de compte que la production ou le rayonnement ne constituait pas l'être véritable de l'objet producteur, c-à-d de la chose en soi. Nous nous sommes arrêtés à critiquer cette interprétation, ci-dessus, pp. 103 ss. De son côté, KM, 38 déclarait sans équivoque: «Dans l'expression 'pur phénomène', l'adjectif 'pur' ne signifie pas une limitation et une diminution de la réalité effective de la chose; il nie seulement que l'étant soit connu de manière infinie par la connaissance humaine»; corrélativement l'expression 'derrière le phénomène' ou 'au-delà du phénomène» veut dire que «la connaissance finie est, en tant que finie, nécessairement dissimulatrice et dissimule d'emblée, de telle façon que la 'chose en soi', non seulement ne lui est pas accessible d'une manière parfaite, mais ne l'est par essence en aucune manière» (*loc. cit.*).

[19] KM, 38, 71–73.

[20] KM, 215.

[21] WG, 5.

Plusieurs fois déjà [22] nous avons fait remarquer qu'une importante partie de la *Critique de la raison pure*, la Dialectique, présentait cependant une ouverture, voire un fil conducteur pour une pensée soucieuse du rien. Le point nous semblait capital puisque, comme Cassirer nous l'a rappelé, la Dialectique constitue en quelque sorte la cellule initiale du tissu vivant que sont les trois *Critiques*. Mais peut-être notre objection confond-elle le rien de l'être et la différence ontologique qui est le rien de l'étant. Et nous ne pourrions pas nous disculper en prétendant que cela revient au *même* ...!

Quoi qu'il en soit, tout en renonçant expressément à interpréter la transcendance selon la temporalité,[23] *Vom Wesen des Grundes* veut donner à penser que la différence ontologique comprise comme entre-deux est déjà désignée dans le kantisme, tant par les Paralogismes que par les Antinomies, sous le titre *Idée du monde*.

Nous sommes donc invités à nous demander dans quelle mesure la Dialectique peut faire saisir le rapport du fondement et de la différence ontologique, ou encore si la relation entre l'idée de monde et celle de liberté n'est pas dans le kantisme ce en quoi l'être se manifeste et se cache le plus décisivement.

Ces questions exigent que nous prenions d'abord de *Vom Wesen des Grundes* une vue d'ensemble. Pour compléter notre étude, il conviendra d'examiner ensuite comment à la même époque Heidegger expliquait à Cassirer son interprétation de la Dialectique et de la raison pratique, ce que nous ferons à la fin de ce chapitre.

2. «*VOM WESEN DES GRUNDES*» (RÉSUMÉ)

Le problème du fondement est lié à celui de la vérité. Qu'il suffise de rappeler à cet égard que Leibniz démontre le principe de raison à partir du principe d'identité. Cependant l'identité est pour Leibniz l'essence de la monade ou de la subjectivité du sujet. La vérité dont il s'agit dans la justification du principe de raison n'est donc pas seulement la relation formelle des termes

---

[22] Cfr ci-dessus, pp. 247 ss., 176 ss., 106 ss., 87 ss., 54 ss.
[23] WG, 46, note 60.

du jugement; elle n'est même pas la vérité ontique, c-à-d la manifestabilité antéprédicative de l'étant dans laquelle s'enracine la vérité propositionnelle; et il ne suffit pas non plus de dire qu'il s'agit de la vérité ontologique, de ce dévoilement de l'être qui rend possible la manifestation de l'étant.[24]

Le caractère antéprédicatif de la vérité ontique peut, pensera-t-on, être conditionné par les relations affectives et pulsionnelles par les volitions et les efforts finalisés à l'égard de l'étant. De fait, ces comportements existentiels doivent être pris en considération pour déterminer tout ce qui est antérieur à la vérité de la proposition. Mais, tout comme la vérité ontique, ces comportements seraient impossibles sans une compréhension de l'être de l'étant selon sa quiddité et sa qualité. Pourtant si cette compréhension ontologique concerne bien l'être, elle ne le fait pas sans avoir trait également à l'étant.[25]

Pour parvenir jusqu'à l'essence du fondement il faut encore rendre manifeste ce qui est proprement la racine de cette vérité dont l'unité est à la fois ontique et ontologique; il faut rendre manifeste ce qui constitue le pouvoir de discerner dans lequel la différence ontologique devient un fait. Cette possibilité n'est autre que l'essence du *Dasein*: c'est dans le dépassement par lequel le *Dasein*, en se surmontant vers l'étant, parvient à ce qui le fait un soi (*Ueberstieg, Transzendenz*), que se fonde la différence ontologique.[26]

Mais est-ce seulement vers l'étant particulier que se dépasse l'être-là? Ce qui est dépassé dans étant, quelle que soit sa constitution, est corrélatif au soi, c-à-d à ce qui, dans l'être-là, surpasse la simple facticité, à ce qui est constitué par la transcendance elle-même. Si bien qu'il ne suffit pas de dire que l'étant particulier est toujours rencontré et dépassé dans une totalité à laquelle il appartient; il faut encore ajouter que cette totalité appartient à la transcendance et qu'elle constitue ainsi l'ipséité ou le soi de l'être-là. Etre-là, c'est donc être dans cette totalité ou encore être-au-monde. La possibilité de la différence ontologique s'enracine donc dans la transcendance comme être-au-monde.[27]

Mais en quoi ceci concerne-t-il l'essence du fondement? En

[24] Cfr WG, 12–13.
[25] Cfr WG, 14, 15.
[26] WG, 15–16.
[27] Cfr WG, 18–22.

ceci que le monde constitue le soi de l'être-là comme liberté et que la liberté est l'origine du fondement comme tel.[28]

En effet le monde se donne à l'être-là comme la totalité de ce qui est pour un étant, l'être-là précisément, lequel originairement est à la fois l'être-auprès-du ... subsistant, l'être-avec ... l'être-là des autres, et être-à-l'égard-de ... lui-même.[29] Cette formule ne fait qu'expliciter ce qu'est la transcendance comme être-au-monde. Mais il apparait ainsi que le monde dans la transcendance rend manifeste une volonté qui, dans les deux sens du mot, projette au devant de l'être-là ses propres possibilités, c-à-d le pourquoi qu'il est lui-même ou encore «d'en vue de lui-même». Cette volonté qui est le soi constitué par le monde, n'est évidemment pas un comportement ontique de l'être-là; elle est cette liberté qui seule peut laisser s'imposer à l'être-là un monde, non pas sur le mode ontique, mais sur le mode mondanisant.[30]

Il est insuffisant de dire que cette liberté est spontanéité. Sans doute, est spontané ce qui commence par soi-même. Mais *par soi-même* suppose que soit éclairci l'être du soi. Et il faut de même préciser ce qu'est cet être pour comprendre le caractère d'événement qu'implique un commencement spontané. Bref, la liberté que rend manifeste le monde n'est nullement une causalité. Elle est la transcendance en tant que celle-ci fonde tout fondement: «La liberté est liberté en vue du fondement». C'est la relation entre liberté et fondement que nous appelons fonder; c'est elle qui, enracinée dans la transcendance, *donne* la liberté et *trouve* (*nimmt*) le fondement.[31]

Cette relation unique se répand en trois modes distincts mais inséparables. Fonder peut signifier d'abord instituer, constituer un fonds en vue d'une oeuvre par exemple, et à son profit. Fonder c'est ensuite poser les fondations ou s'établir sur un terrain. C'est enfin donner les raisons dernières, faire voir en quoi se fonde quelque chose.

Par rapport à la transcendance ces trois emplois du mot fonder

---

[28] WG, 19, 43, 44.

[29] WG, 43.

[30] WG, 43–44. – Heidegger rend manifeste la liaison ontologique de la liberté et du monde à partir d'une analyse de la préposition séparable, construite d'habitude avec un génitif inséré, *um ... willen*, qui signifie «pour», «pour l'amour de». Notre auteur écrit ainsi: «Die Welt gibt sich dem Dasein als die jeweilige Ganzheit des Um-willen seiner ...».

[31] WG, 44.

– *Stiften, Boden-nehmen, Begründen* – signifient: 1°. que le projet de la liberté, c-à-d le «pour soi», la projette loin d'elle vers la totalité de l'étant, vers le monde comme pour soi de la liberté, de telle sorte que l'étant appartient toujours à ce double projeter, et comme un être-là, et comme un étant que ne mesure pas l'être-là; 2°. pour que cet étant dont la mesure demeure étrangère au *Dasein* puisse en tant que tel devenir manifeste quand même, il faut que le projet soit celui d'un *Dasein* qui, dans les deux sens du mot, *se trouve* parmi les étants: la transcendance est projet du monde, mais de telle sorte que celui qui fait le projet soit déjà tout entier disposé à l'étant et accordé sur lui; 3°. pour que l'unité et la mutuelle dépendance du projet de l'être-là et de l'emprise de l'étant soit possible comme manifestation de l'étant – ou comme possibilité transcendantale de l'intentionalité des comportements – il faut que la transcendance tout entière possède déjà d'avance la réponse à tous les *pourquoi?* dans une précompréhension préconceptuelle, de ce qu'est tel être et son mode d'être, mais surtout de l'être et de son rien: c'est cette vérité ontologique déjà possédée, si l'on peut dire, qui fonde la possibilité de tous les *pourquoi?* et en particulier de la question «Pourquoi y a-t-il quelque chose et pas plutôt rien du tout?».[32]

Le troisième point doit être explicité. Dans le projet que fait l'être-là de ses propres possibilités, il se découvre surabondant par rapport à ce qu'il possède déjà, tandis que, de fait, son être ontique lui retire pas mal d'autres possibilités déterminées. Or ce retrait lui-même, parce qu'il est circonscrit par l'emprise de l'é-tant, amène face à l'être-là les possibilités *effectivement* (*wirklich*) saisissables d'un projet du monde en tant que monde de l'être-là: l'obligation constante de rejeter au loin pour faire un projet tient tout entière du retrait des possibilités la puissance de son pouvoir souverain dans le domaine d'existence de l'être-là. Selon les deux premiers modes du fonder (*Stiften* et *Boden-nehmen*), la transcendance est donc à la fois surabondance et retrait; et la finitude de la liberté de l'être-là est attestée transcendantalement en ceci que le projet toujours surabondant *du* monde n'a pas de puissance et n'est pas en la possession de l'être-là sinon dans le retrait.[33]

[32] Nous résumons ainsi WG, 44–47. (*Stiften, Boden-nehmen*) et WG, 44, 48 (*Begründen*).
[33] WG, 46–47.

Mais ceci annonce également l'être essentiellement fini de la liberté en général. En effet la surabondance des possibilités du projet est de part en part sous la domination de l'étant effectivement réel qui investit l'être-là en situation; cette unité du projet et de l'emprise fait surgir l'interrogation portant sur l'être même de l'étant. Ainsi donc cette unité se forme grâce seulement à ce qui rend possible le *pourquoi?*, c-à-d grâce à la transcendance en tant qu'elle advient et qu'en son effraction se forme le champ où peut se jouer le comportement de fait d'un être-là facticiel parmi l'étant en totalité.[34]

D'une part donc c'est seulement dans la transcendance comme liberté fondative, en projet du monde et en situation, qu'il y a l'être et qu'ainsi le fondement est caractère essentiel de l'être. Et d'autre part cette liberté fondative est finie parce que sa *nécessité* comme effraction et comme champ transcendantal des comportements suppose le projet des *possibilités* qui nient le monde, et l'emprise de l'*effectivement réel* qui donne d'avance le ton à l'être-là [35]:

«L'essence du fondement est la dispersion de l'acte fondatif qui surgit dans la triplicité transcendantale d'un projet *du* monde, de la disposition *à* l'étant, et de l'instauration ontologique du fondement de l'étant».[36]

Il est assez clair que chacune de ces structures de la transcendance fondative est un mode du «souci de la persistance et du persistant», souci qui n'est pas possible sinon comme temporalité.[37]

Il est clair également que, dès le projet, la transcendance est porteuse d'un rien qui lui est essentiel. Ce non-être est ce qui rejette et nie le monde en le projetant comme totalité des possibilités de l'être-là, possibilités qui sont à leur tour niées par l'emprise de l'étant. Si bien que la liberté fondative fonde en son unité tous les modes du fonder, mais de telle sorte qu'elle soit elle-même un fondement qui ne peut se soustraire à ce qui jaillit de lui. Comme telle, la liberté met le pouvoir-être qu'est le *Dasein* dans un véritable gouffre de possibilités ouvert au milieu de la

---

[34] WG, 48: «Im Weltentwurf ist ein Ueberschwung von Möglichen gegeben, im Hinblick worauf und im Durchwaltetsein von dem in der Befindlichkeit umdrängenden Seienden (Wirklichen) das Warum entspringt».
[35] Cfr WG, 49–50: «Demnach besagt Grund: *Möglichkeit, Boden, Ausweis*».
[36] WG, 50.
[37] WG, 51.

destinée antérieurement à tout choix fini. On peut dire dès lors que la liberté, fondement du fondement, est l'abîme sans fond de l'être-là.[38]

Pour se comprendre comme cet abîme même, l'être-là doit découvrir son ipséité dans le dépassement de soi vers l'étant et le monde:

«L'irruption de l'abîme sans fond dans la transcendance fondative est le mouvement originaire que la liberté accomplit par nous-mêmes et à notre égard; elle nous donne ainsi à comprendre que le contenu du monde – cela même qu'elle nous donne d'avance en son originalité – atteint le coeur du *Dasein*, c-à-d son ipséité dans l'agir, d'autant plus simplement que ce contenu est fondé plus originairement. De la sorte, la non-essence du fondement ne peut jamais être écartée, encore que, dans l'existence de fait mais là seulement, elle soit surmontée».[39]

La méditation sur l'essence du fondement en vient ainsi à nommer la différence ontologique. Le «ne pas» entre l'être et l'étant est cet abîme sans fond du *Dasein*, cette liberté vouée au monde dans laquelle l'étant trouve la liberté de se manifester comme différent de l'être. Mais en même temps – l'expression devant se prendre ici en toute rigueur – la non-essence du *Dasein* annonce le rien de l'être: au terme de *Vom Wesen des Grundes*, nous sommes parvenus au point où est en train de s'opérer le revirement de la pensée, *die Kehre*.

3. LE TRANSCENDANTAL ET LE FONDEMENT DES MODALITÉS DE L'ÊTRE

Pour saisir pleinement le lien de cette méditation fondative du fondement avec une interprétation du kantisme, il faut la situer par rapport à *Die Frage nach dem Ding* et aux principes de l'entendement pur. Là comme ici, Heidegger nous l'a clairement fait entendre, le problème est celui d'une compréhension ontologique de l'identité finie telle que la «pensée» peut la saisir. Examinant ce problème dans sa perspective transcendantale, c-à-d selon le lien *a priori* d'une connaissance finie à la possibilité essentielle de son objet, Kant en était venu à découvrir au sein de la pensée empirique une postulation. Dans *Kants These über das Sein* et dans *Die Frage nach dem Ding*, Heidegger avait montré que les

[38] WG, 53.
[39] WG, 53.

analyses kantiennes, en dépit de leur profondeur, ne dépassaient pas vraiment la logique simplement formelle dont elles prétendaient libérer la pensée pour la ramener à la question concernant l'être de l'étant. Mais nous avions estimé, pour notre part, que l'interprète se dispensait de la seule réflexion qui aurait pu ou bien rendre ses critiques irréfutables, ou bien lui faire découvrir le sens ontologique des théories kantiennes, à savoir une analyse fondative de la postulation comme telle.

Heidegger pourrait nous répondre que *Vom Wesen des Grundes* fournit précisément l'analyse que nous demandions. Les postulats de la pensée empirique dans lesquels s'explicite, selon Kant, le principe suprême de tous les jugements synthétiques *a priori* reconduisait les modalités de l'être, le possible, l'effectivement réel et le nécessaire, vers leur source transcendantale, c-à-d le rapport originaire de la pensée à son objet dans l'essence de l'expérience. *Vom Wesen des Grundes*, de son côté, montre plus originairement encore que le possible n'est pas le non-contradictoire, que l'effectivement réel n'est pas ce qui remplit la possibilité et que le nécessaire n'est pas ce qui ne peut pas ne pas être. En effet, la transcendance humaine – le projet jeté en tant que le monde qu'il «néantise» ouvre en lui l'abîme et le rien de la liberté – y est dévoilé non seulement comme réalité effective à partir de laquelle se concevraient le possible et le nécessaire, mais bien plutôt comme unité nécessaire de la finitude qui fonde possibilité et réalité tout en se fondant en celles-ci. Davantage encore: l'abîme de la liberté fondative comme être-au-monde est seule à rendre possible la fuite de la pensée devant cet abîme qui est sa propre essence, fuite qui s'accomplit dans la logique. Cette dernière apparaît en effet comme le faux semblant sous lequel la pensée fondative et libre se dédouane elle-même en s'accordant ces passeports pour l'oubli que sont les preuves prétendues rigoureuses par recours à un étant et à une dernière cause. Le seul sauf-conduit (*Ausweis*) valable sur le chemin de pensée qu'est la libre transcendance est celui qui la ramène à la totalité de son rien, c-à-d à la différence ontologique dans laquelle s'annonce l'être.[40]

La méditation sur le fondement répondrait ainsi au souci de

[40] Cfr WG, 49-50. – *Ausweis* signifie d'abord «légitimation», «preuve d'une origine».

penser pour l'être et de comprendre antérieurement à toute éthique, à toute distinction du théorique et du pratique, l'oubli où la philosophie laisse constamment l'être. La fausse sécurité du *Je pense* démantelée par cette critique serait enfin livrée à la temporalité: une fois exorcisés les prestiges de l'identité logique, il y a place pour les risques d'une conformité de l'être-là à la venue de l'être.

Heidegger aurait donc retrouvé le sens originaire des tentatives kantienne et hégélienne pour fonder philosophiquement et onto-logiquement la logique. Mais, nous dit-il,

«le caractère d'abîme qui appartient à l'essence de l'être-là n'est pas tel qu'il pourrait s'ouvrir à une dialectique ou à une analyse psychologique».[41]

Et pour notre part nous comprenons cette remarque comme un refus de reprendre le problème du fondement en suivant simple-ment non seulement la voie de Hegel mais même celle qu'avait tracée Kant. C'est qu'en effet la conception kantienne de la transcendance humaine et de l'expérience demeure trop peu radicale.

Tout d'abord, si Kant a bien été le premier à reconnaître le transcendantal comme problème de la possibilité interne d'une ontologie en général, son interrogation garde encore une signifi-cation essentiellement critique. Pour lui

«le transcendantal concerne la 'possibilité' (ce qui rend possible) cette connaissance qui ne s'envole *pas* au-delà de l'expérience *sans en avoir aucun droit*, c-à-d une connaissance qui n'est pas 'transcendante' mais qui, au contraire, est elle-même expérience. Le transcendantal donne ainsi la délimitation d'essence (définition) de la connaissance non trans-cendante, c-à-d de la connaissance ontique qui est possible à l'homme en tant que tel; cette définition est assurément restrictive; mais par là-même elle est cependant positive et cela d'emblée. Par voie de consé-quence nécessaire, une conception plus radicale et plus universelle de la transcendance n'ira pas sans une élaboration plus originelle de l'idée d'ontologie et corrélativement de métaphysique».[42]

Dans le contexte d'une méditation sur la totalité du monde en tant qu'elle est corrélative à l'essence finie de la liberté, ceci veut dire qu'en voulant nous mettre en garde contre les nécessaires illu-sions de notre raison concernant la totalité, la méthode critique prétend encore rendre compte et calculer sans s'apercevoir que

---

[41] WG, 53.
[42] WG, 20–21.

l'essence de la volonté qui la sous-tend est justement le rien que
le monde lui-même introduit au coeur de l'être-là.

Concernant l'expérience, la critique heideggerienne est plus
implicite. Dans l'existence de fait, nous a dit l'auteur,[43] la non-
essence du fondement est surmontée, bien qu'elle ne soit jamais
écartée, ni là, ni ailleurs. Mise en relation avec le texte que nous
venons de lire, cette parole oriente vers une possibilité de saisir
la finitude qui, pour être elle-même finie, ne semble pas moins
être source de la conviction qu'elle a de l'abîme essentiel au *Dasein*. En d'autres termes, la philosophie ne trouve pas dans l'expérience l'abîme qui renouvelle sans cesse son fructueux étonnement. Sans sortir de ce que Kant appelait l'immanent, elle existe
cependant aux limites extrêmes de l'humain, limites que l'existence de fait est justement exposée à violer parce que, surmontant
l'abîme, elle croit l'avoir écarté et ne parcourt plus le domaine
dans lequel il s'ouvre.

La distinction par rapport à la Critique étant ainsi marquée,
Heidegger doit à sa pensée – qui ne s'appelle pas encore histoire
de l'être – de faire voir jusqu'à quel point Kant s'était déjà avancé
sur la voie qui mène à l'essence du fondement.

4. L'IDEE DE MONDE COMME «ENTRE-DEUX»

a. *L'interprétation*

Sein und Zeit avait déclaré tout uniment que Kant ignorait le
phénomène «monde».[44] *Vom Wesen des Grundes* accorde au contraire la plus grande attention à la double explicitation que la
Critique donne de ce phénomène dans un sens ontologique et
dans un sens existentiel.

Pour les Grecs, le monde est ce mode de l'être de l'étant en
totalité qui rend possible d'avance la relation entre l'ensemble
des étants et l'homme jeté au milieu d'eux.[45] La théologie chrétienne ne fera somme toute qu'accentuer cette conception en la
reliant à des vues nouvelles sur le péché et sur la vie en Jésus-
Christ.[46]

[43] WG, 53.
[44] SZ, 321.
[45] Cfr WG, 23–24.
[46] Cfr WG, 24–26.

Mais d'autre part, en introduisant en philosophie l'idée de création, le Christianisme préparait la notion ontologique de monde qui allait prévaloir dans le rationalisme à la Wolff. Pour les auteurs des manuels dont Kant fera usage, le monde est la totalité co-ordonnée de ce qui subsiste, c-à-d de ce qui est créé par Dieu; «monde» désigne ainsi l'unité essentielle aux choses créées, en vertu de laquelle ces choses forment une totalité distincte de Dieu. En métaphysique par conséquent, il y aura une branche spéciale consacrée à la connaissance du cosmos et subordonnée tant à une ontologie générale qu'à une théologie naturelle théorique.[47]

Kant posant à nouveau le problème d'une instauration du fondement de la métaphysique, le concept de monde doit subir dans sa philosophie une transformation qui correspondra à une vue nouvelle concernant les rapports entre ontologie, théologie et cosmologie. Mais la pensée critique ne modifie pas seulement la signification ontologique du concept; elle lui rend aussi, et en conséquence, sa densité existentielle bien qu'elle l'ait dépouillé de toute coloration chrétienne.[48]

La *Dissertation* de 1770 n'avait pas encore renoncé à suivre les voies de la métaphysique ontique. Et cependant on y pressent déjà le renouveau: Kant souligne le lien qui unit le concept d'un monde, en tant qu'omnitude absolue des parties qui le composent, à un acte synthétique de la pensée; et il ajoute:

«Bien que cette totalité absolue ait toutes les apparences d'un concept quotidien et d'accès très facile, surtout lorsqu'elle est présentée négativement comme dans notre définition, elle semble bien pourtant, quand on la considère de plus près devoir être la croix du philosophe».[49]

La définition avait en effet détaillé la structure du concept: 1. sa matière, au sens transcendantal, ce sont, disait-elle, les parties ou encore les substances; 2. sa forme consiste, non pas en une subordination, mais en une coordination de ces substances; 3. ce qui enfin constitue un univers – l'*universitas* comme telle – c'est la totalité *absolue* de toutes les parties.[50]

A partir de ces trois éléments, Heidegger croit pouvoir ra-

[47] Cfr WG, 26–27.
[48] WG, 27–28.
[49] KANT, *De mundi sensibilis atque intelligibilis forma atque principiis*, 2. – Cass. II, 407.
[50] *Op. cit.*, Cass. II, 405 (materia), 406 (forma), 407 (universitas); cfr WG, 28.

mener à trois questions le problème du monde tel que le posera la *Critique de la raison pure* en 1781:

«1. *A quoi* se rapporte la totalité représentée sous le titre 'monde', et à quoi peut-elle exclusivement se rapporter? – 2. Qu'est-*ce* donc, dans ces conditions, *qui* est représenté dans le concept de monde? – 3. Quel *caractère* a le *représenter* d'une pareille totalité, ou encore qu'est-ce qui constitue la structure de concept du *concept*-de-monde comme tel»?[51]

Et les réponses qui résument, selon l'interprète, la réflexion critique sur le monde permettent de mesurer le chemin parcouru depuis 1770:

«1. Le concept de monde n'est pas une liaison ontique de choses en soi, mais l'ensemble transcendantal ou ontologique des choses en tant qu'elles sont des apparaître. 2. Dans le concept de monde, ce n'est pas une coordination des substances qui est exposée, mais bien plutôt leur subordination et très précisément la 'série ascendante' des conditions de la synthèse en remontant jusqu'à l'inconditionné. 3. Dans ce qui le fait concept, le concept de monde n'est pas une représentation rationnelle indéterminée; il est au contraire déterminé, mais comme idée, c-à-d comme concept pur et synthétique de la raison, différent des concepts de l'entendement».[52]

En résumé, Kant modifie profondément la façon de concevoir le rapport entre monde et finitude, rapport que la métaphysique classique avait expliqué ontiquement.

La matière du concept de monde, ce ne sont plus les substances créées par Dieu; ce sont les apparaître en tant qu'ils sont les objets d'une connaissance intellectuelle et sensible, que l'interprète comprend, nous le savons, comme une intuition finie en tant que telle. A la ré-alité de ces objets appartient, *Die Frage nach dem Ding* nous l'a montré, d'être déterminée par les principes de l'entendement pur qui représentent l'unité de la co-hésion des apparaître. La ré-alité des objects et des principes

«se laisse exposer à partir des objets dans une intuition indépendante de l'expérience, c-à-d à partir de ce qui est nécessairement intuitionné *a priori* avec ces objets, l'intuition pure 'temps'. La ré-alité des principes est objective: c'est à partir des objets qu'elle peut s'exposer. Toutefois l'*unité des apparaître* est toujours liée à la condition des choses (*bedingt*) et incomplète par principe, puisqu'elle est nécessairement référée au fait contingent d'un être-donné».[53]

La forme du concept de monde n'est plus, pour la *Critique*, une coordination des substances, mais une subordination, c-à-d la

---

[51] WG, 28–29.
[52] WG, 32.
[53] WG, 29.

totalité des conditions de l'unité des phénomènes ou encore l'unité de ce grâce à quoi les choses peuvent être rencontrées en condition de choses. Bien entendu, cet inconditionné, qui est la perfection de l'unité des apparaîtres, ne peut être un objet transcendant puisqu'il appartient à la connaissance finie comme telle. Il a simplement cette particularité de ne pouvoir être exposé dans aucune intuition.[54]

Ce qui fait du concept de monde un concept – l'*universitas* d'une représentation de l'univers – doit donc se situer dans l'essence de la connaissance finie. Kant ramène ainsi à la raison en tant qu'elle est distincte de l'entendement la totalité propre du monde, qui est totalité d'une idée. La raison étant la faculté qui, dans le discours syllogistique, constitue la conclusion et l'unité de la conséquence, tandis que l'entendement et la faculté de juger demeurent occupées d'un donné de fait au niveau des prémisses, les idées seront ces représentations nécessaires qui unifient l'activité de l'entendement comme tel; on pourra les appeler «concepts conclus», tandis que les catégories de l'entendement sont des «concepts réfléchis».[55]

Il y a plus cependant. Comme toute connaissance finie est liée par essence à une intuition sensible et aux apparaîtres, nul concept d'une totalité n'est possible pour nous sinon dans la mesure où cette totalité est précisément celle des apparaîtres. Par conséquent Kant pourra dire:

«J'appelle toutes les idées transcendantales en tant qu'elles concernent le totalité absolue dans la synthèse des apparaîtres des concepts cosmologiques, des Weltbegriffe».[56]

Bien qu'il accumule ici les textes sans grand ordre, Heidegger met nettement en relief le rapport qu'établit Kant entre le monde et la saisie de la totalité comme telle dans la connaissance finie.

---

[54] Cfr WG, 29–30 et A 328, B 384.

[55] A 310, B 367; cfr. WG, 30.

[56] A 407, B 434; cfr. WG, 31. – De ceci il faudrait conclure, ce que Heidegger ne fait point, que l'idée de liberté et celle d'un être suprême appartiennent aussi aux *Weltbegriffe*, c'est-à-dire à ces conditions transcendantales de l'acte d'une connaissance finie liée aux apparaîtres. De quoi il découle – et Heidegger ne le voit pas non plus – qu'une psychologie et une théologie spéculative telles que les élaboraient les philosophes wolffiens appartiennent bel et bien à une «cosmologie» et ne peuvent donc, pour la Critique, prétendre au nom de branches spéciales de la métaphysique. Ce dernier point sera abordé dans la quatrième partie de cette étude; mais il ne saurait être traité selon son importance qu'en un autre ouvrage qui écoutera Kant sans discuter pas à pas l'interprétation heideggerienne.

La conclusion que l'interprète tire de la première partie de son
analyse rend cependant manifeste l'insuffisance de sa lecture
autant que sa profondeur:

«En tant qu'idée le concept de monde est la représentation d'une totalité *inconditionnée*. Malgré cela il ne représente pas l'inconditionné
tout court et proprement dit, puisque la totalité qui y est pensée demeure
référée aux apparaîtres, à l'objet possible d'une connaissance *finie*. Bien
sûr, en tant qu'idée le monde est transcendant, il *dépasse* les apparaîtres;
de telle sorte toutefois qu'il *renvoie en retour* à ces apparaîtres mêmes dont
il est précisément la totalité. C'est que la transcendance désigne au sens
kantien une double manière de dépasser l'expérience. Elle peut signifier
d'abord: *à l'intérieur* de l'expérience, aller au-delà de ce qui *en elle* est
donné comme tel au-delà de la diversité des apparaîtres. Et ceci vaut pour
la représentation 'monde'. Mais transcendance veut dire aussi: aller
hors de de l'expérience en tant que connaissance finie en général, en sortir
et représenter la totalité possible de toutes choses comme 'objet' de l'intuitus originarius. C'est dans cette dernière transcendance que surgit
l'idéal transcendantal, à l'opposé duquel le monde représente une *restric-*
tion et devient le titre de la connaissance finie, *humaine* dans sa totalité.
Le concept de monde se tient ainsi entre la 'possibilité de l'expérience' et
l'idéal transcendantal'; il signifie au fond la totalité de la finitude de
l'essence humaine».[57]

Il ne faut pas être grand spécialiste de Kant pour déceler la
faiblesse majeure de ces lignes. c-à-d le flou dont elles entourent
la notion d'idéal transcendantal. D'ailleurs Heidegger a pris
ses précautions, du moins le pense-t-il. Dans les deux courts
paragraphes qui précèdent celui que nous venons de lire, il remarque d'abord: la *Critique* a retiré à l'idée de monde le caractère
de totalité parfaite, pour le transférer

«à une classe encore plus haute d'idées transcendantales, dont le concept de monde contient du reste une désignation, et que Kant appelle
'l'idéal transcendantal'».[58]

Et Heidegger ajoute:

«Il faut renoncer ici à une interprétation de ce point qui est le sommet de
la métaphysique spéculative chez Kant. Un trait pourtant doit être rappelé qui fait encore ressortir davantage l'essentiel du concept de monde, à
savoir la finitude».[59]

Grand mouvement de manches qui fait pressentir quelque tour
de passe-passe.

---

[57] WG, 33.
[58] WG, 32.
[59] WG, 32–33.

b. Discussion

Heidegger en vient à présenter l'idéal transcendantal comme une idée que nous nous ferions de l'être suprême, idée à partir de laquelle il serait possible d'inférer l'absence d'un «monde» dans l'intuition originaire, c'est à dire divine. Or, selon Kant, le contenu de cet idéal est simplement la totalité des possibles en tant que matière de toute attribution d'un prédicat transcendantal ou encore comme prédicabilité ré-elle; en d'autres termes, le contenu de l'idéal transcendantal est l'idée – et donc la totalité des conditions – de la détermination continue de tous les êtres singuliers en général, qu'ils soient expériençables ou non. Quant à dire qu'à l'opposé de l'idéal, «le monde représente une restriction et devient le titre même de la connaissance finie», rien chez Kant n'y autorise. L'idéal est tout aussi caractéristique de la connaissance finie que le monde, même s'il est «entièrement différent du concept cosmologique, tout en étant en relation avec ce concept».[60]

On ne saurait donc parler d'un intermédiaire *entre* l'idéal transcendantal et la possibilité de l'expérience comme si cette relation constituait à elle seule l'élément *humain* de la finitude. L'idéal appartient à l'humanité de la finitude tout autant que le monde, puisqu'il est simplement une synthèse imaginative du principe de totalité et du principe suprême des jugements synthétiques *a priori*. Il ne suffit pas à lui seul à constituer une connaissance transcendante, et loin de surgir dans la transcendance illusoire, il lui est antérieur, même si l'illusion à l'égard du divin consiste principalement à hypostasier l'idéal *transcendantal*.[61]

En disant que l'idée de monde est l'indice de la finitude humaine selon Kant, Heidegger a mis à découvert une articulation essentielle du kantisme; mais il n'a pas fait voir ce qui s'y articule.

La possibilité de l'expérience est en effet l'entendement lui-même en tant que législateur des apparaîtres, c-à-d en tant que législateur de la *nature*, ce terme désignant l'unité des phénomènes dans l'existence.[62]

---

[60] A 409, B 435.

[61] A 580, B 608.

[62] A 419, B 446 – Le monde au contraire désigne la totalité absolue de l'ensemble des «choses» existantes, c-à-d aussi des choses en soi.

Quant à l'idéal transcendantal, il est une structure de l'activité rationnelle humaine qui, tout comme l'entendement, appartient au *Gemüt*. Pour exprimer son essence dans la langue de Heidegger, le mieux serait peut-être de reprendre ces questions posées à la dernière page de *Sein und Zeit*:

«Que signifie la reification? D'où surgit-elle? Pourquoi l'être est-il 'dès l'abord' 'compris' à partir du substantiel *et non pas* à partir du disponible, qui pourtant nous est encore plus proche? *Pourquoi* cette réification reprend-elle sans cesse son emprise souveraine»?.[63]

L'idéal, c'est la source existentielle, dans la présence humaine, de la question: pourquoi l'illusion? Il faut l'appeler transcendantal parce qu'il exerce une fonction légitime dans la connaissance: il manifeste le lien de la synthèse du penser et de l'intuition avec un *intérêt* spéculatif de la raison totale. Etant représentation *in individuo* de l'idée d'une totalité des conditions d'un conditionné concret, l'idéal est le corrélat dans l'imagination de ce qui fait l'essence de toute idée. C'est ainsi qu'il se relie au concept de monde et à tous les concepts cosmologiques. Mais de la sorte se révèle en lui, et que la pensée est seule à nous ouvrir à la possibilité de l'être, et que cette pensée demeure toujours inadéquate à l'être.

De ceci découle une conclusion paradoxale pour une interprétation du kantisme qui veut écouter *Vom Wesen des Grundes*.

Si l'idée de monde peut être appelée un entre-deux et une différence ontologique, un «ne pas» entre l'étant et l'être, ce sera précisément dans la mesure où elle est unie à la possibilité de l'expérience et à l'idéal transcendantal. Car c'est dans cette mesure seulement qu'elle peut révéler à la pensée pure le rien qui lui est intrinsèque; ainsi le penser découvre sa liberté en se confrontant à un *intérêt* de l'homme. Le nom de l'être dans le kantisme n'est pas «idéal transcendantal»; il faudrait l'appeler plutôt «source des intérêts de la raison», source du «mystère de la sensibilité» et du «mystère de la liberté», coulant au fond de «l'abîme fécond de l'expérience». Et l'idée de monde est un rien de l'homme, un «ne pas» entre lui et la source de ses mystères.

Les confusions et les maquillages que nous venons de découvrir dans le commentaire heideggerien de la théorie des idées rendent sensible le péril auquel on s'expose en ne prenant pas au

---

[63] SZ, 437.

sérieux la distinction du théorique et du pratique. *Vom Wesen des Grundes* oublie en effet que les concepts purs de la raison exercent la fonction directrice qui leur est propre en ceci qu'ils font apparaître le rien du penser comme tel, le situant du même coup dans le tout de la présence humaine. Ce que nie l'idée de monde, c'est que le *Je pense* de l'aperception et des principes soit une conscience constituante. Niant de l'intérieur même du *Je pense* toute prétention qu'il peut avoir à se poser comme absolu en face de la nature, l'idée circonscrit l'aperception dans le transcendantal. L'unité théorique de la conscience s'apparaît alors à elle-même comme idée, en tant d'abord qu'elle est la possibilité d'une liberté, mais surtout en tant qu'elle est liberté possible dans la mesure précisément où elle fonde toute affirmation concernant l'unité synthétique de l'expérience.

La Dialectique de la raison pure montre ceci: le *Je pense* porte en lui-même, par l'idée de monde, la négation de la totalité des existants finis, c-à-d de la nature, que ce *Je pense* constitue tout en dépendant radicalement d'elle dans l'expérience. Ainsi la pensée théorique, devenant liberté possible, s'ouvre au mystère de l'engagement libre au sein de la nature, pour le bien à partir du mal; et une *Critique de la raison pratique* peut et doit maintenant s'instituer. Ainsi également la pensée théorique s'est ouverte à la question concernant le sens du fait humain dans la nature, question que pose une *Critique du jugement*.

Mais Heidegger s'est rendu incapable d'apercevoir la Dialectique dans cette perspective dès son interprétation du principe suprême de tous les jugements synthétiques.[64] Car s'il est vrai qu'au niveau d'une Analytique de l'entendement les conditions de l'unité synthétique d'une expérience possible sont effectivement l'imagination, le temps et le *Je pense*. Kant se demande, au niveau de la Dialectique, quel est le lien de ce triple fondement en son unité avec les idées, dont il nous dit qu'elles sont «*un fondement de la synthèse du conditionné*».[65] Question qu'il est impossible d'accepter si d'avance on a fait du temps la source,

---

[64] WG, 17 et KM, III, 176–177; *trad.*, pp. 176, 249–250.
[65] A 322, B 378: «Le concept transcendantal de la raison n'est donc autre que celui de la *totalité des conditions* pour un conditionné donné. Comme maintenant l'inconditionné seul rend possible la totalité des conditions, et que réciproquement, la totalité des conditions est elle-même toujours inconditionnée, on peut alors expliquer un pur concept intelligible comme tel par le concept de l'inconditionné, dans la mesure où il renferme un fondement de la synthèse du conditionné».

non seulement de l'imagination et du *Je pense*, mais encore des idées.

En conséquence, Heidegger préfère méditer l'essence du fondement c-à-d, en termes kantiens, chercher sur quoi repose le principe suprême de tous les jugements synthétiques *a priori* – sans s'arrêter à la distinction d'une liberté possible et d'une liberté morale. Il estime sans doute être ainsi mieux à même de maintenir la pensée au sein de la temporalité.

Nous nous demandons, pour notre part, si sa tentative de ressaisir originellement la liberté de l'être-au-monde par-delà toute distinction du pratique et du théorique ne manque pas le véritable phénomène d'un engagement à l'être et par l'être pour nous offrir seulement un décalque de ce que la première *Critique* établissait au niveau de l'entendement. Articulons notre objection.

Selon Heidegger, la liberté, en tant que *Begründen* qui fait l'unité du *Stiften* et du *Boden-nehmen*, est la réponse qui rend d'avance possible de poser à propos de l'étant comme tel les questions *quid* et *quomodo*; dans sa non-essence, la liberté porte également la réponse qui permet l'interrogation radicale: «pourquoi l'étant et non pas rien?».[66]

Mais la pensée ne suit-elle pas ici tout simplement l'itinéraire de Kant lorsqu'il parcourt les différents principes de l'entendement? Le *quid* en effet relève selon la *Critique* des axiomes de l'intuition, qui correspondent à la modalité du possible; le *quomodo* relève des anticipations de la perception, qui correspondent à la modalité de l'effectivement réel; et le *pourquoi* radical que permet d'anticiper la non-essence de la liberté est corrélatif à un *quod*, à l'existence contingente, dont parlent, dans la *Critique*, les analogies de la pensée empirique, qui correspondent à la modalité du nécessaire.

La méditation sur l'essence du fondement prend donc bien pour thème le principe de raison suffisante et la modulation qu'en a donnée la *Critique*! Mais plutôt que de faire saisir dans l'originalité du phénomène de la liberté et dans sa connexion avec le vrai un indicatif *de* l'être, elle dévoile, sans le vouloir, que la logique appartient à la forme du dire et du penser selon la finitude.

Le refus de tout dualisme, ce dernier fût-il purement méthodi-

[66] WG, 48.

que, conduirait donc à voiler sous un certain pathos de l'être l'essence de la liberté, tout comme ce refus empêche de saisir la signification première de la Dialectique dans le kantisme. Et ce que Heidegger nous dit du concept existentiel de monde tel que le propose l'*Anthropologie* vient confirmer notre objection.

5. LE MONDE COMME EXISTENCE DE L'HOMME

La préface de l'*Anthropologie* définit le concept de monde en fonction de l'homme. Le sens originaire du terme se trouve, selon Kant, dans l'expression «un homme du monde». Aussi la connaissance de l'homme comme espèce terrestre douée de raison mérite-t-elle tout particulièrement d'être appelée connaissance du monde. Il s'agit assurément de considérer non pas ce que la nature fait de l'homme (ce qui serait une connaissance *physiologique* de l'humain), mais bien

«ce que *lui* en tant qu'être agissant librement fait de lui-même ou du moins ce qu'il peut et doit en faire».[67]

ce qui est une connaissance pragmatique. En d'autres termes, l'*Anthropologie* a pour contenu la connaissance de l'homme en tant que «citoyen du monde».

Kant explique ces mots en glosant les deux expressions «savoir son monde» et «ne pas manquer de monde». La première désigne celui qui *comprend* le jeu qu'il a vu jouer; la seconde au contraire celui qui comprend ce jeu pour y avoir *participé*.[68] Des notes d'élèves nous ont conservé cette autre phrase du maître sur le même sujet:

«Un homme du monde est un joueur qui prend part au grand jeu de la vie».[69]

Heidegger peut donc à bon droit reprendre ces textes en disant:

«Monde signifie précisément l'existence de l'homme dans l'être-en-commun historique et non sa survenance cosmique comme espèce d'être vivant ... Monde est ici le titre du 'jeu' de l'être-là quotidien et le titre de cet être-là lui-même».[70]

---

[67] *Anthropologie.* Cass. VIII, 3; cfr WG, 34.
[68] *Anthropologie,* Cass. VIII, 4; cfr WG, 34.
[69] D'après *Die philosophischen Hauptvorlesungen I. Kants,* herausgegeben von A. Kowalewski, 1924, p. 71; cfr WG, 34, note 47.
[70] WG, 34.

Seulement Heidegger ne spécifie pas si cet être-là quotidien implique à titre de fondement un existentiel éthique, qui pourrait demeurer inaperçu, ou bien si tout comportement éthique doit se ramener finalement à un mode quotidien de l'être-au-monde. Autrement dit, Heidegger ne se soucie pas de savoir si le concept de monde proposé par l'*Anthropologie du point de vue pragmatique* doit contribuer à faire apercevoir l'antinomie en nous du caractère empirique et du caractère intelligible.[71] On dirait même que l'interprétation groupe les textes de manière à ne pas laisser apercevoir l'antinomie en question.

Le sens pragmatique du concept de monde est d'abord expliqué par deux phrases empruntées à des notes marginales de la *Grundlegung zur Metaphysik der Sitten*;[72] le monde serait ainsi le domaine où se déploie la prudence, que l'on entende par là un certain pouvoir d'amener les autres à ses propres fins ou bien insouci réel du bien-être social. Une liaison très vague assimile la connaissance du monde ainsi réduite et la «Lebenserfahrung» que, dans ses leçons, Kant opposait à la connaissance scolaire.[73] Et cette distinction, ajoute aussitôt Heidegger a servi de «fil conducteur» pour

«developper le concept de philosophie selon le concept scolaire (*Schulbegriff*) et selon le concept cosmopolitique (*Weltbegriff*). La philosophie au sens scolastique reste l'affaire du pur virtuose de la raison. La philosophie selon le concept cosmopolitique est ce que prend à coeur le 'maître idéal', c-à-d celui qui s'adresse à 'l'homme divin en nous'. 'Le concept cosmopolitique est ici celui qui concerne ce qui intéresse nécessairement tout homme'.
– En tout ceci, le monde est la désignation qui caractérise le noyau essentiel du *Dasein* humain. Ce concept du monde correspond parfaitement au concept existentiel qu'en proposait S. Augustin, si ce n'est qu'est tombé le jugement de valeur spécifiquement chrétien concernant l'être-là mondain et les 'amatores mundi'; et monde signifie ainsi, de façon positive, les 'joueurs qui prennent part' au jeu de la vie».[74]

Le but auquel tendent ces analyses est clair. Il s'agit de trouver chez Kant ce qui permet de montrer que la question de

[71] C'est l'antinomie dont G. KRÜGER, *Philosophie und Moral in der kantischen Kritik*, pp. 37–57, *trad.*, pp. 58–82, fait un élément fondamental de son interprétation du kantisme, et qu'il relie à la signification de l'entendement.
[72] GMS, Cass. IV, 273 et 274; *trad.*, pp. 127 et 129. Les ellipses que pratique ici Heidegger en supprimant le contexte sont insensibles mais décidées.
[73] *Die philosophischen Hauptvorlesungen I. Kants*, p. 72.
[74] WG, 35 qui cite successivement A, 839, B 867 – *Logik*, Cass. VIII, 434 – A 569, B 597 – A 840, B 868. Nous avons nous-même interprété l'essentiel de ces textes plus haut, vol. I, pp. 125 ss., vol. II, pp. 382 ss.

l'être et de la finitude telle que l'entend Heidegger a toujours constitué le fondement de toute philosophie, même et surtout quand elle était expressément ignorée. Il est donc important de ressaisir dans l'ensemble de la philosophie critique les éléments épars d'une ontologie de l'être-là qui sont antérieurs à une inter- rogation proprement éthique. En ce sens, il faut reconnaître la justesse et la profondeur de l'interprétation qui voit la signifi- cation existentielle du concept de monde s'ouvrir dans les idées cosmologiques dont parle la dialectique.[75]

Seulement les liaisons essentielles entre Dialectique et anthro- pologie pragmatique que manifestent les textes cités par Hei- degger rendent précisément caduque, aux yeux de Kant, la prétention de constituer une philosophie qui serait «vue» et «con- viction» de la finitude en dehors du champ où se pose la question du bien et du mal. La pureté rigoureuse de l'ontologie, à laquelle doit accéder non pas la pensée mais le penseur, appartient à l'es- sence (*Wesen*) d'une «révolution *in der Gesinnung*», d'un change- ment du coeur ou de la *Denkungsart* [76]: c'est dans le labeur cri- tique que l'éthique a ses êtres. Et si Kant veut être un philo- sophe selon le concept cosmopolitique, ce n'est pas pour mettre sa nouvelle ontologie au service d'une idéologie, d'une *Welt- anschauung* comme celle des bourgeois chrétiens, des marxistes ou des athées du XIXe et du XXe siècle; c'est parce qu'il dé- couvre que le domaine à partir duquel l'homme doit accéder à sa propre essence, c-à-d la finitude de l'être, est un entre-deux dont l'homme ne peut acquérir une «vue». Toute «vue» de ce genre est une illusion par laquelle nous nous rendons incapables de parcourir la finitude. Et si cette illusion est en fin de compte tou- jours à critiquer de nouveau, c'est parce que dans la finitude même la différence ontique propre à l'homme consiste, non pas dans le monde, mais dans un rapport à la nature librement per- verti par le mensonge et la volonté de dominer autrui. Une méta- physique de la métaphysique est nécessaire, non seulement parce que toute scolastique est oubli de l'être et de la finitude, mais surtout parce que le «ne pas» entre l'être et l'étant est pour l'homme une différence à réaliser: le monde est une idée qui

---

[75] WG, 33: «Von hier aus eröffnet sich der Einblick ...».
[76] Cfr. *Rel.*, Cass. VI, 187; *trad.*, pp. 70–71. Pour le sens de Gesinnung et Denkungs- art, cfr *Anthropolopie*, Cass. VIII, 177-179 et KPV, Cass. V, 80 note 1, 81, 94; *trad.*, pp. 75 note 1, 77, 90.

ouvre au sein du mal radical l'horizon du devoir et d'un règne des fins, ces deux expressions désignant la finitude de l'être et de l'homme dans une union telle que le rien de la condition humaine puisse apparaître en son essence, c-à-d comme un don de l'être. Mais l'être à ce moment peut avoir un visage.

6. L'ENTRE-DEUX: ÊTRE OU FINITUDE?

Les diverses significations du «zwischen» dans les écrits de Heidegger nous sont apparues comme des modes multiples de nommer ce qui dans l'homme et dans l'étant est antérieur à eux-mêmes, et qui leur permet de se rencontrer tels qu'ils sont. L'entre-deux, c'est l'être de l'étant dans la mesure où l'être-là y est exposé et abandonné; c'est aussi l'être-là dans la mesure où l'homme doit s'y transférer pour être authentiquement au monde et livré à la totalité de l'étant selon l'être, c-à-d pour être soi.

En un mot, l'entre-deux est un nom de la finitude.

Il semble que l'on puisse aller un peu plus avant encore et ajouter: dans ce champ intermédiaire et débordant, il y a possibilité de poser la question décisive «Pourquoi l'être et non pas rien du tout?» Cette question est la forme radicale de l'affirmation d'Aristote: *to on pollachôs legetai*, que Heidegger traduit: «L'étant devient manifeste (je veux dire: eu égard à son être) selon un mode multiple».[77]

Mais alors y a-t-il encore une différence entre l'être et la finitude? Si la finitude est en fin de compte l'avoiement (*Be-wegung*) qui nous rend possible tout chemin de pensée [78] et en particulier l'interrogation radicale, si elle est la liberté qui se libère en nous, ne faut-il pas la considérer tout simplement comme l'être? Et lorsqu'on veut l'appeler *Seyn*, c-à-d l'unité de l'être et de son rien en tant que cette unité se rend accessible à nous dans notre différence ontologique, fait-on autre chose qu'identifier finitude et être, sous prétexte de ne pas ramener l'être à un étant et de respecter la multiplicité du mode selon lequel l'être de l'étant devient manifeste? Bien que Heidegger veuille préserver l'infinitif par excellence, l'être, de toute infinité qui serait encore une qualité d'un étant particulier, son langage se tient dans un do-

[77] *Vorwort*, in RICHARDSON, *Heidegger*, XI.
[78] Cfr US, 261.

maine où, au sens le plus strict, il n'y a plus personne: l'horizon y est celui du temps et de l'espace, c-à-d un indéfini fort semblable à celui des mathématiques modernes dont le chemin se fait dans la mesure où elles savent de moins en moins *de quoi* elles parlent.

Dans ces conditions, l'effort d'interprétation qui tend à laisser le phénomène «Kant» devenir manifeste au sein de la finitude ne peut manquer d'aboutir à des incompréhensions, même si les détours d'un dialogue poursuivi durant cinquante années ont découvert des aspects essentiels et jusqu'alors cachés de la *Critique*.

7. L'ESSENCE DE LA RAISON PRATIQUE

a. *Entre l'absolu et le monde des choses*

A preuve, les propos de Heidegger sur la raison pratique lors des rencontres universitaires de Davos, dans le temps même où paraît *Vom Wesen des Grundes*.[79]

Devant les participants du séminaire rassemblé autour des deux professeurs renommés l'un et l'autre pour leurs travaux sur Kant,[80] Cassirer avait défendu un kantisme que l'on pourrait appeler idéaliste et objectif. Confondant l'être-là et le sujet de la philosophie rationaliste, il s'était opposé à l'interprétation dite alors «phénoménologique» de Heidegger. Mais bien qu'il ait appuyé son objection sur des arguments techniques de grand poids dont son interlocuteur tiendrait compte plus tard, Cassirer n'avait guère pris soin, il faut le reconnaître, de distinguer sa propre conception d'une idéologie, ce terme désignant l'ensemble de la «métaphysique» spontanée selon laquelle l'occidental cultivé comprend et organise le monde en vue de rendre possible une entente entre tous les hommes.

Il résumait sa première intervention comme suit:

«Ma question est donc: Heidegger veut-il renoncer à toute cette objectivité, à cette forme de l'absolu dont Kant fut le représentant dans le

---

[79] Cfr ci-dessus pp. 34–39. On trouvera la traduction du procès-verbal de l'entretien accompagnée de notes dans H. DECLÈVE, «Heidegger et Cassirer interprètes de Kant», *Revue Philosophique de Louvain*, 67 (1969), pp. 517–545.

[80] En 1929, E. Cassirer (1874–1945) avait cinquante-cinq ans. Il était professeur à Hambourg depuis 1919 et allait devoir quitter l'Allemagne en 1934. Il mourut à New York. – Rappelons que Heidegger avait quarante ans à l'époque de l'entretien de Davos.

domaine de l'éthique et du théorique tout comme dans la Critique du jugement?».[81]

A quoi Heidegger réplique en rappelant l'essentiel de *Sein und Zeit*, à savoir que

«la vérité comme vérité ne peut être que si le *Dasein* existe»,[82]

que, par conséquent, la philosophie doit se demander

«si la possibilité de la compréhension de l'étant est fondée sur une compréhension de l'être. Et si cette compréhension ontologique est en un sens quelconque orientée vers le temps, la tâche est alors de mettre en évidence la temporalité de l'être-là en ayant en vue la possibilité de la compréhension d'être».[83]

Dans cette problématique, l'analyse de l'angoisse et de la mort n'ont d'autre but que de faire apparaître le sens d'une confrontation de l'homme et de son néant, tout comme le lien de la vérité et de la non-vérité, lien qui dévoile le fondement du «pourquoi?».[84]

Cette rapide mais vigoureuse esquisse rattache ainsi *Sein und Zeit* à *Vom Wesen des Grundes*. Mais le plus intéressant pour nous est que la relation entre les deux ouvrages est indiquée en faisant mémoire d'un célèbre passage de la *Grundlegung zur Metaphysik der Sitten*:

«La question: 'Comment la liberté est-elle possible?' est un contresens, parce que la liberté n'est pas un objet de la saisie théorique, mais bien plutôt un objet du philosopher. Ceci ne peut donc rien vouloir dire d'autre, sinon que la liberté n'est et ne peut être que dans la libération. L'unique rapport adéquat à la liberté dans l'homme est l'acte de la liberté qui se libère elle-même dans l'homme».[85]

Ce rappel du contexte était nécessaire pour comprendre les phrases dans lesquelles la raison pratique est appelée un entredeux:

«Cassirer veut montrer . . . que la finitude est transcendée dans les écrits éthiques; dans l'impératif catégorique, il y a quelque chose qui va au-delà de l'essence finie. Mais le concept de l'impératif comme tel montre précisément le rapport interne à un être fini. Cette transcendance elle-même demeure à l'intérieur de la finitude. Pour Kant, la raison de l'homme repose purement sur elle-même et ne peut pas s'enfuir dans un éternel

---

[81] *Ergänzungen*, 17.
[82] *Ergänzungen*, 20.
[83] *Ergänzungen*, 20–21.
[84] Cfr *Ergänzungen*, 21.
[85] *Ergänzungen*, 21.

ou un absolu, ni non plus dans le monde des choses. Ce *Dazwischen* est l'essence de la raison pratique. On se trompe si l'on conçoit l'éthique kantienne sans voir la fonction interne de la loi pour l'être-là. Bien sûr, un élément de la loi dépasse la sensibilité. Mais la question porte sur le comment de la structure interne du Dasein : est-elle finie ou infinie ? Dans cette question, il y a un problème tout-à-fait central. C'est précisément dans ce qu'on met en évidence comme infinitude constitutive qu'apparaît le caractère de la finitude».[86]

Que cette interprétation de la raison pratique constitue une argumentation pertinente contre Cassirer, il serait difficile de le contester. En effet l'infini et l'absolu, que ce dernier déclare accessible à l'homme, restent des désignations de la finitude qui ne se justifient guère sinon par une profession de foi «idéaliste».[87]

Mais qu'en est-il à l'égard de Kant lui-même ?

La difficulté majeure de notre texte provient, nous semble-t-il, de ce que le statut assigné ici à la raison pratique *entre* l'absolu et le monde des choses (*Welt der Dinge*) est celui-là même qu'assigne *Vom Wesen des Grundes* à l'idée de monde *entre* l'idéal transcendantal et la possibilité de l'expérience.

Toutefois le seul fait de formuler pareille remarque peut soulever une objection.

Pour autant que l'on puisse utiliser légitimement le procès-verbal du séminaire de Davos,[88] il faut se rappeler qu'à cette époque la *Kehre* est déjà en train de s'effectuer. Dès lors c'est la finitude comme mission de l'être dans l'histoire qui retient normalement toute l'attention. Et l'être dont parle Heidegger ayant toujours été considéré à tort par la métaphysique traditionnelle comme un étant suprême, il est impossible pour une pensée traditionnelle et même pour les penseurs qui tentent, tel Kant, d'échapper à son substantialisme, de dire la finitude, de la parcourir et de s'en convaincre autrement que de manière inadéquate et en un langage dominé par la logique.

Dans ces conditions, l'interprète de Kant doit se défendre de tomber lui-même dans les pièges de la logique et d'oublier ainsi sa propre *Geworfenheit*. Ce qu'il ferait immanquablement en ne ramenant pas à l'unité d'une vue de la finitude les distinctions empruntées au sens commun, préphénoménologiques et quelque

---

[86] *Ergänzungen*, 19.
[87] Cfr *Ergänzungen*, 22.
[88] Cfr H. Declève, «Heidegger et Cassirer interprètes de Kant» pp. 517–524.

peu psychologisantes entre le pratique et le théorique, entre
l'idéal transcendantal et un absolu «réel», entre le monde des
choses et la possibilité de l'expérience.

Pour tenir compte de cette objection, nous devrons éviter
nous-mêmes de durcir les dualismes de la pensée kantienne et
nous efforcer au contraire de comprendre comment elle y trouve
son unité. Et le meilleur moyen de ne pas faire sombrer notre
dialogue avec Heidegger au sujet de la Critique dans la vanité
d'une dispute scolastique sera de faire éclaircir autant que possible par Heidegger lui-même la difficulté formulée plus haut.

b. Monde et nature

Demandons-lui donc ce qu'il entend par «monde des choses».

Sur ce point, sa réponse semble d'abord simple et nette: l'expression ne désigne pas l'ensemble coordonné des *Gebrauchsdinge*,
le monde des instruments, puisque ce dernier ne peut pas être
plus que le champ d'une première détermination des caractères
de la transcendance et de l'être-au-monde.[89] La raison pratique
signifiant la finitude et celle-ci étant dans l'homme antérieure à
l'homme, le monde des choses comprendrait donc l'ensemble des
étants humains et autres qu'humains.

Est-ce à dire qu'il s'agit ici de la «nature»?

Vom Wesen des Grundes nous donne à ce sujet une indication:

> «Le décisif, c'est que la nature ne se laisse pas rencontrer dans le cercle
> de l'environnement (*Umwelt*), ni non plus d'abord comme quelque chose à
> l'égard de quoi nous nous comportons. La nature se manifeste de façon
> originaire dans l'être-là en ce que ce dernier existe, accordé et en situation,
> *au milieu de* l'étant. C'est dans la mesure seulement où le sentiment de la
> situation (l'être-jeté) appartient à l'essence de l'être-là et trouve son ex-
> pression dans le concept complet du *souci* que l'on peut dégager une *base*
> suffisante pour poser le problème de la nature».[90]

A cet endroit, un renvoi à la page 65 de *Sein und Zeit* nous permet de préciser que l'auteur pense ici à la nature telle que la
comprenaient les romantiques, ou du moins *die Romantik*.

Et ce n'est pas de cette nature-là, opposé dialectique de la
culture et de l'esprit, qu'il est question dans notre texte. En effet,
puisque le kantisme forme le cadre de la discussion entre Cassirer

---

[89] WG, 36, note 55.
[90] *Loc. cit.*

et Heidegger, on peut légitimement donner ici à «choses» le sens qu'aura ce mot dans *Die Frage nach dem Ding*: ce que nous rencontrons dans la vérité de l'expérience quotidienne, les pierres, les plantes, les animaux, mais aussi les outils et même les oeuvres d'art.[91]

Mais dès lors l'expression «monde des choses» pourrait bien rejoindre, sinon recouvrir, une autre signification du mot «nature», celle qu'il a dans la *Critique du jugement*, c-à-d le milieu dans lequel l'artiste rend présentes des idées mais qui donne lui-même le génie comme loi à nos arts, le milieu du vivant et de la moralité.

En situant la raison pratique *entre* l'absolu et le monde des choses ainsi compris, Heidegger aurait vraiment découvert le centre de la problématique kantienne. Non sans avoir pourtant faussé quelques-uns de ses éléments essentiels.

En effet le pathos – pour ne pas dire la rhétorique – de la finitude abîme les fines articulations systématiques par lesquelles la pensée critique entend préserver la diversité de l'expérience. «Monde des choses» est en réalité une expression qui masque une inattention à un détail du langage kantien dont l'importance ne saurait être minimisée au moment où il s'agit de déterminer la finitude dans le contexte de *Vom Wesen des Grundes* et du séminaire de Davos. Nous voulons parler de la distinction expresse entre *Welt* et *Natur*.

Kant nous dit:

«*Welt* signifie la totalité mathématique de tous les phénomènes et la totalité de leur synthèse, en grand aussi bien qu'en petit, c-à-d dans le progrès de cette synthèse tant lorsqu'elle unifie que lorsqu'elle divise. Le même monde est cependant appelé nature dans la mesure où il est considéré comme une totalité dynamique et que l'on vise, non pas l'agrégation dans le temps et l'espace afin de le constituer en une grandeur, mais au contraire l'unité qu'ont les phénomènes dans l'existence».[92]

C'est donc par rapport à la nature que se pose le problème de la causalité et celui d'une liberté. Cependant l'idée dynamique de liberté – tout comme celle d'une nécessité de nature – est appelée quand même «cosmologique», et cela pour trois raisons:

«D'une part en effet, on entend par 'monde' l'ensemble de tous les phénomènes, et nos idées visent l'inconditionné uniquement parmi les phénomènes. Mais d'autre part aussi le mot 'monde' dans l'acception

[91] Cfr FD, 5 et 163–164.
[92] A 418–419, B 445–446.

transcendantale vise la totalité absolue de l'ensemble des choses, existantes, et nous portons notre attention sur la seule intégralité de la synthèse, bien qu'à proprement parler ce soit uniquement dans une régression vers les conditions. Considérant qu'en plus de cela ces idées sont toutes transcendantes et qu'elles poussent la synthèse jusqu'à un *degré* qui dépasse toute expérience possible, encore que selon l'*espèce* elles ne dépassent pas l'objet, c-à-d les phénomènes, et qu'elles s'occupent exclusivement du monde des sens mais nullement de noumènes, il convient tout à fait, à mon avis, de les appeler toutes des concepts cosmologiques».[93]

Il appartient donc au mode humain d'être parmi les choses d'avoir des idées cosmologiques, c-à-d des représentations qui sont à la fois conditions d'expérience et sources d'illusions transcendantes.

Les idées ont rapport à une nature qui n'est pas seulement le champ spatio-temporel des forces et des mouvements de la physique classique, mais qui est aussi ce qu'étudient les sciences de la vie sous l'*a priori* de la finalité, ce qui inspire le génie, ce qui fait naître dans le *Gemüt* admiration et respect, et enfin le lieu de la vie quotidienne, où un professeur de philosophie exerce son métier. Il est impossible sans les idées de comprendre ni la diversité, ni l'unité de la nature une et diverse pour l'homme, et pour lui seulement, qui en elle est en quête du sens.

8. CONCLUSION: DIFFÉRENCE ET LIBERTÉ

L'idée appartient donc à ce domaine à partir duquel l'homme peut venir à soi-même et venir vers les choses: l'idée est finitude et être-au-monde.

Toutefois cette possibilité essentielle à l'homme d'accéder à lui-même comme en étant déjà sorti de lui-même comporte dans sa facticité une illusion, une pulsion transcendante. Et c'est paradoxalement dans cette fuite vers une éternité subsistante qu'il lui est donné d'apercevoir l'essence de sa liberté, de ce qui à la fois l'insère dans les choses et l'expose à l'être de l'étant en totalité.

Si l'on ne perd pas de vue cette problématique, on peut mesurer la profondeur et l'insuffisance de l'interprétation qui appelle la finitude tantôt «idée du monde» et tantôt «raison pratique» en identifiant par ailleurs l'idéal transcendantal à l'absolu et la possibilité de l'expérience au monde des choses.

[93] A 419–420, B 446–447.

Cette lecture est profonde parce qu'elle réunit sous leur titre essentiel deux éléments qui, selon Kant, sont assurément «dans» l'homme, mais fondamentalement antérieurs à lui. Raison pratique et idée du monde comportent bien un «ne pas» dans leur totalité même; tous deux aussi, par ce «ne pas» portant d'une part sur la nature en nous et de l'autre sur le *Je pense* constituent la relation en nous de l'ontique et de l'ontologique. Ils sont transcendance et différence ontologique au sens que Heidegger donne à ces termes.

Mais la lecture qui nous est proposée demeure pourtant insuffisante, parce qu'elle ne respecte pas les étapes que marquent sur le chemin de la pensée les distinctions maintenues par Kant. La preuve en est le manque de précision en ce qui concerne les deux extrêmes qui, selon Heidegger, déterminent le «zwischen». Pour la Critique en effet ni la possibilité de l'expérience, ni la nature ne donnent un appui suffisant à une pensée qui veut s'élever jusqu'au transcendant absolu. La première pourra tout au plus servir à élaborer un argument ontologique; la seconde pourra fournir le point de départ d'une preuve physico-téléologique. Dans les deux cas, il n'y aura pas cheminement de l'être et vers l'être, mais simplement discours de l'homme sur lui-même et à partir de lui-même. Seule précisément la raison pratique, c-à-d la liberté sous la censure de l'idée de monde et la pensée sous la loi du devoir, rend la finitude présente de telle façon que le rien de sa différence apparaisse comme une absence dans laquelle le *ti to on* peut signifier: «Qu'en serait-il si Dieu n'existait pas»?

En d'autres termes, la finitude selon Kant, c'est la raison pure, sensible, théorique et pratique; c'est le formel en tant qu'il est requis par toute expérience, qu'elle soit simple perception, science, création artistique, moralité, religion, héroïsme, ou enseignement de la philosophie. Cette finitude est ce qui nous met en chemin et qu'il faut assumer, que ce soit, pour le philosophe, en admettant le devoir de la réflexion transcendantale ou, pour tout homme, en renonçant au mensonge et à l'asservissement d'autrui. Plus essentielle que nous et nous donnant accès à nousmêmes, nous faisant dépasser l'unité de la multiplicité des étants, elle demeure cependant, et dans son lien nécessaire à l'ontique et dans sa structure pure, une diversité à laquelle l'homme tend sans cesse à se soustraire; à moins qu'il n'accepte la possibilité, c-à-d la question d'un au-delà de la finitude qui soit plus que la raison pure, dont on ne peut rien affirmer qu'il ne faille aussitôt le nier, dont l'absence est au coeur de notre liberté tout autre cependant que notre propre rien et que nos propres nécessités.

La théorie des idées dans la *Critique de la raison pure* est ainsi une étape vers une foi raisonnable. Mais en reconnaissant un être suprême dans la foi de la raison pratique, Kant n'obéissait pas au souci inavoué d'échapper au risque de la *Geworfenheit*; il ne se raccrochait pas à un subsistant absolu dans un refus radical d'être exposé à l'étant comme tel en totalité. Il estimait plutôt que le plus surprenant lorsqu'on chemine, ce n'est pas d'être en chemin, c'est que le chemin ait une direction et qu'il puisse mener chez quelqu'un, l'inconnu dont la demeure est tout autre que nos êtres, tout autre que le *Wesen* de la finitude.

QUATRIÈME PARTIE

LA DIVISION ET LE PROBLÈME DE LA MÉTAPHYSIQUE SELON LA CRITIQUE DE LA RAISON PURE

CHAPITRE I

«MON INTERPRÉTATION DE LA DIALECTIQUE»[1]

I. PRÉLIMINAIRES

Notre exposé a suivi d'abord le dialogue entre Heidegger et Kant depuis ses débuts en 1912 jusqu'à la troisième partie de *Kant et le problème de la métaphysique*. C'est non loin de ce dernier domaine de recherche que nous voici revenus après avoir pris à rebours, dans nos récents chapitres, le chemin allant de *Vom Wesen des Grundes* à *Der Satz vom Grunde*.

Deux itinéraires convergents nous ont permis de constater que l'interprétation heideggerienne de la Critique demeure en arrêt devant le problème recouvert par la Dialectique de la raison pure; ils nous ont fait comprendre en même temps ce que le problème a de fondamental. Il s'agit en réalité de savoir si le dogmatisme naïf qui accorde aux «idées» une objectivité quasi immédiate n'est pas considéré par Kant comme cette attitude humaine de tous les jours dans laquelle se cache, sous une affirmation de l'étant, la dispensation et le retrait de l'être.

A supposer qu'il en aille effectivement de la sorte, le refus heideggerien de mettre au centre de la philosophie la question «Qu'est-ce que l'homme?» perdrait une bonne partie de ses justifications. Qui plus est, il deviendrait difficile de reprocher à Kant d'avoir renforcé encore les intentions de la métaphysique spéciale.

L'ensemble de cette problématique se relie étroitement, nous le savons maintenant, à l'effort sans cesse repris de Heidegger pour dire et laisser se dire tant le même que la différence. Ainsi, grâce aux détours de notre cheminement, est devenu évident à l'intérieur même de l'interprétation de la Critique un résultat auquel nous avait conduits d'abord l'examen de la seule chrono-

---

[1] *Ergänzungen*, 17.

logie des oeuvres, à savoir que le premier *Kantbuch* amorce et effectue déjà la *Kehre*. Mais il semble bien s'imposer aussi qu'en reliant le problème des branches de la métaphysique à une interrogation concernant la Dialectique, la quatrième partie du même livre et les textes de cette époque sont les documents où se manifeste l'essentiel sans doute d'une interprétation qui s'efforce de plus en plus nettement au cours de cinquante années de lire la Critique dans une histoire de l'être. Avant de conclure notre étude, il est donc indispensable de méditer ces pages.

2. LE PÉRIL ONTO-THÉO-LOGIQUE

Le thème qui va nous occuper a été traité selon de multiples modes jusque dans les derniers ouvrages de Heidegger. Nous référant par exemple à *Identität und Differenz*, nous pourrions dire: Kant ne voit pas le péril onto-théo-logique de toute «métaphysique» car il demeure insensible à l'arbitraire d'une pensée qui «ne fait que représenter l'étant à partir d'une visée du différent de la différence, sans faire attention à la différence comme différence».[2]

Et si, selon le langage du premier Heidegger, on veut appeler la philosophie de la différence d'être une ontologie fondamentale, l'opposition entre Kant et Heidegger pourra se formuler comme suit: lorsqu'il maintient ouverte en philosophie la possibilité d'une théologie, Kant ne sacrifie pas seulement à la *Geborgenheit* de la foi religieuse l'interrogation radicale qui assume la *Geworfenheit*, il cède à cette dernière sans l'assumer. Ne voyant pas que l'être cache dans l'entre-deux ouvert, où nous rencontrons l'étant, son essence même qui est de se cacher, Kant est encore en quête d'une vérité définitive et d'un ultime fondement de l'étant. Or pour qu'une ontologie – une manifestation de l'étant – soit fondamentale, il faudrait précisément qu'elle dévoile le rien essentiel au fondement, qu'elle cesse par conséquent d'être ce que l'on a toujours appelé ontologie, c-à-d un calcul qui rende compte de l'étantité de l'étant; car il est fatal que cette logique de l'étant, oubliant le rien de l'être et le «ne pas» de la finitude, pose un fondement qui lui dissimulera l'essentiel, c-à-d que l'être dans toute vérité cache qu'il se cache.

Il faut donc bien voir que l'ontologie fondamentale du premier

[2] ID, 68–69.

Heidegger était déjà un refus de toute métaphysique et de toute ontologie qui serait fondamentale, dans la mesure où ces mots désignent une possibilité de remonter à partir d'un étant, non pas seulement vers le Dieu créateur de la révélation judéo-chrétienne, mais vers un ultime, un *theion*, un *ens supremum*, un Un et Tout, voire une matière, bref vers ce qui serait l'être vrai des étants et concevable comme une reprise, exclusive de toute négativité, d'un attribut quelconque de l'étant. C'est pour cette raison qu'il est indispensable de ne pas assimiler l'être-là à l'homme et qu'il faut le penser comme la différence en tant que différence, comme un entre-deux débordant les deux différents qu'il unit et sépare.[3]

Que telle ait bien été l'intention de Heidegger dès 1929 au moins, l'interprétation qui s'amorce à la fin de *Kant et le problème de la métaphysique* pour s'articuler plus nettement dans l'entretien de Davos va nous le prouver; non sans nous rendre plus aiguës des difficultés déjà rencontrées auparavant.

3. LE PROBLÈME POSITIF DE L'ONTOLOGIE CRITIQUE

En terminant son premier livre sur Kant, Heidegger souligne encore une fois que l'instauration kantienne du fondement de la métaphysique conduit normalement à considérer comme douteuse l'idée d'attribuer un privilège quelconque à la logique; et, dans cette ligne, même une logique transcendantale semble bien n'être plus qu'un non-sens.[4]

Mais conscient peut-être d'avoir dépassé à l'égard des textes les limites d'une violence féconde, l'auteur tient à préciser que son interprétation pourrait n'avoir pas réussi à dégager le point décisif qui rend problématique toute instauration du fondement de la métaphysique. Et il conclut:

«Il ne nous reste donc qu'à maintenir notre enquête ouverte par une série de questions».[5]

De ces questions, nous retiendrons d'abord ce qui suit:

«Notre enquête s'est bornée à un examen de l'Analytique transcendantale prise au sens large; mais cette Analytique n'est-elle pas suivie d'une

---

[3] Pour les deux alinéas précédents cfr l'article de H. BIRAULT, *La foi et la pensée d'après Heidegger*.

[4] Cfr KM, 219; *trad.*, p. 219.

[5] KM, 221; cfr. *trad.*, p. 300.

'Dialectique transcendantale' ? Or, si cette dernière peut bien n'être d'abord qu'une application critique à un refus de la *metaphysica specialis* traditionnelle des vues conquises en ce qui concerne l'essence de la *metaphysica generalis*, ne faut-il pas penser que ce contenu, en apparence purement négatif, de la Dialectique transcendentale recèle également une problématique positive?».[6]

Et Heidegger de se demander si cette dernière ne se concentre pas dans la question qui, bien qu'elle demeurât cachée et inexplicitée, guidait déjà tout ce qu'il nous a dévoilé du problématique inhérent à l'essence de la métaphysique générale, à savoir la question de la finitude de l'être-là.[7]

Il faut rapprocher ces interrogations d'une réponse donnée à Cassirer lors des journées universitaires de Davos peu de temps avant la parution du premier Kantbuch :

«Kant ne voulait nullement fournir une théorie des sciences de la nature; il voulait montrer la problématique de la métaphysique et plus particulièrement de l'ontologie. Ce qui m'importe, c'est d'intégrer positivement à l'ontologie ce contenu central du terrain positif de la *Critique de la raison pure*. En me fondant sur mon interprétation de la Dialectique comme ontologie, je pense pouvoir montrer que le problème de l'être dans la Logique transcendantale qui, chez Kant, à ce qu'il semble, n'est là qu'en négatif, est bien un problème positif».[8]

Ces divers passages s'éclairent considérablement dès que l'on s'attache à comprendre le sens des mots *problème* et *problématique*, le dernier étant pris substantivement.

Il faut évidemment déterminer la signification de ces termes à partir de cette «compréhension d'être dans le *Dasein*, qui projette spontanément l'être vers le temps».[9] Dès lors un problème ne peut plus se définir par l'antinomie de deux termes susceptibles d'entrer dans une proposition; pour Heidegger, un problème implique toujours ce qui le rend fondamentalement possible, c-à-d le *Dasein* en tant qu'il est compréhension finie de l'être. C'est

---

[6] *Loc. cit.*
[7] KM, 221; *trad.*, p. 301.
[8] *Ergänzungen*, 17.
[9] KM, 219; *trad.*, p. 298. – Cfr SG, 148–149; *trad.*, pp. 194–195: Heidegger fait remarquer que le grec *problema* a probablement inspiré à Lessing de forger le mot *Vor-wurf*, qui signifie aujourd'hui encore, dans la langue des artistes, le thème d'une oeuvre d'art; il y aurait ainsi un rapport possible entre le *Wurf* (jet, coup de dé) du pro-blème et le pro-jet que fait l'être-là, ce dernier étant lui-même un *Ent-wurf*, un projet que fait l'être et qu'il jette parmi les étants; quant au *Gegenwurf*, par quoi Lessing traduisait le latin *ob-iectum*, on pourrait penser qu'il est ce que l'être-là jette au devant de lui-même comme pour tenter de franchir, sur la passerelle de la raison suffisante, l'abîme de sa finitude ou de sa différence.

précisément ce *Dasein* qui est le problème à partir duquel tous les autres deviennent possibles et prennent un sens.

Il découle de cette conception que le problème, s'il est saisi selon son essence, est d'abord positif: il est dans sa particularité une forme que prend la compréhension d'être, c-à-d l'être même du *Dasein* dans sa finitude.

Autrement dit, un problème est toujours ontologique et l'ontologie est toujours problématique: «L'ontologie est un indice de la finitude».[10] En ce sens, la métaphysique peut être considérée comme la problématique positive par excellence. Mais il est bien évident que le mot ne désigne plus ce que la tradition des écoles appelle ainsi.

La division des disciplines métaphysiques en une ontologie générale et en trois autres ontologies spéciales ou régionales, est plutôt le type du problème négatif, faux si l'on accepte d'emblée sa «problématique» abstraitement objective, mais à tout le moins fructueux si l'on élève l'ensemble de ces disciplines au rang d'une problématique du *Dasein*, dans le sens que nous avons précisé.

Aussi Heidegger pourra-t-il déclarer, en s'expliquant avec Cassirer:

> «Je laisse entièrement de côté dans tout mon travail philosophique la structure traditionnelle et la division des disciplines philosophiques; je pense en effet que s'orienter par rapport à ces disciplines c'est imposer à notre route la direction la plus lourdement fatale: nous ne revenons plus ainsi à la problématique interne de la philosophie... Il faut prendre la peine de percer ces disciplines pour revenir au mode d'être spécifiquement métaphysique des domaines en question».[11]

Kant, on nous l'a rappelé, avait aussi pris conscience des difficultés soulevées par le programme wolffien et la *Critique* les avaient précisément élevées au rang de «problème».

L'Analytique peut en effet être envisagée comme une destruction de l'ontologie classique. Kant y montrerait l'inanité d'une théorie générale de l'être en dévoilant l'essentielle unité des concepts *a priori* et d'une intuition temporelle. En d'autres termes, la première et la seconde partie de la *Critique de la raison pure* – Esthétique et Analytique, que Heidegger appelle «Analytique au sens large» – mettraient en lumière l'ontologie générale comme problématique négative. Elles feraient apercevoir aussi

[10] *Ergänzungen*, 19.
[11] *Ergänzungen*, 24.

le fondement positif de cette problématique, c-à-d la temporalité en tant que fondement de la finitude; mais cet autre aspect de l'interrogation demeurerait insuffisamment développé.

Quant à la Dialectique, elle deviendrait alors une application aux trois disciplines spéciales, cosmologie, psychologie et théologie rationnelle des résultats obtenus par la destruction de l'ontologie générale. On pourrait en effet concevoir que Kant procède à propos des idées du monde, de l'âme et de Dieu à une analyse analogue à celle qu'il avait consacrée aux catégories: de même que l'Analytique a détruit ces idoles que sont les concepts de substance et de cause une fois coupés des intuitions, la Dialectique dévoilerait le vide de ces hypothèses ultimes que sont les trois idées, clés des ontologies régionales classiques, – le moi libre, le monde, Dieu – une fois coupées de la possibilité de l'expérience.

Dans ces conditions, ce que veut d'abord dire Kant devra se chercher dans la Dialectique. C'est en effet le traitement *spécial* des étants créés et de l'étant suprême qui fait apparaître le plus crûment les structures de l'illusion transcendantale et les erreurs qui en découlent. Mais prenons bien garde ici aux propos de Heidegger: le problème de l'être, nous dit-il, semble n'être dans la Logique transcendantale qu'en négatif, alors qu'il est bien un problème positif. Kant aurait donc entrevu que l'illusion de la métaphysique classique était non seulement un accident de l'histoire humaine mais une nécessité de notre condition. Dans le contexte que nous venons d'élucider, on ne peut plus accorder alors à la problématique articulée selon les quatre branches traditionnelles une valeur seulement négative: puisque l'homme exerce spontanément la compréhension de l'être selon le schème illusoire de la métaphysique abstraite, cette illusion appartient au mode proprement humain de comprendre l'être. Ce que l'on a appelé l'agnosticisme kantien au sens large ne consiste donc pas uniquement à montrer que la philosophie d'avant la Critique posait mal le problème de l'être de l'étant. Ce résultat négatif est en même temps une saisie positive de la finitude humaine dont l'illusion métaphysique est un caractère essentiel, un caractère, par conséquent, qui peut contenir lui aussi une révélation de l'être.

Si nous avons ainsi élucidé correctement les phrases trop concises de la réponse à Cassirer, le «terrain *positif* de la Critique», doit signifier la relation clairement établie entre le problème de l'être et l'essence finie du *Dasein*, qui se tient dans le rien. D'autre part, «mon interprétation de la Dialectique comme ontologie» veut dire: je montre qu'au moment où Kant semble conclure négativement et réduire le problème de l'être à une apparence, il atteint en fait le seul élément qui nous permette de poser correctement la question de l'être, c-à-d ce *rien* dont est transi le *Dasein*.

Qu'une telle méditation de la Dialectique ait bien été au point de départ de toute l'interprétation heideggerienne du kantisme, on peut l'admettre. Cette partie de la *Critique* n'est pas traitée, il est vrai, dans le premier Kantbuch. Mais l'ouvrage s'achève sur des questions qui, pour formuler seulement des hypothèses à établir, n'en laissent pas moins pressentir nettement leur confirmation:

«La problématique positive de la Dialectique ne se concentre-t-elle pas dans le problème de la finitude du *Dasein*? La non-vérité transcendantale, le *Schein*, dont le nécessité rend possible la métaphysique traditionnelle, ne doit-elle pas être fondée positivement, en son unité originelle avec la vérité transcendantale, sur l'essence intrinsèque de la finitude du Dasein? L'essence de la finitude n'implique-t-elle pas la non-essence de cette apparence?».[12]

Et à Davos, le ton sera simplement affirmatif:

«Se tenir ... dans la manifestation de l'étant, c'est ce que je caractérise comme être-dans-la-vérité. Et je vais plus loin: en raison de la finitude de l'être-dans-la-vérité de l'homme, cet être est en même temps un être-dans-la-non-vérité. La non-vérité appartient au noyau le plus intime du *Dasein*. C'est ici seulement que j'ai trouvé, je pense, la racine où est fondée métaphysiquement l'*apparence* métaphysique de Kant».[13]

Dans la mesure où le thème de la non-vérité que développe *Vom Wesen der Wahrheit* appartient déjà à la problématique de *Sein und Zeit* et se relie à *Vom Wesen des Grundes*, il faudrait voir dans la Dialectique transcendantale une source majeure d'inspiration pour le premier Heidegger. Mais si l'on éclaire ainsi les origines de la pensée fondative, on rend encore plus complexe l'interprétation de Kant que cette pensée nous propose.

---

[12] KM, 221; *trad.*, p. 301.
[13] *Ergänzungen*, 19–20.

4. LE NOEUD DE L'INTERPRÉTATION HEIDEGGERIENNE

L'acquis positif de la Dialectique, Heidegger l'intègre, nous dit-il, à l'ontologie générale rénovée que constitue la première partie de la Logique transcendantale. Mais *Kant et le problème de la métaphysique* nous présente d'emblée l'unité de la pensée et de l'intuition dans le temps originel comme l'essence de la finitude. Cependant si c'est bien la Dialectique qui ouvre le projet critique, il conviendrait plutôt d'étudier la signification des idées, des idéaux et du symbolisme *avant* de dévoiler – sinon de décréter – la primauté fondamentale de l'imagination schématisante dans la compréhension d'être du *Dasein*.

De plus, une fois la Dialectique mise au centre du dessein critique, Heidegger est-il encore en droit d'écrire:

«Kant demeure fidèle aux intentions de la métaphysique traditionnelle; il les renforce et déplace leur centre de gravité vers la *metaphysica specialis*»? [14]

D'autant que, selon l'interprète, le résultat de l'instuaration kantienne de la métaphysique

«réside ... dans la saisie du lien nécessaire entre l'anthropologie et la métaphysique; c'est ce qu'attestent sans équivoque possible les déclarations mêmes de Kant». [15]

L'auteur semble bien ici enfermé dans un cercle qui n'a plus rien d'herméneutique. Car ou bien c'est en réalité, ou bien c'est «en apparence seulement» [16] que la Dialectique est une application aux métaphysiques spéciales des vues conquises par l'Analytique concernant l'ontologie.

Si c'est en apparence seulement, la Dialectique était bien pour Kant lui-même à l'origine du philosopher. Par conséquent, ses thèses sur la pensée et l'intuition devraient s'expliciter non seulement en référence à la problématique d'une division de la métaphysique, comme le fait dès le début le premier *Kantbuch*, mais surtout en référence à la problématique de l'illusion transcendantale avec ses implications. Par conséquent aussi, Kant aurait vu que la négativité de l'illusion était en relation avec le problème de la compréhension de l'être. Dès lors, quand il critique le pro-

---

[14] KM, 19; *trad.*, p. 69.
[15] KM, 186–187; *trad.*, p. 263.
[16] Cfr KM, 221; ci-dessus pp. 335-336.

gramme wolffien de la métaphysique, ce ne serait pas du tout pour
en renforcer les intentions; ce serait au contraire pour montrer
qu'on l'a établi sans tenir compte de la négativité essentielle à la
compréhension d'être. Et lorsque Kant met en lumière le lien de
la métaphysique spéciale avec l'anthropologie – ou plus exactement avec une *interrogation* concernant l'homme – il ne songerait
pas d'abord à faire de l'étant humain le point de départ expéri-
mentalement certain de toute recherche métaphysique; il tenterait plutôt de rendre manifeste ce qui d'avance et «sans sa
faute»[17] fait de l'homme un métaphysicien du transcendant, ce
qui en même temps, unissant inéluctablement métaphysique
spéciale et ontologie générale limite à la finitude toute tentative
de la transcender vers le supra-sensible.

Si, au contraire, c'est en réalité que la Dialectique applique
aux trois idées transcendantales des conclusions de l'Analytique,
il faudrait admettre que la théorie concernant l'unité et la distinction de la pensée et de l'intuition constitue la première trou-
vaille de Kant et qu'il convient donc d'exposer à partir de là
l'ensemble de la Critique. Ce que fait du reste Heidegger dans son
premier ouvrage sur Kant, tout en reliant cette théorie à la discussion du programme wolffien, il est vrai.

A l'origine des nombreuses variations de Heidegger sur la
«Critique de la raison pure», il y a donc une conception curieuse-
ment hybride non seulement du livre qui porte ce titre, mais
surtout du thème qu'il propose à la pensée.

A notre argumentation on peut répondre qu'elle se meut exclusivement au plan de la logique; qu'elle n'accepte pas un instant
d'envisager le rapport de toute herméneutique à la «déréliction»,
alors que Heidegger n'a rien d'autre en vue; qu'enfin le texte
cité plus haut concernant le résultat «anthropologique» de l'instauration kantienne doit être complété par celui-ci:

«Il est au contraire manifeste que Kant, à mesure que se poursuit son
instauration, sape lui-même le fondement sur lequel, au début, il appuyait
sa *Critique*. Le concept de raison pure et l'unité d'une raison pure sensible
deviennent des *problèmes*. L'enquête approfondie que Kant mène sur la
subjectivité du sujet, la 'déduction subjective', nous conduit à l'obscurité.
Ce n'est pas seulement parce que l'anthropologie kantienne est empirique
et non pure que Kant ne se réfère pas à elle, c'est parce que le cours de

[17] A VII.

l'instauration rend la manière de s'interroger sur l'homme elle-même contestable. – Ce n'est pas la réponse à la question de l'essence de l'homme qu'il s'agit de rechercher: il s'agit avant tout de se demander comment, ..., il est possible de mettre l'homme en question, et comment cette mise en question est nécessaire. – ... Il apparaît maintenant que le recul de Kant devant le fondement qu'il a lui-même dévoilé, c-à-d devant l'imagination transcendantale, n'est autre, relativement à son intention de sauver la raison pure et de maintenir le fondement qu'il se proposait, que le mouvement de la pensée philosophique qui rend manifeste la *ruine de ce fondement* et nous place ainsi devant l'abîme de la métaphysique».[18]

Autrement dit: Kant se demande d'abord, de manière tout anthropologique, ce qu'est l'homme qui se fait illusion et se perd dans le transcendant. Il s'engage alors dans la «déduction subjective» qui le mène à l'imagination transcendantale et il s'aperçoit que ce fondement de la subjectivité ne constitue nullement une réponse à la question première. Il n'en vient pas à reconnaître que son interrogation dialectique initiale comportait une négativité qui se retrouve dans les conclusions de son Analytique. Au lieu d'accepter que son cheminement l'a mené au point où il faut sortir de la métaphysique, Kant, dans la seconde édition de la *Critique*, recule devant la finitude et nous rend sensible ainsi l'urgence de la tâche philosophique qu'il est radicalement impossible d'achever jamais.

5. L'HORIZON DE LA DIALECTIQUE: IDÉOLOGIE OU MORALITÉ?

Si nous voulons soutenir contre cette objection l'argumentation développée plus haut, il nous faut donc trouver dans l'interrogation première de la Critique ce qui, tout au cours de son développement systématique, la maintient en dehors de la métaphysique pour la mettre à l'écoute de l'être. Mais il faut montrer aussi que ce noyau de l'interrogation première est ignoré ou rejeté par Heidegger.

Pour y parvenir, formulons d'abord la thèse du «recul» kantien en des termes repris de l'entretien avec Cassirer.

En décelant les paralogismes et les antinomies dans la Dialectique, Kant aurait négligé la question méthodique importante de savoir s'il n'y a pas une idéologie déterminée à la base de toute

_____

[18] KM, 194; *trad.*, pp. 271–272.

philosophie.[19] Oubliant que l'idéologie est présupposée par le philosopher comme tel tout autant qu'elle exige elle-même cette critique [20] il ne pourra pas se satisfaire de voir que par sa découverte de l'imagination et de la temporalité originaires,

«la transcendance du *Dasein* lui-même, c-à-d la possibilité interne qu'est cet être fini de se comporter à l'égard de l'étant en totalité, réussit à se rendre radicale».[21]

Et par conséquent, en renforçant le primat de la raison et du concept, il reviendra tout simplement à l'idéologie dans laquelle son interrogation avait pris naissance et qu'il s'agissait de critiquer.

A ceci nous répondrons par un texte de la *Methodenlehre*, cette partie de la Critique que jamais son auteur n'a retouchée. Plus d'un mot, dans ces lignes, pourra faire comprendre ce que l'interprétation heideggerienne veut ressaisir dans le kantisme et ce qu'elle veut aussi en éliminer. Et peut-être le langage demeure-t-il ici trop proche du «bon sens». Kant veut pourtant nous faire entendre que les intérêts de la raison, en se manifestant dans la moralité et la religion au cours de l'histoire, donnent à connaître une «humanité» dont d'avance les idéologies ne pourront jamais rien savoir, bien qu'elles parlent volontiers très haut de moralité, de religion, des intérêts les plus élevés de l'homme.

S'étant avancé jusqu'à dire que l'enchère transcendantale qui se cache dans la surenchère transcendante des idées spéculatives ne serait pas la cause mais bien l'effet de la finalité pratique imposée par la raison, Kant continue:

«C'est du reste ce que nous trouvons dans l'histoire de la raison humaine: avant que les concepts moraux fussent suffisamment purifiés et déterminés, avant que l'on eût saisi l'unité systématique des fins selon ces concepts et cela à partir de principes nécessaires, la connaissance de la nature et même un degré appréciable de culture rationnelle en de nombreuses autres sciences n'avaient pu produire que des concepts grossiers et hésitants de la divinité, ou bien ne laissaient subsister qu'une étonnante indifférence à l'égard de cette question. Une élaboration plus développée des idées morales fut rendue nécessaire par la loi morale extrêmement pure de notre religion. Ce travail concentra la raison sur cet objet par l'intérêt qu'elle éprouvait le besoin de lui porter. Et sans qu'y ait contribué ni

---

[19] *Ergänzungen*, 20: «... eine weitere methodische Frage: ... Liegt ihr (c-à-d une métaphysique du *Dasein*) eine bestimmte Weltanschauung zugrunde?».

[20] *Loc. cit.*: «Die Philosophie hat nicht die Aufgabe, Weltanschauung zu geben, wohl aber ist Weltanschauung schon die Voraussetzung des Philosophierens».

[21] *Loc. cit.*

l'élargissement d'une connaissance de la nature, ni des conceptions transcendantales exactes (car celles-ci ont de tout temps fait défaut), cette élaboration des idées morales établit un concept de l'être divin que nous
tenons maintenant pour juste, non que la raison spéculative nous ait
convaincus de son exactitude, mais parce que ce concept s'harmonise parfaitement avec les principes moraux de la raison. Et de la sorte, c'est
encore toujours la seule raison pure, mais exclusivement dans son usage
pratique, qui a le mérite, en fin de compte, de relier à notre intérêt le plus
élevé une connaissance que la raison spéculative pouvait seulement pressentir sans être capable d'en établir la valeur. Ainsi du reste la raison pratique ne fait pas de cette connaissance un dogme démontré, mais bien
toutefois un présupposé tout simplement nécessaire étant données ses
fins essentielles».[22]

Kant ne donne-t-il pas ici à penser qu'en dehors de l'histoire
la pensée ne peut se découvrir comme pensée de l'être? Mais le
temps de l'histoire, loin de donner son sens à la pensée finie, reçoit sa signification de la recherche et du labeur dans lesquels
cette finitude, qui est l'ambiguïté d'un attrait pour l'être, demeure incapable de se penser pleinement comme telle.

Dans l'homme, la raison finie s'éprouve comme besoin subjectif et objectif de la raison pure. Mais cette critique antérieure à
l'homme, cette nécessité intrinsèque à son *Gemüt* de se transférer en un règne des fins, ne peut commencer de s'accomplir
sinon par le développement d'une moralité et d'une religion
vécues en des personnalités comme Socrate et «le Saint des
évangiles».[23]

Ce que Heidegger appelle compréhension de l'être dans l'homme est originairement, selon Kant, exigence de moralité. A l'encontre sans doute de ce qu'a écrit Kant, cette exigence ne porte
pas nécessairement sur la moralité bourgeoise qu'explicite la
catéchétique de la *Métaphysique des moeurs*; elle porte d'abord
sur ce respect du langage qui est à la fois indépendance de la
pensée, attention à la parole d'autrui et conséquence dans le
cheminement personnel.[24] Car l'universalité de l'impératif catégorique comporte par essence le commandement de renoncer
sans cesse au mensonge, de renoncer par là-même à dominer
autrui.

[22] A 817–818, B 846–847.
[23] Cfr *Logik*, Cass. VIII, 347 et GMS, Cass. IV, 265–266; *trad.*, pp. 115–116.
[24] Cfr *Was ist Aufklärung?*, Cass. IV, 169–177 en liaison avec *Anthropologie*, Cass.
VIII, 117–118: comment penser et dire leurs lois dans la «révolution» qui
rend l'homme adulte. – Ces textes permettent de saisir comment Kant envisage l'unité
de la logique, du temps et de la raison pratique.

Le devoir du penseur est de maintenir vivante cette moralité-là contre la platitude des empirismes sans doute, mais aussi en luttant contre l'engouement dont Platon fut involontairement le père en occident, l'engouement pour la pensée intuitive.[25] L'accomplissement de ce devoir comporte évidemment une réminiscence des paroles fondatives dans lesquelles se donne historiquement la pensée *de* l'être. Kant suggère toutefois que cette réminiscence s'inscrit dans les idéaux inéluctables du «philosophe» et de «l'homme divin en nous» tels qu'ils ont été réalisés par Socrate et par le Christ.[26]

On peut évidemment affirmer que c'est là retomber dans l'idéologie. Il faudrait cependant montrer alors que la libération de la liberté dans l'homme et la manifestation en lui de la vérité de l'essence s'accomplissent davantage par la vue infinie de la finitude que par le risque d'écouter, dans la finitude, la parole de ceux qui, sans la nier ni la fuir, nous ont dit que rien n'est plus semblable à l'être divin que le juste mourant pour la justice.

Dans la mort du juste, n'est-ce pas le sens toujours caché de l'être qui se dévoile et se cache à nos sens? Un chemin ne s'ouvre-t-il pas ainsi?

Et sur ce chemin n'y a-t-il pas plus de risque, moins de retour encore que sur le sentier ouvert à la pensée par la mort du patriote Leo Schlageter et par l'idéologie nazie, dont la grandeur était, nous a dit Heidegger, de faire se rencontrer selon une dimension planétaire l'homme moderne, pour lequel «Dieu est mort», et la mise en oeuvre de l'être en chaque étant, la *technê* des Grecs?[27]

---

[25] Cfr VNET, Cass. VI, 487 (Platon, père de la Schwärmerei mit der Philosophie), 494 (mecanische Behandlung der Köpfe); VAT, Cass. VI, 510–513 (impératif et mensonge).

[26] Il faut comprendre ensemble le texte que nous venons de traduire A 569 et, B 597 (l'Urbild de l'homme divin en nous), A 840, B 868 (le philosophe comme maître *idéal*), *Anthropologie*, Cass. VIII, 171, note (l'*idée* du philosophe), *Logik*, Cass. VIII, 347 (Socrate a réalisé l'idéal du sage) et *Rel.*, Cass. VI, 201–202 (le Fils de Dieu en nous).

[27] Cfr EM, 152 et 122; SU, 9, 10, 11; *Nachlese*, 48–49, 71.

CHAPITRE II

LES BRANCHES DE LA MÉTAPHYSIQUE
ET
LA DIALECTIQUE DE LA RAISON PURE

I. PRÉLIMINAIRES

En montrant que la moralité appartient à l'horizon de la Dialectique ne renforce-t-on pas plus encore que ne fit Kant le caractère onto-anthropo-théo-logique de la philosophie? Et ne se condamne-t-on pas ainsi à ne jamais pénétrer dans aucune de ces clairières de l'être qu'Heidegger fait découvrir tout le long de multiples chemins à travers la *Critique*? C'est ce qu'il reste à discuter.

Non sans remarquer d'abord que la recherche se cantonnera presque exclusivement dans les textes de la *Methodenlehre*. A quoi l'on pourrait objecter que l'interprétation s'appuie quand même, pour traiter le problème, sur quelques passages des *Fortschritte* et qu'il faudrait donc s'arrêter ici à cette fameuse dissertation. On se rappellera cependant que l'attention de Heidegger se porte principalement sur la *Critique de la raison pure* et qu'il ne cite guère les autres ouvrages de Kant pour eux-mêmes.[1] Quant au fond du problème, à savoir l'unité de la pensée dans les *Fortschritte* d'une part, dans la Dialectique et la *Methodenlehre* de l'autre, force nous est de renvoyer le lecteur à des travaux à venir, au risque de paraître opposer à une requête légitime une réponse quelque peu malhonnête.[2]

---

[1] Cfr. par exemple KM, 19: «Kant hält nun an die Absicht dieser Metaphysik fest, ja, er verlegt sie noch stärker in die Metaphysica specialis, die er die 'eigentliche Metaphysik', 'Metaphysik im Endzweck' nennt». Les deux expressions seraient reprises de *Fortschritte*, Cass. VIII, 238 et 301 ss. A ces endroits, on trouve effectivement des équivalents de l'expression «Endzweck der Metaphysik», mais jamais sauf erreur «Metaphysik im Endzweck». Quant aux mots «eigentliche Metaphysik», Kant les emploie simplement pour nous dire que l'ontologie *critique* est simplement la propédeutique de la métaphysique proprement dite, *op. cit.*, 238.

[2] Il s'agit d'un ouvrage en préparation, intitulé *Le Je pense et la métaphysique selon Kant*; cfr à ce propos ci-dessus p. 312, note 56.

Mais avant d'entamer le présent chapitre le plus important est de noter qu'il effectue un retour à un thème qui s'était imposé dès le début de notre travail. En nous interrogeant maintenant avec Heidegger et Kant sur le sens du programme wolffien, nous reprenons la méditation sur l'idée de philosophie développée déjà dans la première partie.[3]

D'ailleurs le cercle presque complet qu'a décrit notre marche a pour centre la signification de la métaphysique et l'éventuelle «destruction» de cette science de l'être en tant qu'être; il convient, avant de conclure, de mettre une dernière fois ce point central en évidence. Et en écoutant Kant lui-même répondre, dans la *Critique*, à une question que posent à ce sujet les textes de son interprète, nous achèverons de comprendre le rôle et la place de la Dialectique dont Heidegger veut faire une ontologie.

2. LA MÉTAPHYSIQUE, DIFFICULTÉ FONDAMENTALE DE LA PHILOSOPHIE

Selon Heidegger, la «philosophie première» telle que l'entendait Aristote comporte dans l'essence même de sa détermination un curieux dédoublement. Elle est à la fois connaissance de l'étant en tant qu'étant, et connaissance de la région la plus éminente de l'étant, à partir d'où se détermine l'étant en totalité.

Ces deux problèmes inséparables ne constituent pas un objet susceptible d'etre attribué à l'une des trois disciplines dont se composait la philosophie des Ecoles de l'Antiquité, la logique, la physique et l'éthique. Le nom de *Métaphysique* désigne donc et rend manifeste dès le début une difficulté fondamentale de la philosophie.[4]

Ultérieurement, l'Occident devait perdre de vue l'état ambigu

[3] Ci-dessus pp. 52–65.
[4] KM, 17; *trad.*, p. 67. – La *problématique* onto-théo-logique de la philosophie première oblige en réalité à sortir de la métaphysique pour se mettre en disponibilité à l'égard de l'être; ID le montre en discutant la signification de l'idéalisme hégélien. Quant à la division grecque de la philosophie en une logique, une physique et une éthique, elle invite elle aussi à détruire la métaphysique;i on pourrait même dire qu'elle suppose cette destruction. En effet: la logique pense le logos, c.à.d. l'être en tant qu'il rassemble l'étant dans le langage et la pensée de l'homme; la physique pense la *phusis* c.à.d. l'être en tant qu'il aime à se cacher; l'éthique pense l'*éthos* c.a.d., selon HB, 144–145, le séjour de l'homme en tant que ce séjour actif contient et préserve la venue de ce à quoi l'homme appartient par son être essentiel. La division grecque de la philosophie n'est donc pas l'articulation de la métaphysique, mais celle de la pensée de l'être selon la diversité du mode dans lequel l'être se dispense et se retire.

mais par là-même ouvert dans lequel Platon et Aristote avaient laissé les principaux problèmes.

La conception chrétienne du monde allait en effet imposer, avec les idées de création et de salut, une articulation nouvelle de la métaphysique. L'ensemble des étant non divins constitue dans cette optique l'univers créé. Parmi les créatures, l'homme occupe une place privilégiée; car il s'agit d'assurer le salut de son âme. Aussi faudra-t-il distinguer deux sciences du créé: la première, la psychologie, prend pour objet l'être de l'homme; la seconde, la cosmologie, s'intéresse à l'être des étants non humains, c.à.d. à la nature. Le *summum ens* créateur et incréé devient d'autre part l'objet de la théologie. Cette dernière branche forme avec les deux précédentes la métaphysique spéciale. Distincte de cet ensemble, la métaphysique générale ou ontologie a pour objet l'*ens commune*, l'étant en général.[5]

A la mentalité chrétienne vient s'ajouter, dans les temps modernes, l'influence triomphale de la physique mathématique, qui contribue elle aussi à faire perdre de vue la *problématique* des Grecs. En effet les objets de la philosophie première, l'*ens supremum* et l'*ens commune* sont d'intérêt vital pour le salut de l'homme: il faut connaître l'étant en général pour assurer la connaissance de Dieu. Et puisque la métaphysique est une science, l'importance de ses objets en fait la reine des sciences. En conséquence, sa méthode devra se conformer à l'idéal de rigueur contraignante réalisé dans les mathématiques. De la sorte, la métaphysique tant générale que spéciale, qui a remplacé la philosophie première, est devenue une science par pure raison.[6]

Et dans le manuel de Baumgarten, dont Kant se servira pour ses propres leçons, nous trouvons défini en ces termes le concept scolaire de métaphysique:

«Metaphysica est scientia prima cognitionis humanae principia continens ... Ad metaphysicam referuntur ontologia, cosmologia, psychologia et theologia naturalis».[7]

L'originalité de Kant consiste alors en une sorte de contradiction que font comprendre les deux livres de Heidegger.

D'une part, la philosophie critique renforce l'intention chré-

---

[5] Cfr KM, 15–18; *trad.*, pp. 65–69; de même FD, 85 et 92.
[6] Cfr KM, 18–19; *trad.*, p. 69; de même FD, 75–77.
[7] A. G. BAUMGARTEN, *Metaphysica*, 2 Aufl. (1743), par. 1–2. – Cfr KM, 15; *trad.*, p. 65.

tienne de la métaphysique spéciale puisqu'elle conçoit le procès théorique et pratique comme une avance vers l'invisible;[8] d'autre part, la volonté d'assurer, pour atteindre ce but, une ontologie rigoureusement scientifique fait retrouver la question grecque d'un comportement à l'égard de l'étant au sein duquel ce dernier se manifeste lui-même.

L'Analytique «au sens large» opère ce renouvellement en interrogeant sur la possibilité des jugements synthétiques *a priori*, qui sont précisément des comportements de ce genre. L'Esthétique et la déduction des catégories d'abord, puis l'analyse des principes de l'entendement pur en liaison avec l'Esthétique font ainsi découvrir ce que Heidegger appelle transcendance: le dépassement de l'être-là vers ses propres possibilités en passant par le *Was-sein* de l'étant ou l'être de la chose.

Et Kant a bien aperçu, dans l'imagination transcendantale et dans ce que *Die Frage nach dem Ding* appelle l'entre-deux, le point où ce qui devait être le fondement de la métaphysique se révélait au contraire son problème en même temps que son essence. Mais comme, en ouvrant la dimension de l'être-là, sa découverte mettait en question l'homme lui-même, dont la métaphysique est le plus haut intérêt, Kant, nous le savons, recule.

Son recul nous est précieux, puisqu'il rend sensible l'urgence et certains moyens de mettre en lumière la corrélation d'essence entre l'être (non pas l'étant) et la finitude dans l'homme.[9] Il n'en reste pas moins que la *Critique* n'envisage aucune question sur l'être sinon à partir et dans les limites d'un intérêt de l'homme.

3. ANTHROPOLOGIE ET MÉTAPHYSIQUE SPÉCIALE

a. L'interprétation des textes

Kant nous dit:

«Tout intérêt de ma raison – spéculatif aussi bien que pratique – est contenu dans ces trois questions: 1°. Que puis-je savoir? 2°. Que dois-je faire? 3°. Que m'est-il permis d'espérer?».[10]

---

[8] Cfr KM, 19; *trad.* p. 69. – Heidegger cite à cet endroit *Fortschritte*, Cass. VIII, 238; mais la citation est très imprécise.
[9] Cfr KM, 200; *trad.*, p. 181.
[10] A 804–805, B 832–833.

Ces lignes, Heidegger les extrait d'une section extrêmement dense de la *Methodenlehre* intitulée «De l'idéal du souverain bien comme fondement de la détermination de la fin ultime de la raison pure».[11] Mais sans s'arrêter à considérer le contexte, l'interprète explique :

«Ces trois questions sont celles que l'on assigne comme objet aux trois disciplines de la métaphysique proprement dite, c.à.d. de la *metaphysica specialis*. Le savoir humain concerne la nature, c.à.d. ce qui est donné au sens le plus large du mot (cosmologie) : l'activité de l'homme concerne sa personnalité et sa liberté (psychologie) ; enfin son espoir se concentre sur l'immortalité comme béatitude, c.à.d. comme union avec Dieu (théologie)».[12]

Pour confirmer son interprétation, Heidegger rapproche ce texte d'un passage parallèle qu'il trouve dans la *Logique* :

«Le champ de la philosophie, selon la signification cosmopolitique, se laisse ramener aux questions suivantes : 1° Que puis-je savoir ? 2° Que dois-je faire ? 3° Que m'est-il permis d'espérer ? 4° Qu'est-ce que l'homme ?».[13]

Heidegger se demande alors si cette quatrième question n'est pas superflue, puisque la psychologie rationnelle, en tant que discipline de la métaphysique spéciale, traite déjà de l'homme. Il trouve aussitôt la solution de cette difficulté dans une phrase de Kant :

«les trois premières questions *se rapportent à* la dernière»[14].

Dès lors la conclusion s'impose :

«Après ce qui a été dit plus haut, il est hors de doute que seule une anthropologie philosophique est capable d'assumer l'instauration du fondement de la véritable philosophie, de la *metaphysica specialis*».[15]

b. *Les textes eux-mêmes*

Cette affirmation catégorique, que Heidegger nuancera du reste en expliquant sa thèse du «recul», a le grand tort de ne pas résister entièrement à l'examen des deux citations sur lesquelles elle prétend s'appuyer.

---

[11] A 804, B 832 : Transz. Meth., 2 Haupt., Des Kanons der reinen Vernunft zweiter Abschnitt.
[12] KM, 187 ; trad., p. 263.
[13] *Logik*, Cass. VIII, 343.
[14] *Logik*, Cass. VIII, 344. – C'est Heidegger qui souligne le verbe.
[15] KM, 188 ; *trad.*, p. 264.

Et d'abord le passage de la *Logique*.

Kant énonce les quatre questions que l'on nous a citées, puis il écrit:

«A la première question répond la *Métaphysique*, à la seconde la *morale*, à la troisième la *religion*, et à la quatrième l'*anthropologie*. Mais au fond on pourrait mettre tout ceci au compte de l'anthropologie, puisque les trois premières questions se rapportent à la dernière».[16]

Somme toute, Heidegger n'a omis qu'une seule phrase. Et celle-ci ne permet pas, avouons-le, de contester que l'anthropologie occupe une place *fondamentale* dans l'ensemble de la philosophie kantienne. Elle interdit toutefois de voir dans les trois premières questions de la série la détermination des objets réservés aux trois disciplines de la métaphysique spéciale!

Ce que le commentateur appelle «nature» et dont il fait l'objet d'une *cosmologie* qui devrait donner réponse à la question: «Que puis-je savoir?», le texte l'attribue simplement à la *métaphysique*, sans autre spécification.

Quant à la question: «Que puis-je faire?» Heidegger nous dit qu'elle a trait à la personnalité et à la liberté de l'homme et qu'elle définit la matière de la *psychologie*. Kant, pour sa part, trouve dans une *morale* la réponse au problème ainsi posé.

Enfin, Heidegger situe dans une théorie de l'immortalité bienheureuse comme union avec Dieu la réponse à la question: «Que puis-je espérer»?, tandis que Kant détermine par cette même question le champ de la *religion*, celle-ci étant à son sens éminemment pratique.

La place fondamentale de l'anthropologie, pas plus d'ailleurs que le sens kantien du mot «métaphysique», ne peut donc pas se comprendre dans la seule perspective qu'ouvre Heidegger. Sans doute, l'interrogation de l'homme à propos de l'être de l'étant et de son être propre forme bien l'horizon général de la réflexion critique. Mais s'ensuit-il d'emblée qu'ainsi la question de l'être ne soit même pas posée? N'apparaît-il pas au contraire que la métaphysique telle que la maintient Kant n'est plus du tout celle dont parlait Wolff? Et comme Heidegger en la présentant modifie considérablement l'articulation de cette métaphysique nouvelle, il y a grande chance aussi qu'il ne fasse pas voir en quoi consiste «le *rapport* des trois premières questions à la qua-

---

[16] *Logik*, Cass. VIII, 343–344.

trième». En d'autres termes, l'interprétation n'explicite pas ce qu'est, *selon la Critique*, le métaphysique dans l'homme, ni par conséquent en quoi consiste *pour Kant* le problème de la métaphysique.

4. VUE DE LA FINITUDE ET DEVOIR DU PHILOSOPHE

a. «Können, Sollen, Dürfen»

Qu'il y ait entre Kant et Heidegger un malentendu que le second semble éviter d'éclaircir,[17] c'est ce qui devient plus sensible encore lorsque le paragraphe 38 de *Kant et le problème de la métaphysique*[18] reprend le texte cité plus haut (A 804–805, B 832–833) dans la perspective du «recul de Kant devant le fondement qu'il a lui-même dévoilé».[19]

Ecoutons comment l'interprète dégage le sens des trois interrogations:

«L'intérêt le plus profond de la raison humaine trouve son unité dans les trois questions considérées: ici est en effet mis en question un *Können*, un *Sollen* et un *Dürfen* de la raison humaine»

ou, comme le disent les traducteurs, un pouvoir, un devoir et un espoir de cette raison.[20] Le caractère problématique – l'abîme – de la métaphysique nous est alors dévoilé en ceci, que toute question sur le pouvoir, le devoir et l'espoir de la raison humaine implique dans *leur* possibilité même un «ne pas pouvoir», un «ne pas encore avoir accompli» et un manque de ce qui est attendu.[21] Et Heidegger continue:

«Ainsi, par ces questions, la raison humaine ne trahit pas seulement sa finitude, mais encore manifeste-t-elle que son intérêt le plus intime se concentre sur cette finitude même. Il ne s'agit donc pas pour elle d'éliminer le pouvoir, le devoir et l'espoir, et ainsi d'éteindre la finitude, mais au contraire d'acquérir la certitude de cette finitude afin de se tenir en elle. – La finitude n'est donc pas une propriété accidentelle de la raison hu-

---

[17] Ce malentendu consiste, nous l'avons déjà signalé, en une identification de la moralité, et spécialement de la moralité développée par le Christianisme, avec une idéologie. Comme si seul le retour de l'homme moderne vers la Grèce pré-socratique à partir du «Dieu est mort» nietzschéen accomplissait la critique de toute idéologie.

[18] Cfr. KM, 193; *trad.*, p. 270: «La question de l'essence de l'homme et le résultat véritable de l'instauration kantienne du fondement».

[19] KM, 194; *trad.*, p. 271.

[20] KM, 195; *trad.*, p. 272.

[21] KM, 195–196; *trad.*, pp. 272–273.

maine; sa finitude est nécessité de se rendre finie, c.a.d. *souci* du pouvoir-
être-fini».[22]

De la sorte, la question sur l'homme cesse d'être simplement
«anthropologique»: c'est la finitude dans l'homme qui peut devenir problème et c'est dans ce problème que s'enracine l'instauration du fondement de la métaphysique.

b. *Perdre son âme pour être au monde*

Heidegger s'efforce alors d'exprimer cette thèse en termes
kantiens:

«L'instauration du fondement de la métaphysique est une 'dissociation'
(analytique) de notre connaissance, c.à.d. de la connaissance finie, en ses
éléments. Kant la nomme une 'étude de notre nature intime' (A 703,
B 731). Une telle étude pourtant ne cesse d'être une curiosité arbitraire et
désordonnée touchant l'homme pour devenir un 'devoir du philosophe',
que si la problématique qui la domine se trouve saisie avec suffisamment
d'ampleur et d'originalité et conduit à examiner la 'nature intime' de
'notre' ipséité comme le problème de la finitude dans l'homme».[23]

En A 703–B 731, Kant appelle devoir (*Pflicht*) du philosophe
l'analyse de «toute notre connaissance transcendante». Il s'agit
donc en Critique de déterminer la valeur et la signification des
«idées» que se fait l'homme concernant son âme immortelle, le
monde comme totalité et l'être suprême. C'est pour y parvenir
que le philosophe est obligé moralement d'accomplir l'anatomie –
la dissection – de notre pouvoir de connaître depuis l'Esthétique
jusqu'à la Dialectique de la raison pure.

On ne peut nier que le problème de la finitude constitue ainsi
la racine de l'interrogation philosophique, puisque le devoir est
ici corrélatif par son essence même à la négativité de l'illusion.
Mais, pour Kant, la moralité est constitutive d'une saisie ample
et originale de cette problématique que sont notre nature intime
et notre ipséité. Et s'il s'agit aussi, pour lui comme pour Heidegger, «d'acquérir la certitude de la finitude afin de se tenir en
elle»[24] la moralité interdit d'avance de considérer jamais la vue certaine de la finitude comme créatrice, ni au plan ontique, ni même au

22 KM, 196; cfr *trad.*, p. 273.
23 KM, 197; *trad.*, p. 274.
24 KM, 196; cfr *trad.*, p. 273.

plan ontologique, au contraire de ce que prétend Heidegger.[25] L'analytique de notre pouvoir de connaître est identiquement «le travail herculéen de la connaissance de soi-même», dont se croient dispensés les philosophes de l'intuition.[26]

Si par l'expression «dieser Endlichkeit gerade gewiss werden», Heidegger veut désigner un mode intuitif du penser et non la limitation mutuelle du penser par la liberté et la sensibilité – comme son interprétation de l'Esthétique le suggère de manière insistante – Kant répondrait probablement que la certitude de notre finitude est bel et bien connaissance de notre ipséité selon son *Entstand*, c.à.d. la négation même de la finitude.[27]

Au demeurant, Heidegger se montre bien peu attentif à la façon dont Kant entreprend de réaliser le devoir du philosophe. Car les trois questions portant sur le *Können*, le *Sollen* et *Dürfen* sont posées dans la *Critique* après qu'ait été parcourue la Dialectique. Or la première étape de ce procès, celle qui s'accomplit par la mise en lumière des *paralogismes* de la raison pure, aboutit à éliminer de la métaphysique la possibilité d'une psychologie rationnelle, cette discipline étant comprise comme la doctrine théorique d'une immortalité de l'âme et de son bonheur éternel.[28] Dès ce moment, les perspectives d'un «autre monde» et d'une humanité sans corps ni *Gemüt* sont interdites à la pensée métaphysique. Le platonisme à bon marché, que les religions et pas mal d'idéologies mettent souvent à la portée de la masse, est ce que la Critique veut exclure. Avant donc de procéder à l'analyse ultime de l'être-au-monde et à la réforme conjointe de la

---

[25] Cfr KM, 112–116; *trad.*, pp. 177–181.

[26] VNET, Cass. VI, 478.

[27] Rappelons que, par *Entstand*, Heidegger désigne la chose en soi, ou plus exactement la chose pour l'intuitus originarius. – Nous rejoignons ici la remarque faite par Eric WEIL, *Préface*, in G. KRUEGER, *Morale et critique*, p. 6: «Aux yeux des uns comme des autres (il s'agit des commentateurs), Kant avait, certes, traité de morale et de différentes autres choses; mais essentiellement, il était le théoricien de la connaissance. Il l'est resté encore quand, comme dans l'interprétation de Heidegger, le *scientisme* a disparu». – On peut estimer qu'en citant au début de *L'Action* la parole de Goethe, *Am Anfang war die Tat*, Maurice Blondel est d'emblée plus proche de Kant que ne le sera jamais Heidegger.

[28] A 348–405 et B 406–432, en particulier A 357–471, B 409–410, donnent deux exposés assez différents des paralogismes. Ils ont en commun une défiance vigilante à l'égard de la conception substantialiste du *Cogito* présenté comme *res cogitans*. SZ, 320, note 1 concède que les paralogismes révèlent la vanité de la problématique idéaliste du Soi depuis Descartes jusqu'à Hegel; mais Heidegger ne saisit pas, pensons-nous, la portée du refus kantien de la psychologie rationnelle telle que nous la dégageons ici.

«cosmologie» qu'effectuera le passage par les antinomies de la raison,[29] Kant coupe la communication entre la pensée philosophique et tout ce qui pourrait l'attirer en dehors de l'expérience. C'est ici que l'homme doit, si l'on peut dire, renoncer à soi-même et «perdre son âme», pour se mettre à la suite de l'humanité et de l'être, dans le monde. Or depuis *Sein und Zeit* [30] Heidegger n'a jamais cessé de considérer le système critique dans un ordre inverse. Pour lui, en effet, il est possible à la pensée de saisir d'emblée l'être-au-monde. Mais de la sorte il se dispense, croyons-nous, d'analyser les présupposés non philosophiques de sa méditation sur l'être.

5. LA SAGESSE COSMO-POLITIQUE

Les antinomies n'ont évidemment pas pour but de remettre à la philosophie transcendantale les dépouilles d'une cosmologie rationnelle dont il lui serait encore possible de tirer parti; pas plus que les paralogismes ne visent seulement à épurer la psychologie rationnelle pour la laisser subsister.

Pourquoi cependant Kant intègre-t-il constamment tout l'effort transcendantal à une *Weltweisheit*, à une philosophie *cosmo*-politique, c.à.d. une philosophie du monde habité par l'homme, du monde dont c'est l'essence de l'homme de toujours y venir?

La section de la première *Critique* qui traite «De l'idéal du souverain bien comme fondement de la détermination de la fin ultime de la raison humaine» permet précisément de répondre à cette question et de voir ce que signifie pour Kant l'articulation de la métaphysique.

a. *Connaissance théorique et intérêts de la raison*

Expliquant comment il entend les trois interrogations auxquelles il ramenait alors les intérêts de la raison, il déclare «simplement spéculative» la première d'entre elles qui porte, rappelons-le, sur notre possibilité de savoir; et toutes les réponses qui peuvent y être données ont été épuisées, l'auteur ose s'en flatter,

[29] Sur le refus d'une cosmologie rationnelle pure, cfr A 408, B 434.
[30] SZ traite de l'être-au-monde avant d'aborder le problème du Soi. Cfr ci-dessus, pp. 69 ss.

par la *Critique de la raison pure,* et nous devons nous contenter de ses résultats.[31]

Or Kant a précisé auparavant déjà:

«Une connaissance théorique est *spéculative,* lorsqu'elle se rapporte à un objet ou à des concepts d'un objet tel qu'on ne peut l'atteindre dans aucune expérience. Elle est opposée à la *connaissance de la nature,* qui ne se rapporte ni à des objets ni à des prédicats de ces objets autres que ceux qui peuvent être donnés dans une expérience possible».[32]

Ce que la *Logique* explique plus nettement encore:

«Par le terme connaissances spéculatives, nous entendons celles dont on ne peut déduire aucune règle de conduite ou qui ne contiennent aucun fondement en vue d'un impératif possible. Il y a une foule de ces connaissances simplement spéculatives, par exemple en théologie. – Ces connaissances sont donc toujours théoriques; mais la réciproque n'est pas vraie; une connaissance théorique considérée sous un autre aspect peut en même temps être pratique».[33]

La connaissance pratique contient donc des raisons en vue d'un impératif possible, tandis que les connaissances théoriques

«énoncent, non ce qui doit être, mais ce qui est; ... elles ont pour objet, *non un agir*, mais un *être*».[34]

Si l'on ne considère pas le domaine pratique, on a tout lieu, nous dit Kant, de se déclarer satisfait des résultats de l'Esthétique, de l'Analytique et de la Dialectique. Bien sûr, on reste de la sorte aussi éloigné des fins qui déterminent les intérêts de la raison que si l'on n'avait pas même entrepris le travail de la Critique. Mais

«quand il s'agit du savoir, ceci au moins est certain et maintenant hors de discussion: ce savoir ne pourra jamais être notre partage en ce qui concerne les deux tâches définies par les intérêts de raison».[35]

Le texte ne fait rien de moins que déclarer spéculative toute métaphysique générale et spéciale. Ce qui ne peut pas signifier pourtant que la métaphysique soit vaine; ou du moins celle-là ne saurait être vaine qui répond critiquement à la question «Que puis-je savoir?», puisqu'elle est le devoir même du philosophe. Déclarer spéculatif et hors de notre partage tout savoir concernant les deux tâches d'une preuve de Dieu et de l'immor-

[31] A 805, B 833.
[32] A 634–635, B 662–663.
[33] *Logik,* Cass. VIII, 395.
[34] *Logik,* Cass. VIII, 396; cfr. A 802, B 830.
[35] A 805–806, B 833–834.

talité,[36] c'est donc d'abord situer le caractère problématique de la métaphysique dans l'inadéquation du penser relativement aux intérêts de la raison qui fondent ce penser.

Ce n'est pas réduire toute pensée de l'être à une morale. En effet la question «Que puis-je faire?» est, selon Kant, simplement pratique et

«en tant que pratique elle peut sans doute appartenir à la raison pure; elle n'est pas pour autant transcendantale, elle est bien plutôt morale; par conséquent, elle n'est pas en soi l'affaire de nore Critique».[37]

Tout est donc loin d'être décidé lorsqu'on a montré ou prétendu montrer que la raison pratique a sa racine dans l'imagination *transcendantale*. Ramener le transcendantal à cette transcendance dont parle *Sein und Zeit* pourrait bien éliminer, au lieu de le ressaisir, le problème kantien d'une raison pratique.

b. Espoir et savoir

Kant passe ensuite au plus significatif pour notre propos:

«La troisième question, c.à.d.: si je fais maintenant ce que je dois, que puis-je donc espérer? est pratique et théorique à la fois; et de telle sorte que le pratique conduit, mais uniquement comme fil conducteur, à donner réponse à la question théorique et, si cette dernière va trop haut, à donner réponse à une question spéculative. Car tout *espoir* est dirigé vers le bonheur; et il est, en vue du pratique et de la loi morale, précisément ce qu'est le savoir et la loi de la nature à l'égard de la connaissance théorique des choses. En fin de compte, l'espoir va vers cette conclusion: quelque chose est (ce qui détermine la fin ultime possible) *parce que quelque chose doit arriver*; le savoir de son côté conclut: quelque chose est (ce qui agit comme cause suprême) parce que quelque chose arrive».[38]

Le texte donne d'abord à penser qu'il y a une relation entre l'être et le temps. Mais cette relation se manifeste de façon essentiellement différente dans le savoir et dans l'espoir.[39]

Le premier conclut de ce qui arrive à ce qui est, c.à.d. du présent au présent. Or ce qui arrive est saisi dans un savoir qui est indissociable de la loi de nature. Et ce qui est s'envisage théoriquement comme action d'une cause efficiente suprême. On pourrait donc dire, semble-t-il, que notre connaissance théorique n'est pas différente des lois de la nature; non qu'elle les crée; mais elle

---

[36] A 803–804, B 831–832.
[37] A 805, B 833.
[38] A 805–806, B 833–834.
[39] Cfr KU § 76, Cass. V, 482; *trad.* p. 205; ci-dessus, pp. 238 ss.

les réalise activement et passivement au moment même où elle les reconnaît. Et concevant comme cause connaissante l'être présent auquel il réfère ce qui arrive, le savoir, sans exclure l'avenir, s'ouvre davantage vers le passé, vers une antériorité connaissante qui est actuellement source du présent.

L'espoir de son côté conclut de ce qui doit arriver à ce qui est, soit aussi d'un présent à un présent, mais selon une dynamique autrement orientée. Ce qui doit arriver est saisi dans un acte qui n'est pas encore adéquation à la loi morale; du point de vue pratique, ce qui est s'envisage comme fin ultime possible. On pourrait donc dire que l'espoir fait être la loi morale, mais en la subissant et sans la réaliser parfaitement au moment où il la reconnaît. Visant comme fin ultime possible l'être présent auquel il réfère ce qui doit arriver, sa perspective, sans exclure le passé, s'ouvre d'abord vers l'avenir, vers un bonheur pas encore en acte et qui est toutefois source actuelle du présent.

Du point de vue d'une division de la métaphysique en disciplines diverses, il apparaît ensuite que l'interrogation sur l'espoir contient une reprise des réponses données aux deux premières questions. Les résultats d'une analyse du savoir, assumés d'abord dans une morale, sont repris avec cette morale dans ce que la *Logique* appellera religion. Il est donc de plus en plus clair que Heidegger simplifie à outrance lorsqu'il voit dans la triple interrogation kantienne une détermination des trois branches de la métaphysique spéciale.

c. *Histoire et monde moral*

Les explications données par Kant attribuent aussi à la temporalité et à l'histoire, dans l'instauration et l'articulation de la «métaphysique», une fonction vraiment essentielle dont Heidegger, au nom de l'histoire et de la temporalité, ne tient aucun compte. La suite du paragraphe sur l'idéal du souverain bien va nous éclairer sur ce point.

Répondant d'abord à la question «Que dois-je faire?», Kant commence par préciser le concept de bonheur. Il distingue ainsi une loi pratique *pragmatique* et une loi pratique *morale*. La première commande une prudence telle que le bonheur – ou la satisfaction de tous nos penchants selon la qualité, la quantité et la durée – soit la récompense de nos actions. La loi morale au contraire n'a d'autre fondement de sa détermination que ce qui rend digne d'être heureux, *die Würdigkeit, glücklich zu sein*.[40]

Les lois morales déterminent donc *a priori* et nécessairement l'usage de la liberté pour les êtres raisonnables en général. Les moralistes «éclairés» l'admettent, tout comme l'admet le jugement moral de n'importe quel homme lorsqu'il veut penser distinctement une loi de ce genre. Et Kant conclut:

«La raison pure contient donc – non pas, bien sûr, dans son usage spéculatif, mais bien dans un usage pratique précis, c.à.d. l'usage moral – des principes de la *possibilité de l'expérience*, c.à.d. d'actions telles qu'elles *pourraient* se rencontrer, étant conformes aux préceptes moraux, dans l'*histoire* de l'homme. En effet puisque la loi commande que de telles actions doivent s'accomplir (*geschehen*), il faut aussi qu'elles puissent s'accomplir».[41]

Interrompons un instant le texte pour remarquer ceci: Kant souligne trois termes: *possibilité de l'expérience, pourraient* et *histoire*. L'histoire serait donc cette expérience dont la possibilité se fonde dans les principes pratiques de la raison pure. Sans doute Heidegger répondrait-il que ces principes eux-mêmes se fondent dans une temporalité originelle. A tout le moins, cette temporalité elle-même semblerait enracinée, selon Kant, dans le moral: le «en effet» (*denn*) de notre dernière phrase se rapporte à l'essence de l'histoire. Et la suite va dans le même sens:

«Et il faut donc que soit possible un genre particulier d'unité systématique, c.à.d. le genre moral; en effet, *selon les principes spéculatifs de la raison* l'unité systématique de la nature ne pouvait pas être démontrée, puisque, si la raison a bien une causalité à l'égard de la liberté, elle n'en a pas à l'égard de la nature dans son ensemble, et les principes moraux de la raison peuvent bien produire des actions libres mais non des lois de la nature. En conséquence, les principes de la raison pure ont une réalité objective dans leur usage pratique et très précisément dans leur usage moral».[42]

De cette priorité et de cette délimitation des principes moraux dans la raison pure découle l'idée d'un *monde moral*, d'un monde conforme à toutes les lois morales

«tel qu'il peut l'être en vertu de la *liberté* des êtres raisonnables et tel qu'il *doit* l'être en vertu des lois nécessaires de la moralité».[43]

[40] A 506, B 834.
[41] A 807, B 835.
[42] A 807–808, B 835–836.
[43] A 808, B 836.

Ce monde est intelligible; ou plus exactement, il est «simplement pensé comme intelligible», parce qu'on y fait abstraction de toute condition ou de toute fin étrangère à la moralité elle-même ainsi que de tout empêchement provenant de la faiblesse humaine. Ce n'est donc là qu'une idée, mais une idée pratique qui peut et doit exercer une influence sur le monde sensible. Elle n'a pas de réalité objective, si l'on entend par là qu'elle serait corrélative à une intuition intelligible, puisque pareille intuition demeure pour nous impensable, Mais elle doit être dite objective en ceci qu'elle vise

«un objet de la raison pure dans son usage pratique et un *corpus mysticum* des êtres raisonnables en elle, pour autant que le libre arbitre de chacun soumis à des lois morales, ait en lui-même une unité systématique continue aussi bien avec lui-même qu'avec la liberté de tout autre».[44]

A la question qui concernait le premier intérêt pratique de la raison c.à.d. de l'immortalité, il faut donc répondre:

«Fais ce par quoi tu deviens digne d'être heureux».[45]

Nous sommes assez loin, on le voit, d'une psychologie rationnelle qui entendait prouver l'immortalité de l'âme à partir du seul «Je pense». Nous sommes loin aussi de cette théorie de la liberté et de la personnalité à laquelle Heidegger ramenait une prétendue psychologie kantienne. Ce qui est esquissé ici, c'est une morale dans la ligne d'une *Critique de la raison pure*, morale où se trouvent réassumés le concept de monde en même temps que le «Je pense».

d. L'image originelle du souverain bien originel

Kant entreprend enfin de donner réponse à la dernière question:

«Si je me comporte maintenant de telle sorte que je ne sois pas indigne de la béatitude, m'est-il permis d'espérer que je pourrai y avoir part?».[46]

Il semble d'abord que le philosophe envisage uniquement à cet endroit le problème d'une union à Dieu, ainsi que le comprend Heidegger. Tout l'effort se concentre en effet sur le point de sa-

---

[44] *Loc. cit.*
[45] A 808–809, B 836–837.
[46] A 810, B 838.

voir si les principes qui prescrivent *a priori* la loi morale et constituent l'expérience historique rattachent à l'une et à l'autre une espérance et la possession de son objet.

Esquissons le processus.

Au plan des idées de la raison, abstraction faite de notre résistance à la moralité, chacun peut apercevoir

«des causes d'espérer le bonheur dans la mesure où il s'en sera fait digne dans son comportement»,

et cela tant du point de vue *théorique* que du point de vue pratique. Cette liaison indissoluble d'un système du bonheur au système de la moralité ne découle pourtant pas d'une connaissance rationnelle de la nature. Elle est simplement l'objet d'un espoir tel qu'il présuppose une *raison suprême* qui tout ensemble commande selon des lois morales et soit cause fondamentale de la nature.[47]

Ce qui se dégage de l'analyse, c'est donc encore une *idée*,

«l'idée d'une intelligence dans laquelle la volonté morale la plus parfaite unie à la plus haute béatitude est la cause de tout bonheur dans le monde».

Il faut toutefois faire un pas de plus. L'idée dont nous parlons peut être mise en un rapport précis avec la moralité entendue comme ce qui nous rend dignes d'être heureux. La proportion harmonieuse entre la cause suprême de la nature et notre dignité personnelle d'accéder au bonheur transforme l'idée en un *idéal du souverain bien*.[49]

Par *idéal*, nous dit Kant en un autre endroit,

«j'entends l'idée non pas seulement *in concreto*, mais bien *in individuo* c.à.d. comme une chose singulière déterminable, voire même déterminée, uniquement par l'idée».[50]

Il s'agit, ajoute-t-il, de ce que Platon considérait comme un objet de l'entendement divin. Ces idéaux sont appelés *Urbilde*; ils sont distincts des créations de l'imagination artistique.[51]

Or, c'est seulement dans l'image originelle

«du souverain bien *originel* que la raison pure peut trouver le fondement de la liaison pratiquement nécessaire entre les deux éléments du souverain bien dérivé, c.à.d. d'un monde intelligible ou encore *moral*. Et en

[47] *Loc. cit.*
[48] *Loc. cit.*
[49] Cfr *loc. cit.*
[50] A 568, B 596.
[51] A 571, B 599.

effet: par et dans la raison, nous devons nous représenter nous-mêmes comme appartenant à un monde de ce genre: pourtant, les sens ne nous présentent qu'un monde d'apparaîtres; nous devons donc admettre que le monde moral est pour nous un monde futur, puisque, s'il est bien une conséquence de notre comportement dans le monde des sens, ce dernier pour sa part ne nous offre pas une pareille liaison. Ainsi donc Dieu et une vie future sont des présupposés qui, en vertu des principes de la raison pure, sont inséparables de l'obligation que nous impose cette même raison».[52]

Kant résume sa pensée comme suit:

«Ainsi donc, sans un Dieu et sans un monde actuellement invisible pour nous mais qui est cependant espéré, les magnifiques idées de la moralité sont bien des objets de l'approbation et de l'admiration, mais non des motifs du propos et de l'exercice soutenu, parce qu'elles ne remplissent pas la fin totale qui, en vertu de leur nature et de par la raison pure, est nécessaire à tous les ètres raisonnables et leur est destinée *a priori*».[53]

Vient maintenant une conclusion dont tous les termes sont à peser:

«Ainsi donc le bonheur, exactement proportionné à la moralité qui en rend dignes les êtres raisonnables, est seul à constituer le souverain bien d'un monde dans lequel il nous faut absolument nous transférer en vertu de la raison pure mais pratique. Bien sûr, ce monde n'est qu'un monde intelligible, puisque celui des sens ne nous promet pas une pareille unité systématique des fins à partir de la nature des choses. D'autre part, la réalité de l'unité systématique des fins ne peut non plus être fondée autrement qu'en présupposant un souverain bien originaire, puisque c'est une raison autonome, investie de toute la puissance d'une cause suprême, qui fonde, maintient et accomplit, selon la plus parfaite finalité, l'ordre des choses, ordre universel mais très caché pour nous dans le monde des sens».[54]

Ce que Kant appelle «théologie morale»

«nous conduit ainsi au concept d'un être originel *unique, absolument parfait et raisonnable*».[55]

Mais il faut y insister: l'être originel ne se trouve pas de la sorte réduit à un étant, dans le sens d'un subsistant. En effet, le processus part de l'*humanitas*, de ce par quoi l'homme est un homme, c.à.d. de la moralité, et il englobe dans son mouvement la *realitas* ce par quoi la chose est chose, par la médiation d'une idée, celle de l'unité des choses, inséparable de la moralité. L'être originel est conçu dans la relation de finalité totale que soutien-

[52] A 811, B 839.
[53] A 813, B 841.
[54] A 815, B 843.
[55] *Loc. cit*

nent avec lui l'être moral de l'homme et l'être des étants mis au service de la moralité.

Si l'exercice nécessaire de la moralité au sein de la nature peut caractériser l'être-au-monde et l'essence de sa finitude, il faudrait donc dire, dans la langue de Heidegger, qu'en réponse à la question «Que puis-je espérer?» Kant n'édifie pas seulement une théologie, mais qu'il met en lumière la corrélation d'essence entre l'être (non pas l'étant) comme tel et la finitude dans l'homme. Cette «théologie» fait en quelque sorte éclater le concept même d'un *étant* suprême, pour laisser paraître l'originalité de l'être, non pas directement, il est vrai, mais dans l'effort pour saisir ce qui constitue à la fois l'étant de nature et l'étant humain dans leurs différences.

C'est ce qui ressort, nous semble-t-il, de la suite du texte où Kant situe cette théologie morale par rapport à d'autres théologies d'abord, à la connaissance de la nature ensuite.

6. MÉTAPHYSIQUE ET THÉOLOGIE

a. *Théologie morale et théologies spéculatives*

Le philosophe rappelle en effet un résultat de cette «métaphysique» dont il nous a dit qu'elle était contenue dans la *Critique de la raison pure* et qu'elle répondait à la question: «Que puis-je savoir»?: la théologie spéculative, qu'elle soit naturelle ou transcendantale, demeure incapable de nous mener au concept d'un être suprême unique. Et par théologie spéculative, l'auteur entend ici celle qui nous prouverait la nécessité d'admettre un être unique antérieur à toutes les causes de la nature.[56]

Dans la Dialectique, la septième section du chapitre trois avait déjà montré que toute théologie soit transcendantale, soit naturelle est en réalité spéculative parce qu'elle repose sur un argument ontologique. Et Kant donnait alors des précisions qui nous sont indispensables.

La théologie transcendantale se divise en deux branches:
1. La cosmothéologie, qui prétend déduire l'existence de l'être originaire à partir d'une expérience en général, sans déterminer quoi que ce soit concernant le monde auquel cette expérience ap-

[56] Cfr. *loc. cit.*

partient. – 2. l'ontothéologie, qui croit connaître l'existence de Dieu par simple concept sans aide de la moindre expérience.

La théologie naturelle, de son côté, se divise en une physico-théologie et en une théologie morale. La première conclut à l'existence d'un créateur à partir de la constitution naturelle, de l'ordre et de l'unité rencontrée dans ce monde, en tant qu'il faut y admettre la causalité de nature et ses règles propres. La seconde entreprend la même démarche à partir du monde en tant qu'il faut y admettre la causalité et les lois de la liberté.[57]

Ces preuves diverses sont déclarées nulles parce qu'elles constituent toutes un passage indû de l'expérience à ce que l'on prétend être sa condition ultime. Car l'expérience en tant que telle est bien un penser, mais c'est un penser contingent. A partir d'elle, la condition qui lui appartient

«n'est pas connue comme absolument nécessaire; elle sert seulement comme présupposé relativement nécessaire en vue de la connaissance rationnelle du conditionné, ou plus exactement comme condition *dont on a besoin* (*nötige*), mais qui en elle-même et *a priori* est arbitraire».[58]

La théologie morale qui répond à la question «Que puis-je espérer?» doit donc être essentiellement différente des quatre précédentes, différente en particulier de cette autre théologie morale qui conclut par voie de causalité à partir de la liberté.

Quel est le caractère qui la distingue? C'est qu'elle ne procède pas à partir d'une *nature* libre mais *contingente* vers une condition suprême dont la *nature* aussi serait d'être libre. La preuve par la finalité morale – qui ne recevra pas son plein développement avant la *Critique du jugement* – va d'un absolu donné dans le *Sollen* à l'absolu dans le *Sein*. Elle y va sans abandonner jamais la médiation de l'idée, qui est *seulement* intelligible. Et c'est pourquoi Kant se hâtera toujours de rappeler toutes les limitations strictement subjectives de notre connaissance de Dieu.

A prendre les termes en toute rigueur, on pourrait dire que la théologie morale en tant que téléologie considère non pas la contingence de l'homme dans le monde mais bien sa finitude. Cette dernière a un caractère nécessaire, que Kant ne situe pas d'abord dans la limitation même du penser par l'intuition mais dans ce fondement fini absolu qu'est le *Sollen*. Cette finitude

[57] A 632, B 660.
[58] A 635, B 663.

pratique en tant que liée à l'idée comporte aussi une «compréhension» de son rapport à l'être. Et c'est dans cette saisie pratique
que le penser théorique avec sa finitude propre trouve sa signification.

Voilà du moins l'interprétation que nous proposerions en nous
appuyant sur les relations qu'indique Kant lui-même entre sa
téléologie morale et la connaissance de la nature.

«Il faut, nous dit-il, que le monde soit représenté comme issu d'une idée,
s'il doit être en accord avec cet usage de la raison sans lequel nous nous
tiendrions nous-mêmes pour indignes de la raison, c.à.d. l'usage moral,
lequel repose complètement sur l'idée du souverain bien. Par là, toute
investigation de la nature reçoit une direction: elle tend vers la forme d'un
sytème des fins et devient dans son élargissement suprême physico-
théologie. Or, cette dernière a commencé à partir de l'ordre moral en tant
que fondé dans l'essence de la liberté, et non pas en tant qu'établi de façon
contingente par des commandements extérieurs. Elle établit donc la
finalité de la nature sur des fondements qui doivent être *a priori* inséparablement liés avec la possibilité interne des choses; par là, la physico-
théologie établit la finalité de la nature sur une *théologie transcendantale*
qui prend l'idéal de la perfection ontologique suprême comme principe
d'unité systématique, et ce principe lie toutes choses selon des lois de
nature universelles et nécessaires, puisque toutes ont leur origine dans
l'absolue nécessité d'un être originaire unique».[59]

Ce texte est clair par lui-même, du moins pour ce qui concerne
la façon kantienne de comprendre l'organisation de la théologie
rationnelle. Il suffit de remarquer comment, à partir de la réponse à la question «Que puis-je espérer?» les quatre théologies
déclarées nulles et non avenues dans la Dialectique prennent une
signification. Une fois saisis la finalité propre de la liberté dans
le *Sollen* et le lien de cette liberté avec l'idée du souverain bien,
il devient possible de parcourir de façon sensée les arguments
fondés sur la nature de la liberté, sur la causalité des étants, sur
l'expérience en général et sur le concept comme tel.

Il est clair également d'après le même texte, que la science, la
Naturforschung ne trouve son unité systématique qu'en vertu
d'une finalité enracinée dans la moralité. La convergence des
hypothèses ultimes du savant vers l'idée d'une intelligence ou
d'une intelligibilité absolue n'a de sens qu'en vertu de la liberté
et du *Sollen*.

[59] A 816, B 844.

b. Le devoir-être et la différence ontologique

Kant s'en explique davantage. Précisant à cette occasion le rapport structurel de la nature avec la raison, il ouvre une perspective originale sur ce que Heidegger appellerait les différence ontologique :

«Quel usage pourrions-nous bien faire de notre entendement, même à l'égard de l'expérience, si nous ne nous proposons pas des fins ? Or, les fins les plus hautes sont celles de la moralité et celles-ci, seule la raison pure peut nous les donner à connaître. Nantis de ces fins et en les prenant comme fil conducteur, nous ne pouvons pourtant faire d'un savoir concernant la nature elle-même aucun usage conforme à une fin par rapport à la connaissance, là où la nature n'a pas mis elle-même une unité conforme à une fin. Car sans cette unité nous ne serions pas doués de raison : nous n'aurions en effet aucune école pour la raison ni aucune culture, celle-ci se faisant par des objets qui offrent la matière à des concepts de finalité. Or cette unité conforme à une fin est nécessaire et elle est fondée dans l'essence du libre-arbitre lui-même. Ce dernier, qui contient *in concreto* la condition d'une application de cette unité, doit donc être nécessaire lui aussi. Et de la sorte l'enchère transcendantale de notre connaissance rationnelle ne serait pas la cause, mais simplement l'effet de la finalité pratique que la raison pure elle-même nous départit».[60]

Ici apparaît dans son ambiguité fondamentale le point de départ de toute l'entreprise critique : le libre-arbitre comme condition d'application *in concreto* de l'idée d'une unité finalisée de la nature. C'est là le phénomène où devient manifeste l'essence de l'homme, qui est liberté dans le monde. Et Kant ramène à deux éléments les structures de cette essence : la raison, comme source de l'idée et de la liberté, la nature, comme ensemble des étants au sein duquel se trouve la liberté. Ainsi est rendu manifeste ce paradoxe premier, que la nature de l'homme est d'être libre. Et c'est pourquoi toute question philosophique doit se ramener à la question «Qu'est-ce que l'homme ?» car il appartient à la nature libre de l'homme de dire l'être de l'étant et d'être intéressé par l'être.

L'être proprement humain appartient à une nature qui lui est intérieure. En tant que tel, il relève donc de l'entendement, en même temps qu'il échappe aux prises de cet entendement : il se découvre comme donné à lui-même antérieurement à sa propre spontanéité rationnelle. L'absolu qu'est l'*humanité – die Menschheit* ou ce par quoi l'homme est homme – est essentielle-

---

[60] A 816–817, B 844–845.

ment fini: en effet, dans la liberté, l'idée de raison qui unifie les structures de l'entendement ou des lois de la nature, se manifeste en tant que «*nur intelligibel*», en tant que débordée par une nature sans laquelle la liberté ne serait pas liberté.

Ainsi est nommée dans l'homme la différence ontologique: il est raison pratique, il est libre parmi les étants.

Mais le *Sollen* rend manifeste également ce qui distingue l'étant non humain. Ce dernier est un *Sein* relevant de l'entendement, mais un *Sein* dont l'essence propre est d'être finalisé par le libre *Sollen* ou par le «devoir être libre» c.à.d. en définitive par une liberté qui est libération. L'ensemble des étants n'est une nature que s'il est l'école de la raison, dont la finitude consiste en ceci qu'elle est libre dans la nature et par nature.

Dans ce rapport entre l'homme et l'étant rendu manifeste par l'apprentissage de la liberté au sein de la nature et jamais achevé de façon visible, se révèle enfin le *concept* d'être qui depuis le début est l'horizon projeté par l'homme. Ce concept a dévoilé son propre vide en laissant apparaître l'humanité.

De la sorte subsiste la possibilité fondative d'un au-delà de notre horizon. Mais cet être originel, source de la différence ontologique, n'est pas un étant ni un homme idéal. Au sens le plus rigoureux des termes, il faut dire qu'il est un être: liberté qui ne soit à aucun titre étant ou nature, et d'autre part, en tant que cause suprême, étant ou nature qui soit totale liberté.

Le concept de l'entendement défaille ici aussi bien que l'idée. Le premier ne peut en effet saisir l'objet de nature qu'en vertu d'une finalité issue de la liberté. La seconde ne peut exercer sa fonction régulatrice qu'à partir d'une liberté donnée dans la nature. La pensée s'abolit donc à vouloir dire l'être.

Ce vouloir dire ouvre, il est vrai, la voie de l'analogie où chaque affirmation concernant Dieu est immédiatement liée à une négation. Mais ce processus n'est chez Kant qu'un long dépouillement de la pensée pour laisser toujours davantage place à la possibilité fondative de l'être dans la sphère d'une finitude essentiellement morale dont le devoir et la foi sont comme les pôles.[61]

---

[61] Sur l'analogie et la foi, cfr VNET, Cass. VI, 485–487 (note), 480–490 (note) et *Logik*, 379–380 (note).

7. PROBLÈME DE L'ÊTRE ET PROBLÈME DE L'HOMME

En des formules jamais récusées par la suite, l'auteur de *Sein und Zeit* soulignait dans le kantisme

«l'omission d'une ontologie thématique de l'être-là, . . . d'une analytique ontologique de la subjectivité du sujet».

Il disait plus brièvement encore:

«Kant a omis le problème de l'être».[62]

La section traitant de l'idéal du souverain bien rend manifeste l'insuffisance de pareils jugements. Ceux-ci se justifieraient si la théologie kantienne se bornait à une métaphysique de l'*étant* suprême. Mais la critique des quatre preuves de l'existence de Dieu montre que l'entendement et la raison échouent lorsqu'ils prétendent nous faire connaître un étant qui serait cause ultime de la nature. Ensuite la téléologie morale intègre l'un à l'autre l'être de la moralité et la subjectivité du sujet.

Kant demande ainsi à la pensée philosophique une pauvreté que n'exige pas Heidegger. Il ne se contente pas, en effet, d'intégrer la liberté et sa négativité propre à l'ontologie selon la problématique qui sera celle de son interprète depuis *Sein und Zeit* jusqu'à Vom *Wesen der Wahrheit* et plus encore au-delà. Il estime, pourrait-on dire, que l'on n'a pas dévoilé la possibilité d'une question de l'être lorsqu'on a simplement ramené l'essence de la présence humaine, à un laisser-être concernant l'étant non humain dans sa totalité. Selon Kant, il faut aller jusqu'à reconnaître dans la finitude, antérieurement à toute «métaphysique des moeurs», antérieurement aussi à tout état, à tout acte, voire à toute idée de péché, un devoir-être qui est «moral». Et seule cette finitude essentielle donne à penser l'être de la liberté.

S'il est donc bien exact que la *Critique* entend fonder l'ontologie sur une anthropologie, celle-ci est *pratique* et, en tant que telle, elle n'est plus une branche de la métaphysique spéciale; elle est une philosophie de la présence de l'être et de la présence à l'être.

Le parallélisme des deux textes de la *Logique* et de la Methodenlehre cités trop brièvement par Heidegger nous le fait comprendre.

[62] SZ, 24.

La *Logique* ramène à la question «Qu'est-ce que l'homme?» les trois interrogations qui définissent nos intérêts rationnels. La Methodenlehre, de son côté, reprend dans la réponse à la question «Que puis-je espérer?» le contenu des deux premières, en même temps qu'elle transforme les voies traditionnelles de la théologie en une téléologie qui est, sur un mode nouveau, physico-théologie. Ramener toute interrogation philosophique à une anthropologie, pratique, c'est donc considérer qu'un «espoir» appartient à l'être essentiel de l'homme. Et ce n'est pas là partir de l'homme comme d'un étant déjà donné; c'est bien plutôt rendre manifeste, par la destruction nécessairement progressive et temporelle de la métaphysique traditionnelle, la présence dans l'homme d'une finitude qui est, en tant qu'être-au-monde, un être-à-l'être.[63]

L'ek-sistence est alors exposée au rien sans que la philosophie devienne pour autant une aventurière. Car dans le kantisme Dieu et l'immortalité sont précisément des intérêts essentiels de l'homme dans la mesure où ils exigent le désintéressement à l'égard de toute «subsistance» immédiate.

Dès la *Critique de la raison pure* il apparaît ainsi que la métaphysique est problématique par essence. Mais Kant le fait voir selon un mode dont Heidegger n'a pas maintenu l'originalité.

Une fois que l'on accepte de regarder l'horizon ouvert par la Methodenlehre, la Critique peut sans doute s'appeler encore une ontologie de la nature comme domaine d'être[64]; mais c'est en un sens très particulier. L'Esthétique et l'Analytique exposent les structures du *Da* en tant que celles-ci laissent être l'étant et appartiennent avec lui à l'apérité de l'être. Ces deux parties constituent la première étape de la métaphysique: elles dévoilent les

---

[63] Heidegger s'interdit de comprendre ainsi l'horizon de la Methodenlehre parce qu'il tire la Dialectique vers un substantiatisme qu'elle veut précisément critiquer. WG, 31 est très significatif à cet égard: «Comme représentations d'une totalité inconditionnée d'un domaine de l'étant, les idées sont des représentations nécessaires. D'autre part, en tant qu'est possible une triple relation des représentations à un quelque chose – relation au sujet, relation à l'objet, celle-ci à son tour étant double: sur le mode fini (apparaîtres) et sur le mode absolu (choses en soi) – surgissent trois classes d'idées auxquelles se laissent ordonner les trois disciplines de la Metaphysica specialis». – Ce texte décrit en rigueur ce qui est pour Kant une illusion portant en elle-même une censure *de* la raison, *objectivo et subjectivo sensu*.

[64] Cfr SZ, 10: «La Logique transcendantale est une logique réelle *a priori* de la Nature comme domaine d'être»; et *Ergänzungen*, 19: «Kant pense à l'étant en général, sans restreindre le concept à une région déterminée de l'étant ... l'Analytique n'est pas une ontologie de la nature en tant qu'objet de la science naturelle, mais une ontologie générale, c'est-à-dire une métaphysique générale critiquement fondée».

conditions et les limites transcendantales de notre interrogation de l'être, dont la nécessité propre est de commencer par une question concernant l'étant. Provisoirement ce dernier est envisagé, il est vrai, comme *Vorhandenes*. Mais, sans supprimer l'onto-logie ainsi instaurée, la Dialectique vient la rendre radicalement problématique: elle fait apparaître qu'en dévoilant les structures du *Da*, c.à.d. les conditions de tout discours, voire de tout langage, concernant l'être de l'étant et l'être se dévoilant dans l'étant, on n'a rien saisi encore de l'être de ce *Da*, car le rien est essentiel à son être. De plus les limites et le rien des catégories étant déterminés dans leur application aux intérêts rationnels de l'homme, la question est implicitement posée de leur valeur à l'égard de l'étant non humain. L'être de l'étant ne peut plus se réduire au *Vorhandensein*, puisqu'il doit être compris dans une finalité. Aussi est-ce en comparant l'objet naturel et l'oeuvre d'art dans l'horizon de la moralité que la *Critique du jugemeut* tentera d'accéder à l'être de la chose, sans prétendre en saisir l'en-soi.

Au terme de la première *Critique*, l'ontologie est à la fois établie et détrônée. Etablie comme accès au problème de l'être. Détrônée comme connaissance de l'être. Elle n'est une entrée de la métaphysique que par son insuffisance même. C'est en dehors d'elle qu'il faut trouver le fondement de sa valeur d'accès.

En même temps que l'ontologie, toutes les disciplines de la métaphysique traditionnelle sont déchues de leurs prétentions à traiter d'un *étant* particulier. Et l'ensemble des questions philosophiques est ramené à la question «Qu'*est* l'homme moral et raisonnable?» C'est à partir de cette anthropologie-là qu'il devient possible de «reprendre» une métaphysique, toujours problématique et militante, qui peut toutefois envisager son objet et l'éprouver, non seulement de façon partielle, mais «dans ce tout du système de la raison pure».[65]

---

[65] Cfr. SF, Cass. VII, 429.

CONCLUSIONS

Au cours de notre enquête se sont dégagées en grand nombre des conclusions particulières, tant au sujet de la Critique qu'en ce qui concerne la chronologie, le vocabulaire et le sens des écrits de Heidegger. Les reprendre ici en détail n'aboutirait qu'à répéter une table des matières.

Plus essentielle sans doute est la vue que nous avons pu prendre de l'unité propre à chacune de ces deux philosophies, unité à ce point singulière que le dialogue de la seconde avec la première, si difficile qu'il soit de le suivre, impose au lecteur sa nécessiteuse nécessité.

En donnant au mot allemand «Weise» le sens que lui confèrent les musiciens, on peut affirmer de la pensée de Heidegger qu'elle se meut tout entière dans une seule «tonalité» fondamentale ou plutôt qu'elle s'efforce de faire entendre et d'indiquer l'essence de cette tonalité: depuis plus de cinquante ans en effet, ce dont il s'agit pour le philosophe de Fribourg, c'est du revirement. Parce qu'elle est *Kehre* la pensée apparaît successivement comme mise en question de la logique, comme phénoménologie, comme ontologie fondamentale, comme ressaisie et interprétation, comme histoire de l'être et dialogue. Etant «retour au natal», philosopher est *de même* destruction préservatrice de toute philosophie particulière et pur langage.

Dans ce contexte l'ensemble des travaux et remarques de Heidegger concernant Kant peut se présenter comme une série de variations sur le thème «Critique de la raison pure». Celles-ci se développent dans l'écart et la relation entre les premiers principes de la pensée – identité, Cogito, raison suffisante, – en tant qu'ils sont inséparables de la sensibilité, de la liberté et de la présence humaine.

Tout ceci non sans assourdir ni sans laisser inentendus divers éléments de la mélodie première. Il nous est apparu ainsi que l'herméneutique de l'être coupait la pensée de ses liens avec le christianisme beaucoup plus sèchement que ne l'avait fait Kant; et tout en se prétendant essentiellement historique, le *nouveau mode* exclut ce qui dans le kantisme peut précisément constituer le point d'insertion de l'histoire dans la philosophie, à savoir l'interrogation propre à la troisième *Critique* en tant que le fait d'être homme inclut par essence les semblants de la Dialectique et la moralité.

De façon paradoxale ces ruptures permettent toutefois de situer l'espace que parcourt et qu'habite le mode fondatif; elles contribuent à rendre perceptible dans quelle mesure le saut vers l'origine est *le même* que la réflexion transcendantale. Ainsi qu'à la limite toute composition musicale peut se comprendre comme une série unifiée de profils donnant à entendre l'essence pure voilée et manifeste dans une région du monde sonore, les variations de Heidegger sur le thème kantien laissent et font chanter la tonalité commune, l'entre-deux qu'habitent les deux philosophes, c'est à dire le langage en tant que l'être y advient et s'y retire sans cesse.

Mais à l'intérieur de ce langage et plus exactement «en ce langage» est devenu sensible ce qu'il y a entre Heidegger et Kant: le premier estime que le second veut encore comparer à autre chose l'écart, l'espace, la demeure où il faut simplement se tenir. De manière analogue – osons le dire au risque d'encourir nous-mêmes ce dernier reproche – les musiciens contemporains jugent que l'harmonie classique, tout en ayant ouvert des zones importantes de la musicalité comme telle, empêche cependant de percevoir la totalité du monde sonore en lui imposant des formes issues d'idées, d'habitudes ou de préjugés radicalement étrangers à ce dont il s'agit.

Or s'il faut comprendre d'abord les innovations introduites par Debussy, Ravel ou Schönberg pour saisir ce que signifie chez ces auteurs la reprise consciente d'un air populaire, d'une phrase de Mozart ou d'une mélodie de Händel, il est également vrai que les interprétations nouvelles en transformant un thème choisi engagent l'auditeur à le réentendre tel qu'en lui-même.

C'est ainsi que la reprise de la Critique sur le mode du revirement fondatif nous a menés à l'idée proprement kantienne d'une révolution de la pensée et du caractère. C'est ainsi que s'est dégagée la fonction de la Dialectique transcendantale dans le système critique et sa signification ontologique en tant que saisie dans l'essence de l'homme d'une négativité qui rend possible un accès à l'humanité, à cette finitude plus importante en nous que nous-même.

Selon Kant la finitude est «morale». Et le paradoxe le plus profond de la Critique consiste sans doute en ceci qu'elle donne à penser une «moralité» qui soit simplement de l'être, une dignité d'être homme antérieurement à tout acte et à tout état «moralement» bon ou mauvais. On pourrait dire que le problème kantien par excellence est celui d'une ontologie de l'imputabilité en général, qui serait encore valable dans un monde sans péché. Et c'est parce qu'elle apparaît nécessairement dans cet horizon pratique que la métaphysique doit être inséparablement anthropocosmologie et histoire.

Cette métaphysique critique est également théologie; non qu' un infini substantiel vienne rompre la finitude et lui donner un appui extérieur; mais parce qu'il appartient à la négativité de la pensée, en tant que s'y ouvre la liberté, de ne point refuser l'unité «possibilisante» de l'être par-delà l'absence de l'être dans l'unité de l'expérience pratique.

Pareille philosophie ne serait somme toute qu'un idéalisme manqué si elle procédait d'un sujet transcendantal. Mais, dans la *Critique de la raison pure,* ce sujet n'est que la négativité de l'universel; c'est cependant le devoir du philosophe – et de l'homme en tant que corps-sujet d'y accéder et de s'y tenir. Car le sujet transcendantal est ce rien dans lequel seul peut devenir authentique l'idée d'un *«corpus mysticum* des êtres raisonnables», condition d'une réalisation de la liberté.

Le ressort de la Critique est en tout ceci le jugement réfléchissant, la pensée qui part de l'homme en tant que celui-ci n'est pas déjà donné. Et c'est le second paradoxe du kantisme – possible seulement dans l'horizon pratique – que d'avoir toujours maintenu la parenté et l'unité essentielle de cette *Urteilskraft* hautement critique avec le sens commun. Ainsi cette philosophie qui ne parle de l'amour que pour demander comment il peut être un commandement, est-elle du moins, dans son acte essentiel, sou-

cieuse d'autrui: elle respecte en tous les hommes cette faculté
d'interroger absolument, cette possibilité radicale de scepticisme
par laquelle la liberté donne et trouve le sens de l'imagination.

Bien sûr en présentant la Critique comme nous venons de le
faire, nous traçons un programme et plus peut-être que nous ne
résumons des résultats acquis. Mais c'est bien là le propre des
grands philosophes d'être pour nous origine d'une pensée qui soit
nôtre à condition que nous acceptions d'avoir toujours à y revenir
sans vouloir les dépasser.

Aussi n'eut-il pas été possible d'accéder à la Critique et d'apprendre à connaître Kant, comme nous croyons l'avoir fait, sans
reprendre les chemins par lesquels Heidegger l'approche. Plus que
nul autre penseur en effet l'auteur de *Sein und Zeit* rend sensible
qu'il ne subsiste d'unité de la philosophie que par la diversité des
philosophes, comme il n'y a point de poésie, de peinture ou de
musique sans la variété et les contrastes des talents de La Fon-
taine à Saint John Perse, de Rembrandt à Picasso, de Couperin
à Stockhausen. Dans la saisie de la différence peuvent se donner
à connaître les différents. Mais il faut également saisir les différences singulières – les caractères, selon le mot de Kant – pour
avoir accès à la différence ontologique dans un échange qui dépasse les mots.

Reste précisément à savoir dans quelle mesure Heidegger
laisse l'originalité à celui qu'il interprète.

Toute sa vie Kant fut préoccupé du problème de l'existence de
Dieu; il fut à même aussi de formuler l'hypothèse cosmogonique
à laquelle reste attaché pour l'histoire, avec le nom du physicien
Laplace, son nom de grand moraliste.

Pour nous, ce professeur qui fut un scientifique et un métaphysicien ne peut sans doute plus être qu'un idéal, sinon une
idée; et cela par la puissance même de la révolution qu'il a dé-
clenchée dans notre façon de penser. N'empêche qu'il se dresse à
l'aube d'un temps qui est encore le nôtre et le sien, où l'appel de
la liberté n'a pas encore reçu réponse chez tous les peuples. Et si,
comme y insiste constamment Heidegger, les commencements
authentiques ne sont point un passé antérieur mais le présent qui
nous est fait par l'être d'un libre avenir, on aurait pu attendre
d'une philosophie qui se veut pensée de l'être qu'elle nous resti-
tuât davantage ce *Gewesene* et cet *Urbild*.

Bien sûr, même s'il ignore l'importance de Hume en cette affaire, Heidegger met en lumière un trait capital de la Critique en la reliant à la problématique de Leibniz et par là à celle des Grecs. Ainsi s'affirme le souci de préserver cette mission et ce retrait de l'être qu'il y a pour nous dans l'oeuvre de Kant, en la distinguant des métaphysiques d'un Hegel et d'un Nietzsche. Mais on peut se demander si malgré le génie qui parvient effectivement à ne pas faire de l'histoire de l'être une nouvelle dialectique de l'esprit absolu ni une autre vue dyonisiaque du monde, le souci heideggerien et son interrogation de l'être ne procèdent pas pourtant de Hegel et de Nietzsche beaucoup plus que du problème de la métaphysique tel qu'il fut posé par Kant pour l'époque contemporaine. Il ne suffit pas de montrer comment Hegel et Nietzsche ont sauté par dessus la Critique sans même commencer à la dépasser. Il faudrait encore, en vertu de l'historicité de l'être, montrer comment la Critique peut fournir un commencement de réponse aux questions réelles ouvertes par l'idéalisme absolu et par la philosophie du surhomme.

Mais il eût fallu pour cela envisager une temporalité de la pensée et une finitude antérieures à celles que manifestent les conditions *a priori* de la sensibilité, une temporalité et une finitude auxquelles la pensée critique accède par la Dialectique et dont elle découvre la possibilité essentielle par un jugement réfléchissant qui s'interroge sur l'humain dans le monde. Cette méthode, il est vrai, ne conduit pas à l'affirmation décidée ni à l'exclamation prophétique que Dieu est mort. Elle mène à reconnaître, d'une part, que «la pureté de nos concepts est d'origine morale»[1] et que, d'autre part, la liberté est inséparable d'une image originaire du caractère moral (*Gesinnung*) dans toute sa l'impidité; et comme le devoir est de s'élever à la perfection de cette image dont nous sommes incapables de comprendre comment nous pourrions bien y être réceptifs,

«on peut et il vaut mieux dire qu'elle est descendue du ciel jusqu'à nous, qu'elle a assumé l'humain».[2]

Au lieu de préparer le retour des dieux, comme le voudrait Heidegger, il vaut mieux et l'on peut, avec Kant, reconnaître un Fils de Dieu en l'homme, l'idéal de Dieu en nous. C'est le point où la

---

[1] SF, Cass. VII, 359; *trad.*, p. 54.
[2] *Rel.*, Cass. VI, 201; cfr *trad.*, p. 85.

démarche transcendantale partie de la Dialectique rejoint, sans
se confondre aucunement avec elles, les doctrines du Christianisme. C'est le point aussi où le problème de l'être se résume en cette
question: «Qu'en serait-il si Dieu n'existait pas?».

Il est important, croyons-nous, de suivre jusque là l'itinéraire
de Kant et de ne pas se contenter de parcourir les détours et les
voies latérales de cette pensée, dont Heidegger nous a fait connaître et admirer maints secrets. La fidélité à l'herméneutique
de l'être exige en effet de ne rien voiler des missions et des retraits
de l'être.

Au terme d'un dialogue de pensée entre penseurs peut alors se
dégager, non pas un résultat acquis une fois pour toutes, mais
l'entrée d'un chemin: celui du courage que doivent avoir d'être
philosophes ceux à qui il est donné de l'être.

Pour ses contemporains Kant fut ainsi le type du philosophe,
le type exactement du professeur de philosophie. Ils lui firent
cependant la réputation d'être le démolisseur de la métaphysique.
De nos jours Heidegger, professeur lui aussi, a voulu comprendre
selon l'histoire de l'être ce titre décerné à Kant par la tradition,
afin d'accomplir ce qu'il signifie. Ainsi se trouve mis au coeur de
la philosophie en Occident, à une époque où l'idée même de l'Occident est en pleine contestation, le problème d'un enseignement
de la philosophie, le problème, en termes kantiens, d'une distinction possible entre *Philosophie der Schule* et *Weltweisheit*.

Car si la philosophie doit être bien plus que la matière d'un
programme divisée en une branche générale et quelques autres
spéciales, si elle doit bien être saisie de la différence, c'est en s'en-
seignant qu'il lui faut manifester son essence. Sans doute la nécessité de s'enseigner peut-elle lui devenir prétexte à se fuir dans
l'une des sciences de l'homme ou de l'évolution. Mais la volonté
de maintenir la pensée dans la clairière de l'être peut aussi enliser
l'enseignement dans une idéologie ou dans une mystique plus ou
moins conscientes. Pour mener jusqu'en ces régions authentiquement philosophiques où il n'y a plus de routes, est-il nécessaire de
laisser oublier que nous avons toujours à nous mettre en chemin?

Or en tâchant ainsi de se mettre en chemin, il est permis d'estimer que la présence de Kant y préserve davantage notre avenir
que ne le fait celle de Heidegger. Car il a su davantage accepter
de n'être que philosophe parmi ceux à qui il était donné d'être

théologiens, juristes, médecins voire même poètes. Sans refuser jamais la discussion, en maintenant au contraire ouverte la «Dispute des facultés» pour dévoiler les exigences de la vérité et de la liberté, il a su accepter que penser, comme il disait, selon la totalité de la raison, n'est qu'une activité humaine parmi d'autres tout aussi respectables. Mais il a su faire comprendre par cette fière modestie que la philosophie, sous la forme concrète qu'elle a prise dans les états modernes, est nécessaire à la dignité du devoir-être humain, parce que toutes les autres activités de l'homme, selon leurs différences mêmes, sont philosophiques.

Le kantisme dévoile à ceux qui le méditent les conditions d'un enseignement de la philosophie capable de se mettre en question sans cesse pour autant d'être un enseignement déterminé. Il fait comprendre que le problème de la métaphysique pourra rester vivant et fécond aussi longtemps que les professeurs de philosophie auront le courage d'aviver, chacun à sa manière, l'interrogation que fait naître leur métier. Y a-t-il en effet plus essentielle présence de l'être que la vie d'un homme qui laisse en lui et par lui devenir libre ce qu'il doit être et ce qui doit être?

Il est permis enfin de penser que, dans cette perspective, la fidélité à la parole ne consiste pas à contraindre tout langage, surtout celui d'autrui, à faire partout, même contre son gré, l'aveu de l'être. Le péril de pareille analyse est en effet de rompre le silence nécessiteux de la pensée devant cette absence dans laquelle la liberté de l'être nous laisse et nous fait être.

Kant avait compris qu'à trop vouloir dire l'être, quand ce serait seulement l'être fini, le philosophe en vient à se renier pour devenir poète ou s'engager dans la mystique. Et comme ce n'est point son chemin, il tombe vite alors dans une obscurité qui est souvent celle des compromissions. Il y perd l'essentiel de la *Weltweisheit*, de la sagesse modeste d'un citoyen du monde: ce discernement ou cette discrétion, fruit d'un scepticisme devenu maturité de l'expérience, et que la langue de l'honnête homme appelle, depuis l'époque de Kant, l'esprit critique.

Seul l'esprit critique – qui est en définitive l'humour du philosophe – peut percevoir à quel point c'est *le même* que disent, à propos de Kant, deux penseurs tout différents, Heidegger dans l'ensemble de son interprétation d'une part, et Léon Brunschvicg de l'autre quand il écrit en 1924:

«La philosophie kantienne, en tant du moins qu'elle est essentiellement critique, est une philosophie de la réflexion, du *nachdenken*; elle ne procède pas d'une virtualité antérieure à sa propre constitution et où seraient déjà inscrits et donnés les traits principaux de la conclusion; elle cherche laborieusement une synthèse dont elle ne saurait prévoir ni comment, ni même si elle se produira ... L'oeuvre kantienne a surgi des difficultés auxquelles donnaient lieu chez un professeur attaché à la métaphysique leibnizienne les tentatives de déduction universelle ébauchées par le maître, systématisées par Wolff. Les tentatives ont été déjouées ... Cependant l'attachement de Kant à l'inspiration de cette métaphysique n'a pas été totalement rompu».[3]

---

[3] *L'idée critique et le système kantien*, in RMM, (1924), p. 136.

ABRÉVIATIONS ET SIGLES

A	KANT, *Kritik der reinen Vernunft*, 1781.
Akademie	KANT, *Gesammelte Schriften*, Berlin.
Anthropologie	KANT, *Anthropologie in pragmatischer Hinsicht*, 1798.
B	KANT, *Kritik der reinen Vernunft*, 1786.
Bemerkungen	CASSIRER, «Kant und das Problem der Metaphysik», *Kant-Studien*, 26 (1931).
Cass.	KANT, Werke, herausg. von Ernst Cassirer.
Cfr trad.	Traduction modifiée par nous.
EM	HEIDEGGER, *Einführung in die Metaphysik*, 1958.
Ergänzungen	SCHNEEBERGER, *Ergänzungen zu einer Heidegger-Bibliographie.*
FD	HEIDEGGER, *Die Frage nach dem Ding*, 1963.
Fortschritte	KANT, *Preisschrift über die Fortschritte der Metaphysik seit Leibniz und Wolff*, 1791 (herausg. 1804).
GMS	KANT, *Grundlegung zur Metaphysik der Sitten*, 1785.
HB	HEIDEGGER, *Ueber den Humanismus*, 1960.
Heidegger	RICHARDSON, *Heidegger, Through phenomenology to thought.*
HF	RICOEUR, *Philosophie de la volonté*, II, 1. *L'homme faillible.*
HW	HEIDEGGER, *Holzwege*, 1952.
ID	HEIDEGGER, *Identität und Differenz*, 1957.
KM	HEIDEGGER, *Kant und das Problem der Metaphysik*, 1951.
KPV	KANT, *Kritik der praktischen Vernunft*, 1788.
KTS	HEIDEGGER, *Kants These über das Sein*, 1963.

KU	KANT, *Kritik der Urteilskraft*, 1790.
Logik	KANT, *Vorlesungen über Logik*, herausg. von J. B. Jäsch, 1800.
N	HEIDEGGER, *Nietzsche*, 1961.
Nachlese	SCHNEEBERGER, *Nachlese zu Heidegger*.
Prol.	KANT, *Prolegomena zu einer jeden künftigen Metaphysik die als Wissenschaft wird auftreten können*, 1783.
Rel.	KANT, *Die Religion innerhalb der Grenzen der blossen Vernunft*, 1793.
SF	KANT, *Der Streit der Fakultäten*, 1798.
SG	HEIDEGGER, *Der Satz vom Grund*, 1957.
SU	HEIDEGGER, *Die Selbstbehauptung der deutschen Universität*, 1933.
SZ	HEIDEGGER, *Sein und Zeit*.
trad.	Traduction française.
US	HEIDEGGER, *Unterwegs zur Sprache*, 1960.
VA	HEIDEGGER, *Vorträge und Aufsätze*, 1954.
VAT	KANT, *Verkündigung des nahen Abschlusses eines Traktats zum ewigen Frieden in der Philosophie*, 1796.
VNET	KANT, *Von einem neuerdings erhobenen vornehmen Tone in der Philosophie*, 1796.
WD	HEIDEGGER, *Was heisst Denken?* 1954.
WG	HEIDEGGER, *Vom Wesen des Grundes*, 1955.
WM	HEIDEGGER, *Was ist Metaphysik?* 1960.
WW	HEIDEGGER, *Vom Wesen der Wahrheit*, 1961.